Fehlzeiten-Report 2001

D1719174

Springer
Berlin
Heidelberg
New York
Barcelona
Hongkong
London
Mailand
Paris
Tokio

B. Badura · M. Litsch · C. Vetter (Hrsg.)

Fehlzeiten-Report 2001

Gesundheitsmanagement im öffentlichen Sektor

Zahlen, Daten, Analysen aus allen Branchen der Wirtschaft

Mit Beiträgen von
D. Ahrens · B. Badura · S. v. Bandemer · E. Baumann · B. Beermann
H. Bögemann · R. Brandt · R. Breithaupt · M. Buch · C. Burkert
G. Buttler · A. Delin · E. Frieling · F. Gröben · S. Gröben
E. Grzesitza · B. Gusy · R. Jansen · D. Kleiber · H. Kowalski
A. Krämer · I. Küsgens · A. Leppin · P. Lück · G. Marstedt
R. Müller · E. Münch · B. Rudow · P. v. Rymon-Lipinski
B. Schmidt · C. Stock · C. Vetter · U. Walter · B. Yoldas

Springer

Prof. Dr. Bernhard Badura
Universität Bielefeld
Fakultät für Gesundheitswissenschaften
Universitätsstraße 25
33615 Bielefeld

Martin Litsch
Christian Vetter
Wissenschaftliches Institut der AOK (WIdO)
Kortrijker Str. 1
53177 Bonn

ISBN 3-540-42085-1 Springer-Verlag Berlin Heidelberg New York

Die Deutsche Bibliothek – CIP-Einheitsaufnahme
Gesundheitsmanagement im öffentlichen Sektor / B. Badura ... (Hrsg.) – Berlin; Heidelberg; New York;
Barcelona; Hongkong; London; Mailand; Paris; Tokio; Springer, 2002
  (Fehlzeiten-Report...; 2001)
  ISBN 3-540-42085-1

Springer-Verlag Berlin Heidelberg New York
ein Unternehmen der BertelsmannSpringer Science + Business Media GmbH

http://www.springer.de

© Springer-Verlag Berlin Heidelberg 2002
Printed in Germany

Einbandgestaltung: Erich Kirchner, Heidelberg
Satz: K+V Fotosatz GmbH, Beerfelden

Gedruckt auf säurefreiem Papier   SPIN 10837522   14/3130/AG – 5 4 3 2 1 0

Vorwort

Der Fehlzeiten-Report nimmt sich in diesem Jahr schwerpunktmäßig des Themas „Gesundheitsmanagement im öffentlichen Sektor" an. Wohl kaum ein anderer Bereich der Wirtschaft ist mit so vielen Vorurteilen belastet, auch bezogen auf die in dieser Branche arbeitenden Menschen. Der Fehlzeiten-Report will in diesem Zusammenhang zur Versachlichung der Debatte um Belastung, Fehlzeiten und Motivation der Beschäftigten im öffentlichen Dienst beitragen.

Im öffentlichen Sektor unserer Volkswirtschaft haben sich – bedingt durch gewandelte Rahmenbedingungen und Herausforderungen – Innovationsbedarf und Veränderungsdruck erheblich erhöht. Der notwendige Strukturwandel hat sowohl eine technisch-organisatorische als auch eine personelle Seite. Er erfordert mitarbeiterorientierte Investitionen zur Förderung von Qualifikation, Motivation sowie Wohlbefinden und Gesundheit der Beschäftigten.

Der öffentliche Sektor ist – gemessen an der Anzahl der Beschäftigten – groß, dabei unübersichtlich und heterogen in seinen Organisationsformen und Leistungen. Bei allen Unterschieden im Detail steht die Erbringung zumeist personenbezogener Dienstleistungen im Vordergrund. Es geht vornehmlich um die personalintensive Arbeit mit Menschen, um ihre Erziehung, Bildung, Behandlung, Beratung oder Betreuung. Hier kommt es mehr als in der technikintensiven Sachgüterproduktion auf jede einzelne Mitarbeiterin und jeden einzelnen Mitarbeiter an. Die Mitarbeiter sind entscheidend für die Erhöhung der Wettbewerbskraft, die erwünschte Zunahme von Bürgernähe und Kundenorientierung sowie die Realisierung von Struktur- und Prozessinnovationen. Wie die Beschäftigten geführt, motiviert und qualifiziert sind hat massgeblichen Einfluss auf ihr Wohlbefinden und ihre Gesundheit und dadurch auf Qualität und Effizienz ihrer Leistungen und Dienste. Einem systematisch betriebenen Gesundheitsmanagement kommt in diesem Zusammenhang eine wichtige Rolle zu.

Der aus der vielzitierten Knappheit öffentlicher Kassen resultierende Zwang, auch in öffentlichen Betrieben aus Kostengründen unter restriktiven Rahmenbedingungen zu arbeiten, kann für das Gesundheitsmanagement in diesem Bereich eine große Chance sein. In gleichem Maße, wie öffentliche Einrichtungen als „Quasi-Unternehmen" geführt werden, spielen Controlling und Kennzahlen eine immer wichtigere Rolle. Dies ist nur auf den ersten Blick ein Hindernis für die Durchführung von Maßnahmen des Gesundheitsmanagements. Bei näherem Hinsehen entpuppt es sich als Chance. Denn wenn in gesteuerten Dienstleistungsprozessen die Qualität und Effizienz der individuell erbrachten Dienstleistung gleichermaßen im Zentrum steht, wird sehr schnell der qualifizierte und motivierte Mitarbeiter, der Verantwortung übernimmt und nicht bloß seinen Dienst verrichtet, erkennbar zum entscheidenden Erfolgsfaktor. Hier hat richtig verstandenes Gesundheitsmanagement als Führungsinstrument die Chance zu zeigen, dass es geeignet ist, diesen Prozess zu unterstützen. In diesem Sinne kann Gesundheitsmanagement sich zum integralen Bestandteil einer Unternehmenskultur entwickeln.

Die Beiträge im Fehlzeiten-Report zeigen, dass die Einsicht hierfür vielerorts schon vorhanden ist. So dokumentieren die Beiträge von Marstedt et al. sowie von Gröben, wie weit verbreitet Gesundheitsförderungsmaßnahmen im Öffentlichen Dienst bereits sind. Die Beiträge verdeutlichen aber auch die kritischen Aspekte der derzeitigen Praxis. Problematisch ist ein teilweise verkürztes Verständnis von Gesundheitsmanagement, welches einseitig auf verhaltensorientierte Maßnahmen setzt und die Bedingungen von Arbeit und Organisation unverändert lässt. Zu kurze zeitliche Horizonte von Projekten, eine fehlende ausdrückliche Unterstützung durch das Topmanagement, eine zum Teil unprofessionelle Durchführung sowie die fehlende Beteiligung der Betroffenen bei der Planung und Durchführung sind einige der Probleme, die sich zeigen. Die Wirksamkeit und Effizienz des betrieblichen Gesundheitsmanagements muss unter solchen Rahmenbedingungen zwangsläufig leiden.

Jede wirksame Therapie erfordert zunächst eine valide Diagnose zur genaueren Bestimmung von Problemstellung und Handlungsbedarf und des geeigneten Vorgehens. Leider findet diese einfache Maxime längst nicht immer Beachtung und wird lückenhaft oder nicht kunstgerecht befolgt. Prinzipiell vorhandene Routinedaten zum Fehlzeiten-, Unfall- und Frühberentungsgeschehen, die eine genauere Lokalisierung von Problemen erlauben würden, werden nicht überall zur Organisationsdiagnose herangezogen. Für eine verlässliche Ursachenanalyse sind in der Regel weitere Datengrundlagen erforderlich.

Hierzu gehören z. B. Informationen aus Mitarbeiterbefragungen oder aus Qualitäts- und Gesundheitszirkeln mit den Betroffenen. Organisationsdiagnostik darf sich nicht einseitig auf ergonomische Problemstellungen oder körperliche Beanspruchungen konzentrieren. Kognitive, emotionale oder motivationale Beanspruchungen, die aus Organisationsbedingungen wie Führungsverhalten, Aufbauorganisation, Unternehmenskultur, mangelhafter Prozessgestaltung und Ähnlichem mehr resultieren und meist die eigentlichen Ursachen für Mängel in den konkreten Arbeitsbedingungen bilden, bleiben dadurch unerkannt und damit auch praktisch unberücksichtigt.

Wichtig ist die Beachtung salutogener Potenziale. Hierzu zählen u. a. ein partizipativer Führungsstil, ein Wirgefühl, eine Vertrauenskultur mit gegenseitiger Hilfe, Gruppenkohäsion und Transparenz. Hier liegen wesentliche Ansatzpunkte zur Verhinderung von Mobbing, destruktivem Verhalten oder innerer Kündigung, sowie den daraus resultierenden lähmenden Angst- und Hilflosigkeitsgefühlen.

Die Evaluation der z. T. aufwendigen Aktivitäten auf dem Gebiet der betrieblichen Gesundheitsförderung hat zentrale Bedeutung für die Identifikation erfolgreicher Verfahren. Auch hier sind leider Mängel in der Praxis festzustellen. Evaluationen werden entweder völlig unterlassen oder nur mangelhaft durchgeführt. Aber letztlich gilt: ohne Evaluation keine Erfolgskontrolle, ohne Erfolgskontrolle keine Lernchancen, ohne Lernchancen keine Verbesserungsmöglichkeit von Qualität und Wirtschaftlichkeit der durchgeführten Interventionen sowie keine Selbstreflexion und Weiterentwicklung des eigenen Denkens und Handelns.

Erfahrungen aus der Industrie zeigen, dass ein erfolgreiches betriebliches Gesundheitsmanagement sich vor allem durch dreierlei auszeichnet: durch eine Schwerpunktverlagerung von der pathogenetischen zur salutogenetischen Perspektive, durch einen Wechsel von verhaltensbezogenen zu organisationsbezogenen Interventionen sowie durch Systematik und Nachhaltigkeit im Vorgehen.

Das Konzept einer in diesem Sinne ganzheitlichen Personal- und Gesundheitspolitik lässt sich wie folgt umreißen:

- Öffentliche Organisationen und Einrichtungen sind soziale Systeme, deren Leistungsfähigkeit zuallererst von Arbeitskraft, Motivation und Flexibilität der Mitarbeiterinnen und Mitarbeiter abhängt.
- Wohlbefinden und Gesundheit bilden wesentliche Voraussetzungen für die volle Identifikation der Beschäftigten mit ihrem Auftrag, ihre Kreativität und Leistungskraft, m. a. W. für Qualität und Produktivität.

- Gesund ist eine Organisation, deren Führung, Kultur und Arbeits-prozesse gleichermaßen kunden- wie mitarbeiterorientiert aus-gerichtet sind, und die gleichzeitig wirtschaftlich zu handeln ver-steht.
- Professionelles betriebliches Gesundheitsmanagement muss prob-lemorientiert, partizipativ und interdisziplinär arbeiten und voll in die Routinen einer Organisation integriert sein. Kernprozesse be-trieblichen Gesundheitsmanagements bilden: Diagnostik, Planung, Steuerung und Evaluation. Seine Qualität muss definierten Stan-dards genügen und für alle Beteiligten und Betroffenen transparent sein.
- Beschäftigte sind selbst Experten, was den Zusammenhang zwi-schen ihrer Arbeit und ihrer Gesundheit betrifft. Ihre aktive Mit-wirkung ist daher ebenso wichtig für ein erfolgreiches Gesundheits-management wie das glaubhafte und nachhaltige Engagement von Führung, Personalräten, Personal- und Gesundheitsexperten.

Im diesjährigen Fehlzeiten-Report werden neben einführenden Beiträ-gen, die sich mit dem Strukturwandel und dem derzeitigen Stand des betrieblichen Gesundheitsmanagements im öffentlichen Sektor befas-sen, Projekte und Initiativen aus Stadtverwaltungen, Kindergärten, Schulen, Universitäten, Polizei, Justizvollzugsanstalten und Verkehrs-betrieben vorgestellt. Dabei werden Hemmnisse und Probleme bei der Umsetzung, die z.T. aus den besonderen Rahmenbedingungen im öffentlichen Bereich resultieren, nicht verschwiegen.

Ebenso wie in den vergangenen Jahren enthält auch der Fehlzeiten-Report 2001 einen umfangreichen Teil mit aktuellen Daten und Ana-lysen zu den krankheitsbedingten Fehlzeiten in der deutschen Wirt-schaft. Diese können als Grundlage für die Bewertung der Fehlzeiten im eigenen Unternehmen, als Benchmark sowie als Basis für ein ziel-orientiertes Gesundheitsmanagement dienen. Neben einem Überblick über die allgemeine Krankenstandsentwicklung wird in elf Kapiteln das Arbeitsunfähigkeitsgeschehen in den einzelnen Branchen detail-liert analysiert. Angesichts des diesjährigen Schwerpunktthemas be-fasst sich erstmalig ein Kapitel mit den Fehlzeiten im Erziehungs- und Bildungsbereich, für den derartige Daten bisher kaum verfügbar waren. Gegenüber den bisherigen Ausgaben haben sich im Datenteil einige Änderungen ergeben: Der bisher verwendete Schlüssel für die Wirtschaftszweige wurde auf die deutsche Version des europaweit konsentierten neuen NACE-Schlüssels umgestellt. Die Kodierung der Diagnosen erfolgte mit dem seit Jahresbeginn 2000 geltenden ICD-10. Der Umstieg auf die aktuellen Versionen entspricht den aktuellen Erfordernissen und erlaubt insbesondere bei den branchenbezogenen Analysen eine differenziertere Darstellung gemäß der modernen Wirtschaftsstruktur. Die Umstellung auf die neuen Schlüssel führt allerdings zu einer eingeschränkten Vergleichbarkeit der Werte mit den Zahlen früherer Jahre. Darüber hinaus war die Umstellung auf die neuen Schlüssel in den Datengrundlagen mit einem erheblichem Zusatzaufwand verbunden. Dies hatte auch Konsequenzen für die Erstellung des Fehlzeiten-Reports. In den Branchenkapiteln musste leider teilweise auf die begleitende Kommentierung der Daten verzichtet werden.

Unser Dank gilt den Autoren, die trotz des knapp bemessenen Zeitrahmens Beiträge zum Schwerpunktthema dieses Jahres beigesteuert haben. Zudem danken wir den Kolleginnen und Kollegen im Wissenschaftlichen Institut der AOK, ohne deren unermüdlichen Einsatz der Report in dieser Form nicht hätte realisiert werden können. Danken möchten wir in diesem Zusammenhang insbesondere Ingrid Küsgens, Ernst-Peter Beyer und Alexander Redmann. Sie wurden von Belgin Yoldas, die als Praktikantin bei uns tätig war, engagiert und tatkräftig unterstützt. Unser weiterer Dank gilt Henner Schellschmidt, der die Erstellung des Reports aufmerksam begleitet hat.

Bielefeld und Bonn, im November 2001   B. Badura
M. Litsch
C. Vetter

Inhaltsverzeichnis

Die Beiträge im Überblick: Kurzzusammenfassungen

A. Thematischer Schwerpunkt: Gesundheitsmanagement im öffentlichen Sektor

1 Der öffentliche Sektor im Wandel – Modernisierungsstrategien und deren Auswirkungen auf die Beschäftigten
S. v. BANDEMER

Die Modernisierung der öffentlichen Verwaltung leidet vielfach unter einer einseitigen instrumentellen Perspektive, deren Nutzen für die Beschäftigten oft nur schwer nachvollziehbar ist. Insbesondere die verbreiteten Produktdefinitionen sind hierbei wenig hilfreich. Aber auch umfassendere Konzepte wie der „Schlanke Staat" oder der „Aktivierende Staat" stoßen dann auf Widerstände, wenn sie nicht konsequent verfolgt und die Beschäftigten nicht hinreichend beteiligt werden. Vereinzelte Beispiele integrierter Reformansätze unter Beteiligung der Beschäftigten zeigen aber auch, dass Verwaltungsmodernisierung mit den Beschäftigten möglich ist und von diesen getragen wird.

2 Rationalisierung, Arbeitsbelastungen und Arbeitsunfähigkeit im Öffentlichen Dienst
G. MARSTEDT · R. MÜLLER · R. JANSEN

Anhand von zwei Datensätzen (BIBB/IAB-Erhebung 1998/99 und Mikrozensus 1995) wird für den Bereich des Öffentlichen Dienstes analysiert, wie Rationalisierungsprozesse, Arbeitsbelastungen und Gesundheitsbeschwerden sowie Arbeitsunfähigkeits-Kennziffern sich auch im Vergleich zur Privatwirtschaft entwickelt haben. Mehrere Ergebnisse der Analyse sind hervorzuheben. Erstens: Im Öffentlichen Dienst greift derzeit ein sehr weitreichender Rationalisierungs- und Modernisierungsprozess Raum, von dem ein höherer Beschäftigten-

Anteil betroffen ist als in anderen Sektoren. Zweitens: Die Mitarbeiter im Öffentlichen Dienst beklagen allerdings kein überdurchschnittliches Maß an Zeit- und Leistungsdruck oder eine Monotonisierung ihrer Tätigkeit. Rationalisierung im Öffentlichen Dienst bringt derzeit also nicht (oder nicht durchgängig) eine extreme Leistungsverdichtung mit sich. Drittens: Der vor nicht allzu langer Zeit öffentlich beklagte „überhöhte" Krankenstand im Öffentlichen Dienst ist nach unseren Analysen nicht wirklich „überhöht" (im Sinne eines dahinter vermuteten überdurchschnittlich hohen „Krankfeierns"), auch wenn die Krankheitsfälle geringfügig höher liegen als in der privaten Wirtschaft. Zu berücksichtigen ist jedoch, dass im Öffentlichen ein höherer Anteil von Schwerbehinderten beschäftigt ist und darüber hinaus der Altersdurchschnitt der Beschäftigten deutlich höher liegt. Viertens: Im Öffentlichen Dienst – als einzigem Sektor – ist im vergangenen Jahrzehnt der Altersdurchschnitt der Beschäftigten noch angestiegen. Diese „Alterslast" bringt für das nächste Jahrzehnt sehr weitreichende Gestaltungsanforderungen in der Personalpolitik der Öffentlichen Arbeitgeber mit sich.

3   Neuordnung des Arbeitsschutzrechts im öffentlichen Dienst
R. Breithaupt

Das europäische Arbeitsschutzrecht und ihm folgend die nationale Gesetzgebung in Deutschland überwinden die zuvor heterogenen vom gewerblichen Bereich abweichenden Strukturen. Arbeits- und Gesundheitsschutz gelten im öffentlichen Dienst für alle Beschäftigten, d.h. Arbeitnehmer, Beamte, Richter und Soldaten.

Die Rezeption des modernen präventiven Gesundheitsschutzansatzes nimmt zunehmend Raum in politischen Vorgaben und organisatorischen Überlegungen des öffentlichen Dienstes ein.

Erste Pilotprojekte zur Integration von Arbeits- und Gesundheitsschutz in die vorhandenen Organisationssysteme sind gestartet. Umfassende Prüflisten zur systematischen Beurteilung der Arbeitsbedingungen und die zeitnahe zur Verfügungstellung von Auswertungssystemen des Unfallgeschehens (einschl. Beamte) unterstützen den Aufbau geeigneter Arbeits- und Gesundheitsschutzstrukturen im öffentlichen Dienst.

Im Bundesdienst erfolgt die Überwachung und Beratung zum Arbeits-/Gesundheitsschutz und zur Prävention aus einer Hand.

4   Ergebnisse einer Umfrage bei Führungskräften zur Prävention und betrieblichen Gesundheitsförderung im öffentlichen Dienst in Hessen und Thüringen

F. GRÖBEN

Es werden Ergebnisse einer repräsentativen Telefonbefragung bei Führungskräften in der öffentlichen Verwaltung vorgestellt. Die Befragung wurde von den Unfallkassen Hessen und Thüringen mit wissenschaftlicher Begleitung der Universität Karlsruhe durchgeführt.

Ziel der Befragung war es, einen Überblick der Vorerfahrungen mit Instrumenten der betrieblichen Gesundheitsförderung zu gewinnen, Probleme und Hindernisse zu erfassen sowie den Unterstützungs- und Beratungsbedarf in diesem Feld festzustellen. An der Umfrage beteiligten sich 356 Dienststellen, der Rücklauf lag damit bei 62 Prozent.

Die Befragung zeigt, dass in der öffentlichen Verwaltung psychische Belastungen der Mitarbeiter im Vordergrund stehen. Maßnahmen zur Gesundheitsförderung sind bisher nur selten vorzufinden. Es wird von den Führungskräften ein hoher Beratungsbedarf bei Fragen der Gesundheitsförderung geäußert. Die aktuellen Themen sind Arbeitszeitmodelle und Gefährdungsbeurteilungen insbesondere im Bereich der psychischen Belastungen.

5   Gesundheitsmanagement in der Berliner Verwaltung

A. DELIN · P. V. RYMON-LIPINSKI

Mit dem Abschluss einer Vereinbarung zum Gesundheitsmanagement zwischen den Senatsverwaltungen und Bezirksämtern einerseits und den Beschäftigtenvertretungen andererseits geht die Berliner Verwaltung seit August 1999 nicht nur einen zeitgemäßen, sondern auch äußerst ambitionierten Weg. Gesundheitsmanagement ist eine wesentliche Säule der Verwaltungsreform. Die veränderten Rahmenbedingungen sollen mit den Mitarbeiterinnen und Mitarbeitern so gestaltet werden, dass die Arbeitsmotivation, Arbeitszufriedenheit und Arbeitsproduktivität erhöht und letztendlich langfristig der Krankenstand gesenkt wird. Dieser Herausforderung stellt sich die Berliner Verwaltung, insbesondere in Zeiten, in denen umfangreiche Konsolidierungsmaßnahmen erforderlich sind und mit immer weniger Personal die gleichen oder sogar mehr Aufgaben erledigt werden müssen. Die Koordinierung und Steuerung des berlinweiten Prozesses obliegt der Senatsverwaltung für Inneres. Der Bericht beschreibt die zentralen Aktivitäten von der Start- über die Akzeptanz- bis hin zur Implementierungsphase.

**6   Gemeinschaftsprojekt Gesunde Städte und Gemeinden
des Erftkreises**
H. Kowalski

Mit den zehn Gemeinden und der Kreisverwaltung des östlich von
Köln gelegenen Erftkreises vereinbarte die AOK Rheinland und ihr Institut für Betriebliche Gesundheitsförderung im Jahre 1996 ein gemeinsames Gesundheitsförderungsprojekt. Ein kumulierter Gesundheitsbericht für alle elf Beteiligten zeigte deutlich überhöhte Krankenstände gegenüber anderen Unternehmen der Region und auch gegenüber der Branche öffentlicher Dienst. An einer Mitarbeiterbefragung nahmen über 2000 Bedienstete teil. Die Erfahrungen mit dem
Projekt werden dargestellt. Diskutiert werden die Vor- und Nachteile
eines Gemeinschaftsprojektes gegenüber Einzelprojekten. Der Krankenstand ist im Laufe des Projekts gesunken.

**7   Von der Telefonzentrale zum Call-Center –
Partizipativ neue Aufgaben gesundheitsförderlich gestalten**
P. Lück · E. Baumann · B. Beermann

Aus Anlass der bevorstehenden Umstrukturierung der Telefonzentrale
in ein Call-Center wurde in der Stadtverwaltung Dortmund ein Projekt zur Betrieblichen Gesundheitsförderung durchgeführt. Es wurden
die Ziele verfolgt, Gesundheitspotenziale der alten Arbeitsplätze zu erhalten und existierende Belastungssituationen durch die Umwandlung
der Arbeitsplätze abzubauen. Dazu wurden Instrumente der Mitarbeiterbeteiligung genutzt.

**8   Ableitung und Evaluation von Arbeitsgestaltungsmaßnahmen
bei ErzieherInnen in Kindertagesstätten**
M. Buch · E. Frieling

Dieser Beitrag fasst die wichtigsten Ergebnisse einer Studie zur Verbesserung der Arbeitssituation von ErzieherInnen und LeiterInnen in
Kindertagesstätten zusammen. Durch physikalische Messungen, Beobachtungsinterviews mit dem Tätigkeits-Analyse-Inventar und einer Fragebogenerhebung werden kritische Belastungsfaktoren und
-größen sowie Beanspruchungsfolgen identifiziert. Es wird deutlich,
dass das untersuchte Tätigkeitsfeld einerseits durch einen großen
Handlungsspielraum und andererseits durch die Verletzung arbeits-
wissenschaftlicher Standards gekennzeichnet ist. Auf der Basis der ex-
plorativen Analysen werden belastungsoptimierende Arbeitsgestal-

tungsmaßnahmen abgeleitet und exemplarisch in einer Pilot-Einrichtung realisiert. Die Evaluation dieser Interventionen ist noch nicht abgeschlossen, jedoch kann über erste Ergebnisse berichtet werden.

9   Arbeitsunfähigkeit und Frühberentung bei Lehrern
D. AHRENS · A. LEPPIN · B. SCHMIDT

Lehrerinnen und Lehrer sind offenbar als Berufsgruppe spezifischen, vor allem psychosozialen Belastungen ausgesetzt, die zu einem erheblichen Gesundheitsrisiko führen und zumindest in den älteren Altersgruppen zu Fehlzeiten bzw. zur Frühpensionierung beitragen. Während Ende der 90er Jahre die krankheitsbedingten Fehlzeiten mit ca. 8,0 Tagen noch im Durchschnitt der Angestellten des öffentlichen Dienstes liegen, beträgt der Anteil der aufgrund von Dienstunfähigkeit frühpensionierten LehrerInnen gemessen an allen Berentungen über 60%. Um das Gesundheitsrisiko für Lehrkräfte zu vermindern, müssen die Lehrerinnen und Lehrer schon in der Ausbildung intensiver dazu befähigt werden, spezifische Belastungssituationen in der Schule besser zu bewältigen, wozu neben der Vorbereitung auf die Vermittlung akademischen Wissens auch ein verstärktes Training im Bereich psycho-sozialer Aufgaben gehört. Auch berufsbegleitend sind hierfür ausreichende Beratungs-, Unterstützungs- (vor allem Supervisions-) und Fortbildungsangebote nötig.

10   Arbeits- und Gesundheitsschutz im Lehrerberuf – Grundlagen und Methoden
B. RUDOW

Die Arbeit des Lehrers ist durch vorwiegend psychische Belastungen bestimmt. Die Mehrfachbelastung führt zu negativen Beanspruchungsreaktionen und -folgen, besonders zu Stress und Burnout und in der Konsequenz häufig zur Frühpensionierung. Demzufolge ist es erforderlich, den gesetzlich vorgeschriebenen Arbeits- und Gesundheitsschutz für Lehrer in der Praxis umzusetzen. Dazu gehören neben der Unfallverhütung und Arbeitssicherheit vor allem die Gesundheitsvorsorge und -förderung. Zunächst bedarf es der Gefährdungsbeurteilung. Es wird ein Ablaufkonzept dargelegt, welches die Hauptschritte des Arbeitsschutzes im Lehrerberuf bestimmt. Eine zentrale Stellung hat dabei die Diagnostik der psychischen Belastungen oder Gefährdungen. Zu diesem Zweck wurde eine Prüfliste (PBL) entwickelt, welche wesentliche Belastungsbereiche bzw. Einzelbelastungen der Lehrer erfasst. Schließlich werden Maßnahmen des Arbeits- und Gesundheitsschutzes im Lehrerberuf skizziert. Auf Grundlage der Ergebnisse der Gefährdungsbeurteilung sollten Maßnahmen der Organisations- und Arbeitsgestaltung und personenbezogene Maßnahmen implementiert werden. Dies sind zum Beispiel die Gruppenarbeit, der Führungsstil der Schulleitung, die Supervision, die Aufgabengestaltung, die Arbeitsumweltgestaltung und Methoden zur Stress-, Angst- und Konfliktbewältigung.

11   Betriebliche Einflussfaktoren des Krankenstandes. Eine empirische Untersuchung über Fehlzeiten und ihre Ursachen beim nichtwissenschaftlichen Personal der Universität Erlangen-Nürnberg
G. Buttler · C. Burkert

Die Arbeit zeigt betriebliche Einflussfaktoren des Krankenstandes für das nichtwissenschaftliche Personal der Universität Erlangen-Nürnberg auf.

Durch eine Mitarbeiterbefragung wurde sowohl die subjektive Wahrnehmung der Arbeitssituation als auch die Krankheitshäufigkeit erfasst. Durch statistische Analysen lassen sich Zusammenhänge ermitteln. Sie zeigen, welche Dimensionen der Arbeitssituation von besonderer Bedeutung für die Krankheitshäufigkeit sind. Mitarbeiterbefragungen sind ein Instrument der Entwicklung und Verbesserung von Organisationen, es werden dadurch Informationen über Einstellungen und Erwartungen der Mitarbeiter gewonnen. Diese Informationen liefern auch Anhaltspunkte für konkrete Veränderungsprozesse zur Senkung der Krankheitshäufigkeit.

12   Gesundheitsförderung an Hochschulen
B. Gusy · D. Kleiber

„Gesundheitsförderung an Hochschulen" ist die jüngste Projektinitiative gesundheitsfördernder Netzwerke des Europäischen Regionalbüros der Weltgesundheitsorganisation in Kopenhagen. Anfängliche Einzelaktivitäten zu bestimmten Problembereichen an bundesdeutschen Hochschulen wie z.B. zu „Mobbing" werden derzeit abgelöst von systematischen Programmen, denen eine datengestützte Diagnose (Gesundheitsbericht) vorangestellt wird, auf denen Programmentwicklung, -umsetzung und -evaluation fußen. Interventionen finden derzeit überwiegend an der „Peripherie" statt, wie z.B. Bewegungsangebote im Rahmen des Hochschulsports, und erfassen selten „Kernprozesse" wie z.B. Lehr-/Lernumgebungen. Veränderungsinitiativen, die auf die Gestaltung letztgenannter Bereiche abzielen, versprechen nach Erfahrungen aus anderen Netzwerken den höchsten und nachhaltigsten Nutzen. Der Erfolg von Gesundheitsförderung an Hochschulen wird im Wesentlichen davon abhängen, ob es gelingt, auch auf diese Bereiche positiv einwirken zu können.

13 „Wie gesund leben Studierende? – Schlussfolgerungen für eine gesundheitsfördernde Hochschule"
C. STOCK · A. KRÄMER

Betrachtet man die Bedingungen für Gesundheit an Hochschulen, so sind auch die Studierenden als „Kunden" des Systems in den Blick zu nehmen. In diesem Beitrag wird daher ein Überblick über die wesentlichen Ergebnisse von Querschnitts- und Längsschnittsstudien gegeben, die an der Universität Bielefeld durchgeführt wurden. Diese Untersuchungen erfassten selbstberichtete Daten zur gesundheitlichen Lage von Studienanfängern in einer Baseline-Erhebung und schlossen im Follow-Up nach zwei Jahren Studium eine körperliche Untersuchung und biochemische Tests mit ein. Dargestellt werden Daten zu Erkrankungen und Beschwerden, psychosozialen Belastungen und Ressourcen, zum Wohlbefinden im Lebensraum Hochschule und zum Interesse von Studierenden an Gesundheitsförderung. Weiterhin werden das Konzept der Gesundheitsfördernden Hochschule vorgestellt und Implikationen der Studienergebnisse für die universitäre Gesundheitsförderung diskutiert.

14 Implementierung eines Betrieblichen Gesundheitsmanagements bei der Essener Verkehrs-AG
U. WALTER · E. MÜNCH · B. BADURA

Der Artikel versteht sich als Beitrag zur Institutionalisierung und Systematisierung von betrieblicher Gesundheitsförderung in Wirtschaftsunternehmen und Dienstleistungsorganisationen. Mit dem „Leitfaden für Betriebliches Gesundheitsmanagement" wurde dazu von einem der Autoren bereits im Jahr 1999 ein erstes Konzept vorgeschlagen. Grundelement dieses Konzeptes ist ein Lernzyklus, bestehend aus den vier Kernprozessen Diagnose, Planung, Intervention und Evaluation. Die Kernprozesse sind kontinuierlich zu durchlaufen und erfordern gewisse strukturelle Voraussetzungen und Rahmenbedingungen zu ihrer erfolgreichen Durchführung. Zwischenzeitlich liegen erste Erfahrungen mit der Anwendung des Leitfadens vor, z. B. aus einem laufenden Projekt im öffentlichen Sektor. Am Beispiel eines Modellbetriebs aus diesem Projekt der Essener Verkehrs-AG wird die Implementierung eines Betrieblichen Gesundheitsmanagements aus Sicht der Wissenschaftlichen Begleitforschung exemplarisch dargestellt. In einem ersten Schritt erfolgt orientiert an dem o. g. Leitfaden die Darstellung der Vorgehensweise des Unternehmens. In einem zweiten Schritt werden die aufgebauten Strukturen und Rahmenbedingungen sowie die durchgeführten Kernprozesse anhand erfolgsrelevanter Qualitätskriterien beurteilt. Aus den dabei gewonnenen Erfahrungen werden abschließend Hinweise zur Weiterentwicklung des Leitfadens formuliert.

15   Die Auswirkung intensiver Betreuung nach Bahnunfällen auf Fehlzeiten bei Triebfahrzeugpersonal
S. Gröben · E. Grzesitza

Es wird das Betreuungsprogramm der Deutschen Bahn AG für traumatisierte Mitarbeiter vorgestellt. Am Beispiel der Lokführer, welche die größte Zielgruppe darstellen, wird die Notwendigkeit schneller Betreuung aufgezeigt. Erste Ergebnisse der Evaluation verschieden intensiver Betreuungsmodelle werden diskutiert. Es scheint ein deutlicher Zusammenhang zwischen Schnelligkeit und Intensität der Betreuung und krankheitsbedingten Fehlzeiten zu bestehen.

16   Für Seele und Körper der Polizisten. Die sozial-psychologische Betreuung der Polizei des Landes Brandenburg
R. Brandt

Das Wissen, dass eine Vielzahl von dienstlichen und privaten Belastungen Auswirkungen auf die optimale Dienstdurchführung haben können, motivierte die polizeiliche Führung ein an den Bedürfnissen der Landespolizei ausgerichtetes Modell der innerbetrieblichen Sozialbetreuung einzurichten.

Es erfolgte die Integration der sozial-psychologischen Betreuung in den bestehenden Polizeiärztlichen Dienst und es wurden zwei Diplom-Psychologen/Klinische Psychologen und ein Sozialbetreuer hauptamtlich für diese Aufgabe eingesetzt.

Das Aufgabenspektrum richtet sich auf die Prävention, Diagnostik und Therapie psychischer Störungen, die Mitbehandlung der Alkoholkrankheit und anderer Suchten sowie auf die Mithilfe bei der Bewältigung menschlich-sozialer Konflikte und schließt die Betreuung bei posttraumatischen Belastungsstörungen ein. Erweitert wurde das Aufgabenfeld durch die psychologische Eignungsuntersuchung nach der neuen Führerscheinverordnung.

Neben der kurativen Tätigkeit wird sehr viel Wert auf interne Öffentlichkeitsarbeit gelegt, insbesondere werden hier die Führungskräfte aller Ebenen angesprochen, denn diese müssen ihrer sozialen Kompetenz in Umsetzung der Fürsorgepflicht des Dienstherrn gerecht werden. Innerpolizeiliche Sozialbetreuung kann nur im Zusammenwirken von den betroffenen Kolleginnen oder Kollegen, dem Vorgesetzten, den Personalvertretungen, den Polizeiärzten und den Polizeipsychologen unter Beachtung der ärztlichen Schweigepflicht wirksam werden.

17 Gesundheitsförderung für Personal in Justizvollzugsanstalten in NRW – Hintergründe und Erfahrungen
H. BÖGEMANN

Erstmalig in Deutschland wurde in einer geschlossenen Justizvollzugsanstalt ein Gesundheitsförderungsprojekt für Justizvollzugsbedienstete realisiert. Eine neu geschaffene Abteilung Gesundheitsförderung befasste sich ausschließlich mit der gesundheitlichen Situation des Personals. Es zeigte sich u. a., dass der Arbeitsplatz Gefängnis viele Besonderheiten aufweist und dass sich der einzelne Vollzugsbeamte mit einer zunehmend komplexeren Belastungsstruktur konfrontiert sieht. Hohe Krankenstände und eine Zunahme vorzeitiger Pensionierungen weisen darauf hin, dass die Bewältigung dieser Belastungen für den Einzelnen immer schwieriger wird, so dass Intervention geboten scheint, um das Wohlergehen des einzelnen Beamten wie auch das Funktionieren der Institution zu sichern. Das im Folgenden beschriebene Projekt führte konkret zu institutionellen Neuerungen, die geeignet sind, diese Ziele umzusetzen. Neben Steuerungsinstrumenten wie dem Arbeitskreis Gesundheit und der Arbeitsgruppe Personal und der Erprobung von Qualitätszirkeln wurden kollegiale Unterstützungs- und Selbsthilfestrukturen geschaffen, die sich auch in der Praxis eines Gefängnisses bewährt haben.

B Daten und Analysen

18 Krankheitsbedingte Fehlzeiten in der deutschen Wirtschaft
C. VETTER · I. KÜSGENS · B. YOLDAS

Der Beitrag liefert umfassende und differenzierte Daten zu den krankheitsbedingten Fehlzeiten in der deutschen Wirtschaft. Datenbasis sind die Arbeitsunfähigkeitsmeldungen der 12,1 Millionen erwerbstä-

tigen AOK-Mitglieder in der Bundesrepublik Deutschland. Ein einführendes Kapitel gibt zunächst einen Überblick über die allgemeine
Krankenstandsentwicklung und wichtige Determinanten des Arbeits-
unfähigkeitsgeschehens. Im Einzelnen wird u.a. eingegangen auf die
Verteilung der Arbeitsunfähigkeit, die Bedeutung von Kurz- und
Langzeiterkrankungen und Arbeitsunfällen, regionale Unterschiede in
den einzelnen Bundesländern sowie die Abhängigkeit des Krankenstandes von Faktoren wie der Betriebsgröße und der Beschäftigtenstruktur. In elf separaten Kapiteln wird dann detailliert die Krankenstandsentwicklung in den unterschiedlichen Wirtschaftszweigen analysiert.

A. Schwerpunktthema: Gesundheitsmanagement im öffentlichen Sektor

X Schwerpunktthema
Gesundheitsmanagement

Öffentlicher Sektor – Struktureller Wandel, Rahmenbedingungen

Der öffentliche Sektor im Wandel – Modernisierungsstrategien und deren Auswirkungen auf die Beschäftigten

S. v. Bandemer

Der öffentliche Sektor im Wandel

In Anbetracht knapper Ressourcen und zunehmender Skepsis hinsichtlich der Leistungen besteht für den öffentlichen Sektor nunmehr seit Jahren ein erheblicher Modernisierungsdruck. Beginnend in den Kommunen und gefolgt von Landes- und Bundesverwaltungen wurden die Beschäftigten mit einer Vielzahl von Reforminitiativen konfrontiert. Vom neuen Steuerungsmodell und dem „New Public Management" über den „schlanken" bis zum „aktivierenden Staat", von Kostentransparenz und Produktbildung über Wettbewerb und „Public Private Partnership" konkurrieren unterschiedliche Ansätze und Instrumente um Modernisierungserfolge und die Akzeptanz der Beschäftigten [1]. Die Einsicht in die Notwendigkeit von Reformen ist dabei weit verbreitet. Dagegen ist die Wirksamkeit der Konzepte und Instrumente oft skeptischer zu beurteilen. Die Beschäftigten im öffentlichen Sektor sind hiervon aber allemal betroffen. Die entsprechenden Auswirkungen stehen im engen Kontext von Reformkonzepten und Instrumenten einerseits sowie der Personalentwicklung andererseits. Daher lohnt ein bewertender Überblick über die Entwicklung der Reformen sowie der Personalentwicklung im öffentlichen Sektor, aus dem sich Perspektiven der Verwaltungsmodernisierung ableiten lassen.

---

[1] Für einen umfassenden Überblick vgl. Blanke, v. Bandemer, Nullmeier, Wewer, Handbuch zur Verwaltungsreform, 2. Auflage, Opladen 2001.

Reformkonzepte und Instrumente

Neues Steuerungsmodell und New Public Management

Ergebnissteuerung und Produktdefinitionen. Seit Beginn der 90er Jahre hat die Verwaltungsreform in der Bundesrepublik zunächst in den Kommunen, später auch auf Landes- und Bundesebene insbesondere aus dem sogenannten „Neuen Steuerungsmodell" [11] und später unter dem Begriff „New Public Management" [18] wesentliche Impulse erhalten. Im Kern gehen diese Ansätze davon aus, dass öffentliche Verwaltungen unter Steuerungsdefiziten leiden, welche aus einer zu starken Orientierung am Input (Ressourcenbereitstellung) und einem Mangel an Ergebnisorientierung resultieren. Um dem zu begegnen setzt das „Neue Steuerungsmodell", vielfach in Anlehnung an aus der Privatwirtschaft entlehnte Managementkonzepte, auf eine ergebnisorientierte Steuerung auf Basis dezentralisierter Führungs- und Organisationsstrukturen, deren Anreize durch Wettbewerbsmechanismen und gesteigerte Transparenz verbessert werden sollen.

Die ergebnisorientierte Steuerung im Vergleich zur Inputsteuerung setzt zunächst voraus, dass Ergebnisse des Verwaltungshandelns entsprechend definiert und gemessen werden. Anders als in der Privatwirtschaft, wo Produkte über Marktpreise bewertet werden können, stoßen öffentliche Verwaltungen bei der Produktorientierung jedoch an manche Schwierigkeiten. Bei einfachen Produkten, wie etwa die Ausstellung eines Personalausweises, ist die Produktdefinition und Ergebnismessung im Sinne eines Cost-Centers noch vergleichsweise einfach. Zusätzlich zum Mengengerüst kommen lediglich einige qualitative Aspekte wie Wartezeiten oder die Freundlichkeit der Beschäftigten zum Tragen. Schwierigkeiten bereiten allerdings komplexere Produkte, bei denen sowohl die Zielsetzungen variieren können als auch das Mitwirken der Kunden an der Produkterstellung erforderlich ist. Ein Beispiel hierfür wäre etwa die Sozialhilfe, bei der sowohl die Strategie einer quantitativen Optimierung als auch die Strategie einer qualitativen Optimierung verfolgt werden kann. Quantitative Optimierung hieße, soviel Sozialhilfefälle mit sowenig Aufwand wie möglich zu bearbeiten. Die wichtigste Kennzahl hierfür wären die Akten bzw. Fälle je Sachbearbeiter bzw. Sachbearbeiterin. Die qualitative Strategie würde darauf zielen, so viele Sozialhilfeempfänger wie möglich wieder aus der Sozialhilfe herauszubringen und in den normalen Arbeitsprozess zu integrieren. Dabei kommt es dann gleichzeitig auf die Zusammenarbeit unterschiedlicher Leistungserbringer vom Sozialamt über die Jugendhilfe, die Suchthilfe bis zur Arbeitsverwaltung etc. an. Solche komplexen Hilfeangebote, bei deren Wirksamkeit auch der Beitrag der Leistungsempfänger eine entscheidende Rolle spielt, lassen sich aber nur noch äußerst schwierig als ein Produkt definieren. Gleichwohl können sie unter Gesichtspunkten wie Zielerreichung und Kosten weit effektiver sein, als dies eher quantitative Optimierungsstrategien sind.

Die insbesondere auf kommunaler Ebene verbreitete Strategie der Produktdefinition, die mittlerweile im Zuge der Einführung einer Kosten- und Leistungsrechnung auch von einigen Landesregierungen verfolgt wird, hat dabei für die Beschäftigten zu ganz unterschiedlichen Konsequenzen geführt. So weit es sich um eher einfache, leicht zu definierende Produkte handelt, haben die Produktdefinitionen zu mehr Transparenz, zu verbesserten Entscheidungsspielräumen für die Beschäftigten und zu einem erhöhten Wettbewerb im Rahmen von Leistungsvergleichen geführt. Bei den komplexeren Produkten wie etwa der Sozialhilfe, der Jugendhilfe, der Wirtschaftsförderung, der Behindertenhilfe, der Arbeit der Polizei etc. führen die Produktdefinitionen allerdings vielfach zu wenig aussagefähigen und schwer vergleichbaren Ergebnissen. Dies geht mit entsprechenden Frustrationen der Beschäftigten einher, die sich in ihrer Arbeit nicht richtig verstanden und gewürdigt fühlen.

Hier zeigt sich, dass öffentliche Verwaltungen zwar von einer besseren Kostentransparenz profitieren können, dass aber für die Berücksichtigung der Komplexität der zu erbringenden Leistungen andere Steuerungsinstrumente benötigt werden. Die Einführung einer Kosten- und Leistungsrechnung auf Basis der Produktdefinitionen stößt deutlich an Grenzen der Steuerung. Eine damit verfolgte rein kostenorientierte Steuerung kann vielmehr sogar zu entgegengesetzten Konsequenzen führen, da die Cost-Center nicht notwendigerweise zu den erforderlichen Leistungen führen müssen. Insofern werden komplexere Zielsysteme benötigt, wie sie weiter unten beschrieben werden.

Wettbewerb und Marktmechanismen. In Ermangelung entsprechender Marktbewertung der Ergebnisorientierung wird im Rahmen der Verwaltungsmodernisierung vielfach auch auf eine Steigerung der Transparenz durch Wettbewerb gesetzt. Die Produktdefinitionen werden dann ergänzt durch Leistungsvergleiche, Ausschreibungen oder Outsourcingstrategien. Auch diese Instrumente orientieren sich am Wandel von der Input- zur Outputsteuerung. Der Wettbewerb setzt am Vergleich von Leistungsindikatoren an und unterliegt damit auch den gleichen Restriktionen wie die Produktsteuerung. Allerdings haben etwa die Vergleichsringe der KGSt[2] und der Bertelsmannstiftung dafür sensibilisiert, dass erhebliche Unterschiede im Verwaltungshandeln wie bei den Ergebnissen existieren. Auch für die Kunden wird durch die Leistungsvergleiche eine gesteigerte Transparenz geschaffen. Für die Beschäftigten sind die Leistungsvergleiche allerdings vielfach frustrierend, da die im spezifischen Verwaltungshandeln oder den Rahmenbedingungen liegenden Ursachen für die Leistungsdifferenzen nicht deutlich werden. Damit fehlen zugleich die Hinweise auf Handlungsmöglichkeiten, mit den Ursachen umzugehen und die Leistungsunterschiede so in Form kontinuierlicher Verbesserungsprozesse abzubauen.

Bei den Ausschreibungen wird darauf gesetzt, dass durch die Inszenierung eines Wettbewerbs zwischen öffentlichen und privaten Anbietern von Leistungen Anreize zur Leistungsoptimierung erreicht werden. Derartige Anreize bieten offensichtliche Vorteile, stoßen aber auch an Grenzen der Reichweite. So hat sich gezeigt, dass es sinnvoll und erforderlich ist, zumindest einen Teil der Leistungen in öffentlicher Hand zu behalten, um nicht in Abhängigkeiten zu geraten, die gegebenenfalls auch zu einer Verteuerung bzw. zu Qualitätsverlusten führen können. Zudem zeigen auch internationale Erfahrungen, dass die konsequente Ausschreibung öffentlicher Leistungen zwar unmittelbar zu Kostensenkungen führen kann, diese jedoch vielfach durch wachsende Anforderungen an die Qualitätssicherung kompensiert werden.

Auch die Privatisierung bislang öffentlicher Leistungen zielt auf die Steigerung von Wettbewerb und die Verbesserung der Anreizmechanismen. Zusätzlich wird dabei häufig von einer größeren Flexibilität und Leistungsfähigkeit privater Rechtsformen ausgegangen. Empirische Ergebnisse zeigen allerdings, dass die Rechtsform nicht die entscheidende Weichenstellung bedeutet. So ergibt etwa ein Krankenhausvergleich nach Rechtsformen ein sehr durchwachsenes Bild, bei dem weder öffentliche noch private oder wohlfahrtsverbandliche

---

[2] Die KGSt ist der Verband für kommunales Management. Sie wurde am 01. Juni 1949 in Köln als Kommunale Gemeinschaftsstelle für Verwaltungsvereinfachung gegründet und ist eine dienstleistungsorientierte Fachorganisation der Städte, Gemeinden und Kreise, die unabhängig vom Staat und den politischen Parteien arbeitet. Die KGSt hat rund 1600 Mitglieder – Kommunen aus Deutschland, Österreich, der Schweiz und Italien. Bekannt ist die KGSt vor allem als Initiatorin des so genannten „Neuen Steuerungsmodells", das in den 90er Jahren bundesweit der Startschuss für die Reform der Kommunalverwaltungen war.

Strukturen eindeutige Vorteile aufweisen können[3]. Wichtiger als die Rechtsform scheint eher die Ablauforganisation zu sein, die allenfalls durch unterschiedliche Rechtsformen begünstigt oder behindert werden kann. In jedem Fall geht es hierbei nicht um die Frage Staat oder Markt, sondern vielmehr um Wettbewerb, der sowohl privatwirtschaftlich als auch öffentlich geschaffen werden kann.

Grenzen der Modernisierungsansätze. Die Führungs- und Organisationsstrukturen in den „Neuen Steuerungsmodellen" zielen in der Regel auf eine Trennung von Zielen und Ergebnisverantwortung. Die Definition der Ziele wird als politische Aufgabe betrachtet, die Durchführungs- und Ergebnisverantwortung dann im Rahmen des Kontraktmanagements der Verwaltung übertragen. Innerhalb der Verwaltung wird ebenfalls ein Führen mit Zielen und eine konsequente Dezentralisierung der Verantwortung propagiert. Auch hier sind die Ergebnisse allerdings bislang ernüchternd. Die Trennung zwischen Politik und Verwaltung erweist sich als sperrig [8] und das Führen mit Zielen hat bisher keinen breiten Eingang in die Verwaltungspraxis gefunden.

Die Modernisierung stößt auch deshalb an Grenzen, weil die besonderen politisch-demokratischen Bedingungen des öffentlichen Verwaltungshandelns kaum berücksichtigt wurden [2, S. 323], eine Integration der Managementinstrumente weitgehend aussteht [15, S. 6] und die Personalentwicklung im Rahmen der Verwaltungsmodernisierung nicht hinreichend Berücksichtigung fand bzw. die Arbeitsstrukturen nicht ausreichend entwickelt wurden [13, S. 91]. Im Mittelpunkt der Konzepte stehen einzelne Managementinstrumente zur Steigerung der Effizienz, wofür in der Tat ein erheblicher Nachholbedarf bestand. Die Entwicklung im privatwirtschaftlichen Bereich hat aber auch gezeigt, dass eine Integration der Managementinstrumente für eine mittel- und langfristig tragfähige Erneuerung ebenso notwendig ist, wie die Motivation und Beteiligung des Personals im Rahmen der Personal- und Organisationsentwicklung.

So ist bei vielen Reformansätzen hinsichtlich neuer Managementkonzepte eine erhebliche Ernüchterung eingekehrt. Es fällt auf allen Ebenen zunehmend schwer, die Politik in die Modernisierungsaktivitäten einzubeziehen. Die Reforminstrumente stehen unvermittelt nebeneinander und blockieren eine strategische Ausrichtung der Moder-

---

[3] Ein Vergleich von betriebswirtschaftlichen Kennzahlen in dem vom BMBF geförderten Projekt „Benchmarking in der Gesundheitswirtschaft" zeigt für keinen Indikator durchgehend bessere Ergebnisse hinsichtlich einer Rechtsform (v. Bandemer 2001, unveröffentl. Manuskript).

nisierung. Und nicht zuletzt hat sich ein Großteil der Reformen für die Beschäftigten kaum ausgezahlt und eher zu Frustration und Demotivation als zu einem Empowerment und Verantwortungsübernahme geführt. Trotz der grundsätzlichen Einsicht in den Reformbedarf können die Beschäftigten im öffentlichen Sektor die Zusammenhänge der fragmentierten Reforminstrumente kaum nachvollziehen, vermissen die Berücksichtigung der legitimatorischen Basis öffentlichen Handelns und sehen für sich selbst nur geringe Chancen an dem Reformprozess zu partizipieren und von ihm zu profitieren. Insgesamt werden die Reformen von den Beschäftigten mit deutlicher Skepsis betrachtet [6].

Von der Dienstrechtsreform zur Personal- und Organisationsentwicklung

Wesentliche Hemmnisse der Verwaltungsmodernisierung werden vielfach auch im öffentlichen Dienstrecht und der Personalentwicklung gesehen. Gegenüber den beamtenrechtlichen Leitbildern der loyal auf Pflichterfüllung ausgerichteten Beschäftigten, die im Gegenzug eine staatliche materielle Absicherung erfahren und über Struktur und Verhaltensregelungen „geführt" werden, sind verstärkt Bemühungen um neue Anreiz- und Führungsmechanismen erkennbar. So bestehen Ansätze für die Vergabe von Führungspositionen auf Probe bzw. auf Zeit, Veränderungen im Bereich der Personalrekrutierung im Sinne von Assessment Centern, Veränderungen des Beurteilungswesens und Ansätze von neuen Steuerungsinstrumenten etwa im Bereich des Führens mit Zielen, wie sie etwa auch im neuen Steuerungsmodell angelegt sind. Im Zusammenwirken mit verstärkten Weiterbildungsangeboten sollen die Beschäftigten damit für die neuen Steuerungsmodelle fit gemacht werden. Trotz dieser Ansätze spielen die Personalentwicklung und das Personalmanagement in der Verwaltungsreform nach wie vor eine untergeordnete Rolle [16].

Eine der verbreitetsten Instrumente der Personalentwicklung sind Initiativen zum Führen mit Zielen. Die KGSt hat das Mitarbeitergespräch schon frühzeitig für die Kommunalverwaltung propagiert (1992). Die meisten Landesregierungen haben hierfür mittlerweile Konzepte erarbeitet und auch die Bundesregierung sieht im Rahmen ihres Personalentwicklungsprozesses Mitarbeitergespräche vor. In den meisten Fällen findet aber kaum eine angemessene Integration mit anderen Instrumenten statt. So ist es nach wie vor die Ausnahme, Mitarbeitergespräche auf Behördenleitbilder zu beziehen, auf Basis der Zielvereinbarungen Qualifizierungsbedarfe zu ermitteln und das Vorschlagswesen oder die Gesundheitsförderung zu berücksichtigen.

Die Landesregierung Schleswig Holstein, die frühzeitig auf ein integriertes Konzept der Personalentwicklung gesetzt hat, wurde dafür im Jahr 2000 mit dem Speyerer Qualitätspreis ausgezeichnet. In der Begründung wird darauf verwiesen, dass „insgesamt das im ganzen hochinnovative Personalentwicklungskonzept auf gutem Wege (ist), sich zu einem verbindlichen Standardinstrumentarium in der gesamten Landesverwaltung zu entwickeln". Dies verdeutlicht, dass die Personalentwicklung – trotz vielversprechender Ansätze wie in Schleswig Holstein – hinter anderen Steuerungsinstrumenten eher noch hinterher hinkt.

Eine der wichtigsten Problemlagen ist daher darin zu sehen, dass die Modernisierung des öffentlichen Sektors weitgehend ohne die Beschäftigten erfolgt und diese nachträglich an neue Organisationsformen und Steuerungsinstrumente herangeführt werden sollen. Die Einbindung der Beschäftigten in die Organisationsentwicklung, die Entwicklung von Leitbildern und die Einführung neuer Steuerungsinstrumente bleibt dabei eher die Ausnahme und konzentriert sich auf einzelne Elemente, ohne dass eine systematische Vernetzung stattfände.

Übergreifende Reformkonzepte

Den mit dem Neuen Steuerungsmodell und dem New Public Management teilweise verbundenen Vorwurf eines einseitigen „Managerialismus" versuchen übergreifendere Reformkonzepte für den öffentlichen Sektor zu überwinden. An den besonderen demokratischen Anforderungen setzt etwa das Konzept des „funktionalen Staates" an, welches insbesondere die Rolle des Staates bei der Vertretung nicht repräsentierter Interessen und bei Zukunftsaufgaben hervorhebt [7]. Demgegenüber lenkt der „Schlanke Staat" als ein besonders in den neunziger Jahren im Rahmen der Verwaltungsreform dominierender Ansatz den Blick in erster Linie auf Aspekte wie staatliche Überlastung, Deregulierung und Privatisierung [17]. Quer zu den verschiedenen Reformansätzen versucht schließlich das Konzept des „Aktivierenden Staates" mit einer Binnen- wie Außenaktivierung Probleme der Staatsmodernisierung aufzugreifen [1]. Auf die beiden letztgenannten Konzepte und ihre Auswirkungen auf Staatsmodernisierung und Beschäftigte geht dieser Abschnitt exemplarisch ein.

Der „Schlanke Staat" – Reformen ohne Beschäftigte?

Das Konzept des „Schlanken Staates", welches von den Beschäftigten der öffentlichen Verwaltungen am ehesten mit der Verwaltungsmoder-

nisierung verbunden wird [4], setzt zunächst weniger auf den Einsatz
neuer Steuerungsinstrumente denn auf Aufgabenkritik und Deregulierung. In Anlehnung an die privatwirtschaftliche Debatte um „Lean
Production" ist Ausgangspunkt der Analysen zum „Schlanken Staat"
die Erkenntnis, dass die Staatlichkeit an die Grenzen ihrer Leistungsfähigkeit geraten ist [17]. Daher wird nach diesem Ansatz insbesondere nach Aufgaben gesucht, die künftig nicht mehr durch den öffentlichen Sektor geleistet werden müssen bzw. nach solchen Gesetzen,
Regelungen und Verfahrensvorschriften, die für die Aufgabenerledi-
gung nicht mehr benötigt werden oder diese sogar behindern.

Das Konzept des „Schlanken Staates" hat in den 90er Jahren in
Kommunen, Landesregierungen und beim Bund die Bemühungen um
Staatsmodernisierung maßgeblich geprägt. Allein der Sachverständigenrat „Schlanker Staat" hat auf Bundesebene über 800 Projekte und
Initiativen zusammengetragen, die sich zum großen Teil mit Auf-
gabenwegfall und Deregulierung beschäftigen. Auch in den Bundesländern wurden im Rahmen der Deregulierung neue Wege beschrit-
ten, indem etwa Verwaltungsvorschriften pauschal ausgesetzt und erst
mit entsprechender Begründung wieder zugelassen wurden (Rheinland Pfalz) oder indem Arbeitsstäbe zur Aufgabenkritik eingesetzt
wurden, die allerdings mit sehr unterschiedlichen Herangehensweisen
(z. B. Niedersachsen und NRW) versucht haben, den Bestand an
öffentlichen Aufgaben zu durchforsten.

Für die Beschäftigten ist diese Herangehensweise vielfach ambiva-
lent zu beurteilen. Einerseits ist die Entlastung von Aufgaben und Verfahrensvorschriften für eine sinnvolle Erledigung der Arbeit in vielen
Fällen unabdingbar. Andererseits waren gerade die Beschäftigten vielfach an der Entstehung der Aufgaben und Vorschriften beteiligt, hän-
gen an den fachspezifischen Vorgaben und kämpften für ihren Erhalt.
Zumeist waren die Beschäftigten an den Initiativen der Verwaltungsmodernisierung im Kontext des „Schlanken Staates" allerdings nicht
beteiligt und fühlten sich durch den Wegfall ihrer Aufgaben bedroht.
Die grundlegende Kritik an dem Vorgehen des „Schlanken Staates"
geht aber über diese Perspektive des Beharrungsvermögens hinaus.

Bei aller Berechtigung der Forderung nach Aufgabenüberprüfung
fehlen dem „Schlanken Staat" die integrierende Zielbestimmung und
die Steuerungsinstrumente für eine gezielte Modernisierungsstrategie,

---

[4] Selbst in Niedersachsen, wo frühzeitig der „Aktivierende Staat" als Grundlage für die Staatsmodernisierung proklamiert wurde, ist der „Schlanke
Staat" das bei den Beschäftigten bekannteste und am meisten mit der Modernisierung in Verbindung gebrachte Konzept [6].

die auch neue und zunehmende Aufgaben im Blick behalten und deren effektive Erledigung ermöglichen. Zwar hat etwa auch der Sachverständigenrat „Schlanker Staat" eine Fülle verdienstvoller Maßnahmen zusammengetragen und Instrumente von der Kostenrechnung über die Entwicklung von Leitbildern, Personalentwicklung bis hin zum Qualitätsmanagement und Controlling benannt. Das bloße Zusammentragen von Reforminstrumenten macht aber noch kein neues Konzept aus und lässt letztlich die Beschäftigten bei der Umsetzung sowie bei der Bewältigung ihrer Aufgaben weitgehend orientierungslos. Die Infragestellung der bisherigen Aufgaben und die Orientierungslosigkeit hinsichtlich der Perspektiven hat dabei sowohl viele Frustrationen ausgelöst als auch das Blockadepotenzial bestärkt. Der „Schlanke Staat" schwankt zwischen Schlankheitskur und Magersucht und ist letztendlich den wachsenden Herausforderungen hilflos ausgeliefert.

Der „Aktivierende Staat" – Zwischen Modernisierung, Bürgerengagement und politischem Schlagwort

Das Konzept des „Aktivierenden Staates" knüpft an die unterschiedlichen bestehenden Initiativen der Staats- und Verwaltungsmodernisierung an und zielt darauf, mit wachsenden Anforderungen an den Staat einerseits, der Überforderung des Staates andererseits, den demokratischen Bedingungen politischer Entscheidungen und der Notwendigkeit einer effizienten Leistungserstellung pragmatisch umzugehen. Der „Aktivierende Staat" setzt darauf, im Dialog mit seinen Beschäftigten, den Interessengruppen und Bürgern diese zu fordern und zu fördern, gemeinsam zu gesellschaftlichen Problemlösungen beizutragen. Dabei sollen immer die folgenden Elemente berücksichtigt werden, die sich wechselseitig bedingen und durch ihr Ineinandergreifen wirksam werden sollen:

- Dialoge statt Anordnungen bei der Abstimmung von Maßnahmen, um dem demokratischen Willensbildungsprozess öffentlichen Handelns Rechnung zu tragen.
- Eine Verantwortungsteilung zwischen den Akteuren, die darauf zielt, Verantwortung nicht einseitig dem Staat, der Gesellschaft, dem Markt bzw. Individuen zu übertragen, sondern die gemeinsame Verantwortlichkeit für öffentliche Belange hervorzuheben.
- Eine Koproduktion der Leistungen, bei der neben hoheitlichen und vertragsrechtlichen Lösungen kooperative Leistungserbringungsprozesse organisiert werden.
- Die Leistungsaktivierung über die gesamte Wertschöpfungskette zur Sicherung der Effizienz des Handelns.

Die Kombination dieser Elemente gewährleistet, dass nicht einseitig
auf eine ökonomische Effizienz gesetzt wird, Beteiligungsrechte und
-pflichten wahrgenommen werden und die jeweils spezifischen Kompetenzen und Leistungsfähigkeiten aller Beteiligter genutzt werden.
Trotz der breiten Rezeption des Ansatzes des „Aktivierenden Staates"
bestehen allerdings in der praktischen Handhabung und Interpretation wie in der wissenschaftlichen Debatte erhebliche Unterschiede
und Konkretisierungen, die auch für die Beschäftigten im öffentlichen
Sektor zu entsprechender Verwirrung und teilweiser Ablehnung führen.

Im politischen Raum wurde der „Aktivierende Staat" verschiedent-
lich eher als Kampfbegriff gegenüber dem „Schlanken Staat" genutzt.
Die Umdeutung zum „aktiven Staat" verkürzt das Konzept aber ebenso wie eine einseitige Ausrichtung am „welfare to work". Auch im wissenschaftlichen Kontext wird der „Aktivierende Staat" gelegentlich dazu genutzt, um traditionelle Themen der Selbsthilfe und des Ehren-
amts neu zu beleben und gegen den Staat zu wenden. So spielt das
Konzept derzeit auch noch stärker in der politischen Rethorik als in
seiner praktischen Realisierung eine prominente Rolle. Gleichwohl
werden heute viele Reformbestrebungen unter dem Label des „Aktivierenden Staates" gefahren und verwirren damit die Beschäftigten
eher, anstatt Orientierung zu vermitteln. Andererseits sind auch
durchaus ernsthafte Auseinandersetzungen mit dem Konzept zu beobachten [3] und einige Umsetzungserfolge zu verzeichnen [14].

Inwieweit es gelingt, den „Aktivierenden Staat" in Zukunft als inte-
grierendes Konzept für die Staats- und Verwaltungsmodernisierung
zu nutzen wird auch davon abhängen, inwieweit es in den Organisati-
ons- und Personalentwicklungsprozessen umfassend zum Tragen
kommt. Beispiele für derartige Prozesse werden im letzten Abschnitt
mit dem Innenministerium NRW und der Landessozialverwaltung
Niedersachsen skizziert.

Ansätze einer beschäftigtenorientierten integrierten Verwaltungsmodernisierung

Trotz der kritischen Beurteilung der Staats- und Verwaltungsmodernisierung in ihrer Breite, hat es in den letzten Jahren viele Veränderungen gegeben, von denen manche als gute Beispiele dienen können.
Exemplarisch für integrierte beschäftigtenorientierte Ansätze können
die Vorgehensweisen des nordrhein-westfälischen Innenministeriums
sowie der niedersächsischen Landessozialverwaltung betrachtet werden. Die beiden Vorgehensweisen unterscheiden sich dadurch, dass

der Innenminister in NRW mit einem eher geschlossenen Konzept nach dem Excellence Modell der European Foundation for Quality Management (EFQM) vorgeht, während die niedersächsische Sozialverwaltung einen offenen und umfassenden Organisations- und Personalentwicklungsprozess durchläuft, der allerdings ebenso durch das EFQM-Modell eine Integration und Bündelung erfährt. Mit den beiden Beispielen soll kein Alleinvertretungsanspruch reklamiert, sondern Anforderungen an Zielsetzungen und Vorgehen künftiger Modernisierungsbemühungen verdeutlicht werden.

Umfassendes Qualitätsmanagement nach EFQM im NRW Innenministerium

Beim Innenministerium in NRW handelt es sich um eine Verwaltung mit 800 Mitarbeiterinnen und Mitarbeitern sowie 60 000 Beschäftigten im nachgeordneten Bereich. Neben der Zuständigkeit für die Verwaltungsreform insgesamt und die unterschiedlichen damit zusammenhängenden Perspektiven besteht gerade auch auf Leitungsebene eine längere Erfahrung hinsichtlich der konzeptionellen und praktischen Auseinandersetzung mit der Staats- und Verwaltungsmodernisierung. Der Minister hatte noch als Regierungspräsident in Düsseldorf einen umfassenden partizipativen Leitbildprozess initiiert und hat sich konzeptionell intensiv mit dem „aktivierenden Staat" auseinandergesetzt [3, 4]. Für das Innenministerium wurden eine Reihe von Reforminitiativen auf den Weg gebracht. So wurden etwa Leitbildworkshops durchgeführt, eine „Vision 2004 – Binnenmodernisierung im Innenministerium NRW" erarbeitet und die Mitarbeiter befragt, geschult und breit beteiligt.

Als integrativen Reformansatz hat sich das Innenministerium in NRW mittlerweile für ein umfassendes Qualitätsmanagement entschieden. Im Jahr 2000 ist es Mitglied der Europäischen Stiftung für Qualitätsmanagement und der Deutschen Gesellschaft für Qualität geworden und hat eine über das ganze Haus verteilte Schulung für TQM-Assessoren nach EFQM vorgenommen [10]. Dies bildet die Grundlage für eine Selbstbewertung des gesamten Hauses, die zu einer an den Kriterien der EFQM orientierten mitarbeiterbezogenen Identifizierung von Stärken und Verbesserungsbereichen führt und die konkreten Ergebnisse der Arbeiten aus Sicht der Anforderungen der Beschäftigten, der Kunden, der Gesellschaft und der Organisation ermittelt.

Der Vorteil dieser Herangehensweise ist, dass flächendeckend ein kontinuierlicher Verbesserungsprozess unter Beteiligung der Beschäftigten auf den Weg gebracht wird, der sich an einem international anerkannten, die unterschiedlichen Ziel- und Steuerungsdimensionen berücksichtigenden Modell orientiert. Dies ermöglicht auch systematische Vergleiche von Ergebnissen und guten Lösungen mit anderen Organisationen und Verwaltungen. Zugleich werden mit dem Modell hohe Standards gesetzt und Wechselwirkungen zwischen den unterschiedlichen Anforderungen berücksichtigt, so dass nach und nach systematische Verbesserungen erzielt und nicht Insellösungen bei einzelnen Instrumenten geschaffen werden. Dabei spielen die Beschäftigten und deren Zufriedenheit eine Schlüsselrolle, die ihrem hohen Stellenwert in personalintensiven Dienstleistungen gerecht wird. Kennzeichnend für diesen Prozess ist ein integriertes Kriteriensystem und Instrumentarium, an dessen Umsetzung die Beschäftigten systematisch beteiligt werden.

Organisations- und Personalentwicklung im Niedersächsischen Landesamt für Zentrale Soziale Aufgaben

Das Niedersächsische Landesamt für Zentrale Soziale Aufgaben (NLZSA) verfügte zu Beginn seines Reformprozesses 1998 über rund 1500 Beschäftigte, verteilt auf 7 Standorte. Zu den Aufgaben der Behörde zählen unter anderem die überörtlichen Aufgaben der Sozialhilfe, die Schwerbehindertengesetzbearbeitung und Kriegsopferentschädigung. Anders als das nordrhein-westfälische Innenministerium ging das NLZSA nicht von einem übergreifenden Reformmodell aus, sondern startete auf Initiative der Personalräte einen offenen Organisations- und Personalentwicklungsprozess. Die Projektbeteiligung wurde unter allen Beschäftigten ausgeschrieben und dadurch auch in späteren Phasen eine breite Beteiligung gewährleistet. Parallel dazu wurde aus den eingerichteten OE/PE Teams eine Benchmarkinggruppe gebildet, die in einer ersten Phase Verbesserungspotenziale ermitteln sollte und eine Gruppe zur Vorbereitung der Kosten- und Leistungsrechnung eingesetzt.

Indem die Beschäftigten durch den partizipativen Ansatz der OE/PE Teams einerseits eine Verwaltungsreform „von unten" initiierten und diese gleichzeitig durch Steuerungsinstrumente wie Benchmarking und Kosten- und Leistungsrechnung flankierten, konnte eine große Akzeptanz für den Veränderungsprozess erreicht werden. Von den Projektgruppen wurde ein Vorschlagswesen initiiert, ein Konzept zur Gesundheitsförderung entwickelt und aufgebaut, wurden die Hierarchiestufen im Bearbeitungsprozess reduziert und die Prozessabläufe vereinfacht. Das in dem Prozess entwickelte Leitbild und die nach dessen Grundsätzen eingeleiteten Organisationsreformen wurden von der niedersächsischen Landesregierung mit dem Innovationspreis für

Verwaltungsmodernisierung ausgezeichnet. Gleichzeitig konnte in einer zweiten Phase des Benchmarkings über externe Vergleiche unter Beteiligung von 180 Beschäftigten ein Zielbeschäftigungsvolumen identifiziert werden, demzufolge die Zahl der Beschäftigten bis 2003 auf 900 Mitarbeiterinnen und Mitarbeiter schrumpfen wird. Dieses Ergebnis wurde von den Beschäftigten und der Personalvertretung voll mitgetragen und hat zu einer wesentlichen Stabilisierung der Verwaltung beigetragen. Die überhängigen Beschäftigten werden in sozialpolitischen Aufgabenbereichen (z. B. Wiedereingliederung Behinderter in das Arbeitsleben) weiterbeschäftigt, die sich selbst refinanzieren [14].

Mittlerweile werden die Aktivitäten durch den systematischen Ausbau von Steuerungsinstrumenten flankiert. So wurden Instrumente zum Führen mit Zielen entwickelt und eingeführt und die dezentralen Selbststeuerungsfähigkeiten der Teams durch ein Benchmarking unterstützt. Hierzu wurden auf Grundlage der EFQM-Ergebniskriterien Balanced Scorecards entwickelt, deren Ziele auf Basis der EFQM-Befähigerkriterien verfolgt werden können und zu einer wesentlich differenzierteren Leistungsbeschreibung und -messung herangezogen werden. Kennzeichnend für diesen Prozess der Modernisierung der Landessozialverwaltung sind unter Beteiligung der Beschäftigten angestoßene Innovationen und Verbesserungen, die systematisch durch neue Steuerungsinstrumente unterstützt wurden.

Schlussbemerkungen

Die beiden skizzierten Fälle signalisieren, dass Verwaltungsmodernisierung insbesondere erfolgversprechend sein kann, wenn eine umfassende Beteiligung der Beschäftigten in Verbindung mit einem systematischen Instrumentarium zum Einsatz kommen, die an die jeweiligen Aufgaben angepasst werden. Dabei ist es weniger entscheidend, ob das Instrumentarium oder die Initiative der Beschäftigten den Ausgangspunkt bilden. Von Bedeutung sind vielmehr die für die Beschäftigten erkennbare Strategie, die Integration des Konzeptes sowie die Aufgabenangemessenheit. Unter derartigen Bedingungen steigen mit der Akzeptanz auch die Realisierungschancen. Allerdings sind derartige Ansätze in der Modernisierung des öffentlichen Sektors noch nicht sehr verbreitet.

Literatur

[1] Bandemer, Stephan von, 1999: Der aktivierende Staat: Konturen einer Modernisierungsstrategie von Staat und Gesellschaft. In: Institut Arbeit und Technik: Jahrbuch 1998/99. Gelsenkirchen, S. 64–75.

[2] Bandemer, Stephan von/Blanke, Bernhard, 1999: Der „aktivierende Staat". In: Gewerkschaftliche Monatshefte 50, S. 321–330

[3] Behrens, 1999: Der aktivierende Staat. Von der Allzuständigkeit zur Selbstregulierung. In: Alemann, Ulrich/Heinze, Rolf G./Wehrhöfer, Ulrich (Hrsg.), 1999: Bürgergesellschaft und Gemeinwohl. Opladen, S. 47–59.

[4] Behrens, Fritz/Heinze, Rolf G./Hilbert, Josef/Stöbe, Sybille/Walsken, Ernst M. (Hrsg.) 1995: Den Staat Neu Denken. Reformperspektiven für die Landesverwaltungen. Ed. Sigma. Modernisierung des öffentlichen Sektors, Sonderband 3.

[5] Blanke, Bernhard/Bandemer, Stephan von/Nullmeier, Frank/Wewer, Göttrik (Hrsg.), 2001: Handbuch zur Verwaltungsreform. 2., erw. und überarb. Aufl. Opladen.

[6] Blanke, Bernhard/Schridde, Henning, 2000: Staatsmodernisierung und Verwaltungsreform aus Sicht der Mitarbeiterinnen und Mitarbeiter der Landesverwaltung Niedersachsen. Hannover.

[7] Böhret, Carl/Konzendorf, Gottfried,1995: Mehr Sein als Schein. Der funktionale Staat. In: Behrens, Fritz/Heinze, Rolf G./Hilbert, Josef/Stöbe, Sybille/Walsken, Ernst M. (Hrsg.) 1995.

[8] Brandel, Rolf/Stöbe, Sybille/Wohlfahrt, Norbert, 1999: Verwalten oder gestalten? Ratsmitglieder im neuen Steuerungsmodell. Berlin: Ed. Sigma. Modernisierung des öffentlichen Sektors, Bd. 13.

[9] Bundesministerium des Inneren – Stabsstelle Moderner Staat – Moderne Verwaltung, 2000: Aktivitäten zur Staats- und Verwaltungsmodernisierung in Bund und Ländern 2000. Bonn.

[10] Freier, Burkhardt, 2001: Ein Ministerium macht Ernst. Mit dem EFQM-Modell in die Verwaltungsmodernisierung. In: Qualität und Zuverlässigkeit, 46. Jg., S. 867–868.

[11] Jann, Werner 2001: Neues Steuerungsmodell. In: Blanke, Bernhard/Bandemer, Stephan von/Nullmeier, Frank/Wewer, Göttrik (Hrsg.), 2001, S. 82–92.

[12] KGSt, 1992: Das Mitarbeitergespräch. KGSt Bericht Nr. 13, Köln.

[13] Naschold 1995, 91. „Der Blick über den Tellerrand" – Internationale Erfahrungen bei der Modernisierung des öffentlichen Sektors und ihre Bedeutung für die Bundesrepublik Deutschland. In: Behrens, Fritz/Heinze, Rolf G./Hilbert, Josef/Stöbe, Sybille/Walsken, Ernst M. (Hrsg.) 1995, S. 81–92.

[14] Niedersächsische Staatskanzlei 2000: Benchmarking als Reforminstrument. Vergleichen – Bewerten – Verbessern. September 2000.

[15] Pröhl, Marga, 2001: Von der Binnenmodernisierung zur Politikreform. Strategisches Management zur Bündelung kommunalen Handelns. In: Verwaltung – Organisation – Personal. Sonderheft 1/2001.

[16] Reichard, Christoph, 2001: Blanke, Bernhard/Bandemer, Stephan von/Nullmeier, Frank/Wewer, Göttrik (Hrsg.), 2001, S. 180–186.

[17] Sachverständigenrat „Schlanker Staat",1998: Abschlußbericht. Bonn.

[18] Schröter, Eckhard; Wollmann, Hellmut 2001: New Public Management, in: Blanke/Bandemer/Nullmeier/Wewer, S. 71–82.

KAPITEL 2

Rationalisierung, Arbeitsbelastungen und Arbeitsunfähigkeit im Öffentlichen Dienst

G. Marstedt · R. Müller · R. Jansen

2

Der Öffentliche Dienst steht seit geraumer Zeit unter massivem Rationalisierungs- und Modernisierungsdruck. Finanzierungslücken der öffentlichen Haushalte auf der einen Seite und eine lautstarke Kritik an „Bürokratie" und „fehlender Bürgernähe" in den Medien und der politischen Öffentlichkeit haben Unruhe und Veränderungsdynamik in einen Sektor gebracht, an dem über lange Zeit marktwirtschaftliche Maximen von Rentabilität und Effizienz abgeprallt waren. Ökonomisch motivierte Strategien zur Privatisierung und Auslagerung von Teilbereichen waren seither ebenso zu beobachten (Post, Bahn, „Hotel-Funktionen" von Krankenhäusern) wie eher futuristisch anmutende Planspiele zur Teilprivatisierung auch hoheitlicher Aufgaben des Staates (Strafvollzug, Bildungswesen). Mit dem Konzept der „Neuen Steuerungsmodelle" wird in der Öffentlichen Verwaltung seit einigen Jahren eine Strategie der Dezentralisierung verfolgt, die einzelnen Ressorts mehr Entscheidungskompetenzen und finanzielle Souveränität zugesteht, ihnen zugleich aber auch eine stärkere Rechenschafts- und Innovationspflicht auferlegt, was Kosten und Nutzen ihrer Dienstleistungsqualität anbetrifft.

Parallel zu diesem Einfall der Ökonomie in tradierte Strukturen und Funktionen des öffentlichen Sektors wurde immer wieder auch Kritik (und Polemik) laut, die gegen die vermeintlich besondere Beschäftigten-„Mentalität" im Öffentlichen Dienst zu Felde zog. Überzogene Ansprüche auf Arbeitsplatzsicherheit wurden bei öffentlich Bediensteten ebenso beklagt wie eine angeblich defizitäre Leistungsmotivation, Inflexibilität und Bürokratismus. Der Öffentlichen Verwaltung wurde eine größere „Bürgernähe" und mehr „Dienstleistungsqualität" abverlangt. Auch ein im Vergleich zur Privatwirtschaft „überhöhter Krankenstand" wurde vor nicht allzu langer Zeit von bundespolitischer Seite moniert und als Beleg für notwendige Interventionen angeführt.

Die zuletzt sehr intensive öffentliche Diskussion über Modernisierungsprozesse im Öffentlichen Dienst, über Barrieren und Hemmnisse

bei dem Versuch, die Neugestaltung der Arbeitsabläufe und Tätig-
keitsanforderungen ähnlichen Prinzipien zu unterwerfen wie in der
Industrie oder dem Handel, krankt jedoch an unzureichendem Basis-
wissen über Arbeitsanforderungen und Belastungen in diesem Sektor.
Die Industriesoziologie trägt seit vielen Jahrzehnten vergleichsweise
systematisch und empirisch fundiert Befunde zusammen über Ratio-
nalisierungsstrategien und deren Auswirkungen auf die Arbeitsbedingungen. In jüngster Zeit wurde auch eine große Zahl von Studien initiiert und zum Teil veröffentlicht, die Spezifika der Arbeit im Handwerk näher erhellen – hinausgehend auch über Ergebnisse der Klein-
betriebs-Forschung. Vergleichbare Grundlagen-Informationen für den
Öffentlichen Dienst sucht man vergebens. Der folgende Artikel
möchte ein klein wenig Licht in dieses Dunkel werfen, und anhand
der Ergebnisse einiger Datensätze [1] einige Informationen liefern über
die Veränderungsprozesse der letzten Jahre im Öffentlichen Dienst
und deren Auswirkungen auf Arbeitsanforderungen, Belastungen und
Arbeitsunfähigkeit bei den Beschäftigten.

Effekte der „Verjüngung von Belegschaften"

Etwa seit Beginn der 70er Jahre zeigte sich in Deutschland ein Trend
zur abnehmenden Erwerbsbeteiligung älterer Arbeitnehmer aufgrund
vorzeitiger Verrentungen. Die „normale" Altersrente ab dem 65. Lebensjahr war dann – Ende der 90er Jahre – nicht mehr der Normalfall
sondern der Ausnahmefall. Von den Rentenzugängen des Jahres 1997
waren bei Männern lediglich 27%, bei Frauen nur 45% in die Kategorie „Regel-Altersrente" einzustufen – alle übrigen Zugänge basierten
auf anderen gesetzlichen Regelungen [2] und erfolgten zeitlich vor dem
„normalen" Renten-Eintrittsalter von seinerzeit 65 Jahren bei Männern bzw. 60 Jahren bei Frauen. Vor dem Hintergrund günstiger staat-
licher Renten-Regelungen zur Entlastung des Arbeitsmarkts und ge-
stiegener Interessen von Erwerbstätigen zum frühzeitigen Ausscheiden
aus dem Erwerbsleben setzten Betriebe verstärkt eine Strategie zur
„Verjüngung von Belegschaften" ein. Das Ergebnis war – um exemplarisch nur zwei Zahlen zur Verdeutlichung zu nennen – im Jahre 1995

---

[1] Dabei beziehen wir uns vor allem auf die Erhebungen des BIBB/IAB (Bundesinstitut für Berufsbildung, Institut für Arbeitsmarkt- und Berufsfor-
schung) in den Jahren 1991/92 und 1998/99 mit jeweils weit über 30 000 Erwerbstätigen sowie – für Analysen zum Krankenstand – auf die letzte Erhebung des Mikrozensus 1995.
[2] Altersrente für langjährig Versicherte, Altersrente für Schwerbehinderte, Altersrente wegen Arbeitslosigkeit, Altersrente für Frauen.

eine Erwerbsbeteiligung von nur 76% bei Männern im Alter von 55–60 Jahren und von nur 30% bei Männern zwischen 60 und 65 Jahren.

Betrachtet man ein wenig differenzierter, in welchen Branchen und Wirtschaftsbereichen diese betrieblichen Strategien zur Senkung des Alters der Belegschaften besonders forciert betrieben wurden (vgl. Tabelle 2.1), so zeigen sich unterschiedliche und gegenläufige Tendenzen. Während in einigen Branchen der Industrie, aber auch im Dienstleistungsgewerbe der Anteil Älterer in der Größenordnung von etwa 5–15% reduziert wurde, findet sich in anderen Bereichen eine deutliche Erhöhung des Anteils dieser Beschäftigten-Gruppe. Auffällig sind hier einige industrielle Branchen auf der einen Seite, sowie Branchen aus dem Bereich des Öffentlichen Dienstes auf der anderen Seite, in denen der Anteil älterer Erwerbstätiger im letzten Jahrzehnt sogar noch deutlich gestiegen ist.

Fasst man die einzelnen Branchen zu Wirtschaftsbereichen zusammen, so tritt diese Beobachtung sogar noch plastischer und deutlicher

Tabelle 2.1. Entwicklung des Anteils älterer Arbeitnehmer (über 44 Jahre) an allen Beschäftigten im Zeitraum 1991–1999 in ausgewählten Branchen (Alle Zahlenangaben in Prozent)

	1998/99 im Vergleich zu 1991/92	1991/92	1998/99
Schule, Fachschule	+14,8	37,5	52,3
Verband, Kirche, Partei	+10,2	32,8	43,0
Schiffs- u. Flugzeugbau	+6,5	36,2	42,7
Druckerei	+5,6	34,7	40,3
Öffentl. Verwaltung	+5,1	38,2	43,3
Maschinenbau	+4,3	35,6	39,9
(Bundes-)Bahn	+0,5	46,3	45,8
Klinik, Krankenhaus	−1,9	29,0	30,9
Autoind. u. Kfz-Handwerk	−3,8	30,5	26,7
Stahl- u. Leichtmetall	−5,6	35,1	29,5
Hotel, Gaststätte	−5,6	28,6	23,0
Friseurhandwerk	−7,4	23,5	16,1
Feinmechanik, Optik	−7,7	33,5	25,7
Herstellung v. Nahrungsmitteln	−7,8	36,6	28,8
Baugewerbe	−8,2	37,2	29,0
Bergbau	−9,3	36,4	27,1
Steine u. Erden, Glas	−10,7	42,3	31,6
Herstellung v. Eisen, Blechen	−11,5	35,1	23,6
Wäscherei und Reinigung	−16,6	49,2	32,6
Insgesamt	−0,2	34,8	35,0

Quelle: BIBB/IAB-Erhebungen 1991/92 und 1998/99, eig. Berechnungen

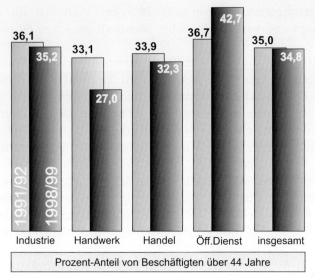

Abb. 2.1. Veränderungen der Altersstruktur der Erwerbstätigen. Quelle: BIBB/ IAB-Erhebungen 1991/92 und 1998/99, eig. Berechnungen

hervor: In allen Sektoren der privaten Wirtschaft (Industrie, Handwerk, Handel) findet man für die Dekade der 90er Jahre unter dem Strich, dass der Anteil älterer Arbeitnehmer/innen (über 44 Jahre) gesunken ist. Am deutlichsten fällt dies im Handwerk aus (bis 6%), aber auch im Handel und in der Industrie ist die Älteren-Quote geringfügig gesunken. Lediglich im Öffentlichen Dienst[3] zeigt sich im Vergleich von 1991/92 und 1998/99, dass Beschäftigungsquote für ältere Arbeitnehmer/innen sogar noch um etwa 6% gestiegen ist (vgl. Abb. 2.1). Wir werden auf diesen Befund noch einmal zurückkommen.

---

[3] Zum Öffentlichen Dienst zählen insbesondere: Öffentliche Verwaltung, Sozialversicherung, Justiz, Polizei, Bundeswehr, Schulen, Hochschulen, Forschungseinrichtungen sowie (sofern in öff. Trägerschaft) Krankenhäuser, Alten- und Pflegeheime u. ä. Die Zugehörigkeit zum Öffentlichen Dienst wurde in der BIBB/IAB-Erhebung in einer speziellen Frage durch die Beschäftigten selbst mit „ja" oder „nein" eingestuft. Dies mag in einer Reihe von Fällen (beispielsweise bei Bahn- oder Post-Bediensteten) zu Fehleinschätzungen geführt haben. Allerdings machen Post- und Bahnbedienstete insgesamt (unabhängig von der jew. Einschätzung, ob zum Öffentlichen Dienst gehörig oder nicht) nur etwa 2,5% aller Beschäftigten im Öffentlichen Dienst aus. Die folgenden Ergebnisse weichen daher möglicherweise geringfügig von den tatsächlichen Werten (bei objektiver Einstufung der Wirtschaftsbereichs-Zugehörigkeit) ab, dürften aber den grundsätzlichen Trend korrekt wiedergeben.

Rationalisierungsprozesse im Öffentlichen Dienst

Bereits eingangs unseres Aufsatzes hatten wir angedeutet, dass unter dem Konzept „Neue Steuerungsmodelle" seit einigen Jahren im Öffentlichen Dienst umfassende Rationalisierungs- und Modernisierungsprozesse ablaufen, die sowohl eine Restrukturierung der internen Arbeitsabläufe und Funktionen als auch neue Kontrollmechanismen und Kosten-Nutzen-Analysen zum Gegenstand haben. Und auch zwischen- und überbetrieblich sind im Gefolge von Teil-Privatisierungen und Outsourcing-Strategien erhebliche Veränderungsprozesse in Gang gesetzt worden. Offen ist bislang die Frage geblieben, wie diese Maßnahmen in quantitativer Hinsicht zu bewerten sind etwa im Vergleich zu den in der Industriesoziologie in den 90er Jahren beschriebenen radikalen Konzepten „systemischer Rationalisierung", die inner- und zwischenbetrieblich eine bis dahin unbekannte Dynamik von Veränderungsprozessen mit sich brachten.

Tabelle 2.2. Rationalisierungsprozesse im Urteil der Beschäftigten – nach Wirtschaftsbereichen

	Beschäftigte, die von der jew. Veränderung im Betrieb berichten und davon auch persönlich betroffen sind (Zahlenangaben in Prozent)					
	Industrie	Handwerk	Handel	Öff. Dienst	andere	insgesamt
Einführung neuer Techniken, Maschinen	29,1	15,1	13,9	24,3	20,4	21,7
Personalreduktion, Stellenabbau	13,4	9,6	9,2	16,8	10,5	12,5
Umorganisation, Umstrukturierung von Abteilungen	17,7	5,3	9,6	18,3	12,4	13,6
Auslagerung von Arbeitsbereichen, Fremdvergabe	7,5	2,4	2,1	4,1	3,1	4,1
Management-, Vorgesetztenveränderung	10,5	3,9	6,3	11,1	8,2	8,5
Veränderung der Unternehmensstruktur	4,8	1,9	2,5	2,9	3,5	3,2

Quelle: BIBB/IAB-Erhebung 1998/99; N = 30 213 Erwerbstätige

Die bereits angesprochenen Daten der BIBB/IAB-Erhebung 1998/99 erlauben zwar keine objektive Bewertung dieser Veränderung und ihrer quantitativen Reichweite, jedoch ermöglichen sie mit den Urteilen der Beschäftigten über unterschiedliche, in ihren Unternehmen in den letzten beiden Jahren vor der Befragung) beobachteten Veränderungen zumindest eine grobe Einschätzung dieses Aspekts der quantitativen Verbreitung. Vorgegeben waren hier sehr unterschiedliche Facetten betrieblicher Veränderung, angefangen vom Technik-Einsatz über personalpolitische Konzepte des Stellenabbaus bis hin zur Etablierung neuer Unternehmensstrukturen.

Wie aus Tabelle 2.2 und noch anschaulicher aus Abb. 2.2 hervorgeht, liegt – nicht sonderlich überraschend – der industrielle Sektor in einigen Maßnahmefeldern, wie der Einführung neuer Technologien oder bei Outsourcing- und Privatisierungskonzepten, weit vorne im Hinblick auf die Verbreitung von Rationalisierungsprozessen. Nicht ohne wei-

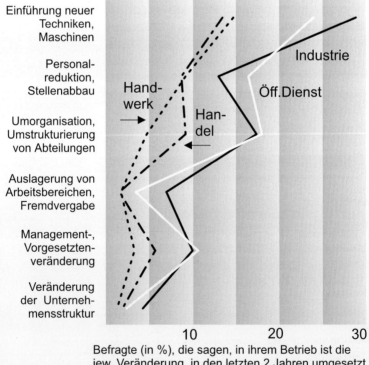

Abb. 2.2. Rationalisierungsprozesse nach Wirtschaftsbereichen. N = 30 510 Erwerbstätige; Quelle: BIBB/IAB-Erhebung 1998/99, eig. Berechnungen

2

teres zu erwarten ist dann jedoch, dass in zwei Modernisierungsfeldern (Umorganisation, Management-Veränderung) der Öffentliche Dienst auf Platz 1 liegt und er bei allen übrigen Maßnahmen zumindest an zweiter Stelle hinter der Industrie rangiert – vor dem Handel, dem Handwerk und (mit einer Ausnahme) auch anderen Wirtschaftsbereichen. Während in gewerkschaftlichen Medien aber auch der kommunalen Presse bisweilen der Eindruck eines nur kommunal vereinzelten und bisweilen hektischen Aktionismus von Verwaltungsreformen herrschte, scheint sich nach diesen Befunden nun herauszustellen, dass sich im Öffentlichen Dienst seit einigen Jahren ein sehr weiträumiger, mit recht vielfältigen Strategien und Konzepten umgesetzter Modernisierungsprozess seinen Weg gebahnt hat.

Zwei Maßnahmebereiche ragen dabei besonders heraus. Sowohl im Hinblick auf den Abbau von Stellen als auch hinsichtlich der Neuorganisation von Abteilungen zeigt sich, dass diese Rationalisierungskonzepte derzeit am allerhäufigsten im Öffentlichen Dienst umgesetzt werden. Der Einsatz der „Neuen Steuerungsmodelle" im Rahmen der Verwaltungsreform führt offensichtlich nicht nur zu einer Umverteilung von Anforderungen und Entscheidungskompetenzen, sondern ist auch verbunden mit einem nicht unerheblichen Personalabbau.

Ein Blick auf die einzelnen Branchen im Öffentlichen Dienst zeigt dann allerdings auch, ohne dass wir hierzu Ergebnisse im Detail vorstellen: Dieser Veränderungsprozess läuft nicht in gleicher Weise ab, es gibt in den einzelnen Branchen offensichtlich Präferenzen für jeweils ganz unterschiedliche Maßnahmefelder, da die Verbreitung der verschiedenen Veränderungsprozesse sehr uneinheitlich ausfällt und keine Branche auffällt, die nun in allen Maßnahmefeldern ganz weit oben oder ganz weit unten rangiert.

Arbeitsbelastungen

Rationalisierungsprozesse, so wissen wir aus der arbeits- und industriesoziologischen Forschung, sind in ihren Effekten für die Qualität der Arbeitsbedingungen höchst uneindeutig. Teils bringen sie höhere Belastungen durch Zeitdruck und Arbeitsverdichtung für die Beschäftigten mit sich, teils aber auch mehr Autonomie und Entscheidungsspielräume. Von daher erscheint die Frage naheliegend, wie Beschäftigte im Öffentlichen Dienst vor dem Hintergrund der beschriebenen Rationalisierungsprozesse ihre veränderten Arbeitsanforderungen und Belastungen wahrnehmen. Diese Belastungs-Analyse (zu der wir hier keine Zahlen vorlegen) zeigt zunächst, dass das Handwerk und danach die Industrie weit vorne liegen, was die Verbreitung von körperlichen Belastungen und Umgebungsbelastungen anbetrifft. Der Öffentliche Dienst liegt in dieser Hinsicht weit zurück und etwa auf demselben Niveau wie der Sektor Handel.

Ein wenig anders gestaltet sich das Bild, wenn man psychische Belastungen näher betrachtet (vgl. Abb. 2.3). In vielen einzelnen Aspekten dieses Belastungsschwerpunkts liegt der industrielle Sektor auch hier ganz vorne. Es gibt jedoch vier Belastungsfaktoren, bei denen der Öffentliche Dienst Platz Nummer 1 einnimmt: verschiedene Arbeiten gleichzeitig erledigen müssen, die Konfrontation mit neuen Aufgaben, Störungen und Unterbrechungen der Arbeit, Anforderungen zur Verbesserung bisheriger Verfahren.

Es ist nicht ganz leicht, dieses Belastungssyndrom hinsichtlich der dahinterstehenden Anforderungen und Situationen zu interpretieren.

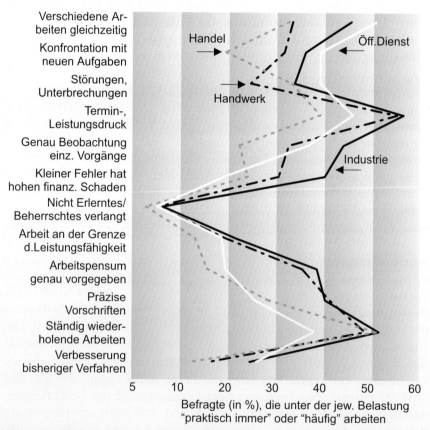

Abb. 2.3. Psychische Belastungen bei der Arbeit – nach Wirtschaftsbereichen. N = 30 510 Erwerbstätige; Quelle: BIBB/IAB-Erhebung 1998/99, eig. Berechnungen

Zu einem Gutteil mögen dahinter wohl die mit den oben dargestellten Rationalisierungsprozessen im Öffentlichen Dienst einhergehenden Anforderungen und Belastungen stehen: Umbrüche in der Arbeitsstrukturierung bringen neue, ungewohnte Aufgaben mit sich und auch Erwartungen zur Verbesserung der gewohnten Arbeitsabläufe. Zum andern stehen dahinter möglicherweise aber auch noch andere Faktoren: „Gleichzeitig zu bearbeitende unterschiedliche Arbeiten" sowie auch „Störungen und Unterbrechungen" lassen an noch wenig spezialisierte Dienstleistungen mit Publikumsverkehr denken, bei denen Beschäftigte sich gewohnten Verwaltungsaufgaben einerseits, zugleich aber auch Besuchern und Antragstellern widmen müssen, ohne dass die Modalitäten dieser recht unterschiedlichen Anforderungsbewältigung genauer geklärt sind. Darüber hinaus könnte es sein, dass im Gefolge der Aufgaben-Restruktierung neue Arbeitsplätze entstehen, die abwechslungsreicher und vielseitiger sind: Die damit eingehenden Umstellungs-Erfordernisse stellen die Beschäftigten jedoch zumindest anfangs vor Probleme einer Integration und Koordination der neuen Aufgaben – was recht häufig auch als neue Belastung erlebt wird.

Auf der anderen Seite scheint es so zu sein, dass die Rationalisierungsdynamik im Öffentlichen Dienst nicht jene Verschärfung bestimmter Belastungsfaktoren hervorgebracht hat, die früher in anderen Sektoren gehäuft beobachtet wurden. Die Aspekte „sich ständig wiederholende Arbeiten" und „Arbeitspensum genau vorgegeben" werden von den Erwerbstätigen im Öffentlichen Dienst sehr viel seltener hervorgehoben als von Arbeitnehmern anderer Sektoren. Eine forciertere Arbeitszergliederung und Neuentstehung von Arbeitsplätzen des Typus „repetitiver Teilarbeit" wird offensichtlich im Öffentlichen Dienst nicht oder nicht überwiegend betrieben. Und auch der Belastungsfaktor „Zeitdruck, Termin- und Leistungsdruck" wird hier von weniger Beschäftigten hervorgehoben als beispielsweise in der Industrie oder im Handwerk. Insgesamt scheinen Rationalisierungsdynamik und deren Belastungs-Folgen damit im Öffentlichen Dienst nicht so stark gegen Beschäftigten-Interessen zu verstoßen, wie man befürchten könnte, sondern eher unter gemäßigten, für die Beschäftigten bewältigbaren Rahmenbedingungen zu verlaufen.

Hervorzuheben ist schließlich noch ein Belastungs-Aspekt, der für den Öffentlichen Dienst recht charakteristisch ist: ungünstige Arbeitszeit-Regelungen. Wie aus Tabelle 2.3 deutlich wird, liegt der Öffentliche Dienst insbesondere bei der Ausübung von regelmäßiger Sonn- und Feiertagsarbeit ganz vorne: Für etwa jeden sechsten Beschäftigten im Öffentlichen Dienst trifft dies zu, in den übrigen Sektoren sind

Tabelle 2.3. Arbeitszeit-Regelungen nach Wirtschaftsbereichen (Zahlenangaben in Prozent)

	Industrie	Handwerk	Handel	Öff. Dienst
Wechselschicht	29,6	7,9	22,9	21,1
Nachtarbeit	14,5	5,4	4,2	11,5
Sonn- und Feiertags-arbeit	6,4	2,0	4,3	16,2

Quelle: BIBB/IAB-Erhebung 1998/99; Beschäftigte, für die die jew. Arbeits-zeitregelung regelmäßig gilt

dies mit 2–6% jeweils weitaus weniger Betroffene[4]. Auch bei der Nachtarbeit hat der Öffentliche Dienst (knapp hinter der Industrie mit 14,5%) immer noch recht viele Erwerbstätige (11,5%), die diese Belastungen durchstehen müssen.

Gesundheitliche Beschwerden

Der Öffentliche Dienst ist – in vielleicht noch stärkerem Maße als das Handwerk – ein höchst heterogener Wirtschaftsbereich, in dem Universitätsprofessoren und Ärzte ebenso tätig sind wie Müllwerker und Verwaltungsbeamte, Krankenschwestern und Polizisten. Sowohl von den Bildungsvoraussetzungen und beruflichen Erwartungen der einzelnen Beschäftigten, wie auch von den Belastungen und Anforderungen her sind hier Bedingungen aggregiert, die im Wesentlichen nur über den rechtlichen Status (Beamten-Status bzw. Gültigkeit des Bundesangestellten-Tarifvertrages) in einer Kategorie zusammentreffen. Um zu überprüfen, inwieweit die dargestellten betrieblichen Veränderungen und Belastungen sich bei den Betroffenen auch in gesundheitlichen Beeinträchtigungen niederschlagen, erscheint daher eine minimale analytische Voraussetzung zu sein, hier zumindest nach beruflichen Anforderungen zu differenzieren.

Wir haben daher eine Reihe von Berufen ausgewählt, die auf vergleichsweise höherem oder hohen Niveau der Bildungsvoraussetzungen angesiedelt sind und zum zweiten einige Indikatoren herangezogen, die Aufschluss geben über Befindensbeeinträchtigungen und gesundheitliche Beschwerden während und nach der Arbeit. Dabei han-

---

[4] Hier ist noch einmal kurz darauf hinzuweisen, dass der Öffentliche Dienst nicht nur aus der Öffentlichen Verwaltung besteht, sondern viele Branchen mit sozialen, gesundheitlichen und überwachenden Dienstleistungen umfasst (Nahverkehr, Kliniken, Polizei usw.), die auch an Sonn- und Feiertagen erbracht werden müssen.

Tabelle 2.4. Gesundheitliche Beeinträchtigungen nach ausgewählten Berufen

	Anzahl Befragter mit gesundheitl. Beschwerden (Prozent)			Anzahl Befragter absolut
	2 oder mehr	1	keine	
Berufsschullehrer	43,0	20,4	36,6	93
Lehrer ohne nähere Angabe	36,0	24,7	39,3	417
Grund-/Sonderschullehrer	31,5	25,7	42,9	448
Gymnasiallehrer	29,0	25,5	45,6	259
Erzieher	27,8	22,4	49,8	464
Verw.fachleute höherer Dienst	26,7	23,3	50,0	120
Sozialarb./-pädagogen	25,2	16,9	57,9	242
Ärzte	24,1	26,4	49,4	174
Unternehmer, Geschäftsführer	22,3	19,4	58,3	444
Verw.fachleute gehob. Dienst	20,2	17,9	61,9	302
Publizisten	18,0	23,4	58,6	111
alle übrigen Berufe	15,7	20,2	64,1	30953
Hochschullehrer	14,3	26,2	59,5	126
Bibliothekare u. ä.	12,2	23,2	64,6	82
Rechtsvertreter	12,1	18,2	69,7	99
insgesamt	16,8	20,4	62,8	34334

Quelle: BIBB/IAB-Erhebung 1998/99

delt es sich um folgende Beschwerdearten, die bei einer Faktorenanalyse hoch auf einen gemeinsamen Faktor laden: Während bzw. nach der Arbeit: Kopfschmerzen, nächtliche Schlafstörungen, allgemeine Müdigkeit, Magen-/Verdauungsbeschwerden, Nervosität/Reizbarkeit, Niedergeschlagenheit; Antwortkategorien: ja/nein[5].

Wir haben diese sechs Indikatoren zu einem gemeinsamen Summenwert zusammengefasst. Aus Tabelle 2.4 geht nun recht deutlich hervor, dass Lehrer im Vergleich zu anderen akademischen und höherqualifizierten Berufen am häufigsten über Befindlichkeitsstörungen und Gesundheitsbeeinträchtigungen berichten, die mit einiger Plausibilität auch auf ihre Arbeitsbelastungen zurückgeführt werden können. Am stärksten gilt dies für Berufsschullehrer. Dass auch Verwaltungsfachleute im höheren Dienst über so viele psychosomatische Beeinträchtigungen klagen, mag einige überraschen – wenngleich auf

---

[5] Die in der BIBB/IAB-Erhebung auch erhobenen Indikatoren zu manifesten Schmerzen und Beschwerden (etwa im Rückenbereich, Fragen nach Herzschmerzen usw.) in unserem Analyse-Kontext zu bemühen, erscheint wenig sinnvoll, da hierzu eine längerfristige Betrachtung des beruflichen Werdegangs (samt kumulierter Beeinträchtigungen) berücksichtigt werden müsste.

der anderen Seite ihre Kollegen im gehobenen Dienst relativ wenige Beeinträchtigungen nennen. Am unteren Ende der Beeinträchtigungs-Liste finden sich einige qualifizierte Berufe, die überaus selten über Befindlichkeitsbeeinträchtigungen berichten: Juristen, Bibliothekare, Publizisten und Hochschullehrer.

Betriebliche Gesundheitsförderung

Die Erfassung von Maßnahmen zur betrieblichen Gesundheitsförderung ist in den Daten der BIBB/IAB-Erhebung nicht sehr differenziert. Zwischen den sehr unterschiedlichen, verhaltens- wie verhältnisorientierten Konzepten wird nicht weiter unterschieden, und so kann es sein, dass das Angebot zu einer „Rückenschule" nach Feierabend hier genauso eingestuft wird wie sehr weitreichende Maßnahmen zum Belastungsabbau und die regelmäßige Durchführung von Gesundheitszirkeln. Gleichwohl geben die folgenden Ergebnisse doch einige interessante Hinweise, da wir Verbreitungs- und Teilnahmequoten nur zwischen verschiedenen Wirtschaftsbereichen vergleichen und nicht anzunehmen ist, dass Beschäftigte in der Privatwirtschaft bei der Be-

Tabelle 2.5. Angaben zu betriebl. Gesundheitsförderungsmaßnahmen nach Wirtschaftsbereichen

	Betriebl. Gesundheitsförderung Durchführungsquote (1) in Prozent	Betriebl. Gesundheitsförderung Teilnahmequote in Prozent (2)		Anzahl Befragter
		Teilnahmequote generell (3)	Teilnahmequote, sofern Maßnahme im Betrieb angeboten (4)	
Industrie	24,5	7,0	28,6	6954
Handwerk	3,1	1,4	45,3	5103
Handel	5,3	2,1	38,8	4240
Öff. Dienst	28,5	11,7	41,1	8266
andere	13,1	5,0	37,9	5648
insgesamt	17,2	6,3	36,5	30211

Quelle: BIBB/IAB-Erhebung 1998/99
(1) Beschäftigte, die angeben, in ihrem Betrieb seien in den letzten 2 Jahren Maßnahmen zur Gesundheitsförderung durchgeführt worden
(2) Beschäftigte, die angeben, sie hätten an Maßnahmen teilgenommen
(3) Prozentuierungs-Basis: Alle Befragten des Wirtschaftsbereichs
(4) Prozentuierungs-Basis: Nur Befragte des Wirtschaftsbereichs, die angeben, in ihrem Betrieb seien in den letzten 2 Jahren Maßnahmen zur Gesundheitsförderung durchgeführt worden

Tabelle 2.6. Angaben zu betriebl. Gesundheitsförderungsmaßnahmen nach ausgewählten Branchen und Zugehörigkeit zum Öffentlichen Dienst oder zur Privatwirtschaft

Branche	Im Betrieb wurden Gesundheitsförderungs-maßnahmen durchgeführt (Befragte in %, die dies bejahen)		Anzahl Befragter	Anzahl Befragter
	Privatwirtschaft	Öff. Dienst	insgesamt	im ÖD
Personenverkehr, Reisebüros, -veranstalter	15,9	43,7	273	135
Güterverkehr	4,1	7,4	344	54
Krankenhaus, Heime, Behinderteneinrichtungen	31,4	38,6	1635	1301
Rundfunk, Fernsehen, Verlag, Kunst	12,5	16,3	264	80
Energiewirtschaft (Gas, Elektr., Wasser)	31,8	40,0	238	150
Kreditgewerbe, Banken, Sparkassen	31,0	49,0	604	239
Schulen, Bildungs- und Forschungseinrichtungen	10,4	15,3	2127	1945

Quelle: BIBB/IAB-Erhebung 1998/99

antwortung dieser Fragen hier ganz andere Maßstäbe anlegen als solche aus dem Öffentlichen Dienst.

Deutlich wird (vgl. Tabelle 2.5), dass Gesundheitsförderungsmaßnahmen am häufigsten in Betrieben, Unternehmen und Organisationen des Öffentlichen Dienstes durchgeführt wurden: 28,5% aller Beschäftigten erwähnen dies. An zweiter Stelle liegt der industrielle Sektor. Ausgesprochen selten sind solche Maßnahmen hingegen im Handwerk und auch im Handel, wo nur etwa jeder Zwanzigste darüber berichtet. Auch die Teilnahmequote liegt im Öffentlichen Dienst mit 11,7% der Beschäftigten an vorderster Stelle.

Eine Reihe von Unternehmen des Öffentlichen Dienstes ist in letzter Zeit privatisiert worden, insbesondere der Bereich Öffentlicher Personen-Nahverkehr, aber auch andere Branchen waren davon betroffen. Von Interesse ist daher die Frage, ob Betriebe mit vergleichbarem Produkt- oder Dienstleistungsangebot Maßnahmen zur Gesundheitsförderung unterschiedlich oft anbieten, je nachdem, ob sie noch dem Öffentlichen Dienst oder schon der Privatwirtschaft zuzurechnen sind. Die dahinterstehende Frage (etwas verkürzt: kümmern sich öffentliche Arbeitgeber stärker um die Gesundheit ihrer Mitarbeiter?) lässt sich nach den Ergebnissen aus Tabelle 2.6 recht eindeutig beantworten: Bei Einzelbetrachtung verschiedener Branchen zeigt sich durchgängig: Betriebe des Öffentlichen Dienstes führen häufiger Gesundheitsförderungs-Maßnahmen durch – auch wenn die Qualität und Reichweite dieser Maßnahmen aus unseren Befunden leider nicht näher bewertet werden kann (vgl. dazu den Beitrag von Ferdinand Gröben in diesem Band).

Der Krankenstand

Zuverlässige und repräsentative Daten über Arbeitsunfähigkeitszeiten im Beschäftigungssektor des Öffentlichen Dienstes, die über einzelne Bereiche hinausgehen, sind unseres Wissens nicht verfügbar. Entsprechende Daten über Arbeitsunfähigkeitsfälle und -tage liegen nur den Gesetzlichen Krankenkassen vor. Da die Beschäftigten jedoch in sehr unterschiedlichen Kassen und Kassenarten versichert sind, müssten die Datenbestände der Orts- und Betriebskrankenkassen, der Angestellten- und Arbeiterersatzkassen erst in einem gemeinsamen Datenpool zusammengefügt werden, um eine solche Analyse zu realisieren. Ein Rekurs nur auf Daten der Betriebs- oder Ortskrankenkassen beispielsweise würde erhebliche Verzerrungen aufweisen, da ein sehr großer Teil der Angestellten im Öffentlichen Dienst in der Regel Mitglied in Angestelltenersatzkassen ist. Die Stellung im Beruf (Arbeiter, Angestellte usw.) hat jedoch, dies zeigen alle einschlägigen Untersuchungen, einen erheblichen statistischen Einfluss auf die AU-Tage und Fälle.

Zumindest eine Annäherung an diese Fragestellung erlaubt jedoch die Befragung des Mikrozensus aus dem Jahre 1995, bei der 104517 Erwerbstätige einbezogen waren. Erhoben wurde dort zum einen auch der Beschäftigungssektor, so dass Arbeitnehmer/innen im Öffentlichen Dienst zweifelsfrei identifizierbar sind. Zum andern umfasste die Befragung auch einige Aspekte von Gesundheit und Krankheit, und zwar:

- ob jemand in den letzten vier Wochen krank oder unfallverletzt war,
- ob die Krankheit/Verletzung bis heute (Tag der Befragung) andauert,
- die zeitliche Dauer der Krankheit (bis 1 Woche, 2 bis 6 Wochen, über 6 Wochen),
- ob man in den letzten 4 Wochen in ärztlicher oder Krankenhausbehandlung war,

- ob jemand in den letzten 4 Wochen arbeitsunfähig gemeldet war,
- ob man Schwerbehinderter ist.

Die Daten dieser Befragung stellen in repräsentativer Hinsicht für die Frage der Arbeitsunfähigkeit (auch unter besonderer Berücksichtigung des Öffentlichen Dienstes) immer noch die fundierteste derzeit verfügbare empirische Basis dar. Einschränkend ist allerdings zu vermerken: Erfasst wurden lediglich Arbeitsunfähigkeitsfälle, nicht Arbeitsunfähigkeits-Tage. Eine exakte Analyse des Krankenstandes (und ein Vergleich mit GKV-Daten) als prozentualer Wert der in einem Jahr in Bezug auf die Soll-Arbeitstage krankheitsbedingt nicht geleisteten Arbeitszeiten ist mit diesem Datensatz nicht möglich.

Betrachtet man nun die hier verfügbaren Daten (vgl. Tabelle 2.7), dann zeigt sich: Bei der Zahl der Arbeitsunfähigkeits-Fälle liegen die Beschäftigten im Öffentlichen Dienst prozentual geringfügig über dem Durchschnittswert der übrigen Beschäftigten. Männer und Frauen aller Altersgruppen zusammen waren im Öffentlichen Dienst zu 7,7%, in anderen Bereichen zu 6,5% arbeitsunfähig gemeldet. Die Differenz liegt also bei 1,2 Prozent. Die häufigere Betroffenheit von Krankheit und Arbeitsunfähigkeit zeigt darüber hinaus geschlechts- und altersspezifische Besonderheiten.

Die folgende Abb. 2.4 zeigt sehr plastisch die zwei wesentlichen Trends dieser Analyse. Erstens: Es gibt einen deutlichen Alterstrend. Bei zwei jüngeren Altersgruppen der Männer sind die Beschäftigten im Öffentlichen Dienst sogar seltener arbeitsunfähig als Kollegen in anderen Beschäftigungssektoren. Mit zunehmendem Alter hingegen steigen die Krankmeldungen. Insbesondere die Altersgruppen ab 45 Jahren sind im Öffentlichen Dienst häufiger krank und dementspre-

Tabelle 2.7. Arbeitsunfähigkeit nach Beschäftigungssektor in den Daten des Mikrozensus in den letzten 4 Wochen (in Prozent)

	Männer		Frauen	
	Öff. Dienst	and. Bereich	Öff. Dienst	and. Bereich
15–24	5,4	5,7	6,0	5,5
25–34	6,3	6,4	7,6	5,8
35–44	6,4	6,0	6,4	5,7
45–54	8,3	6,7	9,4	7,1
55–65	11,4	9,5	11,3	8,1
insg.	7,6	6,7	7,9	6,2
Männer + Frauen: ÖD 7,7%, and. Bereiche 6,5%				

Quelle: Mikrozensus 1995, eig. Berechnungen

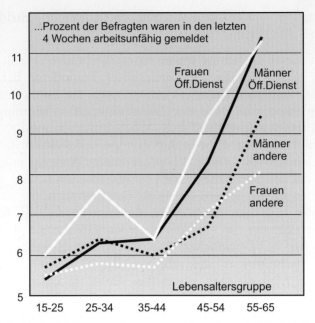

Abb. 2.4. Arbeitsunfähigkeit nach Geschlecht, Alter und Wirtschaftsbereich.
Quelle: Mikrozensus 1995, 104115 Befragte

chend auch häufiger arbeitsunfähig gemeldet. Zweitens: Es gibt einen
ebenso deutlichen geschlechtsspezifischen Trend: Frauen im Öffentlichen Dienst zeigen in allen Altersgruppen höhere AU-Quoten als ihre
männlichen Kollegen.

Eine Beobachtung vermag diesen leicht höheren Krankheit allerdings zu relativieren. Der Öffentliche Dienst, dies ist seit langem bekannt, kommt seiner gesetzlichen Pflicht zur Beschäftigung Schwerbehinderter sehr viel häufiger nach als andere Wirtschaftsbereiche. Der
Anteil erwerbstätiger Schwerbehinderter liegt im Öffentlichen Dienst
etwa um 50 Prozent höher als in anderen Sektoren (Schwerbehinder-
ten-Beschäftigtenquote: Privatwirtschaft 4,2%, Öffentlicher Dienst:
6.6%[6]).

Berücksichtigt man diese Voraussetzungen und errechnet die
Krankheitsquoten unter Ausschluss von Schwerbehinderten, dann
wird deutlich: Zwar bleibt der statistische Trend erhalten: Auch ohne
Schwerbehinderte sind Beschäftigte im Öffentlichen Dienst noch in
geringem Umfang häufiger krank und auch krankgemeldet. Jedoch
beträgt diese Differenz für Arbeitsunfähigkeit insgesamt nur noch 0,7
Prozentpunkte – im Vergleich zu 1,2 Prozentpunkten bei Berücksich-

---

[6] Eigene Berechnung anhand der Daten des Mikrozensus 1995.

tigung aller Erwerbstätigen. Als Fazit bedeutet dies: Die gegenüber anderen Beschäftigungssektoren höhere Zahl von Arbeitsunfähigkeitsfällen im Öffentlichen Dienst ist etwa zur Hälfte allein darauf zurückzuführen, dass der Öffentliche Dienst seiner gesellschaftlichen Verantwortung und den gesetzlichen Auflagen zur Beschäftigung Schwerbehinderter signifikant häufiger nachkommt als Arbeitgeber in der Industrie, im Dienstleistungssektor und in anderen Bereichen.

Perspektiven

Unsere Analyse hat deutlich gemacht, dass im Öffentlichen Dienst derzeit ein sehr weitreichender Rationalisierungs- und Modernisierungsprozess Raum greift, der in vielerlei Hinsicht auf privatwirtschaftliche Konzepte zur Unternehmensneugestaltung rekurriert, von Outsourcing-Konzepten über Stelleneinsparungen bis hin zur forcierten Neugestaltung von Arbeitsabläufen und Organisationsstrukturen. Die Aussagen der Erwerbstätigen dokumentieren, dass dieser Prozess nicht nur hier und da und vereinzelt zu beobachten ist, sondern sehr weiträumig voranschreitet. Die Erwerbstätigen registrieren diese Veränderungen sehr genau. Allerdings scheint es, als ob das Niveau der damit implizierten Anforderungen und Belastungen nicht (oder nicht generell) ein kritisches Maß überschreitet. Insbesondere gibt es keine Hinweise, dass die Mitarbeiter im Öffentlichen Dienst nun ein überdurchschnittliches Maß an Zeit- und Leistungsdruck oder eine Monotonisierung ihrer Tätigkeit beklagen. Rationalisierung im Öffentlichen Dienst bedeutet also nicht per se Leistungsverdichtung. Die hervorstechenden Belastungsschwerpunkte deuten vielmehr an, dass der Umstellungsprozess selbst mit seinen neuen und z.T. arbeitsinhaltlich weiterreichenden Anforderungen von den Beschäftigten als Novum erlebt wird.

Ein Einzelergebnis unserer Analyse zeigt andererseits aber auch, dass Privatisierungsmaßnahmen im Öffentlichen Dienst tendenziell zu einer Zurückstellung von Gesundheits-Interessen der Beschäftigten führen. Diese Interpretation liegt jedenfalls nahe, wenn man sich die Verbreitung von Maßnahmen betrieblicher Gesundheitsförderung in Unternehmen anschaut, die derselben Branche zuzurechnen sind und teilweise dem Öffentlichen Dienst, teilweise der Privatwirtschaft zugehören.

Der vor nicht allzu langer Zeit öffentlich beklagte „überhöhte" Krankenstand im Öffentlichen Dienst ist nach unseren Analysen nicht wirklich „überhöht" (im Sinne eines dahinter vermuteten überdurchschnittlich hohen „Krankfeierns"), auch wenn die Krankheitsfälle geringfügig höher liegen als in der privaten Wirtschaft. Zu berücksichtigen ist dabei, dass im Öffentlichen Dienst nach wie vor ein sehr viel höherer Anteil von Schwerbehinderten beschäftigt ist und darüber hinaus der Altersdurchschnitt der Beschäftigten deutlich höher liegt. Aufzeigen lässt sich, dass der Öffentliche Dienst im letzten Jahrzehnt kaum jene Praxis der „Verjüngung von Belegschaften" mitgemacht hat, wie dies in der Industrie und im Dienstleistungssektor der Fall war. Ob der im Jahre 1999 genau so hohe Anteil älterer Arbeitnehmer wie 10 Jahre zuvor nun eher einer gewissen personalpolitischen Passivität zuzuschreiben ist, auf besonderen tarifpolitischen Voraussetzungen (Kündigungsschutz) und Schutzregelungen (Beamtenstatus vieler Beschäftigter) beruht oder aber auch einer bewusst und strategisch verfolgten Politik sozialer Verantwortung gegenüber älteren und gesundheitlich beeinträchtigten Mitarbeitern geschuldet ist, soll an dieser Stelle nicht diskutiert werden.

Festzuhalten bleibt gleichwohl, dass der Öffentliche Dienst damit mehr als jeder andere Wirtschaftsbereich eine gewisse „Alterslast" mit sich herumträgt, wenn man – sehr einseitig und ökonomistisch betrachtet – die bei älteren Beschäftigten höheren Arbeitskosten in Rechnung stellt (Entgelthöhe nach Senioritätsprinzip, höhere Kosten durch Arbeitsunfähigkeit). Demoskopen prognostizieren für den Zeitraum nach 2010 ein reduziertes Arbeitskräfte-Angebot und damit die Notwendigkeit, wieder vermehrt auch ältere Mitarbeiter zu beschäftigen. Inwieweit diese Prognose zutrifft und nicht durch Mechanisierung, Arbeits- und Organisationsveränderungen, Produktionsverlagerungen etc. vollständig konterkariert wird, sei dahingestellt. Für die kommende Dekade jedenfalls steht der Öffentliche Dienst vor einer Aufgabe, die mehrere Alternativen bietet: a) ein passives „Dulden" von Älteren und Leistungsbeeinträchtigten (mit entsprechenden Negativfolgen für die Leistungsmotivation und Dienstleistungsqualität im Öffentlichen Dienst), b) Krankheitskündigungen oder c) ein systematischer Einsatz von Konzepten zur Integration älterer und leistungsbeeinträchtigter Arbeitnehmer durch Qualifizierung, Arbeitgestaltung und Aufgabenneustrukturierung, Personalentwicklung und Laufbahngestaltung sowie Altersteilzeitarbeit.

Ergebnisse aus einem laufenden Forschungsprojekt[7] deuten allerdings an, dass diese Zukunftsaufgabe im Öffentlichen Dienst bislang kaum als solche erkannt worden ist. Die aus rund 670 Betrieben des

---

[7] Integration älterer und gesundheitlich beeinträchtigter Arbeitnehmer/innen des Öffentliches Dienstes in die Erwerbstätigkeit, Forschungsprojekt im Auftrag der Hans-Böckler-Stiftung.

Öffentlichen Dienstes (ÖPNV, Verwaltung, Öff. Sicherheit, Gesundheitswesen) uns vorliegenden Informationen von Personal- und Betriebsräten zeigen auf, dass die Integration älterer Arbeitnehmer/innen nach wie vor ein Handlungsfeld ist, das von betrieblicher Seite unausgefüllt bleibt – und dies, obwohl rund 40% der Betriebe unserer Erhebung einen Anteil älterer Beschäftigter (über 44 Jahre) von mehr als 40% aufweisen. In nicht einmal jedem zwanzigsten Betrieb werden oder wurden in der letzten Zeit Maßnahmen realisiert, die für eine größere Zahl Älterer eine Perspektive der Weiterbeschäftigung und Erwerbstätigkeit bis zur Rente eröffnen. Drei Viertel der befragten Personal- und Betriebsräte heben im Gegenteil hervor, dass die betrieblichen Strategien zur Lösung der Altersproblematik zentral auf eine Verjüngung von Belegschaften orientiert sind.

Die Altersproblematik an sich, also der jeweilige Anteil älterer Arbeitnehmer innerhalb der Belegschaft, zeigt keinerlei Einfluss darauf, ob und in welchem Umfang Betriebe hierauf Einfluss zu nehmen versuchen. Dies gilt sowohl für arbeitnehmer-freundliche Strategien (Integration, Gesundheitsförderung) als auch für eher ökonomisch motivierte und Arbeitnehmerinteressen hintanstellende Konzepte (Outsourcing, Rückkehrgespräche, krankheitsbedingte Abmahnungen und Kündigungen). D. h., die Altersstruktur allein erzeugt für Betriebe im Öffentlichen Dienst, auch bei sehr hohem Anteil Älterer, noch keinerlei Handlungs- und Veränderungsdruck. Solche Impulse gehen andererseits in sehr deutlicher und nachhaltiger Weise aus vom betrieblichen Krankenstand. Sofern dieser in Betrieben als problematisch wahrgenommen und auch hinsichtlich der Ursachen und Veränderungsmöglichkeiten intensiver diskutiert wird, zeigt sich, dass erstens krankenstands-orientierte Maßnahmen sehr viel häufiger realisiert werden (Rückkehr-Gespräche, AU-Kontrollen und Analysen, Abmahnungen und Kündigungen). Zum zweiten finden sich in solchen Betrieben auch deutlich häufiger Outsourcing- und Privatisierungs-Tendenzen. Zum dritten ist aber leider auch feststellbar: Die Krankenstands-Problematik beschleunigt und verstärkt in den Betrieben Tendenzen zur Externalisierung Älterer.

KAPITEL 3

Neuordnung des Arbeitsschutzrechts im öffentlichen Dienst

R. Breithaupt

Einleitung

Die klassische Unfallverhütung wandelt sich in einer weitreichenden Metamorphose zu einem ganzheitlichen, präventiven Arbeits- und Gesundheitsschutz. Verantwortung bzw. Eigenverantwortung, Kompetenz bzw. Selbstkompetenz sind der Betriebsführung, den Leitungsebenen und Beschäftigten persönlich zugeordnete Schlüsselanforderungen. Der bisher oft auf Arbeitsschutzexperten delegierte Arbeitsschutzauftrag in der öffentlichen Verwaltung wird auf alle Verantwortlichen (zurück-)übertragen. In das Verantwortungsnetz sind auch die Personalräte mit ihren Pflichten nach § 81 BPersVG als Personen und als Gesamtorgan eingewebt.

In diesen, auf Verbesserung und menschengerechte Gestaltung der Arbeitsplätze gerichteten Neuordnungsprozess beziehen die europäischen Vorgaben den gesamten öffentlichen Dienst ein. Welche Wegmarke er rechtlich, tatsächlich und mental erreicht hat, soll in groben Zügen an Kernzielen der europäischen Richtlinien und des Arbeitsschutzgesetzes als Messlatte an Hand einiger Beispiele aus der Praxis beschrieben werden.

Abschließend werden Erwartungen des Autors an den öffentlichen Dienst formuliert.

Europäische Vorgaben

Der Paradigmenwechsel zum Schutzgut „Gesundheit der Beschäftigten bei der Arbeit" wurde schon 1987 mit Art. 118a EG-Vertrag eingeleitet. Die konkretisierende EG-Rahmenrichtlinie Arbeitsschutz vom 12. Juni 1989 „über die Durchführung von Maßnahmen zur Verbesserung der Sicherheit und des Gesundheitsschutzes der Arbeitnehmer bei der Arbeit" [1] war bis Ende 1992 national umzusetzen. Aus der Begründung des Europäischen Rates seien drei Aspekte zitiert:

- „Die ... einzelstaatlichen Bestimmungen ... können zu einem unterschiedlichen Grad der Sicherheit und des Gesundheitsschutzes führen und eine Konkurrenz entstehen lassen, die zu Lasten der Sicherheit und des Gesundheitsschutzes geht." [2]
- „die Mitgliedstaaten haben ... die ... Bedingungen in diesem Bereich zu verbessern und sich eine Harmonisierung bei gleichzeitigem Fortschritt zum Ziel gesetzt." [1]
- „Die Arbeitgeber sind verpflichtet, sich ... (über) Risiken ... zu informieren und diese Kenntnisse an die Arbeitnehmervertreter ... weiterzugeben, um ... besseren Gesundheitsschutz der Arbeitnehmer gewährleisten zu können." [2]

Die Richtlinie bestimmt in Art. 4 Abs. 2, dass die Mitgliedstaaten insbesondere für eine angemessene Kontrolle und Überwachung Sorge zu tragen haben, in Art. 18 Abs. 3, dass alle fünf Jahre der Kommission nationale Berichte über die praktische Umsetzung der Richtlinie zu erstatten seien und dass die Kommission nach Art. 18 Abs. 4 an das Europäische Parlament, den Rat und den Wirtschafts- und Sozialausschuss zu berichten habe.

Vorgaben des Arbeitsschutzgesetzes

Das „Gesetz über die Durchführung von Maßnahmen des Arbeitsschutzes zur Verbesserung der Sicherheit und des Gesundheitsschutzes der Beschäftigten bei der Arbeit (Arbeitsschutzgesetz – ArbSchG)" gibt Schutzziele und allgemeine Anforderungen, jedoch kein detailliertes Verhalten vor [3]. Erstmals werden einheitliche Grundbestimmungen für alle Beschäftigtengruppen in der Privatwirtschaft und im öffentlichen Dienst (einschließlich Beamte) geschaffen [4].

Kernpunkte sind:

- Gesundheitsschutz, Verhütung arbeitsbedingter Gesundheitsgefahren, menschengerechte Gestaltung der Arbeit, Verbesserungsauftrag, Arbeitsschutzorganisation (mit den Instrumenten der systematischen Bewertung der Arbeitsbedingungen, Auswertung des Unfallgeschehens, Unterweisung und Qualifikation).
- Der Unternehmerverantwortung nach § 3 ArbSchG kann sich der Dienstherr weder durch Verantwortungsübertragung auf Leitungspersonal nach § 13 Abs. 1 Nr. 4 noch durch die in § 13 Abs. 2 zugelassene Teildelegation auf zuverlässige und fachkundige Personen ganz entledigen. Das Verantwortungsgefüge über die Führungsebenen bis zu den Beschäftigten ist lückenlos und vernetzt. Die Beschäftigten selbst sind nach § 15 Abs. 1 verpflichtet, aktiv für die

eigene und für die Sicherheit und Gesundheit der Personen zu sorgen, die von ihren Handlungen oder Unterlassungen bei der Arbeit betroffen sind. Der im öffentlichen Dienst verbreitete Betreuungs- und Delegationsansatz hat hinter dem Prinzip der Verantwortung bzw. Eigenverantwortung zurückzutreten.

Arbeitsschutz unter dem alten Regime der Reichsversicherungsordnung (RVO)

Wie tief der Sprung in das kalte Wasser der Neuordnung für den öffentlichen Dienst war, leuchtet ein Blick auf die Rechtslage nach der RVO vor Inkrafttreten des Siebten Buches des Sozialgesetzbuchs (SGB VII) von 1996/1997 aus. Sowohl das staatliche Arbeitsschutz- wie auch das Unfallversicherungsrecht (duales System) waren auf den gewerblichen Bereich fixiert. Auch wenn die öffentliche Hand schrittweise integriert wurde, galt bis 1996/1997 das staatliche Arbeitsschutzrecht im öffentlichen Dienst nur eingeschränkt. Die Überwachung der Vorschriften, z. B. durch die Gewerbeaufsichtsämter, war nicht so umfassend ausgestaltet [5].

Im gewerblichen Bereich ist jedes Unternehmen Zwangsmitglied einer branchenspezifischen Berufsgenossenschaft und unterliegt einer unternehmensunabhängigen Normsetzung durch autonomes Recht und Kontrolle. Bund, Länder, Gemeinden, Körperschaften, Anstalten und Stiftungen des öffentlichen Rechts waren teilweise Mitglieder eines gebietsbezogenen Unfallversicherungsträgers, teilweise selbst Träger der gesetzlichen Unfallversicherung (Eigenunfallversicherungsträger). Beim Bund waren Bundesausführungsbehörden zuständig, denen nach § 766 Abs. 1 RVO allerdings nicht die Sorge zur Unfallverhütung und ersten Hilfe oblag. Vielmehr konnte der jeweilige Ressortminister allgemeine Verwaltungsvorschriften/Dienstanweisungen zur Unfallverhütung erlassen [6]. Die Bundesländer hatten, soweit sie selbst Eigenunfallversicherungsträger waren, gemäß § 766 Abs. 2 RVO die Aufgaben der gesetzlichen Unfallversicherung – auch die Sorge für die Unfallverhütung – vollständig den Landesausführungsbehörden übertragen [7]. Die Normsetzung blieb regelmäßig an das Einverständnis des zuständigen Ressortministers gebunden [8].

Das Arbeitsschutzrecht war für Beamte weitgehend eigenständig geregelt. Das staatliche Arbeitsschutzrecht, soweit es überhaupt im öffentlichen Dienst Anwendung fand, bedurfte der Transformation in das Beamtenrecht [9]. Reflexartig wurden die Beamten über Unfallverhütungsvorschriften geschützt, die den Dienstherrn als Unternehmer ansprachen [10]. Kennzeichen der Eigenunfallversicherung im

Bund, in den betroffenen Ländern und Gemeinden war, sich möglichst wenig externer Normsetzung und -überwachung auszusetzen [11]. Beides war, vereinfacht ausgedrückt, die Aufgabe des jeweiligen Dienstherrn. Zur Groborientierung für den öffentlichen Dienst:

- Gesetze und Verordnungen, die die Pflichten des Arbeitgebers und der Beschäftigten über die Sicherheit, die Organisation oder die Einrichtung eines Betriebes betrafen, galten in aller Regel nicht, z. B. die Gewerbeordnung oder die Arbeitsstättenverordnung.
- Gesetze und Verordnungen zum Umgang mit Gefahrstoffen, der Handhabung von Arbeitsmitteln oder der Einwirkung von Strahlen, waren dagegen zu beachten.
- Gesetze und Verordnungen, die den Arbeitsschutz und den Schutz besonderer Arbeitnehmergruppen betrafen, galten unmittelbar für Arbeiter und Angestellte. Für Beamte gab es entsprechende Regelungen in den jeweiligen Beamtengesetzen [12].

Immerhin sah § 767 Abs. 2 Nr. 5 RVO vor, dass die Unfallverhütungsvorschriften der Berufsgenossenschaften zu berücksichtigen seien, solange die Eigenunfallversicherungsträger keine Unfallverhütungsanweisungen erlassen hatten. Die Vorgaben des Arbeitssicherheitsgesetzes wurden in den Ländern und Gemeinden in unterschiedlichem Umfang, im Bund seit 1978 auch für Beamte vollständig gewährleistet [13].

Rechtslage nach Inkrafttreten des Siebten Buches Sozialgesetzbuch (SGB VII)

Mit dem SGB VII ist eine Neupositionierung des öffentlichen Dienstes eingetreten. In der Unfallversicherung wurden die Ausführungsbehörden der Länder in Selbstverwaltungskörperschaften umgewandelt. Auf Bundesebene werden grundsätzlich die Einhaltung der Prävention (mit Ausnahme des Erlasses von Unfallverhütungsvorschriften) sowie der Bestimmungen des ArbSchG und der darauf basierenden Verordnungen von der Zentralstelle für Arbeitsschutz beim Bundesministerium des Innern aus einer Hand überwacht. In ihrem Auftrag handelt die Bundesausführungsbehörde für Unfallversicherung (BAfU). An die Stelle von Unfallverhütungsvorschriften, die von den verkörperschafteten Unfallversicherungsträgern als autonomes Recht erlassen werden, treten im Bund allgemeine Verwaltungsvorschriften, die das Bundesministerium des Innern (BMI) im Einvernehmen mit dem Bundesministerium für Arbeit und Sozialordnung (BMA) erlässt. Durch die 1. AVU Bund vom 15. 1. 1998 und die BUV vom 20. 3. 2000

[14] ist sichergestellt, dass die Unfallverhütungsvorschriften der öffentlichen und gewerblichen Unfallversicherungsträger im Interesse eines einheitlichen Arbeitsschutzniveaus verwandt werden. Der Vollzug bezieht die Beamten mit ein.

Im öffentlichen Dienst wird noch weitgehend auf den ökonomischen Hebel von Gefahrtarifen mit Bonus- und Maluselementen des berufsgenossenschaftlichen Beitragssystems verzichtet. So werden für den unmittelbaren Bundesdienst die Ausgaben der gesetzlichen Unfallversicherung zentral aus dem Bundeshaushalt durch die BAfU getragen.

Stand des öffentlichen Dienstes im Arbeits- und Gesundheitsschutz

Die Entwicklungslinien (vornehmlich im Bund) sollen an einigen Beispielen zu den Stichworten Organisation, Programme, Strategien und Analysen, Gesundheitsaktionen, Beurteilung der Arbeitsbedingungen, Auswertung des Unfallgeschehens und Produktbildung aufgezeigt werden.

Organisation

- Der Bremer Senatsbeschluss vom 18. August 1998 „Organisationsanweisung zur Wahrnehmung der Aufgaben nach dem Arbeitsschutzgesetz" bestimmt in seinen Leitlinien: „Präventiver Arbeitsschutz ist integraler Bestandteil eines zukunftsorientierten Verwaltungs- und Personalmanagements". Unter den Organisationsgrundsätzen wird festgelegt: „Mitglieder des Senats beauftragen die Leiterinnen bzw. Leiter der Dienststellen … schriftlich, die Aufgaben nach dem ArbSchG in eigener Verantwortung wahrzunehmen [15]."
- Die Vereinbarung zum Gesundheitsmanagement ist Bestandteil der Berliner Verwaltungsreform- und Beschäftigungssicherungsvereinbarung 2000 [16].
- Die „Dienstvereinbarung zur dienstlichen bzw. betrieblichen Gesundheitsförderung" des BMA vom 01. 02. 1999 sieht u.a. die Einbindung von Führungsverhalten (§ 6) und eine jährliche Unterrichtung der Dienststellenleitung durch die Zentralabteilung (§ 10) vor.
- Ein Managementsystem für die öffentlich-rechtliche Aufsicht der Bundeswehr im Arbeits- und technischen Umweltschutz wird seit 2001 pilotiert.
- Die Bundesversicherungsanstalt für Angestellte hat die betriebliche Gesundheitsförderung mit Projektorganisation, Projektsteuerungs-

gruppe, Gesundheitsbericht und Pilot-Gesundheitszirkeln eingeführt [17].

- Die BAfU – als Bundesoberbehörde – erprobt 2001/02 ein Arbeitsschutzmanagementsystem im eigenen Haus für die Bundesverwaltung.
- In „10 Thesen zur Arbeitsschutzorganisation/zum Arbeitsschutzmanagement (AMS)" propagiert die Zentralstelle für Arbeitsschutz deren Einführung im Bundesdienst [18]. Sie stellt dazu eine Prüfliste „Arbeitsschutzorganisation" zur Verfügung [19].

Programme, Strategien und Analysen

- Die Beschlüsse der Gesundheitsminister vom 28./29. Juni 2000 und der Arbeits- und Sozialminister vom 25./26. Oktober 2000 enthalten u.a. die Bitte an die Bundesregierung, ein Aktionsprogramm „Gesundheit bei der Arbeit" zu initiieren. Dem dient ein Grundsatzpapier „Gesundheit bei der Arbeit" des Länderausschusses für Arbeitsschutz und Sicherheitstechnik (LASI).
- Die Gemeinschaftsinitiative „Gesünder Arbeiten e.V." in NRW wirbt in der gesamten Bevölkerung für einen ganzheitlichen Arbeitsschutz [20].
- Das Schwerpunktepapier der BAfU von 2000 enthält Vorgaben zum Ausbau der Prävention (einschließlich arbeitsbedingter Gesundheitsgefahren), zur Herstellung der Einheit von Arbeits- und Gesundheitsschutz und Unfallverhütung, Förderung der Eigenverantwortung, Schwerpunktsetzung auf Beratung und Aktivierung der Dienststellenleiter und Beschäftigten und zur laufenden Erfassung und zielorientierten Auswertung des Unfallgeschehens im Bundesdienst.
- Ein Kompetenznetz Arbeitsschutz NRW zur Beratung rund um Gesundheit und Job ist installiert [21].
- Führungskräfte wurden zur Prävention und betrieblichen Gesundheitsförderung im öffentlichen Dienst in Hessen und Thüringen befragt [22].
- Die Einführung einer Berichtspflicht der Betriebsärzte und Fachkräfte an den Unternehmer und des Unternehmers an den Unfallversicherungsträger insbs. zur Arbeitsschutzorganisation ist geplant [23].

Gesundheitsaktionen

- Gesundheitstage im Bundeskriminalamt (1999), in der Bundesversicherungsanstalt für Angestellte (2000), im BMI Berlin (2000), im BMI Bonn in Zusammenarbeit mit dem Beauftragten der Bundes-

regierung für Angelegenheiten der Kultur und der Medien und dem Statistischen Bundesamt (2001),
- Tagung zum Berliner Gesundheitsmanagement (2000) [24],
- Angebote der Gesundheitsakademie des BR Bonn in Zusammenarbeit mit dem Arbeitskreis Gesundheit beim Ärztlichen und sozialen Dienst der obersten Bundesbehörden [25],
- Schwerpunktaktivitäten der Unfallversicherungsträger der öffentlichen Hand im Bereich Sicherheit und Gesundheitsschutz [26].

Beurteilung der Arbeitsbedingungen

Die Zentralstelle für Arbeitsschutz beim BMI und die BAfU haben 1997 Prüflisten/Bausteine zur Umsetzung der §§ 5 und 6 Arbeitsschutzgesetz, die Arbeitsplätze zu beurteilen, zu den Bereichen Brandschutz, elektrische Anlagen und Betriebsmittel, erste Hilfe, Büro- und Bildschirmarbeitsplätze, Laboratorien, Landwirtschaft, Forst, Arbeiten im Überdruck, Taucherarbeiten, Druckluftarbeiten, physikalische Einwirkungen, Lastenhandhabung und Gefahrstoffe für den Bundesdienst herausgegeben.

Eine Auswertung im 1. Quartal 2001 in 101 Dienststellen von 10 Bundesressorts ergab:
- 85 Dienststellen hatten die Gefährdungsbeurteilung durchgeführt.
- Die Bildschirmarbeitsplatzliste genießt hohe Priorität; vielfach wurden sämtliche Arbeitsplätze beurteilt, nur in wenigen Fällen lag die Beurteilungsquote unter 50%.
- Die Mängelanzahl je Prüfliste betrug bei Bildschirm- und Büroarbeitsplätzen 2,8, bei erster Hilfe 1,8, bei elektrischen Anlagen 2,5, bei Brandschutz 2,6 und bei sonstigen Prüflisten (nur in geringem Umfang angewandt) 4,0.
- Die Ergebnisse dienten zu 49% zur Maßnahmenveranlassung, zu 37% zur Erörterung im Arbeitsschutzausschuss, zu 13% zu statistischen Zwecken und zu 1% zu Sonstigem.
- Die Kundenzufriedenheit mit den Prüflisten/Bausteinen lag mit 10% bei sehr gut, 47% bei gut, 32% bei befriedigend, 10% bei ausreichend und 1% bei mangelhaft.
- Die Stichprobe ergab schließlich, dass die Information der Führungsebenen zu verstärken, die Einführung im nachgeordneten Bundesbereich besser sicherzustellen und Hilfen zur Begleitung und Unterstützung der Anwender wünschenswert seien.

Die Fortentwicklung dieser bisher nur auf bestimmte – oben aufgeführte – Bereiche zugeschnittenen Prüflisten/Bausteine ist im Juni 2001 unter dem Titel „Beurteilung der Arbeitsbedingungen in der

Bundesverwaltung – Handlungshilfe Version 2.0" allen Dienststellen des Bundes zur Verfügung gestellt worden [27]. Diese Handlungshilfe (CD-ROM mit Anleitung) zeichnet sich aus durch:

- 52 Prüflisten mit insgesamt 1279 Prüffragen für nahezu alle Tätigkeitsbereiche.
- Prüflisten/-fragen sind bedarfsgerecht auswähl- und zusammenstellbar.
- Zu jeder Prüffrage gibt es Angaben zu aktuellen Rechtsvorschrift(en), möglichen Gefährdung(en) bei Nichterfüllung und prinzipielle Gestaltungsvorschläge.
- Zahlreiche Funktionen wie Freitextsuche, Begriffserläuterungen, Verweise, Benutzerhandbuch unterstützen den Anwender.
- Alle Prüflisten können am PC bearbeitet werden (einschl. Zusammenstellung und Beantwortung der Prüffragen, Dokumentation der Ergebnisse und Maßnahmen).
- Der aktuelle Bearbeitungsstand kann mittels einer Schnelldarstellung jederzeit abgerufen und ausgedruckt werden.
- Die CD-ROM schafft die Voraussetzungen für ein effektives Arbeitsschutzmanagement:
  - Übertragung der Dienststellenstruktur in die Handlungshilfe (Explorerform).
  - Für eine interne und externe Auditierung ist der aktuelle Beurteilungsstand jederzeit einseh-, ausdruck- oder per E-Mail versendbar (vgl. Arbeitsplaner und Dokumentation negativ beantworteter Prüffragen in Abb. 3.1).
  - Nach Abschluss der Beurteilung oder zu Stichtagen kann eine Archivierung des vollständigen Beurteilungsergebnisses und der Maßnahmen erfolgen (schreibgeschützte Speicherung oder Ausdruck).
  - Die Handlungshilfe erfüllt die Voraussetzungen für das papierlose Büro.
  - Durch die verbindliche Anwendung dieser Handlungshilfe in allen Bundesdienststellen ist eine Vergleichbarkeit der Beurteilungsergebnisse möglich.

Auswertung des Unfallgeschehens

Im öffentlichen Dienst wird die Auswertung des Unfallgeschehens (jährlich) mit der 10% Statistik vom Bundesverband der Unfallkassen (BUK) vorgenommen [28]. Regelmäßige Vollauswertungen werden bisher nur in wenigen Bundesministerien/Geschäftsbereichen erstellt. Die BAfU startet 2001 das Projekt der laufenden Erfassung und ziel-

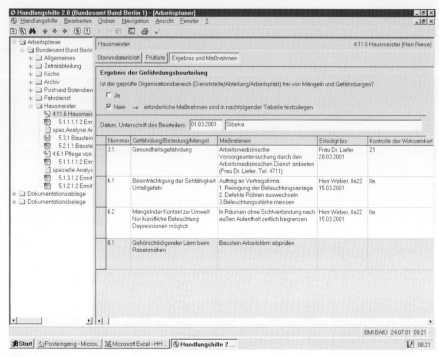

Abb. 3.1. Beurteilung der Arbeitsbedingungen in der Bundesverwaltung – Handlungshilfe Version 2.0

orientierten Auswertung des Unfallgeschehens im Bundesdienst (Beamte und Arbeitnehmer).

Dies ist nach Auffassung des BAfU-Vorstandes unerlässlich für ein Arbeitsschutzmanagement und für ein Benchmarking der Ministerien. Schließlich sollen Fehlzeiten und Kosten solcher Ausfälle im Verhältnis zu den Gesamtfehlzeiten/-kosten der Bundesverwaltung ermittelt werden. Zur Umsetzung hat die Zentralstelle für Arbeitsschutz die anonymisierte Unfallerfassung für Beamte ab 2001 dem Bundesdienst vorgegeben.

Produktbildung

Die Neuorientierung im öffentlichen Dienst spiegelt sich auch in der intensiven Diskussion im BUK-Projekt „Produktbildung Prävention" wider. Mit der Dienstleistungs-Produktbildung für den Aufgabenbereich Prävention der öffentlichen Unfallversicherungsträger sollen Grundlagen für eine systematische und ergebnisorientierte Steuerung der Präventionsarbeit gelegt werden. Die Produktbildung dient als Instrument zur Messung der Qualität, der Leistungserbringung und zum Benchmarking. Damit kann die Qualität der Steuerung innerhalb des Unfallversicherungsträgers, gegenüber seinen Mitgliedern und den Versicherten deutlich erhöht werden. Die zentralen Geschäftsfelder der Präventionsarbeit sind:

- Sicherheitstechnischer und arbeitsmedizinischer Dienst
- Beratung, Überwachung und Ermittlung
- Vorschriften, Regeln und Informationen
- Forschung, Analyse und Entwicklungs-/Modellprojekte
- Aus-, Fort- und Weiterbildung
- Zusammenarbeit mit anderen Institutionen, Öffentlichkeitsarbeit.

Die Produktbildung soll die Präventionsarbeit intern wie extern transparent machen, Qualitäts- und Quantitätsstandards festlegen helfen, analysieren, was mit den zur Verfügung gestellten personellen und sächlichen Mitteln zu leisten ist. Kunden- und Zielgruppenorientierung und die Qualifikation und Verantwortungsbereitschaft der Mitarbeiter sollen gefördert werden. Nach der im Jahr 2000 erfolgten Einführung der Produktbildung bei der Unfallkasse Post und Telekom beabsichtigen weitere Unfallversicherungsträger der öffentlichen Hand diese im Pilotbetrieb zu testen. Im Hauptverband der gewerblichen Berufsgenossenschaften wird gleichfalls dieser Ansatz unter dem Begriff „Dienstleistungen der Prävention" diskutiert.

Erwartungen an den öffentlichen Dienst

Die Erwartungen richten sich an drei Entscheidungsebenen:

An den öffentlichen Dienst insgesamt

- Kostenzuordnung/Beitragserhebung mit Anreizen einführen, die vorbildlich organisierten und praktizierten Arbeits- und Gesundheitsschutz belohnt, schlechten bestraft.
- In ein Benchmarking innerhalb des öffentlichen Dienstes, mit der Privatwirtschaft und mit den europäischen Mitgliedstaaten eintreten [29].

An den Dienstherrn

- Aktiv (Vorbild) seine Verantwortung wahrnehmen und die Beschäftigten aktivieren.
- Integration von Arbeits- und Gesundheitsschutz in die Organisation und Kommunikation auf allen Ebenen.
- Zum Controlling jährliche Arbeitsschutzberichterstattungen einführen, die auch in Maßnahmen des Gesundheitsschutzes/der Gesundheitsförderung münden.

An die Unfallversicherungsträger der öffentlichen Hand

- Produktbildung in der Prävention vorantreiben und diese mit Kosten- sowie Leistungsrechnung und Benchmarking kombinieren.
- Sich stärker mit dem staatlichen Arbeitsschutz vernetzen, um die notwendigen Ressourcen für die aktive Begleitung und Propagierung des Arbeits- und Gesundheitsschutzes in Dienststellen und bei Beschäftigten zu bündeln.
- Die Kompetenz und das Rollenverständnis der Aufsichtspersonen durch Integration betriebswirtschaftlicher, pädagogischer und psychologischer Bausteine in Aus- und Fortbildung weiter professionalisieren und stärken.

Diese Erwartungen seien angesichts der rasanten Entwicklung vielfältiger neuer Arbeits- und Organisationsformen mit den Forderungen des Präsidenten der Bundesanstalt für Arbeitsschutz und Arbeitsmedizin verbunden, Wandlungsprozesse rechtzeitig zu erkennen, zu antizipieren, innovativ zu bewältigen und Arbeitsschutz, bessere Sicherheit und Gesundheit am Arbeitsplatz als Gefügeleistung neu zu organisieren [30]. Auch für den öffentlichen Dienst, der – wenn auch häufig anders wahrgenommen – nicht weniger als andere Bereiche, einem weitreichenden Strukturwandel unterliegt, dürften diese Forderungen lebenswichtig sein.

Literatur

[1] Amtsblatt der Europäischen Gemeinschaften vom 29.6.89, Nr. L183/1
[2] a. a. O., Nr. L 183/2
[3] Bundestagsdrucksache 13/3540, S. 12
[4] a. a. O., S. 12
[5] Graßl · Sinks, Arbeitssicherheit und Unfallverhütung im öffentlichen Dienst, 2. Auflage, S. 35/6, ecomed
[6] a. a. O., S. 36/7
[7] a. a. O., S. 37
[8] a. a. O., S. 38
[9] a. a. O., S. 40
[10] a. a. O., S. 41
[11] a. a. O., S. 41/2
[12] a. a. O., S. 50/1
[13] Richtlinie für den betriebsärztlichen und sicherheitstechnischen Dienst in den Verwaltungen und Betrieben des Bundes, GMBl. 1978, S. 114 ff
[14] Erste Allgemeine Verwaltungsvorschrift zur Regelung der Unfallverhütung im Bundesdienst (1. AVU Bund), GMBl. 1998, S. 215 und Verordnung zur Regelung der Unfallverhütung in Unternehmen und bei Personen, für die der Bund nach § 125 Abs. 1 Nr. 2 bis 7 und Abs. 3 Siebtes Buch Sozialgesetzbuch Unfallversicherungsträger ist (Bundesunternehmen-Unfallverhütungsverordnung-BUV), BGBl. 2000 Teil I Nr. 12, S. 256

[15] Amtsblatt der Freien Hansestadt Bremen vom 23. September 1998

[16] vgl. dazu den Beitrag von Delin und Rymon-Lipinsky in diesem Band

[17] Oppolzer A. und Pallenberg C. „Arbeitsbedingungen und -zufriedenheit unter dem Aspekt Chancengleichheit", Die Angestellten Versicherung, Mai 2001, S. 105 ff

[18] Bundesausführungsbehörde für Unfallversicherung, Jahresbericht 1999, S. 27, E-Mail: BAFUWHV@t-online.de

[19] Arbeitskreis „Arbeitsschutzgesetz" – Fachkräfte für Arbeitssicherheit der Sicherheitsbehörden des Bundes und der Länder, in Handlungshilfe Beurteilung der Arbeitsbedingungen, vergl. [27]

[20] www.gesuender-arbeiten.de

[21] www.komnet.nrw.de

[22] Näheres dazu im Beitrag von Ferdinand Gröben in diesem Band

[23] BUK, Entwurf Unfallverhütungsvorschrift „Betriebsärzte, Fachkräfte für Arbeitssicherheit", § 6, Stand September 2000

[24] Busch R. und Senatsverwaltung für Inneres (Berlin), ISBN-Nr.: 3-932454-13-8

[25] E-Mail: aid@aid.de

[26] Bundesverband der Unfallkassen – BUK, www.unfallkassen.de

[27] Zentralstelle für Arbeitsschutz beim BMI und Bundesausführungsbehörde für Unfallversicherung, Beurteilung der Arbeitsbedingungen in der Bundesverwaltung, Handlungshilfe CD-ROM Version 2.0, http://www.bmi.bund.de E-Mail: poststelle@bmi.bund.de

[28] BUK, Statistikreihe

[29] Europäische Agentur für Sicherheit und Gesundheitsschutz am Arbeitsplatz: „Wirtschaftliche Aspekte von Sicherheit und Gesundheitsschutz am Arbeitsplatz in den Mitgliedstaaten der Europäischen Union" – E-Mail: information@eu-osha.es und „Der Stand von Sicherheit und Gesundheitsschutz bei der Arbeit in der Europäischen Union – Pilotstudie", http://www.eu-osha.es

[30] Bienek H.-J., „Brauchen wir einen neuen Arbeitsschutz?", sicher ist sicher 4/2001, S. 180

Ergebnisse einer Umfrage bei Führungskräften zur Prävention und betrieblichen Gesundheitsförderung im öffentlichen Dienst in Hessen und Thüringen

F. Gröben

Arbeitsunfähigkeit in öffentlichen Verwaltungen

Der Betrag von etwa 2 Milliarden Mark für die Entgeltfortzahlung kranker Mitarbeiter in der Bundesverwaltung war für den Spiegel 1997 Anlass, einen vierseitigen Artikel zu veröffentlichen mit dem Thema: „Da muss etwas passieren" [1]. Deutsche Beamte und Angestellte sowie Arbeiter im öffentlichen Dienst sind ein Viertel mehr Tage krank als ihre Kollegen in der Privatwirtschaft, stellte der damalige Bundesinnenminister auf Grund einer erstmalig im Jahr 1996 durchgeführten Fehlzeitenerhebung fest. Auch heute noch ist der Krankenstand in der öffentlichen Verwaltung – seien es nun Mitarbeiter der Bundes- oder Landesverwaltung oder sonstige Verwaltungsstellen – erheblich höher als in der freien Wirtschaft. 1999 lag dort der Anteil der Fehltage bei 6,4% und war damit um fast 20% höher als im Branchendurchschnitt, der in diesem Jahr bei 5,4% betrug [2].

Eine etwas differenziertere Betrachtung zeigt aber, dass diese 6,4% Fehlzeiten bzw. 23,2 Fehltage pro Jahr sich recht unterschiedlich verteilen. So weisen die hochbelasteten Berufsgruppen wie z. B. Lager- und Transportarbeiter oder Müllwerker wesentlich höhere Werte auf, als die für Beamten typisch wahrgenommenen Berufsfelder, wie Lehrer oder Verwaltungsfachleute. Diese Gruppe weist Fehlzeiten auf, die jenen im Bereich Banken und Versicherungen (13,1 AU-Tage) vergleichbar sind. Hinzu kommt: neben einer Vielzahl von Mitarbeitern auf hochbelasteten Arbeitsplätzen besteht im öffentlichen Dienst eine gegenüber der Privatwirtschaft abweichende Altersstruktur. In der öffentlichen Verwaltung sind deutlich mehr ältere Mitarbeiter vertreten. Weiterhin gibt es in der öffentlichen Verwaltung einen höheren Anteil von Schwerbehinderten, die unabhängig davon, ob sie im öffentlichen Dienst tätig sind oder nicht – wie Daten des Mikrozensus belegen – etwa dreimal häufiger erkranken [3, 4].

Ergebnisse einer Beschäftigtenbefragung bei der Bundesversicherungsanstalt ebenso wie ein von der Bertelsmann Stiftung durchgeführter „Interkommunaler Leistungsvergleich" weisen auf ein weiteres in der öffentlichen Verwaltung besonders virulentes Problem hin: fehlende Arbeitszufriedenheit bzw. problematisches Führungsverhalten [5]. Die Zusammenhänge mit der Fehlzeitenquote sind bekannt.

Handlungsfeld der Unfallversicherungsträger

Seit 1996 hat auch in der Bundesrepublik Deutschland das neue europäische Arbeitsschutzrecht Gesetzeskraft erlangt. Gemäß der zugrunde liegenden EG-Rahmenrichtlinie wird unter „Gesundheit" nicht nur die Abwesenheit von Krankheit, sondern ein umfassendes körperliches, seelisches und soziales Wohlbefinden verstanden. Deshalb verlangt die Richtlinie auch eine entsprechend ganzheitliche, präventive und prozesshafte Arbeitsschutzpolitik. Zusammen mit den Veränderungen im staatlichen Arbeitsschutzrecht erfolgten seitens des Gesetzgebers Änderungen der Sozialgesetzgebung. Zum einen handelte es sich um die Neufassung des § 20 SGB V und damit verbunden eine Reduzierung der Möglichkeiten der gesetzlichen Krankenversicherung (GKV) in der Gesundheitsförderung aktiv zu werden[1], zum anderen wurden aber auch die Aufgaben der Unfallversicherungsträger erheblich erweitert. Sie erhielten einen – im SGB VII festgelegten – erweiterten Präventionsauftrag und in dessen Rahmen die Aufgabe mit allen geeigneten Mitteln nicht nur Arbeitsunfälle und Berufskrankheiten, sondern auch arbeitsbedingte Gesundheitsgefahren zu verhüten. Um dieser Aufgabe gerecht werden zu können, sind sie aufgefordert, sowohl mit den staatlichen Arbeitsschutzbehörden als auch mit den Krankenkassen zu kooperieren.

Auch wenn eine einvernehmliche Definition des Begriffes „arbeitsbedingte Gesundheitsgefahren" nicht vorlag, bestand bei der für Prävention zuständigen Abteilung des Bundesverbandes der Unfallkassen e.V. die Überzeugung, dass für ein gezieltes Vorgehen der Unfallversicherungsträger bei der Verhütung arbeitsbedingter Gesundheitsgefahren es der Kenntnis der bereits gemachten Erfahrungen in diesem Arbeitsfeld (das in der Vergangenheit in erster Linie von den Institutionen der Gesetzlichen Krankenversicherung besetzt war) bedarf.

---

[1] Mit der rot-grünen Regierungskoalition erhielt die GKV nun wieder – wenn auch im beschränkten Rahmen – die Möglichkeit in der Gesundheitsförderung tätig zu werden.

Aus diesem Grund entschied sich der Bundesverband der Unfallkassen e.V. zusammen mit den Unfallkassen der Länder Hessen und Thüringen, eine Befragung von Führungskräften zu der Problematik durchzuführen. Auf Grund von zurückliegenden, vergleichbaren Studien wurde das Institut für Sport und Sportwissenschaft der Universität Karlsruhe mit der wissenschaftlichen Begleitung der Erhebung beauftragt [6]. Die Erhebung wurde zudem vom Hessischen Sozialministerium unterstützt.

Führungskräftebefragung

Ziel der Studie war es, Präventionsmaßnahmen sowie das bestehende Angebot betrieblicher Gesundheitsförderung der öffentlichen Verwaltungen für ihre Mitarbeiter in der Region Hessen und Thüringen systematisch zu erfassen. Untersucht wurde, welche strukturellen, organisatorischen oder personellen Faktoren die Einrichtung bzw. den Erfolg von Maßnahmen der betrieblichen Gesundheitsförderung behindern oder sicherstellen. Die gewonnenen Daten geben Hinweise zum
• Umfang des Handlungsbedarfs in den Bereichen Arbeitsschutz, Prävention und Gesundheitsförderung sowie zu
• fachspezifischen Schwerpunkten des Handlungsbedarfs und eröffnen
• die Möglichkeit eine Prioritätensetzung durchzuführen und Handlungsmaßnahmen abzuleiten.

Aus den kommunalen und staatlichen Dienststellen in Hessen und Thüringen wurde eine *repräsentative Stichprobe von 569 Stellen* gezogen. Die Befragung erfolgte in der zweiten Jahreshälfte 1999. Die Datenerhebung geschah durch eine Kombination aus schriftlicher Befragung und telefonischen Kurzinterviews. 356 Dienststellen erklärten sich bereit, an der Studie teilzunehmen. Es konnte eine Stichprobenausschöpfung von 62,6% erreicht werden. Die Umfrage richtete sich an die Führungskräfte der einzelnen Dienststellen. Die jeweiligen Leiter, an die der Fragebogen adressiert war, antworteten zu mehr als 35% direkt auf die Befragung. Etwas mehr als ein Viertel der Personalleiter der jeweiligen Dienststellen füllten die Fragebögen anstelle des Leiters der Dienststelle aus. Knapp ein Fünftel der Fragebögen wurde von den Sicherheitsfachkräften im jeweiligen Haus in Zusammenarbeit mit der Personalabteilung und den Führungskräften ausgefüllt. Die restlichen Fragebögen wurden von Mitarbeitern der Personalabteilung wie auch vom Assistenzbereich der Leitungs- und Führungskräfte ausgefüllt in Abstimmung mit dem jeweiligen Leiter der Dienststelle.

In den erfassten Dienststellen arbeiteten zum Zeitpunkt der Erhebung 178 294 Personen, 139 666 davon in Hessen und 38 628 in Thüringen. Vier von fünf der befragten Dienststellen haben ihren Standort in Hessen, ein Fünftel in Thüringen. Fast die Hälfte der Stichprobe wird von kleineren und mittleren Dienststellen mit 50 bis 199 Mitarbeitern gestellt. Ein gutes Viertel der Einrichtungen hat 200 bis 499 Beschäftigte. Ein weiteres Viertel sind große Dienststellen.

Belastungen der Beschäftigten in der öffentlichen Verwaltung

Die von den befragten Führungskräften berichteten Zahlen zur Arbeitsunfähigkeit ihrer Mitarbeiter zeigen, dass in Hessen mit 7,1% deutlich größere Ausfälle zu verzeichnen sind als in Thüringen mit 5,4%.[2] Die Konsequenzen und Probleme von Fehlzeiten sind in den beiden Bundesländern allerdings relativ ähnlich. An erster Stelle werden Probleme mit Vertretungsregelungen genannt, gefolgt von Schwierigkeiten, die notwendigen Dienstleistungen zu erbringen. Die nächste Stelle nehmen zusätzliche Überstunden und Probleme bei der Terminplanung ein. Resultierend aus den genannten Problembereichen treten in vier von fünf aller Einrichtungen Motivationsprobleme der anwesenden Mitarbeiter zutage.

Auf die Frage nach den Spezifika der Belastungen in den Dienststellen stellen sich der „Publikumsverkehr" an erster Stelle und der „Zeitdruck" an zweiter Stelle als die beiden größten und schwerwiegendsten Belastungsformen für die Mitarbeiter im öffentlichen Dienst in Hessen und Thüringen heraus. An dritter Stelle folgt das „Heben und Tragen", gleichbedeutend sind „Lärm" und „mechanische Gefährdungen". Belastungen des Muskel- und Skelettsystems werden von 57% der Befragten berichtet, Belastungen durch die Arbeitsumgebung werden von 64% angegeben. Über psychische Belastungen berichten 86% aller Dienststellen. Nur jede zehnte Dienststelle gibt an, ihre Mitarbeiter seien keinen Belastungen ausgesetzt.

Gesundheitsförderung in der öffentlichen Verwaltung

Etwa 40% aller Einrichtungen im öffentlichen Dienst in Hessen und Thüringen hat in der Vergangenheit bereits Erfahrungen mit verhaltensorientierten Maßnahmen der betrieblichen Gesundheitsförderung

---

[2] Antworten auf die Frage: Kennen sie die Fehlzeitenquote auf Grund von Arbeitsunfähigkeit (wegen Unfällen und Erkrankungen) in Ihrer Dienststelle? [⌀ 6,67%; n = 87, Spannweite von 0,6% bis 22,3%, SD = 4,3].

gemacht. In den größeren Einrichtungen gibt es nur wenige, bei denen Maßnahmen der Verhaltensprävention nicht in die betriebliche Routine mit aufgenommen worden sind. Ganz anders sieht es bei kleineren und mittleren Einrichtungen aus. Hier waren und sind solche Maßnahmen noch sehr viel seltener anzutreffen. Diese Einrichtungen verfügen nur sehr unzureichend über die notwendigen Strukturen, die zur Initiierung und Durchführung von betrieblicher Gesundheitsförderung unabdingbar sind. Beim Vergleich der beiden Bundesländer zeigt sich, dass im Versicherungsbereich der Unfallkasse Thüringen Maßnahmen der Verhaltensprävention noch seltener vorzufinden sind, als dies bei der Unfallkasse Hessen der Fall ist. Andererseits haben sich immerhin 13% der Einrichtungen entschieden, in Zukunft verhaltensorientierte Maßnahmen neu einzuführen. Offensichtlich werden diese Programme akzeptiert und ihr Nutzen gesehen.

Über weit mehr Erfahrungen verfügen die Dienststellen im Bereich der weiterbildungsorientierten Instrumente zur Gesundheitsförderung und Prävention. Man kann davon ausgehen, dass etwa zwei Drittel aller Einrichtungen bereits Erfahrungen damit gesammelt hat. Zu nennen sind hier in der Reihenfolge ihrer Bedeutung Kommunikationstraining, Konfliktbewältigungsseminare, Seminare zum Umgang mit Gefahrstoffen, Seminare zu Teamwork, Führungskräfteseminare zur betrieblichen Gesundheitsförderung sowie Seminare zum Übergang in den Ruhestand und zur Bewältigung von Schichtarbeit. Es zeigen sich allerdings in diesem Bereich in Hessen auch deutliche Differenzen zwischen den staatlichen und den kommunalen Dienststellen. In den staatlichen Dienststellen sind durchweg weniger Maßnahmen vorzufinden.

Auch wenn in der Praxis keine bedeutenden Abweichungen zu erkennen sind, so unterscheiden sich doch Führungskräfte aus der öffentlichen Verwaltung von ihren Kollegen aus dem privaten Dienstleistungsbereich in der Bewertung des Nutzens von Maßnahmen der betrieblichen Gesundheitsförderung. Der Nutzen wird bei öffentlichen Dienstleistern wesentlich geringer bewertet als in der Privatwirtschaft. Dies gilt für summarische Urteile ebenso wie für einzeln abgefragte Aspekte wie sinkender Krankenstand, erhöhte Produktivität oder Steigerung des gesundheitlichen Wohlbefindens der Mitarbeiter. Am besten werden die Maßnahmen zur betrieblichen Gesundheitsförderung noch bezüglich ihres Nutzens für die Arbeitszufriedenheit und für die Steigerung des Wohlbefindens der Mitarbeiter beurteilt.

Zur Ermittlung der Frage, welchen Stellenwert die betriebliche Gesundheitsförderung in öffentlichen Einrichtungen hat, wurde das in vorangegangenen Studien [6] erarbeitete Konsensraster zur Beurtei-

Tabelle 4.1. Konstruktion des Beurteilungsindex

Index	Bedarfs-analyse	Verhaltens-prävention	Verhältnis-prävention
Anzahl der Items	5	12	6
Maximal erreichbare Punktzahl pro Bereich	30	57	33
Gewichtungsfaktor zur Gleichstellung der drei Bereiche	1,11	0,59	1,01
Mögliche Gesamtpunktzahl	33,30	33,36	33,33
Zusammen		100	

Tabelle 4.2. Beurteilungsindex: Skalierung

1 = sehr gut	–	83,4 bis 100 Punkte
2 = gut	–	66,7 bis 83,3 Punkte
3 = befriedigend	–	50,1 bis 66,6 Punkte
4 = ausreichend	–	33,4 bis 50,0 Punkte
5 = mangelhaft	–	16,7 bis 33,3 Punkte
6 = ungenügend	–	0 bis 16,6 Punkte

lung des Niveaus der Gesundheitsförderung herangezogen. Der Beurteilungsindex fasst eine Liste von über 20 verschiedenen Maßnahmen, die als betriebliche Gesundheitsförderung bezeichnet werden können, zusammen. Dabei handelt es sich um Maßnahmen wie: Gefährdungs- und Belastungsanalysen, Bedarfsanalysen, verhaltensorientierte Gesundheitsförderungsmaßnahmen, Weiterbildungsmaßnahmen, verhältnisorientierte Gesundheitsförderungsmaßnahmen sowie sonstige Angebote.

Der Index bietet die Grundlage, um das Niveau der Gesundheitsförderung zu klassifizieren. Die Einzelmaßnahmen werden dabei drei Subskalen zugeordnet: Bedarfsanalyse, Verhaltensprävention sowie Verhältnisprävention (Tabelle 4.1). Jeder Maßnahme wird – je nach Einschätzung der Bedeutung der einzelnen Maßnahmen für eine fachgerechte betriebliche Gesundheitsförderung – ein Bewertungsfaktor zugeordnet. Bei einer optimalen Erfüllung aller Kriterien können in jeder der Subskalen 33,3 Punkte und auf dem Gesamtindex „Betriebliche Gesundheitsförderung" 100 Punkte erreicht werden. Um die verschiedenen Stufen der Ausprägung betrieblicher Gesundheitsförderung deutlicher darstellen zu können, wird die Skala in eine Notenskala mit sechs gleich großen Notenstufen unterteilt (Tabelle 4.2).

Derzeit liegen etwa 1000 Datensätze vor, die zum Vergleich des Niveaus der Gesundheitsförderung herangezogen werden können. Die

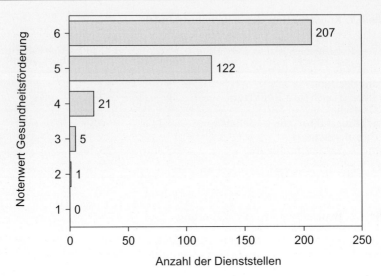

Abb. 4.1. Niveau der betrieblichen Gesundheitsförderung in der öffentlichen Verwaltung (n = 356)

Daten stammen neben den hier ausführlich beschriebenen Einrichtungen der öffentlichen Verwaltung aus der Privatwirtschaft, vor allem aus dem verarbeitenden Gewerbe und dem Dienstleistungsbereich.

Von den Einrichtungen der öffentlichen Verwaltung weisen nicht einmal zwei Prozent der Dienststellen ein gutes oder befriedigendes Niveau der Gesundheitsförderung auf (Abb. 4.1). Schließt man ausreichende Werte mit ein, so erhöht sich der Anteil der Dienststellen mit Maßnahmen der Gesundheitsförderung lediglich auf 7,6%. Ein Vergleich der Daten mit Befunden aus der Privatwirtschaft zeigt allerdings, dass die öffentliche Verwaltung gegenüber privaten Dienstleistern kein überzufällig niedrigeres Niveau der betrieblichen Gesundheitsförderung aufweist. Zusammenfassend gilt für die gesamte öffentliche Verwaltung, dass – angesichts des bestehenden Handlungsbedarfs – das niedrige Niveau der betrieblichen Gesundheitsförderung nur bedauert werden kann.

Einflussfaktoren

Die Suche nach Faktoren, die das Niveau und die Bewertung der betrieblichen Gesundheitsförderung beeinflussen, erbringt einige Parallelen zu den Befunden aus der Vergleichserhebung in der Privatwirtschaft. Es zeigt sich, dass in Hessen sowohl bei den staatlichen wie auch den kommunalen Dienststellen die Dienststellengröße einen erheblichen positiven Einfluss auf den Umfang des Angebotes von Maßnahmen der betrieblichen Gesundheitsförderung hat, wobei der Effekt bei den hessischen kommunalen Dienststellen am ausgeprägtesten ist.

Neben der Größe der Einrichtung haben auch bei den Mitarbeitern bestehende Belastungen und Beanspruchungen Einfluss auf das Niveau der Gesundheitsförderung. Positiv vermerkt werden kann dabei, dass Belastungen des Muskel- und Skelettsystems ebenso wie solche durch die Arbeitsumgebung offenbar bereits minimiert werden konnten. Psychische Belastungen treten aber immer mehr in den Vordergrund und Gegenmaßnahmen sind noch die Ausnahme. So berichten 86% aller Dienststellen von vorhandenen psychischen Belastungen. Auf der anderen Seite haben aber lediglich ein Viertel aller Dienststellen systematische Beurteilungen der psychischen Gefährdungen durchgeführt, Führungskräftetrainings zu solchen Fragen gibt es lediglich in 14% und Maßnahmen zur Bewältigung von Mobbing lediglich in 12% aller Dienststellen. Allein Konfliktbewältigungsseminare sind etwas häufiger vorzufinden (38%).

Bezüglich bestehender Einflussfaktoren kann weiterhin festgehalten werden, dass Dienststellen mit Informationen zur Fehlzeitenquote ein höheres Niveau der Gesundheitsförderung aufweisen. Gleiches gilt für Anzeigen von Berufskrankheiten. So weisen Dienststellen mit Anzeigen auf dem Bewertungsindex einen über 50% höheren Wert auf als die andere Gruppe ohne Anzeigen. Angegeben werden solche von nahezu jeder fünften Dienststelle. Der ausgeprägteste Zusammenhang zwischen dem Vorliegen von Anzeigen von Berufskrankheiten und dem Ausmaß der Gesundheitsförderung kann im Bereich der kommunalen hessischen Dienststellen verzeichnet werden.

Als wesentlich stärker erweist sich noch der Zusammenhang zwischen Umstrukturierungsmaßnahmen in der Aufbau- oder Ablauforganisation einer Dienststelle und dem Niveau der betrieblichen Gesundheitsförderung. In den von den Unfallkassen in Hessen und Thüringen betreuten Stellen ergeben sich deutliche positive Zusammenhänge, die auch ein ähnliches Ausmaß wie in der Privatwirtschaft erreichen. In den staatlichen hessischen Dienststellen ist dieser Effekt nicht vorhanden. Offenbar bieten Umstrukturierungen die Chance, auch Maßnahmen der Gesundheitsförderung erfolgreich einzuführen. Diese Gelegenheit sollte genutzt werden, insbesondere angesichts der Tatsache, dass deutliche Zusammenhänge zwischen dem Vorhandensein von Mobbing und Umstrukturierungen in der Zukunft festzustellen sind.

In Betrieben der Privatwirtschaft ließ sich ein erheblicher Zusammenhang zwischen der Mitarbeiterorientierung und dem Niveau der

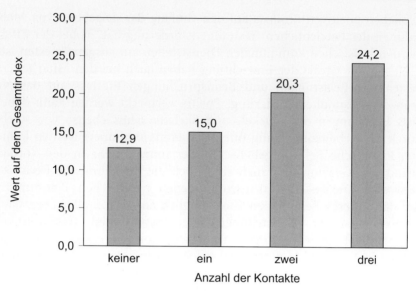

Abb. 4.2. Einfluss der Beratungskontakte auf das Niveau der Gesundheitsförderung (n = 56)

betrieblichen Gesundheitsförderung nachweisen. Auch öffentliche Dienststellen, die ihre Mitarbeiter und Mitarbeiterinnen als wichtig für den Erfolg ihrer Arbeitsergebnisse ansehen, neigen eher dazu Maßnahmen der betrieblichen Gesundheitsförderung anzubieten [7]. Der Einfluss dieses Faktors ist jedoch bei weitem nicht so deutlich ausgeprägt wie bei den privaten Dienstleistern.

Ein deutlicher Zusammenhang besteht offenbar ebenfalls zwischen der Wertschätzung des Arbeits- und Gesundheitsschutzes und dem Niveau der betrieblichen Gesundheitsförderung. Hinzu kommt, dass vorhandene Informationen über die potentiellen Effekte der betrieblichen Gesundheitsförderung sich positiv auf das Niveau der betrieblichen Gesundheitsförderung auswirken. Verstärkt wird dieser Einfluss durch vorhandene Informationen über die Möglichkeiten, sich bei Maßnahmen der betrieblichen Gesundheitsförderung beraten und unterstützen zu lassen. Es lässt sich belegen, dass durchgeführte Beratungen einen positiven Einfluss auf das Niveau der Gesundheitsförderung haben (Abb. 4.2). Dienststellen, die entweder von den Unfallkassen, den staatlichen Ämtern für Arbeitsschutz und Sicherheitstechnik oder anderen Organisation Beratung erhalten haben, weisen ein höheres Maß an Gesundheitsförderung auf. Kooperieren verschiedene Institutionen, so kommt der Effekt stärker zum Tragen. Diese Befunde verdeutlichen, dass Information und Beratung der Führungskräfte ein

„Motor" für eine Optimierung des Arbeits- und Gesundheitsschutzes, der Prävention sowie der betrieblichen Gesundheitsförderung darstellen können.

Handlungsmöglichkeiten

Aus den Angaben der befragten Führungskräfte zu den Planungen der Dienststellen im Bereich von Prävention und Gesundheitsförderung sowie aus den Angaben zu nachgefragter Information und Beratung zu diesen Themen lassen sich Prioritäten für die Arbeit der Präventionsdienstleister ableiten. Eines der zentralen, aktuellen Themen im Bereich der Gesundheitsförderung stellt offenbar zur Zeit die Flexibilisierung der Arbeitszeiten dar. Aus dem Feld der Verhaltensprävention werden Planungen zu Maßnahmen gegen Mobbing sowie Führungskräfteseminare angegeben. Die Befunde weisen darauf hin, dass dem Bereich der psychischen bzw. mentalen Beanspruchung verstärkt Bedeutung zugemessen werden muss und hier integrierte Präventionskonzepte entwickelt werden sollten.

Die Befragung hat gezeigt, dass Information und Hilfe auch von Seiten der Führungskräfte erwartet wird: 162 Dienststellen, dies entspricht einem Anteil von 45,5% der Gesamtstichprobe, melden Beratungs- und Unterstützungsbedarf zur Prävention sowie in Fragen der betrieblichen Gesundheitsförderung an. Der Beratungsbedarf wird dabei von Führungskräften in der öffentlichen Verwaltung höher eingeschätzt als bei privaten Dienstleistern. Am deutlichsten wird dieser Unterschied bei den kleinen Dienststellen und Betrieben mit bis zu 200 Mitarbeitern. Und am ausgeprägtesten erweist er sich bezüglich Maßnahmen der Verhaltensprävention.

Unterstützung bei der Planung und Durchführung von solchen Maßnahmen erwarten etwa zwei Drittel der Einrichtungen von den Unfallversicherungsträgern (Abb. 4.3). Dies ist mit deutlichem Abstand die höchste Anzahl an Nennungen. Gefolgt werden die Unfallversicherungsträger von den staatlichen Ämtern für Arbeitsschutz, die in etwas weniger als 50% der Einrichtungen genannt wurden. Die Krankenkassen folgen an dritter Stelle mit etwa 40% der Nennungen. Andere Beratungsstellen werden kaum wahrgenommen.

Die am häufigsten genannten Bereiche, in denen Hilfe gesucht wird, sind:
- Gefährdungsbeurteilung gemäß Arbeitsschutzgesetz
- Ermittlung psychischer Belastungen am Arbeitsplatz
- Ergonomie, Gestaltung des Arbeitsumfelds
- Bewegungsprogramme

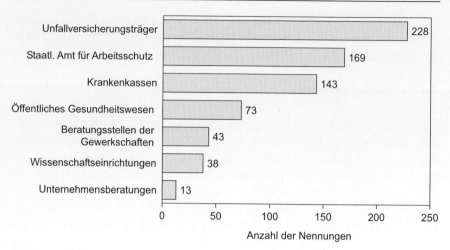

Abb. 4.3. Häufigkeit der Nachfrage der Institutionen (n = 356)

- Gesundheitsgerechte Aufbau- und Ablauforganisation
- Führungskräfteseminare
- Entspannungsprogramme
- Bewältigung von Mobbing
- Auswertung der Fehlzeitendaten

Dies bedeutet, dass Beratungen seitens der Unfallversicherungsträger über die klassischen technischen Felder der Maßnahmenableitung zur Vermeidung von Arbeitsunfällen bzw. Berufskrankheiten hinaus in Zukunft auch anderen Aspekten – und hier vorrangig sowohl psychischen wie auch sozialen – Rechnung tragen müssen, um dem erweiterten Präventionsauftrag nachkommen zu können. Notwendig hierfür sind Sozialkompetenzen wie Kommunikations- oder Organisationskompetenz. Hierfür ist entweder eine entsprechende Qualifikation der Mitarbeiter notwendig oder es werden in Kooperation mit den Institutionen der Gesetzlichen Krankenversicherung und weiteren Experten Netzwerke entwickelt, die diesen interdisziplinären Beratungsbedarf decken können.

Die Überprüfung der Frage nach Schwerpunkten des Handlungsbedarfs und Möglichkeiten einer Prioritätensetzung in den verschiedenen Bereichen und Tätigkeitsprofilen des öffentlichen Dienstes ergibt einige Hinweise für zukünftige Handlungsfelder. Zur Überprüfung wurde das Niveau der Gesundheitsförderung in den verschiedenen Sparten sowie der dort geäußerte Beratungsbedarf herangezogen. Das niedrigste Niveau der Gesundheitsförderung ist für den Bereich Bildung und Kunst zu konstatieren, gleichzeitig wird hier der höchste

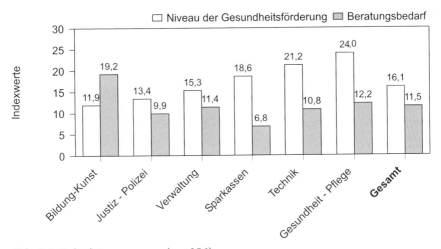

Abb. 4.4. Prioritätensetzung (n = 356)

Beratungsbedarf geäußert (Abb. 4.4). Dies bedeutet, dass dort der Nachholbedarf erkannt wird und Hilfestellungen mit hoher Wahrscheinlichkeit auch angenommen werden. Ebenfalls unterdurchschnittliche Werte in der Gesundheitsförderung weisen die Bereiche Justiz und Polizei sowie die allgemeine Verwaltung bei etwa gleich hohem Beratungsbedarf auf. Ein überdurchschnittliches Niveau in der Gesundheitsförderung erreichen die Bereiche Gesundheit und Pflege, Technik und Sparkassen, wobei das höhere Niveau auch mit einer höheren Nachfrage von Unterstützung korreliert.

Bei der Prüfung möglicher Ursachen bzw. Defizite fällt auf, dass im Bereich Bildung und Kunst sowohl bei Belastungen des Muskel- und Skelettsystems wie auch bei Belastungen durch die Arbeitsumgebung überdurchschnittliche Werte erreicht werden. Bei Justiz und Polizei hingegen stehen psychische Belastungen im Vordergrund. Die Suche nach möglichen Anknüpfungspunkten – Motive seitens der Dienststellen für die Einführung von Gesundheitsförderung – bleibt für Justiz und Polizei erfolglos. Im Bereich Bildung und Kunst zeigt sich, dass bei der Einschätzung des Nutzens der Gesundheitsförderung den Aspekten Steigerung des Wohlbefindens der Mitarbeiter, Imageverbesserung sowie Arbeitszufriedenheit Vorrang eingeräumt wird. Auffällig ist weiterhin, dass Teilzeitarbeit nur selten genutzt wird. Ebenso erstaunt, dass eine Fehlzeitenerfassung kaum stattfindet und somit Basisdaten für eine Bedarfserfassung und Mittelsteuerung in der Prävention fehlen. Es bestehen somit offenbar Anknüpfungspunkte, die bei zu erzielendem Einvernehmen, genutzt werden können, um Programme betrieblicher Gesundheitsförderung erfolgversprechend einleiten zu können.

Literatur

[1] Spiegel 3/1997

[2] Vetter C et al. (2000) in Badura B, Litsch M & Vetter C (Hrsg) Fehlzeiten-Report 2000. Springer, Berlin

[3] vgl. auch Marstedt G & Müller R (1997) Ein kranker Stand. Fehlzeiten und Integration älterer Arbeitnehmer im Vergleich Öffentlicher Dienst – Privatwirtschaft. edition sigma, Berlin

[4] Oppolzer A (1999) in Badura B, Litsch M & Vetter C (Hrsg) Fehlzeiten-Report 1999. Springer, Berlin

[5] Daten hierzu bei [3]

[6] Gröben F & Bös K (1999) Praxis betrieblicher Gesundheitsförderung. Maßnahmen und Erfahrungen – ein Querschnitt. edition sigma, Berlin

[7] zur Bedeutung dieses Aspektes siehe auch Badura B, Münch E & Ritter W (1997). Partnerschaftliche Unternehmenskultur und betriebliche Gesundheitspolitik. Fehlzeiten durch Motivationsverlust. Verlag Bertelsmann Stiftung, Gütersloh

Öffentliche Verwaltung/
Kommunale Versorgung

KAPITEL 5

Gesundheitsmanagement in der Berliner Verwaltung

A. DELIN · P. v. RYMON-LIPINSKI

Das Berliner Konzept – Hintergrund –

Die Berliner Verwaltung beschäftigt 152 000 Angestellte, Arbeiter und Beamte. Die Aufgabenbereiche erstrecken sich von Verwaltungstätigkeiten mit und ohne Publikumsbetreuung über Feuerwehr, Schutz- und Kriminalpolizei, Erziehung, Schuldienst, Gartenbau, Justizvollzug, Bau und Vermessung bis hin zur Steuerverwaltung.

Das Personal ist bei einem Dienstleister dieser Größenordnung die wichtigste Ressource und bindet zugleich einen wesentlichen Teil der Ausgaben im Berliner Landeshaushalt.

Im Rahmen der erforderlichen Haushaltskonsolidierung kam es in den letzten Jahren zu einem massiven Stellenabbau, der eine Arbeitsverdichtung und damit auch zusätzliche Arbeitsbelastung nach sich zog. Entscheidende Bedeutung kommt vor diesem Hintergrund der Erkenntnis zu, dass durch die Senkung des Krankenstandes um nur ein Prozentpunkt ausgefallene Arbeitsressourcen im Gegenwert von ca. 1500 Stellen wieder den Aufgaben zugeführt werden könnten. Um dieses Ziel zu erreichen, galt es die Rahmenbedingungen, also Geschäfts- und Organisationsprozesse, unter Anwendung eines modernen Personalmanagements so zu optimieren, dass Arbeit nicht krank macht.

Dieser Herausforderung hat sich der Senat zusammen mit dem Hauptpersonalrat sowie den Gewerkschaften und den Berufsverbänden gestellt. Nach eingehenden Verhandlungen wurde am 30. August 1999 die Vereinbarung zum Gesundheitsmanagement in der Berliner Verwaltung im Rahmen der Verwaltungsreform- und Beschäftigungssicherungsvereinbarung 2000 (VBSV 2000) zwischen dem Senat Berlin und den Berliner Bezirken einerseits und dem Hauptpersonalrat sowie den Gewerkschaften und Berufsverbänden des öffentlichen Dienstes andererseits abgeschlossen.

Gesundheitsmanagement als Bestandteil der Verwaltungsreform

Ein präventives Gesundheitsmanagement in der Berliner Landesverwaltung, also die aktive Gesundheitsförderung, kann einen wichtigen Beitrag zur Humanisierung der Arbeitswelt leisten. Dabei gilt es, die vielfältigen Ursachen krankheitsbedingter Fehlzeiten zu ergründen und geeignete Maßnahmen zur Verbesserung des Gesundheitszustandes einzuleiten.

Verwaltungsleitungen (Dienststellenleitungen) und Führungskräfte aller Ebenen haben die gemeinsame Aufgabe, Ursachen von Gesundheit beeinträchtigenden Faktoren in der Dienststelle nachzugehen und auf deren Beseitigung hinzuwirken. Dabei wird auf eine kooperative und partizipative Mitarbeiterführung gesetzt sowie auf eine Führungspraxis, die dem Wohlbefinden der Beschäftigten am Arbeitsplatz einen hohen Stellenwert einräumt; denn der Krankenstand wird durch Faktoren wie das Verhalten der Führungskräfte und dessen Auswirkung auf die Mitarbeitermotivation sowie uneffektive Organisationsstrukturen (Arbeitsorganisation, Arbeitsprozesse) mitbestimmt. In diesem Zusammenhang ist auf die enge Verknüpfung zum modernen Personalmanagement hinzuweisen, das im Land Berlin seit 1994 flächendeckend implementiert wird und durch das Verwaltungsreform-Grundsätze-Gesetz (VGG) 1999 festgeschrieben wurde.

Mit dem VGG wurde die dezentrale Fach- und Ressourcenverantwortung, einschließlich der Befugnis zu Personalentscheidungen, den für ihre Arbeitsergebnisse verantwortlichen Leistungs- und Verantwortungszentren übertragen. Diese Leistungs- und Verantwortungszentren werden von Führungskräften mit Ergebnisverantwortung geleitet, die für fünf Jahre bestellt werden. Diese Führungskräfte entscheiden eigenständig, also im Rahmen der für ihre Organisationseinheit geltenden Ziel- oder Servicevereinbarungen, über die fachliche Leistungserbringung und den Einsatz der dafür zur Verfügung stehenden personellen und sächlichen Mittel.

Um das Personal zum einen zielorientiert und effizient einzusetzen und zum anderen eine hohe Motivation und Leistungsbereitschaft zu erhalten, umfasst das Personalmanagement folgende Elemente:
• Personalplanung,
• Personalentwicklung,
• Rotation,
• Anforderungsprofile,
• Auswahlverfahren,
• Beurteilungen,
• Mitarbeiterbefragungen,

- Führungskräfte-Feedback,
- Mitarbeiter- und Vorgesetztengespräche sowie
- Führungskräftequalifizierung und Führungskräftezirkel.

Das Personalmanagement wird im Hinblick auf die Steigerung der Motivation und Leistungsbereitschaft bzw. -fähigkeit von einem aktiven Gesundheitsmanagement flankiert. Das Gesundheitsmanagement in der Berliner Verwaltung hat einen hohen Stellenwert in der Personal- und Organisationsentwicklung und ist somit integrativer Bestandteil der Berliner Verwaltungsreform.

5

Die Organisation des Prozesses

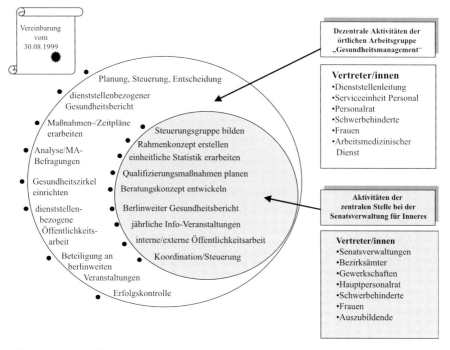

Abb. 5.1. Gesundheitsmanagement in der Berliner Verwaltung: Organisationsstruktur

Die berlinweite Steuerungsgruppe

Eine dienststellenübergreifende Steuerungsgruppe koordiniert den Ge-
samtprozess. Sie setzt sich aus Vertretern der Senatsverwaltungen und
Bezirksämter sowie der Beschäftigtenvertretungen, Gewerkschaften
und Berufsverbände zusammen und beteiligt bei Bedarf auch externe
Sachverständige. Zu Ihren Aufgaben gehört, neben der Entwicklung
eines zentralen Zeit- und Maßnahmenplanes, die gemeinsame Pro-
zessbetrachtung unter Federführung der zentralen Stelle der Senatsverwaltung für Inneres.

Die Senatsverwaltung für Inneres und ihre zentralen Aktivitäten

Um die Voraussetzungen für die Umsetzung der Vereinbarung in den
einzelnen Dienststellen zu schaffen, sind umfangreiche ressortüber-
greifende Aktivitäten erforderlich.

In diesem Zusammenhang ist es für die Zentrale Stelle der Senatsverwaltung für Inneres von oberster Priorität, die Maßnahmen zum
Gesundheitsmanagement flächendeckend und unter Berücksichtigung
der Vernetzung von Aktivitäten (Ideenmanagement, Personalmanagement, Qualitätsmanagement, Organisationsentwicklung) und Experten
(Arbeitsschutz, Krankenkassen) implementieren zu können.

Entscheidende Bedeutung kommt dabei den Prozessen zur Akzep-
tanzbildung zu, denn Gesundheitsmanagement kann nicht verordnet
werden, sondern zielt auf die Veränderung von Verhältnissen und Verhalten (Denken, Fühlen und Handeln) ab. Hierbei gilt es den Führungskräften ein glaubwürdiges Interesse an den Zielen, Instrumenten
und Ergebnissen des Gesundheitsmanagements zu vermitteln.

Folgende Aufgaben obliegen zudem der Zentralen Stelle der Senatsverwaltung für Inneres:

• Ausrichtung jährlicher Informationsveranstaltungen/-treffen der Experten der einzelnen Dienststellen unter Beteiligung der Beschäftig-
  tenvertretungen zum Austausch der Erfolge und kritischen Fak-
  toren der Entwicklung mit anschließender Auswertung in der
  Steuerungsgruppe
• Interne und externe Öffentlichkeitsarbeit
• Entwicklung eines Beratungskonzeptes
• Erstellung eines Rahmenkonzepts zur Betrieblichen Gesundheitsför-
  derung und Weiterentwicklung unter Einbeziehung der Beschäftig-
  tenvertretungen (Steuerungsgruppe)
• Erarbeitung einer einheitlichen Statistik einschl. der analytischen
  Grundlagen zur Datenerfassung und Auswertung

- Planung der erforderlichen Qualifizierungsmaßnahmen
- Regelmäßige Erstellung eines berlinweiten Gesundheitsberichtes

Marketing – Interne und externe Öffentlichkeitsarbeit. Als „Kickoff"-Veranstaltung zu diesem Thema veranstaltete die Senatsverwaltung für Inneres zusammen mit der Freien Universität Berlin, dem Hauptpersonalrat, den Gewerkschaften und Berufsverbänden am 01.03.2000 eine Tagung unter dem Motto „Wir bringen Sie in Bewegung". Diese Tagung, an der sich auch alle in Berlin ansässigen Krankenkassen beteiligten, erzielte bei über 300 interessierten Führungskräften, Experten und Akteuren sichtbar positive Resonanz. Unter anderem dadurch konnten in den Dienststellen der Berliner Verwaltung bisher insgesamt 75 Akteure als dezentrale Ansprechpartner(innen) für das Gesundheitsmanagement gewonnen werden. In ihrer Koordinationstätigkeit werden sie durch Information und Beratung bei der Implementierung der Elemente des Gesundheitsmanagements von der zentralen Stelle der Senatsverwaltung für Inneres intensiv unterstützt.

Im Rahmen eines Beratungskonzeptes wurden bereits in über 40 Dienststellen (interessierte Arbeitsgremien und Leitungsrunden) ca. 2000 Entscheidungsträger vor Ort über die Chancen und Möglichkeiten einer erfolgreichen betrieblichen Gesundheitsförderung informiert. Für 2001 sind weitere 40 Veranstaltungen geplant.

Rahmenkonzept zur Betrieblichen Gesundheitsförderung. Der Weg zum Ziel, das Wohlbefinden der Beschäftigten zu verbessern und damit die Motivation und Leistungsfähigkeit zu erhöhen, ist aufgrund der individuellen Gegebenheiten in den einzelnen Dienststellen unterschiedlich. Das von der Zentralen Stelle in Abstimmung mit der Steuerungsgruppe erstellte Rahmenkonzept zeigt hierzu allen Beteiligten die Grundlagen, Möglichkeiten und Instrumente der betrieblichen Gesundheitsförderung auf und gibt den Akteurinnen und Akteuren eine erste gemeinsame Handlungsorientierung.

Ziel ist es, das Rahmenkonzept als „Lernendes Konzept", in das sowohl die Erfahrungen auf dem Gebiet der betrieblichen Gesundheitsförderung in den einzelnen Dienststellen als auch die Arbeitsergebnisse der Steuerungsgruppe einfließen, zu gestalten.

Qualifizierungsmaßnahmen. Gemeinsam mit dem Hauptpersonalrat und dem Institut für Verwaltungsmanagement des Landes Berlin (IVM) wurden dienststellenübergreifende Qualifizierungsmaßnahmen zum Thema entwickelt, in denen sich seit August 2000 die betrieblichen Entscheidungsträger entsprechend ihrer Funktion und Rolle in

Tabelle 5.1. Zielgruppenspezifische Qualifizierungsmaßnahmen

Zielgruppe	Rollendefinition/Qualifizierungsmaßnahmen
Führungskräfte	Den Führungskräften kommt bei der behördlichen Gesundheitsförderung die entscheidende Rolle zu, denn Sie sind in ihrem Bereich maßgeblich für die Steuerung des Gesamtprozesses – von der Initiierung über die Ermittlung der Problemursachen bis zur Unterstützung der Umsetzungsmaßnahmen – verantwortlich. Darüber hinaus nimmt das Führungsverhalten erheblichen Einfluss auf das interne Klima sowie die Motivation der Mitarbeiter/innen und damit auch auf den Fehlzeitenstand. In einem 2-Tagesseminar werden Ursachen und Auswirkungen von Fehlzeiten sowie Hintergründe und Ziele eines aktiven Gesundheitsmanagements erarbeitet.
Gesundheitsmanager/innen	Dem/der Gesundheitsmanager/in als Koordinatoren/innen der betrieblichen Gesundheitsförderung obliegt die Steuerung und Förderung der Entwicklung des Gesundheitsmanagements im Auftrag der Dienststelle. Sie koordinieren und planen die Aktivitäten aller am Prozess der betrieblichen Gesundheitsförderung (BGF) beteiligten Zielgruppen.
	Die Entscheidung, ob Koordinatoren/innen für betriebliche Gesundheitsförderung eingesetzt werden, obliegt der jeweiligen Dienststelle. Eine Kopplung der Funktion an den Personalbereich, der Organisationsabteilung oder an Mitarbeiter/innen mit Expertenwissen (z.B. Arbeitsmediziner/innen, Beauftragte für Arbeitssicherheit) ist hierbei sinnvoll. Zur Wahrnehmung ihrer Rolle sollten die Koordinatoren in ihrer Dienststelle Autorität genießen, aber selbst keine Führungskraft sein.
	Gemäß ihrer besonderen Rolle werden sie in drei unabhängigen Modulen von jeweils 3 Tagen zuzüglich einem Tag Erfahrungsaustausch (nach 6 Monaten) qualifiziert.
Beschäftigtenvertreter/innen	Die Beschäftigtenvertretungen unterstützen so früh wie möglich das gemeinsame Ziel, die Gesundheit in den Dienststellen zu fördern. Sie begleiten die Entwicklung und Einführung des betrieblichen Gesundheitsmanagements.
	In einem 3-Tagesseminar werden Ziele, Strategien und Instrumente des aktiven Gesundheitsmanagements erarbeitet, um die eigene Rolle reflektieren zu können und Formen einer erfolgreichen Zusammenarbeit kennen zu lernen.

Tabelle 5.1 (Fortsetzung)

Zielgruppe	Rollendefinition/Qualifizierungsmaßnahmen
Ergonomiebeauftragte	Die Einbindung in die betriebliche Gesundheitsförderung ist aufgrund des starken fachlichen Bezugs von Ergonomie und Gesundheitsförderung unverzichtbar.
	In einem 2-Tagesseminar werden Ziele, Strategien und Instrumente des aktiven Gesundheitsmanagements erarbeitet, der Zusammenhang zwischen Gesundheitsmanagement und Zielsetzungen der Ergonomie präzisiert und Handlungsmöglichkeiten sowie Schritte zur Integration der Ergonomie in das Gesundheitsmanagement aufgezeigt.
Personalentwickler/innen	Durch den engen inhaltlichen Bezug zum Thema Personalmanagement werden die Personalentwickler/innen in den Prozess der Umsetzung von Anfang an mit eingebunden. Je nach Aufgabenschwerpunkt können von ihnen auch die einzelnen Module der Qualifizierung von Koordinatoren/innen besucht werden.
	In einem 2-Tagesseminar werden Ziele, Strategien und Instrumente des aktiven Gesundheitsmanagements erarbeitet, die Möglichkeiten der Unterstützung der Führungskräfte aufgezeigt und Integrierungsmodelle („Einbindung der Ziele des Gesundheitsmanagement in eine behördenspezifische Personalentwicklungskonzeption") konzipiert.
Mitarbeiter/innen	Die Mitarbeiter/innen der Behörde werden im Hinblick auf die Anforderungen, die sich aus dem Veränderungsprozess ergeben, qualifiziert. Hierfür – ebenso wie für die Darstellung der Inhalte und Instrumente eines solchen Prozesses (Bsp. Gesundheitszirkel) – erfolgen vorrangig regelmäßige, dezentral organisierte, Informationsveranstaltungen vor Ort.

mehrtägigen Seminaren weiterbilden können. Am Institut für Verwaltungsmanagement des Landes Berlin (IVM) bzw. am Zentrum für Verwaltungsfortbildung des Landes Berlin (ZfV) werden zielgruppenspezifisch folgende Seminare angeboten (s. Tabelle 5.1).

Ein weiterer Schwerpunkt im Rahmen der Qualifizierung liegt bei den In-House-Seminaren. Mit dem Angebot und der Durchführung von Inhouse-Seminaren in den einzelnen Behörden wird der Qualifizierung der Beteiligten vor Ort sowie der Begleitung des Gesamtprozesses eine besondere Bedeutung beigemessen. Die Seminare werden ausschließlich durch Referenten/innen, die über entsprechende methodische und didaktische Fähigkeiten sowie fundierte Kenntnisse im Bereich des Gesundheitsmanagements verfügen, geleitet und zielen darauf ab, die Akteure in der Dienststelle gemeinsam auf den zu beschreitenden Weg vorzubereiten sowie erste Impulse zur Implementierung zu setzen.

Bisher konnten in der Berliner Verwaltung über 260 Interessierte aus den Dienststellen in Seminaren für Zielgruppen weitergebildet werden; über 100 Führungskräfte und Akteure wurden zusätzlich über Inhouse-Seminare erreicht. Bei allen Qualifizierungsmaßnahmen sind die Mitarbeiter/innen der zentralen Stelle der Senatsverwaltung für Inneres aktiv eingebunden, auch um das übergeordnete Interesse und die Notwendigkeit der Implementierung vor Ort herauszustellen. Dies hat sich gerade in der Startphase bewährt, in der es entscheidend darum ging, Akzeptanz zu erzeugen.

Die Krankenstatistik der Berliner Verwaltung. Alle in einer Dienststelle tätigen Führungskräfte sollen künftig über entsprechend aufbereitete Krankenstatistiken verfügen, um diese sowohl in den Besprechungen der Leitungsebene als auch in den regelmäßigen Besprechungen mit den Mitarbeiter/innen zu thematisieren.

Bisher werden die entsprechenden Daten von den einzelnen Senatsverwaltungen und Bezirksämtern am 1. Werktag eines Monats erfasst, dem Berliner Statistischen Landesamt übermittelt und dort zusammengeführt. Hierbei handelt es sich um eine Repräsentativ-Erhebung, bei der die am 1. Arbeitstag (Stichtag) im Monat ausgefallenen Arbeitsunfähigkeitstage getrennt nach Statusgruppen und Geschlecht erhoben werden. Die Berechnung der Krankenquote erfolgt im Verhältnis zur Anzahl der Mitarbeiter/innen. Beschäftigte, die auf Grund des Aufenthaltes in einer stationären Rehabilitationseinrichtung (Kuraufenthalt) oder nach den Mutterschutzvorschriften freigestellt sind, werden nicht berücksichtigt. Zusätzlich erheben die einzelnen Dienststellen des Landes Berlin darüber hinausgehende Daten (taggenaue Krankenstandsdaten, Vergleichsdaten) und nehmen statistische Auswertungen vor.

Künftig soll die Stichtagsstatistik durch eine taggenaue Krankenstandsstatistik über das flächendeckende Verfahren „Integrierte Personal-Verwaltung" (IPV-Verfahren) ersetzt werden. Über dieses System sind dann auch detailliertere Auswertungen, sowohl zentral als auch dezentral, z. B. nach Altersgruppen oder nach Vergütungs-Besoldungsgruppen, möglich.

Die Dienststellen und ihre dezentralen Aktivitäten

Die Dienststellen haben als Planungs-, Steuerungs- und Entscheidungsgremium örtliche „Arbeitsgruppen Gesundheitsmanagement" gebildet, denen folgende Mitglieder angehören:
- der Dienststellenleiter oder dessen Vertreter,
- ein weiterer Vertreter der Dienststelle, (z.B. Personalentwickler, Leiter der Serviceeinheit Personal),
- ein Vertreter des Personalrates,
- die Frauenvertreterin,
- ein Mitglied der Schwerbehindertenvertretung,
- ein Vertreter des arbeitsmedizinischen Dienstes sowie die/der
- Ergonomiebeauftragte/r.

Bisher sind in sechs von acht Senatsverwaltungen, vier von zwölf Bezirksämtern sowie in verschiedenen Dienststellen wie z.B. im Landesschulamt, im Landeseinwohneramt, im Landesverwaltungsamt sowie bei der Oberfinanzdirektion die Arbeitsgruppen Gesundheitsmanagement aktiv. Das Gesundheitsmanagement in der Berliner Verwaltung ist nach zwei Jahren im ersten Drittel des Projektverlaufs angelangt. Es wurden zahlreiche Gesundheitstage und Gesundheitswochen durchgeführt. In etwa 30 Prozent der Dienststellen sind die Arbeitsgruppen Gesundheitsmanagement eingerichtet und ebenso die entsprechenden Gesundheitsmanager qualifiziert. Professionelle Mitarbeiterbefragungen – teilweise in Kooperation mit dem BKK Team Gesundheit oder der Freien Universität – sind initiiert und z.T. schon durchgeführt worden. Die vertraulichen Ergebnisse werden behördenintern analysiert und Gesundheitszirkel eingerichtet. Die Gesundheitszirkel (auch Qualitätszirkel mit dem Schwerpunkt Gesundheit) setzen sich in aller Regel homogen, also aus Vertretern einer Organisationseinheit, zusammen. Sie sind themenbezogen, zeitlich befristet, und werden professionell, vorwiegend extern, moderiert. Die Leitungskräfte sowie der Ansprechpartner zum Berliner Ideenmanagement werden von Anfang an bei den Zirkelsitzungen mit einbezogen.

In Bezug auf die landesweite Implementierung der Betrieblichen Gesundheitsförderung hat sich gezeigt, dass das größte Problem in Erzeugung von Akzeptanzen sowohl bei den Führungskräften als auch bei den Mitarbeitern liegt. Der Zentralen Stelle der Senatsverwaltung für Inneres begegnete in der Starphase natürliche Skepsis. Durch konsequente Öffentlichkeitsarbeit konnte allerdings sehr schnell Misstrauen und Demotivation überwunden und Vertrauen und Motivation geschaffen werden. Messbare Erfolge sind in der Kürze der Zeit erwartungsgemäß noch nicht zu verzeichnen. Die nicht messbaren Erfolge auf den Gebieten der Kommunikation, des Umgangs miteinander, also „Rund um das Betriebsklima" sind allerdings in allen bereits aktiven Verwaltungen subjektiv wahrzunehmen und allseits unumstritten.

Die Finanzierung des Gesundheitsmanagements

Die Kosten des Berliner Gesundheitsmanagements werden von den Dienststellen dezentral im Rahmen ihrer planmäßigen Mittel erbracht. In diesem Zusammenhang können und werden auch Kooperationen mit anderen Unternehmen und/oder Krankenkassen (§ 20 SGB V) eingegangen. Die personellen Ressourcen werden ebenfalls dezentral zur Verfügung gestellt (z.B. Arbeitsaufwand des Gesundheitsmanagers, Freistellung der Beschäftigten für die Teilnahme an Maßnahmen zum Gesundheitsförderungsprogramm sowie an Arbeitsgruppen). Koordinierende, unterstützende berlinweite Maßnahmen sowie die Weiterbildungsseminare werden zentral von der Senatsverwaltung für Inneres, der Fortbildungseinrichtung sowie aus Mitteln der Verwaltungsreform des Landes Berlin finanziert. Von diesem Finanzierungsmodell wird, trotz der Finanzkrise im Land Berlin, nicht abgerückt. Das Gesundheitsmanagement versteht sich als aktive Maßnahme zur Pflege und Optimierung der Ressource „Humankapital".

Fazit

In keinem Bundesland sind die Arbeitnehmer so oft und so lange krank wie in Berlin. Ferner nimmt in den amtlichen Statistiken der Verwaltungsbereich zusätzlich eine Spitzenposition ein. In der Berliner Verwaltung sind zudem 63 Prozent der Mitarbeiter über 40 und 33 Prozent sogar über 50 Jahre alt[1]. Der Wirtschaftsstandort Berlin, die Zugehörigkeit zur Branche Verwaltung sowie eine immer schlechter werdende Altersstruktur begründen den erheblich höheren Krankenstand der Beschäftigten in der Berliner Verwaltung.

Dennoch gilt es vor diesem Problem nicht die Augen zu verschließen, sondern sich dem zu stellen was beeinflussbar ist. Seit Anfang 2000 sind in der jeweiligen Dienststelle der Verwaltung speziell qualifizierte „Gesundheitsmanager" als Koordinatoren der Betrieblichen Gesundheitsförderung im Einsatz. Sie werden gemeinsam mit den Akteuren der Arbeitskreise Gesundheitsmanagement den Ursachen für vermehrte Krankschreibungen auf den Grund gehen, die speziellen

---

[1] Die Prozentangaben beziehen sich beide auf die Mitarbeiter insgesamt.

Probleme analysieren und Lösungsmöglichkeiten erarbeiten. Speziell richtet sich das Augenmerk hierbei auf das Arbeitsklima, die individuelle Arbeitssituation sowie das Führungsverhalten der Vorgesetzten. In über 30 Dienststellen werden bisher die Berliner Gesundheitsmanager eingesetzt. Bis zum Ende 2002 werden es über 70 sein. Erste Erfolge, in einzelnen Dienststellen, aber auch berlinweit lassen sich jetzt schon – wenn auch lediglich an der Stichtagsstatistik – ablesen. Der Krankenstand in der Berliner Verwaltung ist im Jahre 2000 zumindest nicht weiter angestiegen. Sicherlich hat dazu die Enttabuisierung des Themas beigetragen: Im öffentlichen Dienst werden krankheitsbedingte Fehlzeiten nicht mehr totgeschwiegen und als gegeben passiv hingenommen, sondern es wird diskutiert und aktiv nach Ursachen geforscht. Die Einführung der betrieblichen Gesundheitsförderung – als eine diesen Prozess initiierende, unterstützende und begleitende Maßnahme – fördert diese Entwicklung maßgeblich.

Für die unter starkem Konsolidierungsdruck stehende Berliner Verwaltung, in der Fehlzeiten zu verminderter Dienstleistungsbereitschaft und Qualitätsproblemen führen, Störungen im Betriebsklima verursachen und somit zusätzlich erheblich materielle sowie immaterielle Kosten verursachen, eröffnet die flächendeckenden Umsetzung der Elemente der Betrieblichen Gesundheitsförderung eine realistische Chance zur Entwicklung einer neuen, modernen und partizipativen Verwaltungskultur. Diesen Prozess zu begleiten und durch Erfolge zu überzeugen sieht die Senatsverwaltung für Inneres als eine ihrer Hauptaufgaben im Rahmen des Gesundheitsmanagements in der Berliner Verwaltung.

5

KAPITEL 6

Gemeinschaftsprojekt Gesunde Städte und Gemeinden des Erftkreises

H. Kowalski

Einleitung

Mit dem Begriff „Gesunde Städte" werden in der Regel Programme verbunden, wie sie von der WHO aufgelegt werden. Dabei geht es um die allgemeine Gesundheitssituation der Bevölkerung in den Städten und die gesundheitliche Infrastruktur. Gesundheitsprogramme für die Mitarbeiterinnen und Mitarbeiter der Städte und Gemeinden sind dagegen eher die Ausnahme.

Dabei liegen die krankheitsbedingten Fehlzeiten der öffentlich Bediensteten deutlich über dem Durchschnitt aller beschäftigten Arbeitnehmer. In Branchen-Hitlisten nimmt der öffentliche Dienst regelmäßig einen Spitzenplatz ein, zusammen mit Gießereibetrieben. Der Laie staunt über diese hohen Krankheitsquoten und kommentiert sie nicht selten mit Vorurteilen, Witzen und Karikaturen. Der Politiker ist ratlos und startet Aktionen wie beispielsweise den sogenannten „Kanther-Erlass", der die Amtsleiter zu Hausbesuchen usw. verpflichtete. Der Fachmann schließlich staunt und befasst sich mit den Ursachen der hohen Krankenstände.

Ausgangslage

Die AOK-Rheinland betreibt ein Institut für Betriebliche Gesundheitsförderung. Dieses hatte nach Kontakten zu einzelnen Rathäusern des Erftkreises vorgeschlagen, alle Gemeinden zu betrachten und einer umfassenden Analyse zu unterziehen. Der Einladung zu einer Auftaktveranstaltung in Hürth folgten leitende Vertreter der Kreisverwaltung und aller Städte und Gemeinden. Sie erhielten vom AOK-Institut einen anonymisierten Gesundheitsbericht für den gesamten Kreis und konnten mit den Instituts-Mitarbeitern sowie mit Prof. Dr. Rolf Taubert vom Institut für Management und Organisation in Bochum über mögliche Ursachen für die überdurchschnittlichen Krankenstände diskutieren.

Danach waren sich alle Beteiligten einig, das Institut mit der Organisation eines einheitlichen Gesundheitsprojektes für den Erftkreis zu beauftragen, das 1997/98 in die Umsetzungsphase ging.

Ergonomiegutachten erstellt

Im Vorfeld hatten Ergonomie-Berater des Instituts einige Bauhöfe bzw. Arbeitsplätze der Feuerwehren untersucht. Sie stießen zwar auf einen relativ hohen Anteil vorgeschädigter Mitarbeiter, die ihre Krankheit offenbar zum Teil bereits in früheren Berufen bekommen hatten, stellten aber bei der Arbeitsplatzgestaltung keine übermäßigen Krankheitsquellen fest. Vielmehr gab es die gleichen ergonomischen Beanstandungen wie in anderen ähnlichen Einrichtungen, die jedoch größtenteils leicht abzustellen sind. Eine Erklärung für den überdurchschnittlichen Krankenstand gab die Gestaltung der Arbeitsplätze jedoch nicht her.

Arbeitskreis Gesundheit wird gebildet

Im Kreishaus wurde ein Arbeitskreis Gesundheit gebildet, der vom Leiter des Instituts und vom Kreisdirektor moderiert wurde. Die Geschäftsführung des Arbeitskreises übernahm eine wissenschaftliche Mitarbeiterin des Instituts, unterstützt von einer Sachbearbeiterin des Gesundheitsamtes. Dem Arbeitskreis gehörten je ein Vertreter der Personalräte und der Personalämter der Kreisverwaltung und der zehn beteiligten Städte bzw. Kommunen an. Die Teilnehmer trafen sich anfangs alle zwei Monate im Kreishaus und besprachen die Analysen und gemeinsamen Vorhaben. Von Beginn an waren sich alle Beteiligten einig, möglichst viele Analysen und Maßnahmen gemeindeübergreifend vorzunehmen, um schnell und effektiv arbeiten zu können.

Mitarbeiterumfrage gestartet

Der Arbeitskreis entwickelte auf der Basis eines Instituts-Entwurfs einen Fragebogen zum Thema „Gesundheit am Arbeitsplatz", der in getrennter Form für gewerbliche Mitarbeiter und für Verwaltungsmitarbeiter vorgelegt wurde und die Zustimmung aller Rathäuser fand. Lediglich eine Stadt nahm an der Fragebogenaktion nicht teil, weil sie kurz vorher eine eigene Umfrage durchgeführt hatte, deren Ergebnisse noch nicht umgesetzt waren.

Ziel der Mitarbeiterumfrage war zum einen eine frühzeitige Beteiligung der Mitarbeiterinnen und Mitarbeiter am Gesundheitsprojekt und zum anderen die Absicht, die subjektive Meinung der Bediensteten zum Thema „Gesundheit am Arbeitsplatz" zu erfahren. Dabei ging es um ergonomische Fragen, aber auch um Betriebsklima, Kommunikation, Wohlbefinden, Führungsverhalten usw.

In den größeren Städten des Erftkreises einigten sich Stadtdirektor und Betriebsrat auf eine differenzierte Erhebung für einzelne Amtsbereiche, sofern mindestens 50 Mitarbeiterinnen und Mitarbeiter in diesen Ämtern beschäftigt waren. Die anderen beteiligten Kommunen trennten zumindest nach gewerblichen Bereichen und der übrigen Verwaltung.

Die Fragebogenaktion wurde vom AOK-Institut gesteuert, das den Rathäusern verschlossene Urnen zur Verfügung stellte. Den Mitarbeiterinnen und Mitarbeitern wurde zugesagt, sie nach der Auswertung über die Ergebnisse zu informieren.

Gute Beteiligung

An der Mitarbeiterumfrage haben sich 55 Prozent aller Bediensteten beteiligt, was eine relativ hohe Rücklaufquote bedeutete. Die Beteiligungsquote schwankte zwar zwischen den Gemeinden, zeigte aber keine großen Unterschiede. Von der Möglichkeit, nicht nur die Fragen zu beantworten, sondern handschriftliche Ergänzungen und Anregungen zu geben, machten sehr viele der Befragten Gebrauch.

Kritik an Bildschirmarbeitsplätzen

Die Einstiegsfrage im Fragebogen lautete, ob der Arbeitsplatz aus Sicht des Gesundheitsschutzes in Ordnung ist oder nicht. Immerhin kreuzten 36% der Befragen „Nein" an. Die Detailfragen hinterfragten dann, warum es zu dieser relativ hohen Nein-Quote gekommen ist. Besonders der Komplex „Bildschirmarbeitsplätze" wurde stark kritisiert. Immerhin 66% der Befragten arbeiten täglich an Bildschirmen, davon 24% sogar über sechs Stunden. Über Reflexe bzw. Spiegelungen klagten 57%, während 39% angaben, dass die Oberkante des Bildschirms nicht in Augenhöhe steht (Abb. 6.1). Auch die Bereiche Arbeitsstuhl, Fußstütze, Verstellbarkeit der Tische und Platzverhältnisse am Arbeitsplatz bekamen schlechte Noten. Überraschend war die hohe Anzahl von Nein-Kreuzen bei der Frage, ob die Tastatur des PC neigbar ist. Bei Stichproben stellte sich heraus, dass zwar fast alle Tastaturen neigbar waren, den Mitarbeitern das jedoch nicht gesagt worden war, und sie es selbst noch nicht bemerkt hatten. Insgesamt wurde deutlich, dass viele Arbeitsplätze zwar mit modernen PC's ausgestattet waren, diese Geräte aber ohne jede Einarbeitung und Infor-

Mein Bildschirm ist ohne Reflexe und Spiegelungen

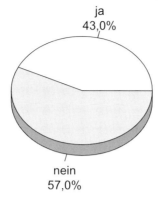

Abb. 6.1. Beispiel aus der Mitarbeiterumfrage: PC-Probleme

mation an die Arbeitsplätze gestellt wurden und der Umgang damit den Mitarbeitern selbst überlassen blieb.

Entsprechend ausgeprägt waren die Antworten zu „Schmerzen und Verspannungen nach der Arbeit" im Bereich Schulter und Nacken (82%) und im Bereich Rücken (64%). Die 82% zum Schulter- und Nacken-Bereich sind sogar deutlich höher ausgefallen als bei Vergleichsbefragungen in der Industrie, in der das AOK-Institut einen Durchschnittswert von 68% ermittelte. Neben der kritischen Bewertung der Büroarbeitsplätze mit PC gab es eine ganze Reihe Detailkritik, die jedoch nicht über das gewöhnliche Maß hinausging.

Hohe Arbeitszufriedenheit angegeben

Neben den ergonomischen Aspekten wurden psycho-mentale Faktoren abgefragt. Dieser Komplex begann mit der Frage nach der Arbeitszufriedenheit. Mit 88% Zustimmung gab es hier eine vergleichsweise hohe Quote, die sogar über den Durchschnittswerten der Industrie liegt. Wegen der bereits teilweise vollzogenen Umstellung der Arbeitsorganisation nach dem sogenannten neuen Steuerungsmodell wurde das Thema Delegation mit mehreren Fragen beleuchtet. Die Zustimmung zur Delegation von Verantwortung an die Mitarbeiter war mit 91% sehr hoch (Tabelle 6.1). Zwar wurde teilweise auch eine damit verbundene stärkere Belastung angemerkt, doch überwogen eindeutig die positiven Antworten. Es wurde deutlich aufgezeigt, dass die Befragten die Übertragung von mehr Verantwortung und das selbständige Entscheiden im Rahmen von Budgets usw. als positive Herausforderung empfinden. Bei der Präsentation zeigten sich die Haupt-

Tabelle 6.1. Hohe Akzeptanz der Delegation
Ich betrachte Delegation von Verantwortung und Aufgaben an mich als ...

	richtig	Herausforderung, Chance	Anerkennung meiner Fähigkeiten	Belastung
ja	91%	82%	80%	20%
nein	9%	18%	20%	80%

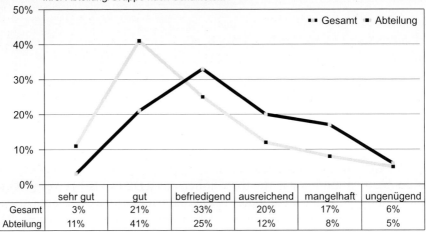

Bewerten Sie das Betriebsklima in der gesamten Stadtverwaltung und in Ihrem Amt/Ihrer Abteilung/Gruppe nach Schulnoten.

	sehr gut	gut	befriedigend	ausreichend	mangelhaft	ungenügend
Gesamt	3%	21%	33%	20%	17%	6%
Abteilung	11%	41%	25%	12%	8%	5%

Abb. 6.2. Befragungsergebnisse zum Betriebsklima

gemeindebeamten und auch die Personalräte von diesen hohen Zustimmungswerten besonders angetan.

Dennoch klagten 40% der Befragten über „fordernde Kunden", was bei der Präsentation zum Beispiel in dem Zitat *„Rathaus könnte so schön sein, wenn es keine Bürger gäbe"* zum Ausdruck kam. Bei einer differenzierten Betrachtung der Ergebnisse aus den Ämtern zeigte sich, dass insbesondere Kindergärtnerinnen diese Klage über fordernde Kunden geführt hatten, womit vor allem die Eltern und nicht die Kinder gemeint waren. Aber auch Sozial- und Einwohnermeldeämter gaben diese Belastungssituation überproportional häufig an.

Über Hektik klagten 65% der Befragten und 32% gaben Leistungsdruck als belastenden Faktor an. Leistungsverdichtung in den letzten Jahren durch Personalabbau und gleichzeitig zunehmende Aufgaben wurden dafür in den individuellen Angaben als Begründungen angeführt.

Dennoch hat das Betriebsklima in den jeweiligen Abteilungen offenbar darunter nicht gelitten, denn im Durchschnitt lagen die Noten bei 2 bis 3 (Abb. 6.2). Dagegen wurde das Betriebsklima für das gesamte Rathaus um mindestens eine Note schlechter bewertet. Das AOK-Institut sah als Gründe ein „Kästchendenken" und ein verstärktes Abgrenzungsbestreben der Ämter untereinander. In den Präsentationen war deshalb das Thema Quer-Informationen sehr gefragt.

Führungsverhalten mit Licht und viel Schatten

Vorgesetzte in den Erftkreis-Rathäusern werden von ihren Mitarbeiterinnen und Mitarbeitern insgesamt besser beurteilt als in der Industrie. Immerhin 61% gaben ihnen die Note „sehr gut" oder „gut"[1]. In Detailfragen fiel die Zustimmung allerdings geringer aus. Vor allem war erkennbar, dass es erhebliche Defizite im Kommunikationsverhalten gibt. Über 50% der Befragten bescheinigten ihren Vorgesetzten keine ausreichende Information, Kommunikation und Unterstützung. Deutlich wurden Unterschiede in der passiven und aktiven Kommunikation. Kommt der Mitarbeiter zum Vorgesetzten, nimmt dieser sich auch Zeit für die Probleme des Mitarbeiters. Von sich aus kommt er jedoch viel seltener zum Mitarbeiter. Erwartungsgemäß gab es erhebliche Spannbreiten bei der differenzierten Beurteilung einzelner Bereiche in einem Rathaus (Abb. 6.3).

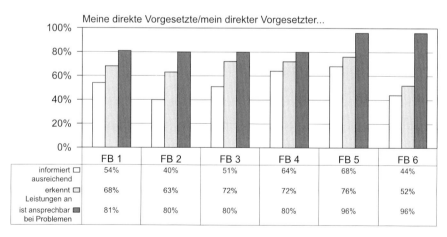

	FB 1	FB 2	FB 3	FB 4	FB 5	FB 6
informiert ☐ ausreichend	54%	40%	51%	64%	68%	44%
erkennt ☐ Leistungen an	68%	63%	72%	72%	76%	52%
ist ansprechbar ▣ bei Problemen	81%	80%	80%	80%	96%	96%

Abb. 6.3. Beispiel für unterschiedliche Vorgesetztenbeurteilung in den verschiedenen Fachbereichen eines Rathauses

---

[1] Frage: „Wie zufrieden sind Sie mit Ihrem direkten Vorgesetzten?"

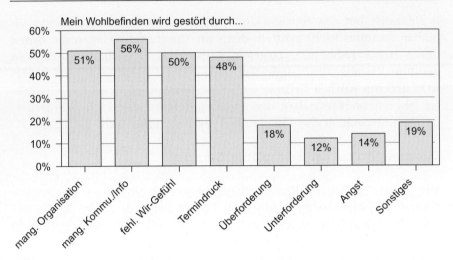

Abb. 6.4. Kommunikationsdefizite stören das Wohlbefinden besonders stark

Besonders aufschlussreich ist die Frage, wie oft die Mitarbeiterinnen und Mitarbeiter für gute Arbeit gelobt werden. Immerhin gaben 19% an, nie gelobt zu werden und 33% erlebten Lob nur selten. Angesichts der Leistungsverdichtung und der hohen Bereitschaft, zusätzliche Verantwortung im Rahmen der Delegation zu übernehmen, wurde das „Verweigern von Lob" als schlechtestes Ergebnis in der Mitarbeiterumfrage von den Führungskräften und Personalräten bei den Präsentationen empfunden.

Das Wohlbefinden der Rathaus-Bediensteten wird im Wesentlichen gestört durch mangelhafte Organisation, zu geringe Kommunikation, fehlendes Wir-Gefühl und Termindruck (Abb. 6.4).

Die Abschlussfrage lautete, wer mehr für die Gesundheit der Mitarbeiterinnen und Mitarbeiter tun sollte. Vom Rathaus forderten das 87% und von der AOK 45%, von sich selbst jedoch nur noch 33%. Das Institut wertet die geringen Ansprüche an sich selbst als ein typisches Ergebnis in einer ansonsten weitgehend fremd bestimmten Umgebung.

Präsentation in den Rathäusern

Die Ergebnisse der Mitarbeiterumfragen wurden einzeln in den Rathäusern mit dem individuellen Ergebnis der Stadt bzw. der Gemeinde präsentiert. Überwiegend nahmen die hauptamtlichen Bürgermeister bzw. Stadtdirektoren, leitende Mitarbeiter und Vertreter der Personalräte an den Präsentationen teil. Ergänzend dazu wurden die Ergebnisse in Personalversammlungen, Amtsleiterbesprechungen und in Mitarbeiterbesprechungen einzelner Ämter vom AOK-Institut präsentiert. Der Kreisdirektor und der Institutsleiter kamen außerdem mit allen Hauptgemeindebeamten zusammen, um ihnen das Gesamtergebnis darzustellen. Auch der Arbeitskreis erhielt eine anonymisierte Aufstellung der Ergebnisse für die zehn beteiligten Gemeinden bzw. die Kreisverwaltung im Vergleich zum Durchschnittswert aller Befragten.

Gesamtwertung: starke Rollenkonflikte

Die öffentlich Bediensteten sind besser als ihr Ruf. Die grundsätzlich hohe Arbeitszufriedenheit und die große Bereitschaft, zusätzliche Aufgaben zu übernehmen, war das erfreulichste Ergebnis der Umfrage. In einigen Rathäusern war das neue Steuerungsmodell zum Zeitpunkt der Umfrage bereits ganz oder teilweise umgesetzt. Die Umfrageergebnisse ließen eindeutig erkennen, wo diese Umsetzung funktioniert hat. Insgesamt schnitten neue Organisationsformen im Sinne des Steuerungsmodells besser ab als Ämter mit klassischer Aufgabeneinteilung und Hierarchie. Eine Stadt, die vor zwei Jahren in einer eigenen Umfrage teilweise ähnliche Fragen gestellt hatte, konnte bei der jetzigen Umfrage nach der Umsetzung des Steuerungsmodells deutlich bessere Werte feststellen.

Dennoch blieben erhebliche Defizite in der Kommunikation. Zwar wurden Anweisungen gegeben und Fachinformationen weiter gegeben, aber darüber hinaus immer weniger kommuniziert. Die Mitarbeiterinnen und Mitarbeiter vermissten zunehmend das persönliche Gespräch, das Zuhören beim Vorgesetzten, Lob und Anerkennung für gute Arbeit und Informationen über Perspektiven. Selbst Pausen- oder sogenannte Flurgespräche sind offenbar seltener geworden. Als Begründung wird die Leistungsverdichtung und der damit einhergehende Zeitdruck angegeben. Man traut sich immer weniger, zu zweit oder in der Gruppe zum Gespräch zusammen zu stehen, weil das als „Nichtstun" ausgelegt werden könnte, obwohl – wie immer wieder betont wurde – auch diese Gesprächsformen häufig dienstliche Dinge zum Gegenstand hatten.

Bei näherer Betrachtung zeigten die Umfrageergebnisse besonders bei den Führungskräften, aber auch bei vielen Mitarbeiterinnen und Mitarbeitern einen Rollenkonflikt. Zum einen wurden Weiterentwicklungen wie das neue Steuerungsmodell mit Delegation, zunehmender Verantwortung sowie Job-Enlargement und Job-Enrichment als positiv empfunden, andererseits wurde über die nach wie vor bestehenden Fesseln durch enge Budgets, politisch motivierte Entscheidungen aus

den Räten und das vielfach negative Bild der öffentlich Bediensteten
in der Öffentlichkeit und in den Medien geklagt. Bei vielen Führungskräften wurde eine Art „Sandwich-Position" erkennbar, weil sie einerseits den Erwartungen ihrer Mitarbeiterinnen und Mitarbeiter gerecht
werden müssen, andererseits Rahmenbedingungen zu beachten haben,
die ihnen vom Stadtrat vorgegeben werden und von denen sie nicht
immer überzeugt sind. Gerade für diesen Bereich wurde ein hoher
Schulungsbedarf erkannt.

Erfreulicherweise hat die Präsentation und die Verteilung der Ergeb-
nisdokumentation an keiner Stelle zum politischen Missbrauch geführt.
Auch kritische Stimmen in der Zeitung oder in anderen Medien kamen
nicht auf. Vielmehr wurde auch bei Präsentationen im Haupt- und Per-
sonalausschuss oder Ältestenrat an erster Stelle das positive Ergebnis
gesehen, aber auch Handlungsbedarf bei den Defiziten erkannt.

Maßnahmen teilweise eingeleitet

Auf der Basis der ergonomischen Gutachten in den Rathäusern oder Au-
ßenstellen und aus den Mitarbeiterumfragen hat das AOK-Institut gemeinsam mit dem Arbeitskreis ein Gesundheitsmanagement-Programm
für die Städte und Gemeinden des Erftkreises entwickelt, an dem
natürlich auch die Kreisverwaltung teilnimmt. Diese Programm wurde
nach mehreren Beratungen, u. a. auch in der Sitzung mit den Hauptgemeindebeamten, einstimmig verabschiedet und diente als Rahmen
für individuelle Projekte in den jeweiligen Städten bzw. Gemeinden.
Überwiegend wurde das kreisweite Projekt ohne größere Änderungen
übernommen. Dazu zählt auch eine Dienstanweisung, die sich mit
dem besonders schwierigen Thema „Rückkehrgespräche nach Krankheit" befasst und die ein abgestuftes, aber mitarbeiterorientiertes Modell des AOK-Instituts übernommen hat. Zum Thema Rückkehrgespräche und überhaupt zum Komplex „Gesundheitsgerechte Mitarbeiterführung" wurde ein hoher Schulungsbedarf gesehen, für den vom Institut
ein spezielles Angebot gemacht wurde. Seit dem Herbst 1998 wurden
diese Schulungen von einigen Gemeinden angeboten.

Entwicklung

Im Erftkreis gab und gibt es auch heute noch überdurchschnittliche
Krankenstände bei den öffentlichen Bediensteten (Tabelle 6.2). Einzelne Rathäuser liegen jedoch jetzt bereits unter oder im Bereich der
Durchschnittswerte. In anderen ist der Krankenstand unverändert
hoch geblieben und in wenigen sogar leicht gestiegen. Insgesamt zei-

Tabelle 6.2. Krankenstandsentwicklung in den Erftkreiskommunen im Vergleich zum Branchendurchschnitt in der Region, Gesamtwerte für alle 10 Rathäuser und die Kreisverwaltung

	Kommunen im Erftkreis	Vergleichswerte der Region
1996	9,02	6,62
2000	8,02	6,04

gen die Fehlzeitenquoten seit Beginn der Präventionsaktion eine fallende Tendenz. Dennoch ist das Gesamtergebnis noch nicht zufriedenstellend. Die Aktion hatte in den Rathäusern zunächst eine intensive Diskussion über die Ursachen arbeitsbedingter Erkrankungen ausgelöst und zu einem offeneren, unvoreingenommenen Umgang mit dem Phänomen „krankheitsbedingte Fehlzeiten" geführt. Krankheitsquellen werden frühzeitiger erkannt und konsequenter angegangen. Der große Komplex der psychomentalen Faktoren ist durch die Mitarbeiterumfrage deutlich und bewusst geworden. Die entscheidende Bedeutung des Führungsverhaltens und einer gesundheitsgerechten Personalführung wurde erkannt. Mit Unterstützung der Daten aus dem Institut für Betriebliche Gesundheitsförderung sind einzelne Rathäuser daran gegangen, das Gesundheitsprogramm in ihrem Zuständigkeitsbereich umzusetzen. Die Zeit der Analyse und Planung ist jedenfalls abgeschlossen, abgesehen von der Fortschreibung der Gesundheitsberichte bzw. der Beobachtung der Krankenstandsentwicklung. In Zukunft geht es um die zielgerichtete Umsetzung von Maßnahmen.

Während jedoch die Analyse sehr intensiv und mit aktiver Beteiligung aller Rathäuser ablief, ging die Einheitlichkeit bei der Umsetzung größtenteils verloren. Nach vielen Beratungen war schließlich beschlossen worden, wegen der unterschiedlichen Rahmenbedingungen in den einzelnen Rathäusern jeder Kommune selbst zu überlassen, ob und welche Maßnahmen umgesetzt werden sollen. Die Gemeinsamkeiten im Erftkreis beschränkten sich nun auf die Fortschreibung der Gesundheitsberichte und den halbjährlichen Erfahrungsaustausch.

Einigen Kommunen muss allerdings bescheinigt werden, hausintern Schritt für Schritt Maßnahmen der Gesundheitsförderung eingeleitet zu haben. In ebenso vielen Rathäusern lief das Projekt nun jedoch auf Sparflamme oder schlief schließlich ganz ein. Die Gründe wurden im gemeinsamen Arbeitskreis offen diskutiert. Hier eine Auswahl:

- Mit der Kommunalwahl 1999 musste in NRW der hauptamtliche Bürgermeister bzw. Landrat eingeführt werden. Dadurch wechselten in den meisten Rathäusern und im Kreishaus die Personen an der Spitze.

- Gleichzeitig veränderten sich in den meisten Räten und im Kreistag die politischen Mehrheiten.
- Diese Veränderungen zogen zwangsläufig neue Prioritäten nach sich, so dass das Gesundheitsprojekt in den Hintergrund trat.
- Organisatorische und personelle Veränderungen führten zu neuen Zuständigkeiten, so dass einige der „Motoren" des Gesundheitsprojektes als solche ausfielen.
- Verschärfte Finanzprobleme ließen nur noch solche Teile des Gesundheitsprojektes zu, die kein Geld kosteten.
- Die hohen Fehlzeiten werden zu wenig als Herausforderung an die Personalführung und als finanzielle Belastung verstanden. Es fehlt der Druck zum Handeln!

Von solchen einschneidenden Veränderungen bleiben Gesundheitsprojekte in der Industrie in aller Regel verschont. In den öffentlichen Verwaltungen des Erftkreises führten sie jedoch vielfach zum Stillstand. An der Entwicklung des Krankenstandes dieser Gemeinden war das Ergebnis abzulesen.

Nachdem die Veränderungen aus der Kommunalwahl umgesetzt waren und eine neue Stabilität der Situation eintrat, besannen sich einige Gemeinden erneut des Gesundheitsprojekts. Mit ihnen konnte zwischenzeitlich ein neuer Impuls für Präventionsmaßnahmen gesetzt werden, so dass die Lage wieder etwas positiver aussieht. Das gilt übrigens völlig unabhängig von politischen Mehrheiten im Rat oder von der parteipolitischen Zugehörigkeit des Bürgermeisters. Entscheidend ist ausschließlich, ob es gelingt, die Verantwortlichen von der Notwendigkeit der Gesundheitsförderung und vom Willen zum Handeln zu überzeugen.

Das neue Interesse an Gesundheitsförderungsmaßnahmen hat auch mit den sich ständig verändernden Rahmenbedingungen in der öffentlichen Verwaltung zu tun. Die fast überall zu beobachtende Entwicklung zur

1. Leistungsverdichtung,
2. Beschleunigung der Arbeit und
3. zunehmenden Komplexität

geht auch an den Rathäusern nicht vorbei. Die damit verbundenen zusätzlichen Belastungen der Mitarbeiterinnen und Mitarbeiter machen Gesundheitsförderung immer dringlicher. Deshalb hat das Erftkreisprojekt eine neue Zukunft.

KAPITEL 7

Von der Telefonzentrale zum Call Center – Partizipativ neue Aufgaben gesundheitsförderlich gestalten

P. Lück · E. Baumann · B. Beermann

Neue Arbeitsform Call Center

Call Center erfahren in jüngster Zeit einen Boom. Sie gelten als wesentlicher Bestandteil eines modernen Dienstleistungsunternehmens, da mittels eines Call Centers schnell und flexibel auf Kundenwünsche reagiert und den erhöhten Ansprüchen an Kundenorientierung entsprochen werden kann. Die Entstehung dieses neuen Tätigkeitsfelds hat verschiedene Experten (Wissenschaftler, Gewerkschafter u.a.) veranlasst, die Arbeitsbedingungen näher zu beleuchten. Ein vom Bundesministerium für Bildung und Forschung gefördertes Forschungsprojekt zu Gesundheit und Sicherheit in neuen Arbeits- und Organisationsformen (Gesina) erforscht die Arbeitsbedingungen in Call Centern als eine dieser neuen Arbeitsformen [5]. Verschiedene Gewerkschaften haben eine Handlungshilfe für Betriebs- und Personalräte zu „Arbeiten im Call Center" erarbeitet [6], um ihren Vertretern schon im Vorfelde der Errichtung eines Call Centers zu ermöglichen, die Arbeitsplätze und -bedingungen gesundheitsgerecht mitzugestalten.

Anforderungen und Belastungen in Call Centern

Es können einige grundlegende Anforderungs- und Belastungskonstellationen in Call Centern beschrieben werden:

Erhöhter Technikeinsatz. Die Tätigkeit erfordert einen erhöhten Technikeinsatz (Hard- und Software) zur Informationsabfrage und Vermittlung. An den Arbeitsplätzen finden sich zum Teil mehrere Bildschirme und weitere technische Ausstattung (Telefon etc.), deren Bedienung die Beschäftigten zu einseitigen Haltungen zwingt. Zumeist mangelt es an alternativen technischen Lösungen sowohl in Soft- wie Hardware, die bedienerfreundlich konzipiert sind und ergonomische Notwendigkeiten berücksichtigen.

Arbeiten am Bildschirmarbeitsplatz. Belastungen des Muskel- und Skelettapparates und der Augen am Dauerarbeitsplatz Bildschirm sind bekannt und fanden Eingang in die Bildschirmarbeitsplatzverordnung. Erhebungen der ergonomischen Situation sind daher erforderlich. Spezielle Bildschirmpausen sind gesetzlich vorgeschrieben.

Arbeiten im Großraumbüro. Die Arbeitsbedingungen in Großraumbüros sind häufig durch Lärm, schlechtes Raumklima, Blendungen und andere ungünstige Umgebungsbedingungen gekennzeichnet. Diese Aspekte müssen im Sinne der Gesundheitsförderung objektiven Richtwerten (z. B. Bildschirm-Arbeitplatz-Verordnung) genauso genügen wie den subjektiven Wohlfühlmaßen der Beschäftigten.

Emotionsarbeit. Tätigkeiten im Dienstleistungsbereich mit Kundenkontakt werden auch als Emotionsarbeit beschrieben [12]. Die Aufgaben erfordern, bestimmte Emotionen zu zeigen (Freundlichkeit), die z.T. im Gegensatz zu den erlebten Gefühlen stehen (z. B. Genervtheit). Diese sogenannte emotionale Dissonanz hat sich als Stressor bzw. psychische Belastung erwiesen und kann durch intensive Personalbetreuung (z. B. Supervision) und -schulung verhindert werden.

Arbeitszeit. Arbeiten im Call Center ist oft ein 24-Stunden Service und erfordert daher Schichtarbeit. Die Belastungen durch Nachtarbeit und Wechselschichten sind vielfältig. Beispielsweise wird die geringe Planbarkeit von sozialen Kontakten als Belastung erlebt, langfristig sind auch körperliche Schäden durch diese Arbeitszeit zu erwarten.

Qualifizierung. Das Personal benötigt Qualifizierung zum Call Center Agent und kontinuierliche Weiterbildung, um den gesteigerten Anforderungen genügen zu können. Überforderung könnte ansonsten Folge einer versäumten Personalentwicklung sein. Mittlerweile stehen Personalauswahlinstrumente für Call Center zur Verfügung [9].

Kontrollmechanismen zur Erfassung bearbeiteter Anrufe. In Call Centern werden häufig verschiedene Kontrollsysteme wie Aufzeichnen von Gesprächen, Testanrufen oder Monitoring verschiedener Bearbeitungszeiten eingesetzt. Bei den Beschäftigten führt deren Einsatz zum Erleben von Leistungs- und Zeitdruck sowie Stress.

Ein kooperatives BGF-Projekt in der Telefonzentrale einer Stadtverwaltung

Bei der Stadt Dortmund ist in naher Zukunft die Einrichtung eines Call Centers geplant. Die bestehende Telefonzentrale soll dafür erweitert und umstrukturiert werden. Folgende Ziele werden mit diesem Vorhaben verfolgt:

- Verbesserung der Wirtschaftlichkeit, da die Fachabteilungen sich auf ihre Kernaufgaben konzentrieren können und Routinetätigkeiten vom Call Center direkt abgewickelt werden können.
- Verbesserung des telefonischen Dienstleistungsangebots, indem im zukünftigen Call Center, anders als in der bestehenden Telefonzentrale, nicht nur einfache, sondern detaillierte und einzelfallbezogene Auskünfte erteilt werden.
- Erhöhung der Zufriedenheit der Bürgerinnen und Bürger und städtischen Beschäftigten durch schnelle und kompetente Informationsweitergabe.

Derartige Umstrukturierungen gehen für die Belegschaft mit Veränderungen wie Qualifizierungserfordernis und geänderter Arbeitssituation einher und können Ängste und Unsicherheit auslösen. Um diesen Prozess mitarbeiterverträglich zu gestalten und Erkenntnisse über Belastungen und Potenziale in Telefonzentrale und zukünftigem Call Center zu erhalten, haben von Januar bis Oktober 1999 die Stadt Dortmund, die Bundesanstalt für Arbeitsschutz und Arbeitsmedizin (BAuA) und die AOK Westfalen-Lippe ein gemeinsames Projekt der Betrieblichen Gesundheitsförderung in der Telefonzentrale durchgeführt. Nach Ablauf dieser Projektphase wurde die Umsetzung und Evaluation dieses Prozesses von der Stadt Dortmund in Eigenregie fortgeführt. Dieses Projekt ist eingebunden in eine Reihe von Studien der BAuA, deren Erkenntnisse unter anderem in die Ausschreibungen des Modellprogramms des BMA zum Themenbereich Call Center eingeflossen sind. Zahlreiche Umsetzungsbeispiele aus verschiedenen Branchen werden in diesem Modellprogramm beschrieben (näheres auf der homepage des BMA unter http://*www.bma.bund*.de).

Betriebliche Gesundheitsförderung (BGF)
in der Stadtverwaltung Dortmund

Die Stadtverwaltung Dortmund hat vor einigen Jahren begonnen mit Hilfe des Konzepts der Betrieblichen Gesundheitsförderung sich mitarbeiterorientiert mit dem Problem der Fehlzeiten zu befassen. Gesunde, motivierte Mitarbeiter und menschengerechte Arbeitsbedin-

gungen sind Ziel dieses Vorhabens. Diese Aspekte werden als Grund-
voraussetzungen für Leistungs-, Zukunftsfähigkeit und Bürgerfreund-
lichkeit einer modernen Stadtverwaltung angesehen. Deshalb ist die
ganzheitlich angelegte Betriebliche Gesundheitsförderung ein wesentlicher Bestandteil der Unternehmensstrategie der Stadt Dortmund geworden [2] und zielt darauf ab, Krankheiten am Arbeitsplatz vor-
zubeugen, Gesundheitspotenziale der Mitarbeiterinnen und Mitarbeiter zu stärken und das Wohlbefinden am Arbeitsplatz zu verbessern.
Im beschriebenen Projekt soll der Arbeitsplatz Call Center schon im
Vorfeld gesundheitsförderlich gestaltet werden [10].

Zu diesem Zweck wurde beim Personalamt der Stadtverwaltung
Dortmund der Arbeitsbereich „Betriebliche Gesundheitsförderung"
eingerichtet. Eine Dienstvereinbarung zur betrieblichen Gesundheitsförderung, die Prinzipien und Vorgehen regelt, wurde abgeschlossen. Die Grundlagen der Betrieblichen Gesundheitsförderung sind
schon mehrfach ausführlich beschrieben worden [7, 8] und beinhalten
beispielsweise die Grundsätze

- Analyse vor Aktion
- Partizipation
- Organisationsentwicklung
- Qualitätssicherung und Evaluation.

Diese Prinzipien gelten für alle BGF-Prozesse, die in den Ämtern und
Bereichen der Stadtverwaltung Dortmund durchgeführt werden (s.
Abb. 7.1). Projekte der Betrieblichen Gesundheitsförderung wurden in
Kooperation mit der AOK Westfalen-Lippe beispielsweise im Tiefbau-
amt und im Jugendamt durchgeführt.

Projektziele und Vorgehen

Die Telefonzentrale ist ein personell zwar kleiner Bereich (36 Beschäftigte), ihr kommt aber eine zentrale Position bei der Wahrnehmung
der Bürgernähe und Serviceorientierung der Stadtverwaltung zu.
„Täglich kommen in der Telefonzentrale mehr als 4000 Anrufe an.
Von den Beschäftigten wird viel erwartet, sie sind für Anrufer oft der
erste Kontakt zur Stadt Dortmund. Deshalb sollen sie nicht nur
freundlich und kompetent sein, sondern auch schnell am Draht", wird
in der Mitarbeiterzeitung MAI der Stadtverwaltung (2. Ausgabe, Juni
2000) berichtet. So wundert es nicht, dass neben den „klassischen"
Zielen der Gesundheitsförderung wie Belastungsabbau, Ressourcen-
erweiterung und Erhöhung der Gesundheitsquote insbesondere auch
die Verbesserung des Images der Telefonzentrale in der internen und

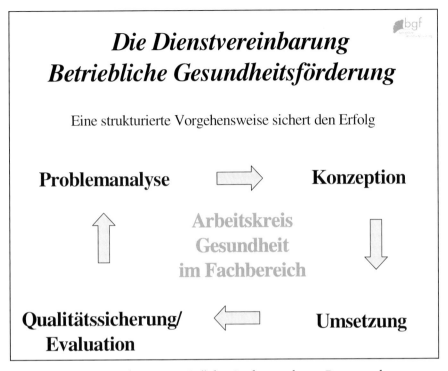

Abb. 7.1. Dienstvereinbarung „BGF" der Stadtverwaltung Dortmund

externen Öffentlichkeit und die Förderung der Arbeitszufriedenheit und des Betriebsklimas als Projektziele benannt wurden.

Der Arbeitskreis Gesundheit als fachbereichsbezogenes Steuerungsgremium

Um Maßnahmen der Gesundheitsförderung effizient und dauerhaft im Unternehmen umsetzen zu können, ist es erfahrungsgemäß erforderlich alle Interessengruppen in einem Steuerungsgremium („Arbeitskreis Gesundheit") zu integrieren. Die Entscheidung über die Ziele der Maßnahmen, den Einsatz von Analyseverfahren, die Analyse der Ergebnisse, die Interventionsplanung und -umsetzung und nicht zuletzt die Evaluation obliegen diesem Arbeitskreis. Sowohl objektive Verfahren (ergonomische Betriebsbegehungen), als auch subjektive Instrumente (Gruppenbefragungen, Gesundheitszirkel) wurden zur Erhebung der spezifischen Belastungssituation in der Telefonzentrale eingesetzt. Mit diesen Aufgaben wurden die im Betrieb bereits mit Gesundheitsfragen befassten Experten, Führungskräfte und Mitarbeitervertreter betraut.

Die Belegschaft wurde vom Arbeitskreis regelmäßig über den Stand des Projekts informiert. Auch die unternehmensinterne Öffentlichkeitsarbeit hatte im Sinne des formulierten Ziels „Imagegewinn" einen hohen Stellenwert.

Arbeitssituationserfassung

Aufgrund der kleinen Mitarbeiterzahl wurde eine schriftliche Mitarbeiterbefragung als zu aufwendig und zu wenig konkret beurteilt. Alle Mitarbeiterinnen und Mitarbeiter wurden daher in mündlichen Gruppendiskussionen mit der Methode der Arbeitssituationserfassung [1] befragt. Im Vordergrund stehen bei dieser Befragung nicht nur die subjektiv empfundenen Belastungen am Arbeitsplatz, sondern insbesondere auch die gesundheitsförderlichen Aspekte der Arbeit. Mit Hilfe der Erhebung salutogener Aspekte der Arbeit in der Telefonzentrale sollte ermittelt werden, welche Aspekte in einem zukünftigen Call Center aus der Perspektive der Mitarbeiter erhaltens- oder sogar förderungswürdig seien. Zur Behebung der gefundenen Belastungen wurden von den Befragten erste konkrete Verbesserungsvorschläge gesammelt.

Belastungsschwerpunkte ergaben sich in den Bereichen Ergonomie (Blendung, Arbeiten mit zur Seite gedrehtem Oberkörper), Emotionsarbeit (Stress durch Umgang mit unfreundlichen Kunden), Arbeitsumgebungsfaktoren (Beleuchtung, Lärm/Unruhe, Raumklima), Tätigkeit (fehlende Informationen) und Zukunft der Telefonzentrale.

Faktoren, die von den Mitarbeitern als erhaltenswert beschrieben wurden, waren beispielsweise das Zusammenarbeiten in den vorhandenen Räumlichkeiten, die Arbeitszeit- und Pausenregelung und Stressabbau durch den Einsatz (zeitlich befristeten) zusätzlichen Personals.

Die Ergebnisse der Arbeitssituationserfassung bildeten eine hervorragende Grundlage für die weitere Bearbeitung im Gesundheitszirkel.

Betriebsbegehung

Die Arbeitsplatzanalyse gehört zum substanziellen Bestandteil der Verhältnisprävention in einem BGF-Projekt. Der Arbeitsplatz in der Telefonzentrale ist ein Bildschirmarbeitsplatz im Sinne der Bildschirmarbeitsverordnung (BildscharbV). Entsprechend dieser Verordnung hat der Arbeitgeber die Sicherheits- und Gesundheitsbedingungen insbesondere hinsichtlich einer möglichen Gefährdung des Sehvermögens sowie physischer und psychischer Belastungen zu ermitteln, zu beurteilen und geeignete Maßnahmen für eine optimierte Gestaltung zu treffen. Bei der Arbeitsplatzanalyse wurden entsprechend der zu erwartenden Belastungen auch die Faktoren Beleuchtung, Lärm, Klima und Arbeitsplatzausstattung berücksichtigt.

Dank der neuen Räumlichkeiten der Telefonzentrale fanden sich viele zufriedenstellende Bedingungen. Verbesserungsmöglichkeiten ergaben sich insbesondere in den Bereichen Ergonomie und Raumklima.

Ergonomische Aspekte. Die Tischhöhe ist nicht verstellbar. Die Informationsabfrage und die Vermittlung erfordert die Arbeit an zwei Monitoren. Dadurch treten häufig Blendungen, Zwangshaltungen und erhöhte Anforderungen an die Augen auf.

Da eine Rotation der Mitarbeiter an den verschiedenen Arbeitsplätzen üblich ist, müssen die Arbeitsstühle von den Mitarbeitern vor Aufnahme der Arbeit auf die eigenen Maße eingestellt werden, um eine ergonomisch korrekte Sitzhaltung zu erreichen. Der größte Teil der Mitarbeiter verzichtete aber auf eine individuelle Einstellung ihrer Stühle, obwohl die Möbel dieses ermöglichten. Die individuelle Einstellung des Arbeitsstuhls wurde in der Regel nicht vorgenommen, weil die Kriterien nach denen die Einstellung vorzunehmen sind, nicht hinreichend bekannt waren.

Raumklima. Bei der Beurteilung des Raumklimas wurden die Maße Temperatur und Luftfeuchtigkeit beurteilt. Die Temperatur im Großraumbüro wird zentral gesteuert. Die Arbeitsplätze in der Nähe der Wärmequelle sind naturgemäß wärmer als Arbeitsplätze in weiterer Entfernung. Subjektiv wurden die Temperaturen von einem Teil der Beschäftigten als angenehm, von einem anderen Teil als eher unangenehm empfunden. Aufgrund der Schwankungen des Circadianrhythmus und heruntergefahrener Temperaturen wurden nachts die Temperaturen als zu kalt empfunden. Neben den Problemen der zentralen Temperatursteuerung führte die extrem trockene Luft bei einem großen Teil der Beschäftigten zu erheblichen Befindlichkeitsbeeinträchtigungen. Eine deutlich unter den geforderten Werten für Büroarbeitsplätze liegende Luftfeuchtigkeit wurde festgestellt. Zusätzlich hat der in diesem Büro verlegte Teppich zum Missempfinden beigetragen, da Ausdünstungen von den Beschäftigten wahrgenommen wurden.

Diese Ergebnisse wurden sowohl im Arbeitskreis Gesundheit als auch im Gesundheitszirkel weiter bearbeitet und folgende Maßnahmen zur Verbesserung der Situation vorgenommen. Unterweisungen am Arbeitsplatz ermöglichten den Beschäftigten, die ergonomische Einstellung des Bürostuhles vorzunehmen bzw. Hinweise zur (täglichen und individuellen) ergonomischen Gestaltung des Arbeitsplatzes zu erhalten. Verlängerte Mauskabel und zusätzliche Headsets verbesserten die ergonomischen Bedingungen. Verhaltenspräventive Angebote wie Rückenschulen und Massagen am Arbeitsplatz, die die Belastung aufgrund der sitzenden Tätigkeit reduzieren sollten, fanden bei den Beschäftigten großen Anklang. Die Entwicklung einer technischen Lösung für den Ersatz der beiden Monitore durch ein Gerät wurde in Auftrag gegeben und wird bei Errichtung des Call Centers getestet werden. Zu diesem Zeitpunkt wird auch über die Anschaffung höhenverstellbarer Tische entschieden. Die Aufstellung von Pflanzen und eine Reinigung des Teppichs zur Entfernung möglicher schädlicher Rückstände aus der Herstellung wurden vorgenommen. Die Aufstellung von Luftbefeuchtern wird noch geprüft.

Der Gesundheitszirkel

Im Gesundheitszirkel kommt dem Erfahrungswissen der Beschäftigten eine maßgebliche Bedeutung bei der Analyse der Probleme und der Entwicklung von Lösungsvorschlägen zu. Durch die partizipative Vorgehensweise erhalten die aus einem Zirkel resultierenden Maßnahmen die Akzeptanz der Beschäftigten.

In der Telefonzentrale wurde nach einer ausführlichen Diskussion im AK Gesundheit ein Gesundheitszirkel nach dem Berliner Modell [4] gemäß der Regeln der Dienstvereinbarung BGF eingerichtet. Den Teilnehmerinnen und Teilnehmern sollte durch die Abwesenheit der Vorgesetzten ermöglicht werden, „sanktionsfrei und kommentarlos" auch über psychische Belastungen und soziale Konflikte zu sprechen [3]. Eine zügige Umsetzung wurde durch eine „Halbzeit"-Information im Arbeitskreis Gesundheit gewährleistet. So konnten Maßnahmen schon vor Ablauf des Gesundheitszirkels durchgeführt werden.

Neben der Bearbeitung der vorhandenen Belastungen kam der Bearbeitung der Befürchtungen über die geplanten Veränderungen und Wünsche an den zukünftigen Arbeitsplatz Call Center ein hoher Stellenwert zu. Ziel dieses Zirkels war es insbesondere, die Mitarbeiterperspektive in die Planung und Errichtung des Call Centers einzubeziehen und Unsicherheiten bei den Beschäftigten durch Partizipation und Information abzubauen.

Es wurde deutlich, dass die Sammlung der Belastungsaspekte aus der Arbeitssituationserfassung und der ergonomischen Begehung hinreichend die gegenwärtigen Belastungen abbildeten. Diesen wurden detaillierte Verbesserungsvorschläge gegenübergestellt. Der Umsetzungsplan wurde im Arbeitskreis Gesundheit erstellt.

Es zeigte sich, dass die in der Begehung erfassten Ergonomieaspekte und Umgebungsfaktoren zum Teil zwar den Richtwerten genügten, aber im subjektiven Empfinden der Zirkelteilnehmerinnen und -teilnehmer durchaus eine Belastung darstellten. Daher wurden über den Aspekt der Schädigungsfreiheit hinaus in diesen Fällen gemeinsam mit den Mitarbeitern Alternativen erprobt. Beispielsweise wurden trotz objektiv guter Beleuchtungsbedingungen individuelle Lösungen erprobt (Tischleuchten, Deckenfluter), da manche Mitarbeiterinnen und Mitarbeiter das vorhandene Licht als Belastung empfanden. Eine ähnliche Diskrepanz zwischen objektiv ermittelten guten Werten und dem subjektiven Empfinden zeigte sich beim Thema Lärm – insbesondere zu Zeiten des Pausenwechsels – und Raumklima. Lösungen waren oft nur durch das kooperative Verhalten der Beschäftigten denkbar. So wurden unter Mitarbeiterbeteiligung einige Maßnahmen (z. B. PC-Programme zu Rücken- und Augentrainings, Schwenkarme für Monitore) zunächst getestet und gemeinsam auf Tauglichkeit geprüft. Die konsequente Anwendung der Partizipation hat zu erheblich höherer Zufriedenheit am Arbeitsplatz geführt. Diese zeigte sich sowohl in der Evaluationsbefragung zu Projektende als auch in

7

Der Arbeitsplatz
– zentrales Call-Center/
  verkehrsgünstig gelegen
– helles, freundliches,
  großes Großraumbüro
– nicht rauchen am
  Arbeitsplatz
– Pausenraum für
  Raucher/Nichtraucher

Die Kolleginnen
– im Team arbeiten
– Rücksichtnahme
  untereinander
– gegenseitig
  informieren/
  unterstützen

Die Arbeit
– feste Dienstpläne
– Arbeitszeiten sind vor-
  aussehbar und Planbarkeit
  ist gegeben
– Schichtdienste: gerechte
  turnusmäßige Verteilung
  auf alle
– keine engen Zeitvorgaben
  für Gespräche
– Gesprächsdauer in eigenem
  Ermessen für Kunden-
  freundlichkeit
– rechtzeitige Urlaubspläne
– regelmäßige Pausen

Die Vorgesetzten
– gut gelaunt
– ansprechbar für alles/
  für Probleme
– Zeit für Mitarbeiter
– Interessenvertreter
  (Interessen vor
  höheren Vorgesetzten
  vertreten)

Die Kunden
– Beschwerden durch
  Dritte ab-/behandeln
– kein Publikumsverkehr

Die Stadt/der Arbeitgeber
– gute Unterstützung durch
  Personalrat

Abb. 7.2. Salutogene Faktoren in der Telefonzentrale – Arbeitsblatt aus dem Gesundheitszirkel „Welche positiven Aspekte gibt es bereits in der Telefonzentrale und sollen unbedingt in ein Call Center übernommen werden?

mündlichen Rückmeldungen der Mitarbeiterinnen und Mitarbeiter an die Führungskräfte und den AK Gesundheit.

Ein unlösbarer Konflikt zwischen Richtlinien und Erleben tauchte bei der Regelung der Bildschirmarbeitsplatzpausen auf. Die bestehende Regelung (Zusammenlegung der Pausen) widerspricht der Idee der Erholung durch Kurzpausen nach einem festgelegten Intervall der Beanspruchung. Auch nach Aufklärung der Belegschaft über die Vorteile der Kurzpausen gab es eine deutliche Präferenz für die alte Regelung, so dass diese zunächst beibehalten wurde.

Weitere Verbesserungen konnten in den Bereichen Information, Personal, Ergonomie, Klima bzw. Luftfeuchtigkeit erreicht werden. Den ergonomischen Problemen und den daraus resultierenden Muskel- und Skelettbeschwerden wurde, wie schon beschrieben, auf vielfältige Weise begegnet: Anschaffung besserer Ausstattung, Unterweisung in der richtigen Nutzung des Mobiliars im Hinblick auf die individuellen Maße, Verhaltenstrainings und Massagen. Zur Unterstützung

Der Arbeitsplatz
- vollständige Computerprogramme
- gute Software
- Computer die nicht abstürzen/taugliche Hardware
- Gutes Stichwortverzeichnis
- Schnelle Aktualisierung von PC + Mappen
- Gutes Raumklima

Die Kunden
- Umgang mir schwierigen Kunden lernen
- Erfahrungen mit aggressiven Kunden aufarbeiten (Supervision)

Die KollegInnen
- Teamgespräche
- ausreichend Personal

Die Stadt/der Arbeitgeber
- Aufstiegsmöglichkeiten (Höhergruppierungen)
- neuer Vertrag mit neuer Arbeitsplatzbeschreibung
- es gibt unterschiedlich qualifizierte Stellen
- Vergütung gemäß Tätigkeit
- Gruppengespräche analog Gesundheitszirkel
- gute Unterstützung durch Personalrat

Die Arbeit
- keine Kontrollen der Kontaktzahlen an einzelnen Arbeitsplätzen
- in den Ämtern: genug Informationen/Ansprechpartner/ immer erreichbar
- gute, regelmäßige Schulungen,
- ständiger Aufbau von Wissen angemessener Level an Informationen/Auskünften
- verschieden qualifizierte Tätigkeiten
- Wahl der Qualifikation durch einzelne Mitarbeiter
- Basisinformationen geben/nicht zu fachbezogen
- verschiedene Teams für spezialisierte Informationen

Abb. 7.3. Verbesserungsvorschläge bei der Errichtung eines Call Centers – Arbeitsblatt aus dem Gesundheitszirkel „Was soll im zukünftigen Call-Center unbedingt verbessert werden?"

der Emotionsarbeit und Verbesserung der Information wurde sowohl die Besprechungskultur gefördert, als auch Qualifizierung angeboten. Mit den Ämtern wurden Regelungen über eine schnellere Aktualisierung der Informationen getroffen.

Einen hohen Stellenwert nahmen in der Zirkelarbeit die erhaltens- und förderungswürdigen Aspekte der Arbeit in der Telefonzentrale ein (Abb. 7.2). Vorschläge zur Verbesserung der Arbeit in einem zukünftigen Call Center wurden prospektiv gesammelt (Abb. 7.3). An dieser Stelle wurde beispielsweise die Sorge vor Kontrollen an den Einzelarbeitsplätzen und einer Restriktion der Gesprächszeiten formuliert. Kontinuierliche Kommunikation mit den Beschäftigten über diese Themen können Verunsicherungen deutlich reduzieren helfen.

Erste Erfolge für die zukünftige Arbeit konnten schon verbucht werden, z. B. die Aufstockung des Personals durch die Festanstellung von sechs (!) befristet angestellten Arbeitnehmerinnen und Arbeitnehmern.

Ergebnisse der Evaluationsbefragung im Überblick – alle zufrieden?

Evaluation ist zur Qualitätssicherung unentbehrlich und dient der Prüfung und Dokumentation von Veränderungen und Prozessen in einem Gesundheitsförderungsprojekt [11]. Die Zufriedenheit der Mitarbeiterinnen und Mitarbeiter mit dem Projekt wurde zu zwei Zeitpunkten (unmittelbar nach dem Gesundheitszirkel und ein Jahr nach Beendigung der Zirkelarbeit) mittels eines Kurzfragebogens erhoben, weitere Projektziele wurden vom Arbeitskreis Gesundheit geprüft.

Die subjektive Bewertung der Gesundheitszirkelergebnisse wurde zu beiden Messzeitpunkten von der Mehrheit der Befragten überwiegend als erfolgreich bewertet. Zudem wurde die Arbeit als kommunikations- und verständnisfördernd beurteilt. Die Kommunikation untereinander habe sich durch das BGF-Projekt insofern verbessert, als die Mitarbeiterinnen nicht mehr nur Belastendes anmerken, sondern konkrete Vorschläge anbringen. Die Unterstützung der Vorgesetzten wurde als wesentlicher Faktor für eine erfolgreiche Umsetzung empfunden. Entscheidend für diese sehr positive Bewertung war die Unterstützung der Vorschläge durch die Leitung und der Umsetzungsgrad der Verbesserungsvorschläge schon während der Intensivbetreuungsphase des BGF-Prozesses. Verbesserungsvorschläge seien vor allem in den Bereichen Kommunikation/Information, Personal, Arbeitsmittel, Schulungen und Seminare schon umgesetzt worden.

Die Umsetzungsquote zeigt quantitativ den Erfolg des Projektes. So wurden von 33 vorgeschlagenen Maßnahmen bisher 20 (61%) umgesetzt, 7 (21%) sind in Arbeit und werden erst bei der Errichtung des Call Centers umgesetzt, 5 Vorschläge wurden von den Beschäftigten geprüft, aber als nicht sinnvoll eingestuft und nur ein Vorschlag wurde abgelehnt.

Der Arbeitskreis Gesundheit hat überprüft, inwieweit die oben beschriebenen allgemeinen Projektziele realisiert werden konnten. Im Projektjahr konnte ein Rückgang des Krankenstandes in der Telefonzentrale um 2,75 Prozentpunkte verzeichnet werden. Der Bereich habe durch das Projekt an Image gewonnen. Die erhöhte Wichtigkeit des Bereichs werde durch die große Personalverstärkung deutlich.

Gesundheitszirkel vorbei – Betriebliche Gesundheitsförderung zu Ende?

Betriebliche Gesundheitsförderung wird als langfristiger Veränderungsprozess begriffen und eine Fortsetzung der Arbeit des Arbeitskreises Gesundheit und bei Bedarf des Gesundheitszirkels auch nach Ende der Intensivbetreuungsphase durch die AOK und die Projektgruppe BGF im Sinne der Nachhaltigkeit angestrebt.

Da die Einbindung der Telefonzentrale in einem zukünftigen Call Center eines der Hauptthemen im Gesundheitszirkel war und sich drei Mitarbeiterinnen parallel zum BGF-Projekt auch bei der Entwicklung des Projekts „Call Center" beteiligten, können die Erkenntnisse aus dem BGF-Prozess und dem BAuA-Modellprogramm gezielt in die Entwicklung des städtischen Call Centers einfließen. So hat das Projekt zukunftsweisenden und im eigentlichen Sinne des Wortes präventiven Charakter.

Literatur

[1] Bitzer, B. (1995). Fehlzeiten als Chance. Expert Verlag, Renningen
[2] Busch, R. (Hrsg.) (1996). Unternehmenskultur und betriebliche Gesundheitsförderung. FU-DGB-Kooperationsstelle, Berlin
[3] Czock, H. et al (Hrsg.) (1994). Gesundheitszirkel in der betrieblichen Gesundheitsförderung. Berliner Gesundheitsladen, Berlin
[4] Friczewski, F. Gesundheitszirkel als Organisations- und Personalentwicklung: der Berliner Ansatz. In: Westermayer, G., Bähr, B. (Hrsg.) (1994). Betriebliche Gesundheitszirkel. Hogrefe, Göttingen
[5] Kastner, M. (Hrsg.) (1999). Gesundheit und Sicherheit in neuen Arbeits- und Organisationsformen. Maori-Verlag, Dortmund
[6] Kooperationsbüro multimedia+arbeitswelt. Arbeiten im Call Center. Frankfurt, 1999
[7] Lück, P. (1997). Betriebliche Gesundheitsförderung. In: Klotter, C. (Hrsg.) Prävention im Gesundheitswesen. Verlag für Angewandte Psychologie, Göttingen

[8] Lück, P. (1999). Betriebliche Gesundheitsförderung bei multiplen Belastungen eines Transportdienstleisters. In: B. Badura, M. Litsch, C. Vetter (1999). Fehlzeiten-Report 1999. Springer, Berlin

[9] Montel, C. & Wottawa, H. (2001) Call Me. In: Wirtschaftspsychologie, 1/2001. R. v. Decker's Verlag, Heidelberg

[10] Scherrer, K. Dauerarbeitsplatz Call Center: Gesundheitsförderliche Arbeitsgestaltung senkt Fluktuation und Krankenstand. In: B. Badura, M. Litsch, C. Vetter (2000). Fehlzeiten-Report 2000. Springer, Berlin

[11] Sochert, R. (1999). Gesundheitsbericht und Gesundheitszirkel. Wirtschaftsverlag NW, Bremerhaven

[12] Zapf, D., Dormann, C. Gesundheit und Arbeitsschutz. In: Schuler, H. (2001). Lehrbuch der Personalpsychologie. Hogrefe, Göttingen

7

Bildungswesen

Ableitung und Evaluation von Arbeitsgestaltungsmaßnahmen bei ErzieherInnen in Kindertagesstätten

M. Buch · E. Frieling

Ausgangssituation

Eine Arbeitsunfähigkeitsanalyse bei der Stadt Kassel [1] ergab, dass mit 2910 Arbeitsunfähigkeitstagen je 100 Versicherter in den Kindertagesstätten die Arbeitsunfähigkeit um 12% über dem durchschnittlichen Wert der Stadt Kassel lag. Dieses problemaufweisende Instrument [15] bildete den Ausgangspunkt für die Arbeit eines Gesundheitszirkels der städtischen Kindertagesstätten. Auf dessen Initiative hin wurde von uns eine Analyse der physikalischen, organisatorischen und sozialen Belastungsfaktoren und -größen der Arbeitstätigkeit von Erzieherinnen und Erziehern in Kindertagesstätten (im folgenden ErzieherInnen genannt) sowie deren Auswirkungen durchgeführt. Aus den Ergebnissen wurden Arbeitsgestaltungsmaßnahmen abgeleitet, die exemplarisch umgesetzt und evaluiert werden konnten[1].

Problemstellung

Die Tätigkeit der ErzieherIn wurde bisher in der arbeitswissenschaftlichen Forschung stiefmütterlich behandelt. Untersuchungen aus anderen Disziplinen fokussieren die allgemeinen und gesellschaftspolitischen Rahmenbedingungen [6, 7 und 9]. Für die Tätigkeit der ErzieherIn in Kindertagesstätten liegen jedoch keine quantitativen Berufsanalysen vor. Im deutschsprachigen Raum besteht insbesondere ein Mangel an objektiven Daten über Belastungsfaktoren (eine Ausnahme bildet Houché-Neelen [5]). Im Rahmen der hier vorgestellten Untersuchung erfolgten explorative Analysen zur Ableitung begründeter Arbeitsgestaltungsmaßnahmen. Aufgrund der übereinstimmenden Berichte des Gesundheitszirkels, der Amtsleitung und des Arbeitssicherheitsdienstes über diesbezügliche häufige Klagen bildete die Lärmsituation einen

---

[1] Die Untersuchung wurde von der Unfallkasse Hessen teilfinanziert.

Schwerpunkt bei der Analyse der physikalischen Bedingungen. Der Gesundheitsbericht [1] zeigte, dass 27% der Ausfalltage in den Kindertagesstätten durch Rückenleiden verursacht wurden. Gegenüber der Gesamtorganisation war der Anteil der Muskel- und Skeletterkrankungen um 49% erhöht. Deshalb wurden von uns außerdem die Hebe- und Tragearbeit sowie die Körperhaltungen bei der Tätigkeitsausübung berücksichtigt. Die organisatorischen Bedingungen sollten analysiert werden, da sie einerseits die die psychische Belastung bestimmenden Einflussgrößen wie Handlungsspielraum, Partizipationsmöglichkeiten, Soziale Unterstützung sowie Zeit- und Leistungsdruck determinieren und andererseits der Verhältnisprävention zugänglich sind. Auf die in der Studie ergänzend durchgeführte Fragebogenerhebung wird – mit Ausnahme der Burnout-Problematik und der subjektiven Beurteilung der äußeren Tätigkeitsbedingungen – an dieser Stelle nicht eingegangen.

Durchgeführte Analysen

Gegliedert in 1. Lärmsituation, 2. Beobachtungsinterviews sowie 3. Fragebogenerhebung werden jeweils die zugrundeliegenden Methoden, die Stichprobe sowie die Ergebnisse berichtet. Um die Orientierung zu erleichtern gibt Tabelle 8.1 vorab einen kurzen Überblick

Tabelle 8.1. Übersicht über die Erhebungsbereiche mit Messverfahren

Kapitel	Erhebungsbereich	Messgerät/-instrument
1.	**Lärmsituation**	
	Spitzenpegel	Lärmpegelmesser
	Beurteilungspegel am Arbeitsplatz	Lärmdosimeter
	Nachhallmessungen[1]	Bauakustikprozessor, Verstärker, Lautsprecher mit Richtcharakteristik
2.	**Beobachtungsinterview**	
	Hebe- und Tragearbeit	
	Körperhaltungen	TAI 4.2 Körperhaltungen und Arbeitsschwere
	Organisatorische Stressoren	TAI 3.1–3.4 Stressoren aus organisatorischen Bedingungen
3.	**Fragebogenerhebung**	
	Äußere Tätigkeitsbedingungen	SALSA (Rimann & Udris, 1997)
	Burnout	AVEM (Schaarschmidt & Fischer, 1996)

[1] Durchgeführt und bewertet von Prof. Strasser und PD Dr. Kluth, Universität Siegen

über die Erhebungsbereiche sowie die eingesetzten Messgeräte und -instrumente.

1. Lärmsituation

Die Beurteilung der Lärmsituation erfolgt über die Ermittlung der Lärmspitzenpegel und des Beurteilungspegels am Arbeitsplatz. Zusätzlich wurden von Strasser [17] sowie Kluth und Strasser [8] die raumakustischen Bedingungen aufgrund von Nachhallzeitmessungen beurteilt.

Lärmemission. Zur Bestimmung der Lärmemission wird ein Schallpegelmesser mit Pegelschreiber (B & K Präzisions-Schallpegelmesser Typ 2233 und Pegelschreiber Typ 2306) eingesetzt. Damit werden im Arbeitsumfeld von 10 StelleninhaberInnen über jeweils einen Arbeitstag hinweg Lärmereignisse erfasst, die einen Wert von 80 dB(A) übersteigen. Bei allen Messungen werden Spitzenwerte von über 80 dB(A) gemessen. Lediglich während des Frühdienstes, der morgendlichen Besprechung – beide gekennzeichnet durch maximal 10 anwesende Kinder – und während der nachmittäglichen Beschäftigungsphase werden 100 dB(A) nicht überschritten. Der maximal gemessene Spitzenpegel liegt bei 113 dB(A).

Lärmimmission. Um das Ausmaß der möglichen Gesundheitsgefährdung zu bestimmen und die störende Wirkung auf den Arbeitsablauf zu quantifizieren wird der Beurteilungspegel am Arbeitsplatz $L_{r,AP}$ nach DIN 45 645-2 bestimmt. Dadurch werden Aussagen über die Belastung der Beschäftigten durch die Schalleinwirkung während eines Arbeitstages möglich. Unabhängig von der tatsächlichen Messzeit liegt eine konstante Beurteilungsdauer T_B von 8 Stunden zugrunde. Die Lärmimmission wurde bei 18 StelleninhaberInnen über die gesamte Arbeitsschicht von durchschnittlich 6,8 Stunden gemessen.

Wie Abb. 8.1 verdeutlicht, liegt der Beurteilungspegel lediglich bei 2 der 18 StelleninhaberInnen unter 80 dB(A). Für die Mehrheit von 9 Messungen liegt er im Bereich zwischen 80 und 85 dB(A). Bei sieben ErzieherInnen wurde ein Beurteilungspegel von über 85 dB(A) gemessen. Für den Beurteilungspegel am Arbeitsplatz werden in der Arbeitsstättenverordnung die folgenden Immissionsgrenzwerte angegeben:
- 55 dB(A) bei überwiegend geistigen Tätigkeiten sowie in Pausen-, Bereitschafts-, Liege- und Sanitätsräumen,
- 70 dB(A) bei einfachen oder überwiegend mechanisierten Bürotätigkeiten und vergleichbaren Tätigkeiten,
- 85 dB(A) bei allen sonstigen Tätigkeiten.

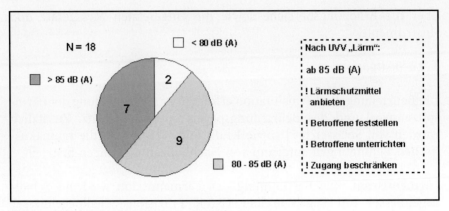

Abb. 8.1. Beurteilungspegel am Arbeitsplatz $L_{r,AP}$

Die Tätigkeit der ErzieherIn beinhaltet weitreichende Konzentrations-
anforderungen, die eine Gleichstellung mit überwiegend geistigen Tätigkeiten erlaubt. Würde die Unfallverhütungsvorschrift UVV „Lärm"
bei ErzieherInnen in Kindertagesstätten angewandt, so müssten ab
einem Beurteilungspegel von 85 dB(A) Lärmschutzmittel angeboten
werden, die Betroffenen identifiziert und unterrichtet sowie der Zugang zu den „Lärmquellen" eingeschränkt werden. Dies verdeutlicht
die Problematik der Lärmsituation.

Raumakustische Bedingungen. Die Beurteilung der Nachhallzeiten
fand in zwei ausgewählten Einrichtungen statt. Im Folgenden wird lediglich auf die für das Pilotprojekt ausgewählte Einrichtung Philippinenhof eingegangen. Die Ergebnisdarstellung bezieht sich auf den von
Strasser [17] angefertigten Messbericht.

In der Einrichtung wurden die Nachhallzeiten in 4 Räumen gemessen. Der Messbericht zeigt (Abb. 8.2), dass in allen analysierten Räumen die Nachhallzeiten deutlich über 0,5 s liegen. Verglichen mit den
Vorgaben aus DIN EN ISO 11690-1 liegen die gemessenen Zeitwerte
mit durchschnittlich 0,7 s für den Hort bzw. 0,8 s für den Gruppenraum im Obergeschoss an der oberen Grenze der empfohlenen Nachhallzeiten. Für die Messpunkte im Flur EG und im Mehrzweckraum
werden im Mittel sogar Werte von 1 s und mehr erreicht. Die Nachhallzeiten werden in Anbetracht der geringen Raumgrößen als gravie-
rend negativ beurteilt, Umgestaltungsmaßnahmen sollten dringend
realisiert werden.

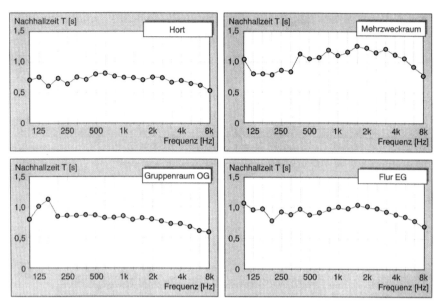

Abb. 8.2. Ergebnisse der Nachhallmessungen (Erstmessung) in Räumen der KiTa Philippinenhof [17]

2. Beobachtungsinterviews

Stichprobe. Die Beobachtungsinterviews wurden in 10 Kindertagesstätten der Stadt Kassel bei 47 ErzieherInnen, (GruppenleiterInnen, Integrationskräfte, SpringerInnen und HortnerInnen) sowie 9 LeiterInnen über jeweils einen Arbeitstag hinweg durchgeführt. Altersstruktur und Geschlecht der StelleninhaberInnen sind Tabelle 8.2 zu entnehmen. Es kamen die in Tabelle 8.1 genannten Abschnitte des Tätigkeitsanalyseinventars (TAI [3]) zur Anwendung.

Beim Vergleich der Altersverteilung von Stichprobe und Gesamtorganisation fällt auf, dass die über 50-jährigen StelleninhaberInnen mit einem Anteil von lediglich 3,6% an der Stichprobe unterrepräsentiert sind, macht diese Altersgruppe doch in den Kindertagesstätten der Stadt Kassel insgesamt einen Anteil von 5,9% der ErzieherInnen aus (vgl. Tabelle 8.2).

Hebe- und Tragearbeit. Die Hebe- und Tragearbeit der ErzieherInnen nimmt durchschnittlich pro Arbeitstag weniger als 12 min in Anspruch. Wichtiger noch: die ununterbrochene Dauer überschreitet sowohl für das Heben als auch für das Tragen bei keiner der analysierten StelleninhaberInnen eine Minute. Nach der Leitmerkmalmethode

Tabelle 8.2. Stichprobe Beobachtungsinterview

Alter	Häufigkeit	Prozent
<31 LJ	13	23,2
31–40 LJ	24	42,8
41–50 LJ	16	28,6
>50 LJ	2	3,6
Alter fehlend	1	1,8
Geschlecht		
Weiblich	49	87,5
Männlich	7	12,5

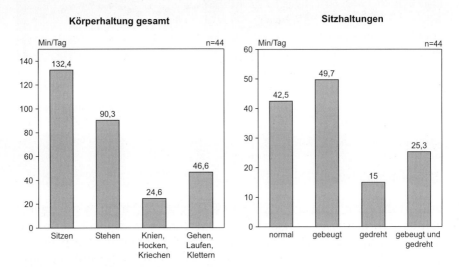

Abb. 8.3. Körperhaltungen der ErzieherInnen

[16] liegen sämtliche Tätigkeiten im Risikobereich 1, eine Gesundheitsgefährdung aufgrund der Hebe- und Tragearbeit ist damit unwahrscheinlich. Es besteht diesbezüglich kein Gestaltungsbedarf.

Körperhaltungen. Im Folgenden werden zunächst die Zeitbudgets pro Arbeitstag für die von den ErzieherInnen eingenommenen Körperhaltungen in Anlehnung an Abschnitt 4.2 des TAI [3] dargestellt. Die Beobachtung erfolgt über eine Arbeitsschicht mit einer durchschnittlichen Dauer von 6,6 h. Im Mittel liegt für 100 min keine Einstufung der Körperhaltung vor.

Den größten Anteil an der Gesamtarbeitszeit nimmt mit über 2 h pro Arbeitstag die sitzende Körperhaltung ein (Abb. 8.3). Eine detail-

Abb. 8.4. Gebeugte und gedrehte Körperhaltung beim Arbeiten auf dem Tisch

8

liertere Betrachtung der sitzenden Körperhaltung zeigt, dass die gebeugte Sitzhaltung mit über 60 min pro Arbeitstag hierbei den größten Anteil einnimmt. Gebeugte und/oder gedrehte sitzende Körperhaltungen werden aufsummiert ca. 1,5 h pro Arbeitstag eingenommen. Da es sich hierbei um eine kritische Belastung handelt [4] besteht im Bereich der sitzenden Körperhaltung Gestaltungsbedarf.

Die ungünstige Sitzhaltung der ErzieherInnen ist in erster Linie auf das kindgerechte Mobilar zurückzuführen. Die von den ErzieherInnen genutzten Kinderstühle mit einer Sitzhöhe von 37 cm erfüllen beispielsweise die Mindestanforderungen der DIN 68877 an Arbeitsdrehstühle nicht. Tischhöhe und Beinraumhöhe liegen ebenfalls deutlich unter den Vorgaben, die in DIN 4549 für Schreibtische gemacht werden. So beträgt die Tischhöhe maximal 65 cm und die Unterkante 51 cm. Die ErzieherIn muss, um auf der Tischplatte arbeiten zu können, eine gedrehte und/oder gebeugte Sitzhaltung einnehmen. Die Beine können nicht unter dem Tisch platziert werden (Abb. 8.4).

Stressoren aus organisatorischen Bedingungen. Die Auswertung des Moduls Stressoren aus organisatorischen Bedingungen erfolgt auf Merkmalsebene. Diese Ergebnisdarstellung wurde wegen der geringen Reliabilität gewählt, die sich in unabhängigen Wiederholungsanalysen [12] bei 27 StelleninhaberInnen mit einem Retestintervall von mindestens sechs Monaten für die standardisierte Auswertung ergab. Berücksichtigt werden lediglich Merkmale mit ausreichender Urteilerübereinstimmung.

1. *Abhängigkeit von Vorgesetzten.* Gestaltungsbedarf entsteht in erster Linie aus Bedingungen des Informationsflusses. Zwischen den LeiterInnen und der Amtsleitung erweist sich der Informationsaustausch als stark eingeschränkt. Als stressrelevant wird außerdem erachtet, dass sich Integrationskräfte und SpringerInnen an die Vorgesetzte wenden müssen, um Informationen über die zu betreuende Gruppe und deren Zusammensetzung zu erhalten.

2. *Abhängigkeit von organisatorischen Bedingungen.* Dringender Gestaltungsbedarf ergibt sich aus Bedingungen der Arbeitszeitregelung. Der Planungszeitraum für die Arbeitszeit liegt bei vielen StelleninhaberInnen unter einer Woche. Dies ist auf die flexible Gestaltung der Arbeitszeit in Abhängigkeit von den organisatorischen Anforderungen in Verbindung mit dem oftmals ausgeschöpften SpringerInnenpool zurückzuführen. Ferner wird die kurzfristige Pausenregelung als stressrelevant beurteilt, die in der Mehrzahl der Fälle während des laufenden Betriebes getroffen werden muss.

3. *Geringe Kommunikations- und Hilfeleistungsmöglichkeiten.* Gestaltungsbedarf kann nicht identifiziert werden.

4. *Standardisiertheit der Tätigkeit.* Auch hier kann kein Gestaltungsbedarf bestimmt werden.

5. *Zeit-, Leistungs- und Konkurrenzdruck.* Zeit- und Leistungsdruck entstehen bei den ErzieherInnen aufgrund häufiger Auftragsüberschneidungen. Diese sind gekennzeichnet durch sich überschneidende Personenkontakte, die insbesondere während der „Abholsituation" vor dem Mittagessen auftreten.

6. *Unsicherheit/Ungewissheit.* Als relevante stresswirksame Bedingung für Unsicherheit/Ungewissheit sind die zeitlich befristeten Arbeitsverträge zu benennen. Hiervon sind in der untersuchten Stichprobe 22% der StelleninhaberInnen betroffen. Besonders negativ wirkt sich die Praxis aus, Vertragsverlängerungen kurzfristig, teilweise nach Ablauf des Erstvertrages, durchzuführen. Ferner entsteht Unsicherheit/Ungewissheit aus der Form der Rückmeldung über die Arbeitsleistungen, die unsystematisch und pauschal statt regelmäßig, konkret und verhaltensorientiert erfolgt.

7. *Geringe Mitwirkungsmöglichkeiten.* Mitwirkungsmöglichkeiten sind in den Bereichen organisatorische Veränderungen und Ausstattung des Arbeitsplatzes sowie Störungssituationen – insbesondere bei GruppenleiterInnen und LeiterInnen – gegeben. Negativ wirken sich die fehlenden Mitwirkungsmöglichkeiten bei der Besetzung freiwerdender Stellen aus.

3. Ausgewählte Ergebnisse der Fragebogenerhebung

Zusätzlich zu den Beobachtungsinterviews wurde in den Kasseler Kindertagesstätten eine Fragebogenerhebung durchgeführt, bei der alle ErzieherInnen und LeiterInnen in 31 Einrichtungen einen Fragebogen im frankierten Rückumschlag erhielten. In die Auswertung gehen die Fragebogen von 142 ErzieherInnen und 20 LeiterInnen ein, der Rücklauf beträgt damit 62%. Das durchschnittliche Alter der Befragten liegt bei 37 LJ.

Äußere Tätigkeitsbedingungen. Die subjektive Beurteilung der äußeren Tätigkeitsbedingungen wurde mit dem gleichnamigen Abschnitt des Fragebogens Salutogene Subjektive Arbeitsanalyse [13] erfasst. Es wird deutlich, dass von den ErzieherInnen die Lärmsituation als – mit Abstand – am stärksten belastend eingestuft wird, an zweiter Stelle steht die „Belastung" durch die Arbeitshaltung (Abb. 8.5). Dies korrespondiert mit den Ergebnissen der objektiven Analysen der äußeren Tätigkeitsbedingungen.

Burnout. Bei Burnout handelt es sich um ein Syndrom, das gekennzeichnet ist durch emotionale Erschöpfung, Depersonalisation und subjektiv reduzierte Leistungsfähigkeit, dessen Auftreten an den beruflichen Kontakt mit anderen Menschen gebunden ist [11]. Der Kern dieses Syndroms wird mit dem Risikotyp B des Fragebogens Arbeitsbezogene Verhaltens- und Erlebensmuster (AVEM, [14]) erfasst. Zu-

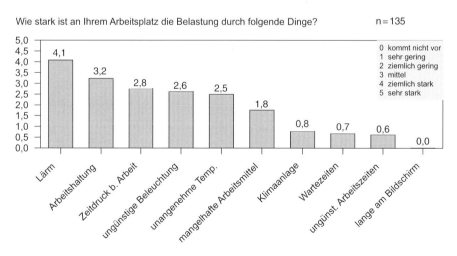

Abb. 8.5. Beurteilung der äußeren Tätigkeitsbedingungen mit dem SALSA [13] durch ErzieherInnen

Tabelle 8.3. AVEM-Typenzuordnung für ErzieherInnen und LeiterInnen

(Risiko-)Typ	ErzieherInnen		LeiterInnen	
	Häufigkeit	Prozent	Häufigkeit	Prozent
S	0	0,0	0	0,0
G	0	0,0	0	0,0
A	1	0,7	0	0,0
B	37	27,6	9	47,4
keine Zuordnung	96	71,6	10	52,6

sätzlich ermittelt dieses Instrument die Typen G für Gesund und S für Schonung sowie den Risikotypen A mit einem engen Bezug zum Typ-A-Verhaltenskonzept. Die diskriminanzanalytische Klassifikation wird ab einer Zuordnungswahrscheinlichkeit von $p = 0,95$ vorgenommen. In der untersuchten Stichprobe stellt der Risikotyp B die dominante Musterzuordnung dar (Tabelle 8.3); knapp 28% der ErzieherInnen und über 47% der LeiterInnen werden diesem Cluster zugeordnet. Es besteht kein Zusammenhang zwischen dem Alter oder der Dauer der Tätigkeitsausübung einerseits und dem Anteil der Typ B Klassifikationen andererseits. Nicht ausgeschlossen werden kann, dass dies, ebenso wie die Unterschiede zwischen den Tätigkeitsgruppen, auf eine selektive Fluktuation oder einen selektiven Rücklauf zurückzuführen ist. Für die vorliegende Fragestellung bleibt festzuhalten, dass die Burnout-Problematik bei der Ableitung der Gestaltungsmaßnahmen berücksichtigt werden muss.

Ableitung der Gestaltungsmaßnahmen

Lärmsituation. Zur Verbesserung der raumakustischen Bedingungen sind in der Kindertagesstätte Philippinenhof bautechnische Veränderungen angezeigt. Auf der Basis eines Akustikkonzeptes beinhalten diese die Verkleidung der Decken beispielsweise mit Gipskarton-Akustikelementen sowie die Verkleidung der Wände beispielsweise mit kunststofffurnierten Holzpaneelen. Zusätzlich erscheint es sinnvoll, Interventionen zu erproben, die geeignet sind, das Lärmniveau in der Gruppe zu senken und gleichzeitig die subjektive Kontrolle der ErzieherInnen über die Lärmsituation zu erhöhen. Dabei kann es sich um Entspannungs- oder Imaginationsübungen (z. B. [10]) mit den Kindern handeln. Auf gesicherte Erkenntnisse kann jedoch nicht zurückgegriffen werden.

Körperhaltungen. Die gebeugten und/oder gedrehten Körperhaltungen beim Sitzen können durch erwachsenengerechtes Mobiliar reduziert werden. Hierzu sollten Tische mit einer Mindesthöhe von 70 cm eingesetzt werden, die es auch Erwachsenen erlauben, in aufrechter Sitzhaltung die Beine unter dem Tisch zu positionieren. Die Verwendung höherer Tische und Stühle wird durch den Einsatz von Hochstühlen (z. B. Modell Stokke Tripp-Trapp) für die Kinder möglich.

Organisatorische Gestaltungsempfehlungen. Die auf dem Modul „Stressoren aus organisatorischen Bedingungen" beruhenden Gestaltungsempfehlungen werden getrennt nach Merkmalsbereichen dargestellt. Berücksichtigung fand dabei auch die Burnout-Problematik.

Formale Rahmenbedingungen. Die Reduktion befristeter Arbeitsverhältnisse ist wünschenswert. Unbedingt erforderlich ist eine frühzeitigere Information der Betroffenen bei auslaufenden Vertragsverhältnissen hinsichtlich der Weiterbeschäftigung. Die Entwicklung von Laufbahnentwicklungen sollte systematisch eröffnet werden. Nach längerer Tätigkeitsausübung ist das Wechseln in Spezialisierungen und Karrierepfade mit Aufstiegsmöglichkeiten zu ermöglichen.

Arbeitszeitregelungen. Zur Verringerung sich überschneidender Personenkontakte, insbesondere während der Abholsituation, und damit zur Reduktion von Unterbrechungen bei der Tätigkeitsausübung sollten die Pausenregelungen frühzeitiger in routinisierter Form getroffen werden. Hierzu bietet sich die morgendliche Besprechung an. Hinsichtlich der Arbeitszeiten sollte eine langfristigere Planung realisiert werden. Ein mindestens vierwöchiger Planungszeitraum muss sichergestellt werden.

Informationsfluss. Um die selbständige Informationsbeschaffung zu ermöglichen, sind allen StelleninhaberInnen zugängliche Medien zu implementieren. Dabei kann es sich um ein schwarzes Brett auf dem Flur handeln, das die notwendigen Informationen beispielsweise über den Arbeitsort, die zu betreuenden Kindergruppen sowie die Arbeits- und Pausenzeiten bereitstellt. Den LeiterInnen sollte eine geregelte telefonische Kontaktmöglichkeit zur Vorgesetzten gewährt werden.

Rückmeldung. Die Verbesserung der Rückmeldung über die Tätigkeitsausführung spielt eine zentrale Rolle bei den einzuleitenden Gestaltungsmaßnahmen. Zielführend ist die Befähigung zur verhaltensnahen und konkreten Selbstbewertung der Tätigkeit. Durch die damit einhergehende Erhöhung der persönlichen Selbstwirksamkeit kann eine zentrale Größe im Burnoutprozess [2] modifiziert werden. Als Leitfaden zur Verbesserung des Wissens um die Qualität der eigenen Tätigkeit und zur Ausarbeitung von Tätigkeitsstandards kann die Kindergarten-Einschätz-Skala [19] herangezogen werden. Insbesondere die Merkmale der Dimension „Pädagogische Interaktionen" sind hierzu geeignet. Die Implementierung dieser Selbstbewertung erfordert eine geeignete Qualifizierung sämtlicher StelleninhaberInnen. In Problemfällen kann diese Selbstbewertung Supervision nicht ersetzten.

Regelungen der Auftragsbearbeitung. Die überfrachtete Abholsituation erfordert eine Neugestaltung. Wie bereits dargestellt, sollten in dieser Zeitspanne die ErzieherIn-ErzieherIn-Kontakte z. B. zur Pausenregelung vermieden werden.

Mitwirkungsmöglichkeiten. Aufgrund der starken Interdependenz zwischen den ErzieherInnen ist ein verändertes Personalauswahlverfahren geboten, das den StelleninhaberInnen die Möglichkeit zur Partizipation bei der Stellenbesetzung gibt.

Evaluation durchgeführter Gestaltungsmaßnahmen. In der Piloteinrichtung wurden exemplarisch die empfohlenen raumakustischen Maßnahmen realisiert. Außerdem konnten die Empfehlungen zum Mobiliar exemplarisch umgesetzt werden. Nicht systematisch verwirklicht wurden hingegen die organisatorischen Empfehlungen. Dies ist u.E. auf die fehlende organisatorische Einbettung des Gesundheitszirkels zurückzuführen [18]. Eine verbindliche Umsetzung der vom Gesundheitszirkel befürworteten Gestaltungslösungen ist ohne ein organisatorisches Gesamtkonzept nicht möglich.

Raumakustische Maßnahmen. Zur Überprüfung der raumakustischen Maßnahmen wurden Wiederholungsmessungen zur Bestimmung der Nachhallzeiten durchgeführt (Abb. 8.6). Sehr günstige Werte werden für den Hort und den Gruppenraum OG mit mittleren Nachhallzeiten von 0,35 s bzw. 0,3 s ermittelt. Als akzeptabel kann die mittlere Nachhallzeit von 0,45 s für den Flur bezeichnet werden. Im Mehrzweckraum liegen die Nachhallzeiten für Frequenzen um 2 kHz weiterhin im Grenzbereich, davon abgesehen besteht kein Anlass zur Klage [8]. Insgesamt führte die Realisierung der raumakustischen Maßnahmen zu einer deutlichen Verbesserung der Nachhallzeiten.

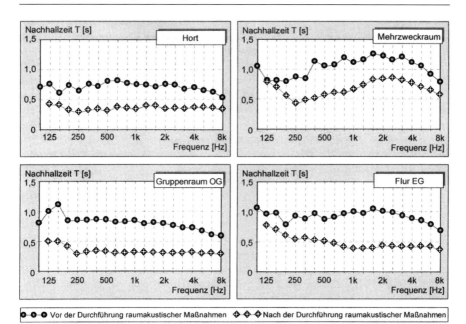

Abb. 8.6. Ergebnisse der Nachhallzeitmessungen in Räumen der KiTa Philippinenhof vor und nach Durchführung raumakustischer Maßnahmen [8]

Um die Auswirkungen der durchgeführten bauakustischen Maßnahmen zu überprüfen, sind in der Piloteinrichtung weitere Messungen zu Bestimmung des Beurteilungspegels am Arbeitsplatz geplant.

Sitzhaltung. Zur exemplarischen Überprüfung der auf die Verbesserung der Sitzhaltung abzielenden Gestaltungsvorschläge standen zwei Tische mit einer Höhe von 75 cm sowie 10 Hochstühle und zwei erwachsenengerechte Arbeitsstühle zur Verfügung. Die Evaluation basiert auf einer jeweils einstündigen Beobachtung von fünf StelleninhaberInnen. Die ErzieherInnen befinden sich in Interaktion mit ebenfalls am Tisch spielenden Kindern. Es wird eine Reduktion der dysfunktionalen gedrehten und/oder gebeugten Sitzhaltung um 55% ermittelt (Tabelle 8.4).

Tabelle 8.4. Zeitbudget der Sitzhaltungen mit „kindgerechtem" und „funktionalem" Mobiliar

Sitzhaltung	kindgerechtes Mobiliar (Beobachtungszeitraum: Schicht, n = 44)		funktionales Mobiliar (Beobachtungszeitraum: eine Stunde sitzender Tätigkeit, n = 5)	
	min/Tag	%	min/h	%
normal	42,5	32,1	52,4	87,3
gebeugt	49,7	37,5	5,6	9,3
gedreht	15,0	11,3	0,8	1,3
gebeugt und gedreht	25,3	19,1	1,2	2,0
gesamt	132,5	100,0	60,0	99,9

Zusammenfassung

Bei der Analyse der Tätigkeit von ErzieherInnen konnten gestaltungsrelevante Belastungen im Bereich der Lärmexposition, der Körperhaltungen und der organisatorischen Bedingungen dokumentiert werden. Als spezifische Beanspruchungsfolge wurde ein hoher Anteil an StelleninhaberInnen mit Burnout-Klassifikation identifiziert. Hinsichtlich der Lärmbelastung indizierten sämtliche Datenquellen Gestaltungsbedarf. Die analysierten Körperhaltungen verdeutlichen die Wirkung des für Erwachsene völlig ungeeigneten Mobiliars in den Kindertagesstätten. Den weitreichenden Freiheitsgraden bei der Tätigkeitsausübung stehen gestaltungsrelevante Bedingungen im Bereich des Informationsflusses, der formalen Rahmenbedingungen, der Auftragsbearbeitung und insbesondere der Rückmeldung über die Tätigkeitsausübung gegenüber. In der Piloteinrichtung wurden raumakustische Maßnahmen durchgeführt, deren positive Effekte auf die Nachhallzeiten nachgewiesen werden konnten. Die Überprüfung der Effekte auf den Beurteilungspegel wird z.Z. durchgeführt. Eine Optimierung der Sitzhaltungen während der Tätigkeitsausübung resultierte aus der Verwendung von Hochstühlen für die zu betreuenden Kinder, die eine funktionale Gestaltung der Arbeitsstühle und -tische für die StelleninhaberInnen ermöglichten. Für die unsystematische Umsetzung der organisatorischen Gestaltungsempfehlungen wird die unzureichende Einbindung des Managements in das Projektteam bzw. den Gesundheitszirkel verantwortlich gemacht.

Literatur

[1] BKK-BV (1993). Gesundheitsbericht 1993 BKK Stadt Kassel. Essen: Bundesverband der Betriebskrankenkassen. Abteilung Gesundheit – Referat Gesundheitsberichterstattung. Unveröffentlichter Bericht

[2] Cherniss, C. (1995). Beyond burnout. London: Routhledge

[3] Frieling, E., Facaoaru, C., Benedix, J., Pfaus, H. & Sonntag, K. (1993). Tätigkeits-Analyse-Inventar. Theorie – Auswertung – Praxis – Handbuch und Verfahren. Landsberg: Ecomed Verlagsgesellschaft

[4] Grandjean, E. (1991). Physiologische Arbeitsgestaltung. 4. Aufl. Thun: Ott Verlag

[5] Houché-Neelen, A. (1996). Lärmbelästigung von Kindergartenpersonal. Düsseldorf: Heinrich-Heine Universität Düsseldorf, Unveröffentlichte Dissertation

[6] Kahle, I. (1999). Grenzen der Erziehungsarbeit. Über Belastungen im beruflichen Alltag von Erzieherinnen. DISKURS: Studien zu Kindheit, Jugend, Familie und Gesellschaft 9, 68–77

[7] Kahle, I. & Dippelhofer Stiem, B. (1994). Empirische Analysen zur pädagogischen Arbeit im Kindergarten. Zeitschrift für Frauenforschung 12, 111–122

[8] Kluth, K. & Strasser, H. (2001). Nachhallzeitmessungen in der Kasseler Kindertagesstätte Philippinenhof nach DIN 52 216 (8/65), DIN EN 20 354 (7/93), VDI 3760 (2/96). Meßbericht zur Istzustandsanalyse vor und nach der Durchführung von raumakustischen Maßnahmen. Siegen: Institut für Fertigungstechnik Fachgruppe Arbeitswissenschaft/Ergonomie der Universität Siegen. Unveröffentlichter Bericht

[9] Krenz, A. (1993). Unzufriedenheit und neue Belastungen von Erzieherinnen in schleswig-holsteinischen Kindergärten. Unsere Jugend 45(5), 200–209

[10] Krowatschek, D. & Zuzak, U. (1999). Entspannung in Kindergarten und Grundschule. Lichtenau-Scherzheim: AOL-Verlag Frohmut Menze

[11] Maslach, C. (1982). Understanding burnout: Definitional issues in analyzing a complex phenomenon. In W. S. Paine (Ed.), Job, Stress and Burnout. Beverly Hills: Sage

[12] Oesterreich, R. & Bortz, J. (1994). Zur Ermittlung der testtheoretischen Güte von Arbeitsanalyseverfahren. ABOaktuell 3, 2–8

[13] Rimann, M. & Udris, I. (1997). Der Fragebogen SALSA. In O. Strohm & E. Ulich (Hrsg.), Unternehmen arbeitspsychologisch bewerten. Ein Mehr-Ebenen-Ansatz unter besonderer Berücksichtigung von Mensch, Technik und Organisation (281–298). Zürich: vdf

[14] Schaarschmidt, U. & Fischer, A. (1996). Arbeitsbezogene Verhaltens- und Erlebensmuster. Frankfurt/Main: Swets Test Services

[15] Slesina, W. (1994). Gesundheitszirkel. Der Düsseldorfer Ansatz. In G. Westermayer & B. Baehr (Hrsg.), Betriebliche Gesundheitszirkel (25–34). Göttingen: Verlag für Angewandte Psychologie

[16] Steinberg, U. & Caffier, G. (1998). Methodische Aspekte bei der Anwendung der Lastenhandhabungsverordnung. Zeitschrift für Arbeitswissenschaft 52, 101–109

[17] Strasser, H. (1998). Nachhallzeitmessungen in den Kasseler Kindertagesstätten Philippinenhof und Landaustrasse nach DIN 52 216 (8/65), DIN EN 20 354 (7/93), VDI 3760 (2/96). Messbericht – Istzustandsanalyse. Siegen: Institut für Fertigungstechnik, Fachgruppe Arbeitswissenschaft/ Ergonomie der Universität Siegen. Unveröffentlichter Bericht

8

[18] Susen, B., Niedermeier, R. & Mahltig, G. (1996). Gesundheitszirkel im Betrieb. Kritische Betrachtung eines neuen Instrumentes des betrieblichen Arbeits- und Gesundheitsschutzes. Zeitschrift für Personalforschung 10, 135–154

[19] Tietze, W., Schuster, K. M. & Rosbach, H. G. (1997). Kindergarten-Einschätz-Skala. Deutsche Fassung der Early Childhood Environment Rating Scale von Thelma Harms/Richard M. Clifford. Berlin: Luchterhand

KAPITEL 9

Arbeitsunfähigkeit und Frühberentung bei Lehrern

D. Ahrens · A. Leppin · B. Schmidt

Einführung

Gesundheitliche Belastungen und deren Auswirkungen auf die Fehlzeiten werden zur Zeit in der Öffentlichkeit vielfach diskutiert [10,
20]. Auch die rund 750 000 Lehrerinnen und Lehrer in Deutschland
erleben, was gegenwärtig Arbeitnehmerinnen und Arbeitnehmern in
vielen Branchen widerfährt: steigende berufliche Anforderungen bei
sich verschlechternden Arbeitsbedingungen. Unter diesen Umständen
verwundert es nicht, dass immer weniger Lehrerinnen und Lehrer
den typischen Belastungen des Lehrerberufs gewachsen sind und dass
50% und mehr über Anspannung und psychosomatische Beschwerden
klagen [11]. Im folgenden Beitrag werden zunächst Daten zur Arbeitsunfähigkeit und Frühberentung von Lehrern dargestellt. Anschließend
werden einige mögliche Ursachen für diese Situation diskutiert und
erste Schlussfolgerungen in Bezug auf Erfordernisse zur zukünftigen
Sicherstellung des Bildungsauftrags formuliert.

Arbeitsunfähigkeit

Zeitliche Entwicklung und Umfang der Arbeitsunfähigkeit können Hinweise auf spezifische und sich verändernde Belastungen im Lehrerberuf
geben. Valide Angaben zu diesem Bereich sind jedoch nur schwer zu erbringen, da die Datenlage insgesamt als äußerst unzureichend charak-
terisiert werden muss. Ab 1990 wurde die routinemäßige landesweite
Erhebung der Fehltage in allen Bundesländern eingestellt, bundesweite
Daten über die Krankenfehlzeiten im Schulbereich liegen somit nicht
vor [19, 28, 17]. Selbst auf Länderebene – so z. B. in den neuen Bundesländern – werden die Arbeitsunfähigkeitszeiten häufig nicht zentral erfasst, sondern nur im Rahmen der Verwaltungen der Schulämter dokumentiert (Kultusministerium Sachsen-Anhalt, Kultusministerium Sachsen, Kultusministerium Thüringen; pers. Mitteilungen).

Arbeitsunfähigkeit in NRW. In Nordrhein-Westfalen wurden für das Schuljahr 1994/95 sowie 1997/98 landesweite Erhebungen mit den amtlichen Schuldaten an allen öffentlichen Schulen des Landes durchgeführt. Insofern lässt sich zumindest für dieses Bundesland ein gewisser Trend in Bezug auf die krankheitsbedingte Abwesenheit von LehrerInnen nachzeichnen.

In der Erhebung 1994/95 wurden Abwesenheitstage und auch die Abwesenheitsfälle gezählt, in der Erhebung von 1998 wurden nur die Abwesenheitstage erhoben. Unter Abwesenheitstagen sind nur die ausgefallenen Unterrichtstage zu verstehen. Freie Samstage, Sonntage, Feiertage, Ferientage und dienstfreie Tage bei Teilzeitbeschäftigung bleiben außer Betracht. Die Abwesenheit von Lehrerinnen und Lehrern ist nicht gleichzusetzen mit Unterrichtsausfall, da kurzfristige Abwesenheit in der Regel durch Vertretung ausgeglichen werden kann. Im Schuljahr 1997/98 wurde eine zweigestufte Differenzierung der Krankheitsdauer (>/<3 Tage) vorgenommen, so dass sich für diesen Zeitraum die längerfristigen Fehlzeiten nicht weiter ausdifferenzieren lassen. Tabelle 9.1 zeigt den Zeitverlauf von 1994 bis 1998, hier ist erkennbar, dass die Gesamtzahl der Abwesenheitstage rückläufig ist, wobei längerfristige Abwesenheiten (mehr als 3 Tage) leicht ab-, kurzfristige Krankmeldungen leicht zugenommen haben.

Die Lehrkräfte fehlten im Betrachtungszeitraum 1994/95 durchschnittlich zweimal wegen Krankheit (Frauen 2,2; Männer 1,9mal). Die durchschnittliche Zahl der Abwesenheitstage bezieht sich auf alle Lehrerinnen und Lehrer und betrug in diesem Zeitraum 9,8 Tage (Frauen 10,5; Männer 8,8). Am höchsten ist sie bei den Lehrerinnen und Lehrern an Sonderschulen mit 12,4 Tagen (26,5% über dem

Tabelle 9.1. Krankheitsbedingte Arbeitsunfähigkeit in NRW

	Schuljahr	
	1994/95	1997/98
Abwesenheitstage	1,37 Millionen	1,25 Millionen
Abwesenheitsfälle	301 101	keine Angabe
Abwesenheitstage pro LehrerIn	9,8	8,0
bis zu 3 Tagen	23,0%	24,9%
4 Tage bis zu 2 Wochen	28,6%	keine Angabe
2 Wochen bis zu 4 Wochen	12,1%	keine Angabe
mehr als 4 Wochen	36,3%	keine Angabe
mehr als 3 Tage (Summierung Zeilen 5–7)	77,0%	75,1%

Quelle: [15, 16]

Durchschnittswert), am niedrigsten bei den Lehrerinnen und Lehrern, die in der Ausbildung für den zweiten Bildungsweg tätig sind, mit 7,7 Tagen (22,2% unter dem Durchschnittswert) [15].

Im Schuljahr 1997/98 betrug die durchschnittliche Zahl der Abwesenheit 8,0 Tage. Unterschiede zwischen Frauen und Männern wurden nicht detailliert erfasst. Die meisten Fehltage wurden bei den Beamten im gehobenen Dienst (Grundschule, Hauptschule, Sonderschule, Realschule) mit 8,5 Tagen registriert, gefolgt von den angestellten Lehrern der gleichen Schulformen (7,9 Tage). Die Fehlzeiten aus dem höheren Dienst (Gymnasien, Berufsbildende Schulen, Kollegschulen und Schulen des zweiten Bildungswegs) liegen sowohl bei Beamten als auch bei den angestellten Lehrern mit 7,2 bzw. 7,3 Tagen unter dem Durchschnitt [16].

Die durchschnittliche Zahl krankheitsbedingter Abwesenheitstage pro LehrerIn lag nach Angaben von Quentin [19] in Nordrhein-Westfalen im Zeitraum von 1979 bis 1989 zwischen 6,9 und 7,6 Tagen. Analoge Zahlen in Hamburg zeigen für den Vergleichszeitraum ein ähnliches Bild (ebd.). Betrachtet man also die vorliegenden Daten von 1979 bis 1998, so ist für die vergangenen 20 Jahre von einem insgesamt leicht ansteigenden Trend bei den Abwesenheitstagen pro Lehrer und Lehrerin auszugehen.

Ergänzende Erkenntnisse lassen sich durch eine schulformspezifische Betrachtung der Entwicklung der langfristigen Abwesenheit (hier: mehr als 2 Wochen) in den Schuljahren 1988/89 und 1994/95 gewinnen. Tabelle 9.2 ist zu entnehmen, dass sich sowohl das Ausmaß der längerfristigen Abwesenheit als auch die zeitliche Entwicklung der Abwesenheit schultypabhängig sehr unterschiedlich darstellt. Ins-

Tabelle 9.2. Langfristige Abwesenheit wegen Krankheit nach Schulform (NRW)

Langfristige Abwesenheit (>2 Wochen) in Prozent der Arbeitstage		
	1988/89	1994/95
Grundschule	2,86	2,69
Hauptschule	2,71	3,05
Realschule	2,51	2,34
Gymnasium	1,8	1,85
2. Bildungsweg	1,79	1,97
Gesamtschule	2,12	2,70
Sonderschule	3,87	3,69
Berufsbildende Schule	2,23	2,67
Kollegschule	1,93	1,99
Gesamt	**2,46**	**2,6**

Quelle: [15]

gesamt wären für das Schuljahr 1988/89 2,5% und für das Schuljahr 1994/95 2,6% an zusätzlicher Lehrkraft erforderlich gewesen, um die langfristigen Abwesenheiten auszugleichen. Überdurchschnittliche Fehlzeiten sind vor allem für die Haupt- und Sonderschulen erkennbar, die geringsten Fehlzeiten sind an Gymnasien, Schulen des 2. Bildungswegs sowie an den Kollegschulen festzustellen. Im Zeitverlauf zeigt sich, dass sich die langfristigen Abwesenheitszeiten in den Hauptschulen um ca. 30%, in den Gesamtschulen sogar um ca. 60% erhöht haben, während sie in Sonderschulen, Realschulen und Grundschulen leicht rückläufig sind.

Krankenversicherungsdaten zur Arbeitsunfähigkeit. Im Fehlzeiten-Report 2000 [30] wurden die krankheitsbedingten Fehlzeiten im Bereich der öffentlichen Verwaltung und Sozialversicherung für 1999 dokumentiert. Die Daten beziehen sich auf die AOK-Versicherten in den jeweiligen Institutionen. Die Berufsgruppe der Real-, Volks- und Sonderschullehrer wies für diesen Zeitraum einen Krankenstand von 3,5% auf. Je 100 AOK-Mitglieder wurden 117,1 Arbeitsunfähigkeitsfälle mit 1266,3 Tagen registriert. Die durchschnittliche Arbeitsunfähigkeit betrug 10,8 Tage pro Jahr. Allerdings ist die Gruppe der Lehrer innerhalb der AOK-Versicherten relativ gering repräsentiert. Im Jahre 1999 waren etwa 12,0 Mio. Arbeitnehmer bei der AOK versichert, davon lag der Anteil der Lehrer und Hochschullehrer bei nur 0,5%. Die absolute Anzahl beträgt aber somit immerhin noch ca. 60 000 [30].

Insgesamt ist aus den AOK-Daten erkennbar, dass die krankheitsbedingten Fehlzeiten bei Lehrerinnen und Lehrern sich nicht wesentlich von den Fehlzeiten anderer Berufsgruppen des öffentlichen Dienstes unterscheiden [30], bzw. eher noch darunter anzusiedeln sind. Dafür sprechen auch Daten der bayerischen Landesregierung. Der Gesamtdurchschnitt der Fehltage der Beschäftigten des Freistaates lag im Jahr 1999 bei 10,7 Arbeitstagen [4].

Festzuhalten ist in jedem Fall, dass die Fehlzeiten innerhalb der verschiedenen Schulformen durchaus variieren. Sowohl bei Beamten als auch bei angestellten Lehrern liegen die krankheitsbedingten Fehlzeiten im gehobenen Dienst über dem Durchschnitt aller Fehlzeiten. Im Zeitverlauf zeigen sich hier sogar zunehmende Trends, während in den anderen Schulformen die Fehlzeiten eher rückläufig sind.

Frühberentungen bzw. Frühpensionierungen

Lehrer und Lehrerinnen in Deutschland gehen im Durchschnitt mit 60 Jahren in den (Vor-) Ruhestand [1]. Voraussetzung für eine solche

Frühpensionierung ist eine Feststellung der dauerhaften Dienstunfähigkeit durch den Amtsarzt.

Die bundesweite Entwicklung der Frühberentungen und Frühpensionierungen. Trotz einer auch in diesem Bereich unzureichenden Datenlage deuten sich hier im Gegensatz zu den krankheitsbedingten Fehlzeiten immerhin deutlichere zeitliche Trends an. Jehle [8] geht davon aus, dass es zwischen 1984 und 1993 zumindest in mehreren Bundesländern „eher zu Anstiegen der vorzeitigen Pensionierung als zu Anstiegen der „regulären" Pensionierung von Lehrern gekommen ist" [8, S. 250]. Nach neueren Ergebnissen der Versorgungsempfängerstatistik des Statistischen Bundesamtes über alle Landesbeamte haben im Jahr 1999 insgesamt 26 000 Personen ihre aktive Dienstzeit beendet, was einem Anstieg von 21% gegenüber dem Vorjahr entspricht. Entsprechend ihres Anteils am aktiven Personal kam die Mehrheit der Ruheständler (51%) aus dem Schuldienst, während 23% im Vollzugsdienst und 26% in den übrigen Landesbereichen beschäftigt waren. Nur die Hälfte aller Pensionäre des Jahres 1999 erreichte eine der gesetzlich geregelten Altersgrenzen, während bei 48% eine vorzeitige Dienstunfähigkeit festgestellt wurde. Im Vergleich zum Vorjahr sind 3% mehr Landesbeamte aufgrund der regulären Altersgrenze, hingegen 48% mehr Landesbeamte aufgrund vorzeitiger Dienstunfähigkeit in den Ruhestand getreten [26].

Zwischen den drei Berufsgruppen sind deutliche Unterschiede im Hinblick auf die Ursachen für den Eintritt in den Ruhestand erkennbar. Von den Lehrern schieden 62% der neuen Pensionäre wegen Dienstunfähigkeit aus, im Vollzugsdienst waren es 27%, dazwischen liegen mit einem Anteil von 39% die Beamten aus den übrigen Bereichen der Landesverwaltungen. Diese Unterschiede bei den berufsgruppenbezogenen Frühpensionierungsursachen lassen sich vermutlich sowohl auf die hohe berufliche Belastung der Lehrer als auch auf die niedrigere Regelaltersgrenze im Vollzugsdienst zurückzuführen. Bei 38% der Dienstunfähigkeitsfälle von Lehrern wurde der entsprechende Antrag erst nach dem 60. Lebensjahr gestellt, in diesem Alter erreichen die Beamten aus dem Vollzugsdienst bereits die reguläre Pensionierungsgrenze [26].

Eine Aufgliederung der Versorgungszugänge nach Laufbahngruppen zeigt wie bei den Fehlzeiten Unterschiede zwischen den einzelnen Schularten. So liegt der Anteil der Dienstunfähigkeit im höheren Dienst mit 47% deutlich niedriger als im gehobenen Dienst mit 69%. Differenziert man nach Geschlecht, ist in beiden Laufbahngruppen der Anteil der Dienstunfähigkeit bei den Frauen (54% bzw. 73%) jeweils höher als bei den Männern (44% bzw. 63%) [26].

Länderspezifische Daten zur Frühberentung und Frühpensionierung. Analysen aus einzelnen Bundesländern bestätigen den Befund, dass jenseits des 50. Lebensjahrs die vorzeitigen Berentungen bzw. Frühpensionierungen deutlich zunehmen. So lag 1990/91 der Anteil der Frühpensionierungen (bis zum 60. Lebensjahr) an allen Pensionierungen in den Bundesländern Nordrhein-Westfalen, Hamburg und Hessen zwischen 45 und 48% [19].

Recht umfangreiche Daten zum schulbezogenen Dienstunfähigkeitsgeschehen und vorzeitigen Ruhestand liegen z.B. aus Niedersachsen vor, allerdings werden diese Daten vom Niedersächsischen Landesamt für Statistik erst seit dem Jahr 1993 erhoben. Zwischen 1993 und 1998 sind 3 639 Lehrkräfte wegen Dienstunfähigkeit in den Ruhestand versetzt worden. Tabelle 9.3 zeigt die absoluten Zahlen der wegen Dienstunfähigkeit in den Ruhestand versetzten Lehrkräfte in verschiedenen Altersgruppen.

Insgesamt liegt das Durchschnittsalter bei den Frühpensionierungen Mitte der 90er Jahre bei 56,0 Jahren. Über die Zeit hat sich das Alter der wegen Dienstunfähigkeit in den Ruhestand versetzten Beamtinnen und Beamten um 3,1 Jahre erhöht. Der prozentuale Anteil der Versetzungen von Lehrkräften in den Ruhestand wegen Dienstunfähigkeit, gemessen an der Gesamtzahl aller pensionierten Lehrkräfte lag 1998 bei 43,6%. Im Vergleich zu dem Frühpensionierungsanteil aufgrund von Dienstunfähigkeit bei den übrigen Landesbediensteten (im Durchschnitt 25%) ist der Anteil bei den Lehrern deutlich höher und auch stärkeren Schwankungen unterworfen: Bei den LehrerInnen stiegen zunächst die Anteile der krankheitsbedingten Frühpensionierungen, seit 1995 jedoch sind leichte und seit 1997 starke Rückläufe erkennbar; dies gilt nicht für die übrigen Landesbediensteten.

Tabelle 9.3. Frühberentungen aufgrund von Dienstunfähigkeit in Niedersachsen

	1993	1994	1995	1996	1997	1998
Insgesamt	480	573	616	677	667	626
unter 45 Jahre	51	36	36	29	19	14
45 bis 50 Jahre	61	71	82	70	85	58
50 bis 55 Jahre	105	25	137	128	134	112
55 bis 60 Jahre	152	201	228	264	260	238
60 Jahre u. älter	111	140	133	186	169	204
Durchschnittsalter	53,5	55,0	54,9	55,9	55,7	56,6

Quelle: [17]

Tabelle 9.4. Vorzeitige Pensionierungen aufgrund von Dienstunfähigkeit in der Bundesrepublik Deutschland und in ausgewählten Bundesländern

	Letzte verfügbare Daten	Vorzeitige Pensionierung aufgrund von Dienstunfähigkeit
Bund	1999	48% aller Pensionäre 62% der Lehrkräfte 47% der Lehrkräfte des höheren Dienstes 69% der Lehrkräfte des gehobenen Dienstes
Baden-Württemberg	1993	43% der vorzeitig pensionierten Lehrkräfte 31% der übrigen Landesbediensteten
Bayern	1998	54,5% der vorzeitig pensionierten Lehrkräfte 33,9% der übrigen Landesbediensteten
Bremen	1996	59% der vorzeitig pensionierten Lehrkräfte 29% der JustizvollzugsbeamtInnen 26% der Beschäftigten der Polizei 36% der übrigen Landesbediensteten
Niedersachsen	1998	43,6% der vorzeitig pensionierten Lehrkräfte 25,1% der übrigen Landesbediensteten
Schleswig-Holstein	1992/1993	62% der pensionierten Lehrerinnen 38% der pensionierten Lehrer

Quellen: [2, 6, 11, 17, 18, 27, 28]

Tabelle 9.4 zeigt die aktuellsten verfügbaren Daten ausgewählter Bundesländer. Zum Vergleich werden die vorhandenen Bundesdaten ebenfalls aufgeführt. Die Zahlen sind allerdings nur bedingt vergleichbar, da die Dienstunfähigkeitsdaten zum Teil den Anteil an allen Pensionierungen und zum Teil den Anteil nur an den Frühpensionierungen widerspiegeln. Dieser Tabelle ist zu entnehmen, dass circa 45 bis 60% aller Lehrer und Lehrerinnen ihre Lehrtätigkeit aufgrund von Dienstunfähigkeit vorzeitig beenden. Deutlich wird auch, dass Lehrkräfte im Vergleich zu anderen Bediensteten im öffentlichen bzw. Landesdienst überdurchschnittlich häufig aufgrund von Dienstunfähigkeit vorzeitig pensioniert werden.

Der im Verhältnis zu den Lehrkräften geringere Anteil von Frühpensionierungen aufgrund von Dienstunfähigkeit bei den übrigen Bediensteten ist u.a. mit der breiteren Einsetzbarkeit der nicht-lehrenden Landesbediensteten zu erklären. Nach § 54 des Niedersächsischen Beamtengesetzes (NBG) soll von der Versetzung in den Ruhestand abgesehen werden, wenn der/dem Betroffenen ein anderes Amt übertragen werden kann. Bedingt durch ihre spezifische Ausbildung ist dies für Lehrkräfte nur begrenzt möglich. Erkennbare Zuwachsraten bei den Frühpensio-

nierungen sind darüber hinaus durch eine Änderung des Versorgungs-
rechts für Beamte zu erklären: Wer bis Ende des Jahres 2000 vorzeitig in
den Ruhestand ging, erhält die Pension noch in voller Höhe, seit 2001
müssen Abschläge in Höhe von bis zu 10% hingenommen werden [10].

Ursachen für das spezifische Fehlzeitengeschehen von Lehrerinnen und Lehrern

Die Frage nach den Ursachen für vorzeitige Pensionierung und Arbeitsunfähigkeit stellt sich nicht zuletzt deshalb, weil ein scheinbarer
Widerspruch erkennbar ist zwischen der hohen und steigenden Anzahl gesundheitlich bedingter Frühpensionierungen und dem fast
gleichgebliebenen und im Verhältnis zum öffentlichen Dienst insgesamt nicht auffälligen durchschnittlichen Krankenstand. Folgende
Erklärungsmöglichkeiten werden diskutiert [19]:

- Die gesundheitlichen Belastungen im Lehrerberuf manifestieren
  sich, wie in vielen anderen Berufen auch, erst nach 15 bis 25 Be-
  rufsjahren in einer Krankheit.
- Mit zunehmendem Alter fällt der tägliche Umgang mit großen
  Gruppen von Kindern und Jugendlichen schwerer.
- Lange Ferien und ein gutes Einkommen tragen über lange Zeit dazu bei, die Belastungen zu kompensieren, Krankheiten werden in
  der Ferienzeit auskuriert.

Werden also so viele Lehrer vorzeitig dienstunfähig, weil sie über Jahre hinweg trotz gesundheitlicher Beeinträchtigungen gearbeitet haben?
Im Gegensatz zu dem in den letzten Jahren recht gut erforschten Gesundheitszustand von Schülern ist eine systematische Lehrergesund-
heitsforschung, die arbeitsmedizinische, psychologische und pädagogische Ansätze vereinigt, in Deutschland noch nicht weit entwickelt,
wenn auch in den letzten Jahren einige Studien zum Belastungserleben veröffentlicht wurden [19]. Im Folgenden soll das Krankheitsgeschehen unter Berücksichtigung der Arbeitsbelastungen, vor allem
der Entwicklung der Schüler- und Lehrerzahlen sowie der Veränderung der Altersstruktur skizziert werden; anschließend werden Befunde zu Arbeitsbedingungen dokumentiert. In der Zusammenschau
ergeben diese Aspekte ein recht aussagekräftiges, wenngleich noch
nicht hinreichend erforschtes Bild zur Arbeitsbelastung von Lehrern.

Krankheitsbilder bei Lehrerinnen und Lehrern in Deutschland. Die
unmittelbare Ursache für Fehlzeiten von Lehrern und Lehrerinnen,
insbesondere für den vorzeitigen Ausstieg aus dem Beruf, ist in der

Tabelle 9.5. Ursachen von Dienstunfähigkeit vorzeitig pensionierter Lehrkräfte

Ursachen von Dienstunfähigkeit vorzeitig pensionierter Lehrkräfte in vier Bundesländern				
	Bayern (n=311)	Hamburg (n=126)	Baden-Württemberg (n=256)	Niedersachsen (n=365)
Psychische, psychosomatische Erkrankungen	51,2%	39,7%	44,0%	53,2%
Organische Erkrankungen	36,7%	47,5%	39,0%	41,6%
Unbekannte Ursachen	12,2%	12,8%	17,0%	5,2%

Quelle: [8, S. 257]

krankheitsbedingten Dienstunfähigkeit zu sehen. Für die Frühpensionierungen hat sich, laut Studienergebnissen des baden-württembergischen Kultusministeriums, gezeigt, dass je 35% der vorzeitigen Pensionierungen auf physische bzw. psychische Erkrankungen und weitere 30% auf die Kombination beider Morbiditätsformen zurückzuführen sind [6]. In Hamburg liegt die Quote der psychisch (mit)bedingten Erkrankungen bei dienstunfähigen Lehrkräften mit 63% ähnlich hoch [6]. Auch in anderen Bundesländern sind erhöhte psychische oder psychosomatische Krankheitsrisiken bei Lehrern erkennbar [8]. Tabelle 9.5 ist zu entnehmen, dass im Durchschnitt zwischen 40 und 50% aller Dienstunfähigkeitsfälle auf psychische Störungen zurückgehen, die damit in der Regel die häufigste Ursache für die Frühpensionierung darstellen.

Diese Daten werden gestützt durch spezifische Studien zur psychischen Gesundheit von Lehrern. So konnten Scheuch und Vogel [24] z.B. zeigen, dass Angststörungen und Depressionen bei Lehrern überproportional häufig vorkommen. Leuschner und Schirmer [13] berichteten für die DDR, dass das relative Erkrankungsrisiko für bestimmte psychische Erkrankungen bei Männern (zu Frauen erfolgen keine spezifischen Ausführungen) im Lehrerberuf um das Sechsfache gegenüber der Durchschnittsbevölkerung erhöht war, wobei hier ein kontinuierlicher Anstieg mit dem Lebensalter erkennbar war [13]. Die Analyse des Krankenstandes von 270 000 Pädagogen in der DDR erbrachte für den Zeitraum von 1983 bis 1987, dass Pädagogen häufiger und auch länger an psychischen Erkrankungen leiden als andere Berufsgruppen [13]. 403 Pädagogen pro 100 000 Personen erkranken im Jahr im Vergleich zu 283 Nicht-Pädagogen. Insgesamt wiesen Lehrer bei psychischen Erkrankungen eine durchschnittliche Krankheitsdauer von 25,0 Tagen, im Vergleich zur Krankheitsdauer von 23,6 Tagen im Bevölkerungsdurchschnitt auf (ebd.).

Neben dem erhöhten Risiko für „klassische" psychische Symptomatiken gelten Lehrer und Lehrerinnen seit einigen Jahren besonders als „burnout-gefährdet". Unter „Burnout" versteht man einen Prozess, der vor allem im Bereich sozialer Berufe auftritt und in dem ursprünglich idealistische Personen durch Überanstrengung bei gleichzeitig geringem Erfolgserleben ihre hohe Motivation verlieren und an dessen Ende emotionale Erschöpfung, reduzierte Leistungsfähigkeit und eine sich in Zynismus oder emotionaler Kälte äußernde Dehumanisierung der Zielgruppe (Schüler/Patienten/Klienten) stehen [5, 14]. Und so sind es denn auch bei den Lehrern und Lehrerinnen gerade „die Engagierten, Ehrgeizigen, Fleißigen, die krank werden" [22, zit. n. 10]. Häufig weisen vor allem solche Lehrer überdurchschnittliche gesundheitliche Belastungen auf, die vor 20 Jahren das Schulwesen zu einer sozialen und humanen Institution transformieren wollten, und mit dem Älterwerden ihre Hilflosigkeit, ihr Versagen, ihren Kräfteverlust und ihre Krankheiten bilanzieren müssen [29]. Barth [1] kam in einer Studie von 1992 zu dem Ergebnis, dass ca. 20% der Lehrer der von ihm untersuchten Stichprobe stark vom Burnout-Syndrom betroffen waren. Schaarschmidt, Arold und Kieschke [21] führten von 1995 bis 1999 Untersuchungen bei 3176 Lehrern und Lehrerinnen aus verschiedenen deutschen Bundesländern sowie Österreich und Polen durch und fanden für alle Stichproben ein hohes Maß ungünstiger Erlebens- und Verhaltensmuster. Besonders häufig vertreten war u.a. der mit dem Burnout-Syndrom vergleichbare, von den Autoren als „Risikomuster B", bezeichnete Verhaltenstyp, der gekennzeichnet war durch vermindertes Arbeitsengagement bei gleichzeitig geringer Distanzierungsfähigkeit, hoher Resignationstendenz und wenig offensiver Problembewältigung sowie geringer Arbeitszufriedenheit, negativer Emotionalität und geringer Widerstandsfähigkeit bei Belastungen. Gleichwohl die Autoren betonen, dass nicht pauschal von einer Lehrer-Risikogruppe gesprochen werden könne, ließ sich in ihrer Untersuchung neben dem hohen Anteil problematischer Verhaltens-Emotions-Konstellationen an sich auch nachweisen, dass die Musterkonstellationen in den Lehrerstichproben wesentlich ungünstiger ausfielen als in Vergleichsstichproben, z.B. in den normalerweise auch als burnout-gefährdet geltenden Pflegeberufen [22].

Diese erhöhten Raten im Bereich psychischer Erkrankungen sowie psychischer Beeinträchtigungen, gepaart mit dem spezifischen Fehlzeitengeschehen von Lehrerinnen und Lehrern legen den Schluss nahe, dass der Lehrberuf mit besonderen beruflichen Belastungen einhergeht. Tatsächlich sind insbesondere die Lehrer, die über ein überdurchschnittliches Belastungsausmaß berichten, überdurchschnittlich häufig von psychosomatischen Beschwerden betroffen, außerdem schätzen diese ihre Arbeitsproduktivität als vergleichsweise gering ein [9].

Belastungen durch sich verändernde Arbeitsanforderungen und Arbeitsbedingungen. Zu den zentralen Belastungsfaktoren, mit denen speziell Lehrer und Lehrerinnen im Rahmen ihrer Tätigkeit konfrontiert werden, gehören unangepasstes Schülerverhalten während des Unterrichts sowie die bei einigen Schülern unzureichende Motivation eigenaktiven Arbeitens. Weitere Stressoren, die für LehrerInnen im gleichen Maße wie auch für andere Berufsgruppen gelten, sind Zeitdruck, übermäßige Arbeitsbelastung, schlechte Arbeitsbedingungen sowie ein schlechtes Arbeitsklima [9].

Diese beruflichen Belastungen von Lehrern lassen sich differenzieren nach Arbeitsanforderungen und Arbeitbedingungen. Zu den gestiegenen Anforderungen gehören z.B. eine heterogener gewordene Schülerschaft, die allein bei der Stoffvermittlung ein erhöhtes Maß an Differenzierung verlangt. Zusätzlich werden neue Erwartungen und Anforderungen hinsichtlich des sozialpädagogischen und erzieherischen Auftrags an Lehrer und Lehrerinnen gestellt, die weit über den regulären Bildungs- und Unterrichtsauftrag hinausgehen. In vielen Familien werden erzieherische Aufgaben von den Erziehungsberechtigten nicht mehr in hinreichendem Maße wahrgenommen, so dass immer mehr Erziehungsaufgaben an die Schule delegiert werden. Dies wird verschärft durch den insgesamt größer werdenden gesellschaftlichen Problemdruck, z.B. durch wachsende Chancenungleichheit etwa von Migrantenkindern oder durch zunehmende Gewalt oder Rechtsextremismus. Lehrer und Lehrerinnen sehen sich so oft gezwungen, zusätzlich die Aufgaben von Sozialpädagogen oder Psychologen zu übernehmen. Neben diese qualitativ veränderten Bedingungen treten zusätzliche quantitative Anforderungen durch erhöhte Stundenzahlen oder steigende Schülerzahlen bei nicht angepasster Personaldecke.

Tabelle 9.6 zeigt die Entwicklung der Schülerzahlen, der Lehrerzahlen sowie der erteilten Unterrichtsstunden für den Zeitraum von 1993 bis 1999. Während die Anzahl der Schüler in diesem Zeitraum im Bereich der Primarstufe nur leicht ansteigt, ist in der Sekundarstufe I und Sekundarstufe II ein Anstieg von 7,2 bzw. 10% zu verzeichnen. Die Lehrerzahlen haben sich nicht so stark entwickelt, im Primarbereich ist gar ein Rückgang von 2,4% zu registrieren, im Sekundarbereich I ist ein Anstieg um 1% sowie im Sekundarbereich II ein An-

Tabelle 9.6. Entwicklung von Schüler- und Lehrerzahlen

	1993	1994	1995	1996	1997	1998	1999
Entwicklung der Schülerzahlen (Index 1993 = 100)							
Primarstufe	100	102,4	104,5	106,1	106,3	103,5	100,2
Sekundarstufe I	100	101,5	103,1	104,3	105,3	106,2	107,2
Sekundarstufe II	100	100,2	101,2	103,2	105,8	108,1	110,0
Entwicklung der Lehrerzahlen (Index 1993 = 100)							
Primarstufe	100	101,1	102,5	102,4	100,8	99,0	97,6
Sekundarstufe I	100	100,4	100,7	100,4	99,9	100,3	101,0
Sekundarstufe II	100	101,1	101,2	102,4	102,6	103,6	104,0
Schüler je Lehrer							
Primarstufe	20,4	20,7	20,9	21,2	21,6	21,4	21,0
Sekundarstufe I	15,6	15,8	16,0	16,2	16,5	16,5	16,6
Sekundarstufe II	18,9	18,8	18,9	19,1	19,5	19,7	20,0
Erteilte Unterrichtsstunden je Schüler							
Primarstufe	1,19	1,18	1,17	1,15	1,14	1,16	1,18
Sekundarstufe I	1,46	1,45	1,43	1,41	1,40	1,41	1,41
Sekundarstufe II	1,13	1,14	1,14	1,13	1,12	1,12	1,10

Quelle: [26]

stieg um 4% erkennbar. Entsprechend entwickelt sich der Indikator Schüler je Lehrer, hier ist in allen drei Bereichen ein stetiger Anstieg um ca. einen Schüler pro Lehrer zu verzeichnen. Die erteilten Unterrichtsstunden sind in allen drei Bereichen leicht rückläufig.

Diese Daten legen zumindest nahe, dass die Belastung der Lehrer durch größere Schulklassen zugenommen hat. Als Problem hinzu kommt, dass diese gestiegenen Anforderungen auf eine veränderte Altersstruktur der Lehrerschaft treffen, die ihrerseits vermuten lässt, dass das Belastungserleben eher zugenommen haben dürfte.

Abb. 9.1 zeigt, dass das Durchschnittsalter der Lehrer innerhalb der letzten 30 Jahre sehr stark zugenommen hat. Das mittlere Alter deutscher Lehrer beträgt heute ca. 47 Jahre, jeder fünfte Lehrer ist älter als 55 Jahre, und der deutsche Lehrerverband prognostiziert, dass in den kommenden zwölf Jahren etwa 350 000 Lehrer (früh-)pensioniert werden [12]. Somit ist davon auszugehen, dass die gestiegenen Anforderungen durch geänderte Rahmenbedingungen auf der einen Seite mit geringeren personalen Ressourcen auf der anderen Seite einhergehen.

Verschiedene Forschungsaktivitäten zur Lehrerbelastung kommen denn auch zu dem Ergebnis, dass das Belastungserleben auf ganz unterschiedlichen Ebenen zugenommen hat. Befragungen von aktiven und vorzeitig in den Ruhestand versetzten Lehrkräften der Universität Dres-

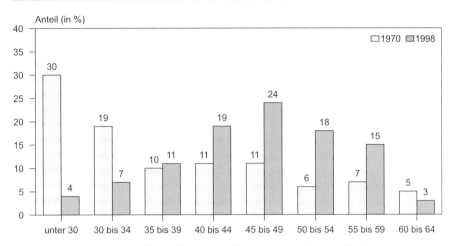

Abb. 9.1. Altersstruktur der Lehrer zwischen 1970 und 1998 [10]

den verdeutlichen, dass sich in den letzten 10 bis 15 Jahren die Belastungen in der Schule verändert haben, dass sich die subjektiven Belastungswahrnehmungen der Lehrkräfte verändert haben, dass die schulischen Belastungsfaktoren in verschiedener Stärke wirken und dass nicht zuletzt durch die verschobene Alterspyramide Burnoutprozesse zunehmen. Insbesondere der Umgang – sofern er sich als problembehaftet erweist – mit Schülerinnen und Schülern, mit Kolleginnen und Kollegen, mit Schulleitung und Schulaufsicht, mit Eltern und anderen Personen, mit denen Lehrkräfte im Zusammenhang mit der Schule zu tun haben, werden von Lehrkräften als wesentliche Beeinträchtigungen wahrgenommen. Auch die kontinuierlich erforderliche Aufmerksamkeit, die Notwendigkeit zur Übernahme von Verantwortung für andere sowie der fortgesetzte Austausch arbeitsbezogener Informationen gelten als weitere zentrale Belastungsfaktoren [23]. In der bereits erwähnten Studie von Schaarschmidt et al. [21] zeigte sich in allen untersuchten Lehrerstichproben ein Zusammenhang zwischen den konkreten Arbeitsbedingungen und dem subjektiven Belastungserleben, wobei das Verhalten „schwieriger" Schüler an erster Stelle der Stressoren stand, gefolgt von großer Klassenstärke und zu hoher Stundenanzahl. Ähnliches konnten Burke, Greenglass und Schwarzer [4] in einer längsschnittlichen Untersuchung an kanadischen Lehrern zeigen, wo sich Burnout primär durch „störende" bzw. auffällige Schüler, aber in zweiter Linie auch durch bürokratische Vorschriften, fehlende Unterstützung am Arbeitsplatz und arbeitsplatzbezogene Selbstzweifel vorhersagen ließ.

Resümierend lassen sich die unterschiedlichen Belastungselemente entlang folgender Ebenen kategorisieren [11, 20]:

- Ebene der soziokulturellen Bedingungen (z. B. veränderte Kindheit von Schülerinnen und Schülern, veränderte gesellschaftliche Erwartungshaltungen),
- Ebene der psychosozialen Bedingungen (z. B. Zunahme der Verhaltensauffälligkeiten),
- Ebene der schulhygienischen Bedingungen (z. B. Erhöhung von Lärm),
- Ebene der Arbeitsaufgaben und schulorganisatorischen Bedingungen (z. B. ausschließlicher Fachlehrereinsatz, quantitativ ungünstiges Lehrer-Schüler-Verhältnis).

Besonders durch die Kombination aus sich verändernden Arbeitsbedingungen und steigendem Lebensalter potenzieren sich berufsbezogene Belastungen, die sich häufig in Angst und Frustrationen, emotionalem Erschöpftsein, Berufsunzufriedenheit, Arbeitsunfähigkeit und Fluktuationsabsichten niederschlagen [13]. Gerade für ältere Lehrer ist von einer deutlichen Zuspitzung der Belastungssituation auszugehen, die sich dann vor allem in überdurchschnittlichen Frühpensionierungen widerspiegelt.

Schlussfolgerungen für die langfristige Sicherstellung des schulischen Bildungsauftrags

Lehrerinnen und Lehrer sind offenbar als Berufsgruppe spezifischen, vor allem psychosozialen Belastungen ausgesetzt, die zu einem erheblichen Gesundheitsrisiko führen und zumindest in den älteren Altersgruppen zu Fehlzeiten bzw. zur Frühpensionierung beitragen.

Während die krankheitsbedingten Fehlzeiten mit ca. 8,0 Tagen im Jahr 1998 noch im Durchschnitt der Angestellten des öffentlichen Dienstes liegen, zeigt sich bei den Frühberentungen in Folge von Dienstunfähigkeit ein alarmierender Trend. Im Bundesdurchschnitt beträgt der Anteil der aufgrund von Dienstunfähigkeit frühpensionierten LehrerInnen gemessen an allen Berentungen über 60%.

Betroffen von den hohen gesundheitlichen Belastungen am Arbeitsplatz Schule sind nicht nur die Lehrerinnen und Lehrer selbst, sondern selbstverständlich auch die Schülerinnen und Schüler. Nicht bewältigbare Belastungen auf Seiten der Lehrer führen zunächst zu Qualitätseinbußen in der Unterrichtsgestaltung, dann zu vermehrten Fehlzeiten und schließlich zum vorzeitigen Ausstieg aus dem Berufsleben, und damit steht zukünftig sowohl der qualitative als auch der quantitative Erziehungs- und Bildungsauftrag der Institution „Schule" zur Disposition.

Um das Gesundheitsrisiko für Lehrkräfte zu vermindern, müssen die Lehrerinnen und Lehrer schon in der Ausbildung intensiver dazu befähigt werden, spezifische Belastungssituationen in der Schule besser zu bewältigen, wozu neben der Vorbereitung auf die Vermittlung akademischen Wissens auch ein verstärktes Training im Bereich sozialer Aufgaben gehört. Auch berufsbegleitend sind hierfür ausreichende Beratungs-, Unterstützungs- (vor allem Supervisions-) und Fortbildungsangebote nötig. Gesundheitsförderung für Schüler und Schülerinnen ist in den letzten Jahren an vielen Schulen berechtigterweise zu einem wichtigen Thema geworden. Lehrer und Lehrerinnen werden in diesem Kontext jedoch meist nur als Mediatoren, nicht als eigene Zielgruppe einbezogen – ein Zustand, der definitiv änderungsbedürftig erscheint. Hierzu gehört auch die Arbeitsplatzsituation und die Arbeitsorganisation in der Schule so zu verändern, dass Belastungssituationen verringert werden und die beruflichen Kompetenzen sowie die Arbeitszufriedenheit erhöht werden. Außerdem sind strukturelle Maßnahmen erforderlich, die die Arbeitssituation der Lehrerinnen und Lehrer verbessern. Beispielhaft zu nennen ist hier neben einer Erhöhung der Lehrerzahl ein verstärkter Einsatz von Sozialarbeitern und Psychologen an Schulen, die die Lehrkräfte entlasten können und es ihnen ermöglichen würden, sich stärker auf ihre „eigentlichen" Aufgaben zu konzentrieren.

Nicht zuletzt ist eine wesentliche Voraussetzung für ein differenziertes Konzept des Gesundheitsschutzes und der Gesundheitsförderung in der Schule die Einführung eines ausreichenden Monitoring-Systems bezüglich der gesundheitlichen Situation und der gesundheitlichen Belastungsfaktoren in der Schule. Während für alle Bereiche der Landesverwaltungen durch Kabinettsbeschlüsse Krankenstandserhebungen angeordnet wurden, hat man den Schulbereich davon ausgenommen. Das ist besonders bedauerlich, weil die Länder ein nachdrückliches Interesse daran haben müssten, zu wissen, wie gesund die Lehrkräfte sind und warum so viele Lehrkräfte vorzeitig in den Ruhestand versetzt werden müssen. Schulform- und schulgrößen- sowie krankheits- und altersspezifisch aufgeschlüsselte Erhebungen könnten hier die dringend benötigte Abhilfe schaffen. Analysen zur Belastungssituation, realistische Prognosen sowie vorbeugende Maßnahmen lassen sich nur auf der Grundlage von validen Daten durchführen.

Literatur

[1] Barth, AR (1992) Burnout bei Lehrern: Theoretische Aspekte und Ergebnisse einer Untersuchung, Göttingen, Hogrefe

[2] Bayerisches Staatsministerium der Finanzen (1999) Entwicklungen der Ruhestandsversetzungen, Information des Bayerischen Landtags

[3] Bayerisches Staatsministerium der Finanzen (2000) Fehlzeiten der Beschäftigten des Freistaats Bayern. Ergebnisse und Bewertungen der Datenerhebung 1999 für die Beamten, Angestellten und Arbeiter des Freistaats Bayern. München: Bayerisches Staatsministerium der Finanzen

[4] Burke, RJ, Greenglass, ER & Schwarzer, R (1996) Predicting teacher burnout over time: Effects of work stress, social support, and self-doubts on burnout and its consequences. Anxiety, Stress and Coping 9, 261–275

[5] Freudenberger, HJ (1974) Staff burnout. Journal of Social Issues 30, 159–165

[6] GEW-BAWUE – Gewerkschaft Erziehung und Wissenschaft Baden-Württemberg (1999): Damit die Schule uns nicht krank macht. *www.bawue.gew.de/tarifpol/arbschutz.html*, vom 16. 12. 2000

[7] Heim, G & Gerlach, E (1998) Burnout – Auch ein Thema im Sportlehrerberuf? In: Körpererziehung 10, S. 330–337

[8] Jehle, P (1997) Vorzeitige Pensionierung von Lehrerinnen und Lehrern. In: Buchen, S et al. (Hrsg): Jahrbuch für Lehrerforschung Band 1, Weinheim, Juventa, S. 247–276

[9] Kinnunen, U & Salo, K (1994) Teacher stress: an eight-year follow-up study on teachers' work, stress, and health. Anxiety, Stress, and Coping 7, S. 319–337

[10] Kirbach, R & Spiewak, M (2001) Ein Königreich für einen Lehrer. In: Die Zeit Nr. 2 vom 04.01.01, S. 9–14

[11] Kretschmann, R (1996) Stressmanagement für Lehrerinnen und Lehrer. Weinheim, Beltz

[12] Lehrerverband (2001) Binnen zwölf Jahren werden 300000 neue Lehrer gebraucht. *http://www.lehrerverband.de/* (Presseerklärung vom 02.03.01)

[13] Leuschner, G & Schirmer, F (1993) Lehrergesundheit aus medizinischer Sicht. In: Pädagogik Nr. 1, S. 6–8

[14] Maslach, C & Jackson, SE (1982) Burnout in health professions: A social-psychological analysis. In GS Sanders & J Suls (Eds.) Social psychology of health and illness. Hillsdale, NJ: Erlbaum

[15] MSW-NRW – Ministerium für Schule und Weiterbildung des Landes Nordrhein-Westfalen (1996) Abwesenheit von Lehrerinnen und Lehrern wegen Krankheit und Mutterschutzfrist im Schuljahr 1994/95, Statistische Übersicht Nr. 285, Düsseldorf

[16] MSWF-NRW – Ministerium für Schule, Wissenschaft und Forschung des Landes Nordrhein-Westfalen (1998) Erhebung des Krankenstandes in der Landesverwaltung vom 01. 08. 1997 bis 31. 07. 1998

[17] Niedersächsischer Landtag (2000) Antwort auf eine Große Anfrage: Gesundheitsschutz und Gesundheitsförderung am Arbeitsplatz Schule, 14. Wahlperiode, Drucksache 14/1718, S. 1–15

[18] Piper, A & Szymanek, P (1998) Taten statt warten – Gesundheitsschutz im Schulbereich. In: Beispiele, Nr. 4, S. 25–26

[19] Quentin, G (1995) Gesunde Schulen – kranke Lehrer(innen)? In: Sportpädagogik 19 (3), S. 6–8

[20] Reinke-Nobbe, H, Vernier, R & Pietschke, W (2001) Verlierer im Klassenkampf. In: Focus Nr. 15. vom 15. 04. 2001, S. 62–76

[21] Schaarschmidt, U, Arold, H & Kieschke, U (2000) Die Bewältigung psychischer Anforderungen durch Lehrkräfte, Universität Potsdam, Forschungsprojekt, http://*www.psych/uni-potsdam.de/bewaeltigung.html* vom 16. 11. 2000

[22] Schaarschmidt, U, Kieschke, U & Fischer, AW (1999) Beanspruchungsmuster im Lehrerberuf. Psychologie in Erziehung und Unterricht 46, 244–268

[23] Scheuch, K (1995) Psychosoziale Einflussfaktoren auf die Entwicklung von Gesundheit und Leistungsfähigkeit von Berufsgruppen im sozialen Bereich – theoretische und empirische Grundlagen der Untersuchungen. In: Scheuch K, Vogel, H & Haufe, E (Hrsg.): Entwicklung der Gesundheit von Lehrern und Erziehern in Ostdeutschland, Universität Dresden, Selbstverlag, S. 1–21

[24] Scheuch K & Vogel, H (1994) Prävalenz von Befunden ausgewählter Diagnosegruppen bei Lehrern. In: Sozial- und Präventivmedizin 38, S. 20–25

[25] Schmacke, N (1997) Pensionierung von LehrerInnen aus Krankheitsgründen. In: Buchen, S et al. (Hrsg): Jahrbuch für Lehrerforschung Band 1, Weinheim, Juventa, S. 277–284

[26] Statistisches Bundesamt (2000) Bildung im Zahlenspiegel, Stuttgart, Metzler-Poeschel

[27] Statistisches Bundesamt (2000) Im öffentlich-rechtlichen Alterssicherungssystem auch 1997 mehr Versorgungsempfänger als im Vorjahr. http://www.statistik-bund.de/presse/deutsch/pm1998/p2250062.htm

[28] Szymanek, P (1999) Macht die Schule krank? In: E&W Niedersachsen, Nr. 5, S. 11–15

[29] Tremml, C. (1995) Stress im Lehrerberuf (eine österreichweite Studie 1993) In: Scheuch K, Vogel, H & Haufe, E (Hrsg.): Entwicklung der Gesundheit von Lehrern und Erziehern in Ostdeutschland, Universität Dresden, Selbstverlag, S. 115–123

[30] Vetter, C, Dieterich, C, Acker C (2000) Krankheitsbedingte Fehlzeiten in der deutschen Wirtschaft. In: Badura, B, Litsch, M, Vetter, C (Hrsg) Fehlzeiten-Report 2000, Stuttgart, Springer, S. 277–515

9

KAPITEL 10

Arbeits- und Gesundheitsschutz im Lehrerberuf – Grundlagen und Methoden

B. RUDOW

Das Arbeitsschutzgesetz und Implikationen im Lehrerberuf

Bei der Thematisierung des Zusammenhangs von Lehrerarbeit und Lehrergesundheit stellt das Arbeitsschutzgesetz vom 07. August 1996 eine entscheidende Grundlage dar. Es geht über das Arbeitssicherheitsgesetz aus dem Jahre 1973, das stärker den technischen Arbeitsschutz in der Schule betonte, weit hinaus. Mit diesem Gesetz hat die Lehrergesundheit, welche lange in Theorie und Praxis ein Schattendasein führte, eine verbindliche rechtliche Grundlage gefunden. Es hat dem Arbeitgeber durch ArbSchG § 2 den erweiterten Präventionsauftrag auferlegt: „... *Maßnahmen des Arbeitsschutzes im Sinne dieses Gesetzes sind Maßnahmen zur Verhütung von Unfällen bei der Arbeit und arbeitsbedingten Gesundheitsgefahren einschließlich Maßnahmen der menschengerechten Gestaltung der Arbeit*" [1, S. 14].

Mit dem Arbeitsschutzgesetz entwickelt sich der Arbeitsschutz von der ursprünglichen Aufgabe der Unfallverhütung über die Arbeitssicherheit und die medizinische Gesundheitsvorsorge hin zur Gesund-

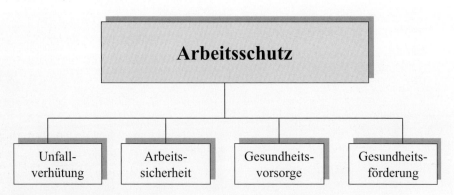

Abb. 10.1. Bereiche des modernen Arbeits- und Gesundheitsschutzes

heitsförderung (s. Abb. 10.1). Dies gilt auch für den Lehrerberuf. Es reicht hier keineswegs mehr aus, den „Lehrerstress" und alle negativen Folgen für Gesundheit und Leistungsfähigkeit zu beklagen. Es kommt vielmehr darauf an, auf der Grundlage der Gefährdungsbeurteilung Schutzmaßnahmen in der Schule zu implementieren, welche nicht nur arbeitsbedingte Erkrankungen verhindern, sondern auch die Gesundheit und Leistungsfähigkeit der Lehrer fördern [10].

Das Gesetz ist eine notwendige Bedingung für den umfassenden Arbeits- und Gesundheitsschutz bei Lehrern. Es ist aber zunächst nur eine Aufforderung zum Handeln für alle zuständigen Organisationen und Personen. Wie nun bei der Umsetzung des Arbeitsschutzgesetzes in der Praxis vorzugehen ist, darüber besteht jedoch zu wichtigen Aspekten Unklarheit. Es fehlen Konzepte zur praktischen Umsetzung des Arbeitsschutzgesetzes, für diagnostische Methoden zur hinreichenden Gefährdungsbeurteilung und zu Maßnahmen des Arbeits- und Gesundheitsschutzes bei Lehrern.

Das Belastungs-Beanspruchungs-Konzept als Grundlage des Arbeitsschutzes im Lehrerberuf

10

Es ist unbestritten, dass die Lehrerarbeit eine vorwiegend psychisch belastende Tätigkeit ist [7, 5, 10]. Zur differenzierten Erfassung der Belastung und Beanspruchung im Lehrerberuf wurde von uns ein Konzept entwickelt [7]. Dabei sollen im Kontext des Arbeits- und Gesundheitsschutzes, insbesondere der Gefährdungsbeurteilung, besonders die negativen Beanspruchungsreaktionen und -folgen interessieren (s. Abb. 10.2).

Bei Lehrern tritt relativ häufig das Burnout-Syndrom auf. Es ist durch drei typische Symptome gekennzeichnet:
1. die *körperlich, geistige* und vor allem *emotionale Erschöpfung*
   Die Lehrer fühlen sich in ihrer Arbeit mit den Schülern gefühlsmäßig überfordert, sie haben den Eindruck, „fix und fertig", ausgelaugt zu sein. Von den Schülern wird eine stärkere Zuwendung erwartet, als sie aufzubringen bereit oder fähig sind. Das hat seine Hauptursache darin, dass Schüler nicht in dem Maße positive Rückmeldungen (Dank, Anerkennung usw.) geben, wie dies von den Lehrern erwartet wird.
2. die *reduzierte persönliche Leistungsfähigkeit*
   Die Lehrer haben das Gefühl, die an sie gestellten Arbeitsaufgaben nicht mehr bewältigen zu können. Es entwickelt sich zunehmend ein negatives Selbstbild dadurch, dass die Lehrer sich körperlich, geistig und emotional erschöpft fühlen, dass sie an Tatkraft und

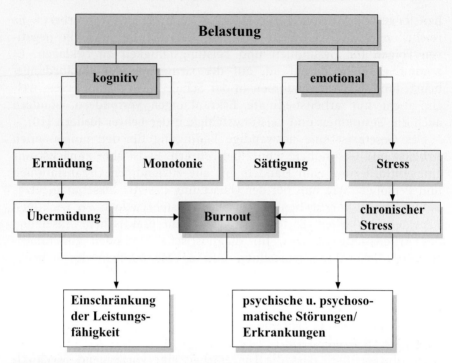

Abb. 10.2. Negative Beanspruchungsreaktionen und -folgen im Lehrerberuf

Idealismus verlieren und dass sie sich abgearbeitet und nieder-
geschlagen fühlen.

3. *unwilliges Verhalten gegenüber Schülern und weiteren Klienten
   (oder Depersonalisation)*
   Die Lehrer sind nicht mehr bereit, sich den Schülern in gebühren-
   der Weise zuzuwenden. Oft wird den Schülern die Schuld für den
   eigenen Zustand zugewiesen. Im Extrem können sogar Aggressionen gegenüber Schülern und auch Eltern auftreten.

Nach einer Studie von Buschmann & Gamsjäger [2] lassen sich die
Merkmale „Erleben von reduzierter Leistungsfähigkeit" und „Depersonalisation" in einem übergreifenden Faktor „Gefühl von Versagen"
zusammenfassen.

Die negativen Beanspruchungsfolgen „Übermüdung" (Erschöpfung), „chronischer Stress" und „Burnout" können zu einer *Ein-
schränkung der pädagogischen Handlungskompetenz führen.* Die Beeinträchtigung der Handlungskompetenz wird zugleich als wesentliche
Bedingung *psychischer bzw. psychosomatischer Gesundheitsstörungen/
Erkrankungen* angesehen. Die eingeschränkte Handlungskompetenz

bzw. die psychischen Gesundheitsstörungen oder Erkrankungen können rückwirkend zur Verstärkung negativer Beanspruchungsreaktionen usw. usf. führen.

Im Kontext der Gefährdungsbeurteilung interessieren besonders die negativen Beanspruchungsreaktionen und -folgen. Dabei ist das Hauptanliegen deren Vorbeugung oder Reduzierung in der Arbeit des Lehrers. Für die Gesundheitsförderung im Lehrerberuf sind aber ebenso positive Beanspruchungsreaktionen und -folgen, wie zum Beispiel das allgemeine Wohlbefinden, die Arbeitszufriedenheit oder die somatische Gesundheit, zu beachten. Ihre Förderung sollte vor allem durch Maßnahmen des Arbeits- und Gesundheitsschutzes erfolgen, welche aus den Ergebnissen der Gefährdungsbeurteilung abgeleitet werden.

Psychische Belastungen in der Lehrerarbeit

Die Mehrfachbelastung hat negative Auswirkungen auf das Wohlbefinden und die Gesundheit von Lehrern. Stress, psychische Ermüdung, Burnout, innere Kündigung, psychosomatische Erkrankungen und die vorzeitige Dienstunfähigkeit relativ vieler Lehrer sind die Folgen. Dabei sind besonders die Frühpensionierungen ein volkswirtschaftliches wie humanes Problem (s. z.B. Tabelle 10.1) [4, 10, vgl. dazu auch Kap. 9 in diesem Band].

Bei Analysen der Ursachen der Dienstunfähigkeit werden nach der ICD-Klassifikation vor allem folgende Krankheiten hervorgehoben:
- Seelische Störungen (ICD 290-319)
- Krankheiten des Nervensystems und der Sinnesorgane (ICD 320-389)
- Krankheiten des Herz-Kreislauf-Systems (ICD 390-459)
- Krankheiten der Atmungsorgane (ICD 460-519)
- Krankheiten des Muskel-Skelett-Systems (ICD 710-739)
- Neubildungen (Krebs) (ICD 140-239)

Tabelle 10.1. Anzahl der wegen Dienstunfähigkeit zur Ruhe gesetzten beamteten Lehrerinnen und Lehrer in Baden-Württemberg

Jahr	Gesamtzahl	Frauen	Männer
1992	439	238	201
1993	452	237	215
1994	502	251	251
1995	560	288	272
1996	671	359	312

Nach mehreren empirischen Analysen dominieren eindeutig die see-
lischen Störungen bei vorzeitig pensionierten Lehrkräften [10, 11].
Auch in der Ätiopathogenese der weiteren o.g. Erkrankungen dürften
psychische Belastungen einen wesentlichen Anteil haben.

Demzufolge ist es im Rahmen des Arbeits- und Gesundheitsschutzes erforderlich, der belastenden Arbeitssituation Rechnung zu tragen,
indem ihr von den Kultusministerien, den Lehrervertretungen (GEW,
VBE u.a.m.), den Arbeitswissenschaften und den Schulleitungen
größere Aufmerksamkeit gewidmet wird. Der Arbeits- und Gesundheitsschutz ist, bedenkt man nur die gravierenden Auswirkungen der
Fehlbelastungen, zunehmend als Führungsaufgabe in der Schule zu
verstehen.

Ein Hauptproblem bei der Umsetzung des Arbeitsschutzgesetzes bei
Beschäftigten des öffentlichen Dienstes, besonders im Lehrerberuf,
besteht darin, die gesundheitsrelevanten psychischen Belastungen hinreichend zu berücksichtigen [6, 10]. Dies gilt sowohl für die Gefährdungsbeurteilung als auch für die Prävention. Während im technischen und medizinischen Arbeitsschutz, auch im Lehrerberuf, seit
Erlass des Arbeitssicherheitsgesetzes 1973 große Fortschritte gemacht
worden sind, steht der vorwiegend psychologische Arbeits- und Gesundheitsschutz erst am Anfang. Dies muss konstatiert werden, obwohl die Quellen bzw. Ursachen für arbeitsbedingte Gesundheitsstörungen und Erkrankungen, Arbeitsunfälle und arbeitsbedingte
Gesundheitsgefahren zunehmend in der Wechselwirkung von psychischen Arbeitsanforderungen und dem Menschen liegen. Dies gilt
insbesondere für die Lehrerarbeit. Für die arbeitsbedingten Gesundheitsstörungen und Erkrankungen, welche überwiegend im psychischen und psychosomatischen Bereich liegen, sind in erster Linie
die Arbeitsaufgaben, die Arbeitsorganisation und sozialen Arbeitsbedingungen verantwortlich. Diese werden vom Lehrer bewertet und
erlangen somit eine Bedeutung für sein Befinden und seine Gesundheit [7]. Technische Aspekte treten dabei eindeutig in den Hintergrund.

Gefährdungsbeurteilung in der Lehrerarbeit

Der Kern des Arbeitsschutzgesetzes (§ 5) ist die Gefährdungsbeurteilung. Sie besteht aus den Schritten „Ermittlung" und „Bewertung" der
Gefährdung. Das heißt, die Gefährdungen müssen hinsichtlich ihrer
Schwere (Art und Ausmaß des möglichen Schadens) auf der Grundlage gesicherter Erkenntnisse bewertet werden. Die Gefährdungsbeurteilung soll helfen, Maßnahmen des Arbeitsschutzes zielgerichte-

ter und wirkungsvoller zu gestalten. Sie dient somit als Basis für die Verbesserung der Arbeitsaufgaben und -bedingungen. Die Gefährdungsbeurteilung sollte jedoch nie eine einzelne Aktion bleiben, sondern als Einstieg in den Prozess der gesundheitsförderlichen Arbeitsgestaltung und Organisationsentwicklung in der Schule betrachtet werden.

Die Gefährdungsbeurteilung im Lehrerberuf sollte durchgeführt werden

- als Erstermittlung an bestehenden Arbeitsplätzen,
- bei Änderung von Vorschriften bzw. Einführung neuer Technologien (z.B. bei verstärkter Einführung von Bildschirmarbeitsplätzen),
- wenn Schulen wesentlich erweitert oder umgebaut werden,
- bei wesentlichen Änderungen der Arbeitsorganisation einschließlich des Führungsstils in der Schule,
- nach dem Auftreten von Arbeitsunfällen, Beinaheunfällen und arbeitsbedingten Erkrankungen,
- beim Auftreten von akuten psychosozialen Belastungen (z.B. Mobbing) in der Schule.

Da der moderne Arbeits- und Gesundheitsschutz bisher in der Schule nicht realisiert worden ist, besteht zunächst die Notwendigkeit der Erstermittlung an vielen Schulen. Hierbei sollte in folgenden Schritten vorgegangen werden (Abb. 10.3):

Schritt 1: Bildung eines Arbeitskreises „Arbeits- und Gesundheitsschutz" an der Schule oder für mehrere Schulen

Schritt 2: Erfassen der Arbeitsorganisation
Es erfolgt die Untergliederung der Schule in Arbeitsbereiche und relativ homogene Lehrertätigkeiten. Beispielsweise könnte eine Untergliederung die Differenzierung zwischen Lehrern mit naturwissenschaftlichen Fächern, theoretischen Fächern (Religion, Ethik, Sozialkunde usw.) und überwiegend praktischen Fächern (Technik, Werken, Sport usw.) sein.

Schritt 3: Festlegen des zu beurteilenden Schulbereichs und der zu beurteilenden Tätigkeiten oder Personen
Die Gefährdungsbeurteilung sollte *arbeitsbereichsbezogen* sein, wenn alle dort beschäftigten Lehrer etwa gleichen Gefährdungen oder Belastungen ausgesetzt sind (z.B. Lärm, Klima, Beleuchtung, gleiche Schülerklientel usw.). Sie sollte *tätigkeitsbezogen* sein, wenn bei gleichartigen Tätigkeiten

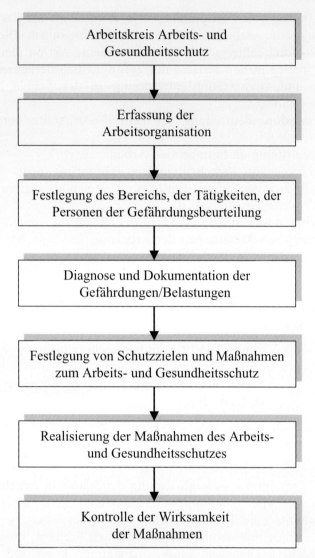

Abb. 10.3. Ablauf der Gefährdungsbeurteilung

besondere Gefährdungen/Belastungen auftreten (z. B. bei der Arbeit mit Körperbehinderten, im Sport, bei Bildschirmarbeit usw.). Bei gleichartigen Tätigkeiten ist die Beurteilung einer Tätigkeit ausreichend. Sie sollte im Bedarfsfalle auch *personenbezogen* sein, wenn einzelne Lehrer besonderen Gefährdungen/Belastungen ausgesetzt sind (z. B. bei Mobbing oder bei besonders schutzbedürftigen Lehrern).

Schritt 4: Diagnose und Dokumentation der Gefährdungen/Belastungen
1. Festlegen von Methoden und Vorgehensweise
Zur Erfassung der Gefährdungen/Belastungen in der Lehrerarbeit können folgende Methoden genutzt werden:

- Fragebogen oder Prüflisten für Lehrer
- Prüflisten für Experten (Schulleiter, Sicherheitsbeauftragte usw.)
- Interviews mit Experten (Schulleiter, Personalrat, Sicherheitsbeauftragter)
- Workshops mit Lehrern
- Krankheitsdaten- und Unfallanalysen
- physikalische, medizinische und psychologische Messungen.

Für die Erstanalyse bieten sich eine Prüfliste bzw. ein Fragebogen für Lehrer und eine Checkliste zu den physikalisch-technischen Arbeitsbedingungen für Arbeitsschutzexperten an. Während mit der Prüfliste für Lehrer psychische oder subjektive Belastungen diagnostiziert werden, erfasst die Checkliste für Experten überwiegend die objektiven Belastungen/Gefährdungen am Arbeitsplatz. Eine Prüfliste zur vorwiegend psychischen Belastung von Lehrern wird im vorliegenden Beitrag skizziert; bei der Erfassung objektiver Belastungen/Gefährdungen durch Arbeitsschutzexperten kann auf Checklisten der Unfallkasse Sachsen [13] oder auf die Hamburger Prüflisten [3] zurückgegriffen werden.

Halbstandardisierte Interviews und/oder Workshops mit Lehrern dienen der Feinanalyse von Gefährdungen/Belastungen. Ausgehend von mit Prüflisten ermittelten Problembereichen können hier die Gefährdungen/Belastungen genauer identifiziert sowie ihre Ursachen erkundet werden.

Die Krankheitsdaten, soweit zugänglich, und Unfalldaten sind ein weiterer feinanalytischer Zugang zu den Gefährdungen/Belastungen in der Lehrerarbeit. Sie sollten ebenfalls genutzt werden. Physikalische Messungen sind angebracht, wenn subjektive Aussagen von Lehrern zu objektivieren sind (z. B. bei Lärm). Messungen des Blutdrucks, der Herzschlagfrequenz oder des Cholesterinspiegels während der Arbeitstätigkeit sind vor allem dann erforderlich, wenn es um die exakte Bestimmung von vorwiegend tätigkeitsbedingten physiologischen Beanspruchungsreaktionen bei Gruppen oder Einzelpersonen geht. Psychologische Messungen umfassen beispielsweise die Diagnostik des Schulklimas, die Analyse von Tätigkeitsbedingungen (Arbeitsanalyse) oder die Erfassung psychosomatischer Beschwerden von Lehrern.

Die Bewertung der Gefährdung – auch als Risikobewertung bezeichnet – sollte in erster Linie durch Expertenurteile erfolgen. Dabei könnte folgende Bewertung der Arbeitsbedingungen vorgenommen werden:

- Rang 1: Gefährdung
- Rang 2: wahrscheinliche Gefährdung
- Rang 3: keine oder geringe Gefährdung

Die Bewertung erfolgt nach der Wahrscheinlichkeit des Eintritts einer Gesundheitsstörung oder Erkrankung durch Arbeitsbelastungen.

2. Dokumentation der Ergebnisse

Ergebnisse der Gefährdungsanalyse und -beurteilung sind in Protokollen und darüber hinaus in Gesundheitsberichten zu dokumentieren. Dies sollte Aufgabe des Sicherheitsbeauftragten der Schule in Kooperation mit weiteren Arbeitsschutzexperten sein.

Schritt 5: Festlegung von Schutzzielen und Maßnahmen zum Arbeits- und Gesundheitsschutz

Schutzziele bestimmen den Soll-Zustand bezüglich der Gesundheit und Sicherheit; sie drücken Forderungen und Vorgaben aus. Sie sind in der Regel in Gesetzen, Verordnungen, Unfallverhütungsvorschriften, Normen u.ä. enthalten. Zum Beispiel kann die Verminderung psychischer Belastungen oder die Verhinderung von Unfällen und Gesundheitsschäden das definierte Schutzziel sein.

Bei der Ableitung von Arbeitsschutzmaßnahmen sind zu beachten:

- technische Maßnahmen (z.B. Einbau von lärmisolierenden Wänden oder die Abschirmung von Gefahrstellen),
- schulorganisatorische Maßnahmen (z.B. Veränderung der Arbeitszeiten oder des Lehrplans) und
- personenbezogene Maßnahmen (z.B. Coaching, Verhaltenstrainings).

Da im Lehrerberuf die psychischen Belastungen vorherrschend sind, sollten die schulorganisatorischen Maßnahmen, d.h. Maßnahmen der Arbeits- und Organisationsgestaltung in Bezug auf die verschiedensten Belastungs- bzw. Gefähr-

dungsfaktoren den Vorrang haben. Personenbezogene Maßnahmen sind dann notwendig, wenn auch durch die Veränderung von Arbeitsplätzen bzw. -bedingungen kein bedeut-
samer Abbau von individuellen Belastungen erfolgt. Dies bedeutet: Bei der Festlegung von Arbeitsschutzmaßnahmen
kommt die Verhältnisprävention stets vor der Verhaltensprävention.

Schritt 6: Umsetzung der Maßnahmen des Arbeits- und Gesundheits-
schutzes in der Praxis
Hier ist zu klären, *wer* für die Realisierung der Maßnahmen
verantwortlich ist, *wer* sie durchführt und *wann* die Maßnahmen durchgeführt werden. Damit werden auch die Prioritäten festgelegt, die sich aus der Gefährdungsbeurteilung
ergeben.

Schritt 7: Kontrolle der Wirksamkeit
Die Wirksamkeit der Maßnahmen kann zum Beispiel durch
regelmäßige schriftliche oder mündliche Befragungen der
Lehrer (sog. Feedback-Surveys) überprüft werden. Das Kon-
trollergebnis ist ebenfalls zu dokumentieren. Sollte die
Wirksamkeit nicht ausreichend sein, so sind die Maßnahmen zu modifizieren oder weitere Maßnahmen festzulegen.

Eine Prüfliste zur Erfassung psychischer Belastungen

Die Prüfliste zur Erfassung vorwiegend psychischer Belastungen in der
Lehrerarbeit (kurz: PBL) soll eine einheitliche Handlungshilfe für die
Anwender sein [10]. Sie dient der Selbsteinschätzung der Belastung
durch die Lehrer. Die Entwicklung der Prüfliste erfolgte vor allem auf
der Grundlage von Experteneinschätzungen. Ihr liegt folgende Klassifi-
kation von Belastungen bzw. potentiellen Gefährdungen zugrunde:
• Belastung durch Schüler und Klassen
• Belastung durch das Kollegium
• Belastung durch Schulleitung, -organisation und -kultur
• Belastung durch Arbeitsorganisation
• Belastung durch Lehrplan, Lehrmittel und Lehrmethodik
• Belastung durch Arbeitsumweltbedingungen
• Belastung durch materiell-technische Schulausstattung
• Belastung durch körperliche Anforderungen

Schüler und Klassen. Sie sind der Hauptbelastungsfaktor. Relevant
sind dabei vor allem die Disziplin (bis hin zu Drogenmissbrauch, Ge-

walt, Vandalismus), die Mitarbeit, der Umgangston, die Leistungsbereitschaft (Motivation und Interessen) und die Leistungsfähigkeit
der Schüler. Ferner werden hier die Schülerfrequenz und die soziale
Zusammensetzung der Klassen erfasst.

Kollegium. Hier werden vor allem Formen der Zusammenarbeit und
Kommunikation, die soziale Unterstützung bei Problemen, Konflikte
(von der Cliquenbildung bis zum Mobbing) und die Rolle des Personalrats erfasst.

Schulleitung, -organisation und -kultur. Diese Gruppe umfasst verschiedene Faktoren: den Leitungsstil, das Schulklima, die Transparenz
von Organisations- und Entscheidungsabläufen, Konzepte der Schul-
entwicklung, die Organisation von Fortbildung, die Organisation von
Arbeits- und Gesundheitsschutz einschließlich Reformen in der Arbeit
und Organisation.

Arbeitsorganisation. Sie ist durch die Arbeitsaufgaben, den Arbeitsablauf und die Arbeitszeit bestimmt. Die Arbeitsaufgaben bestimmen
entscheidend den Tätigkeitsinhalt oder die intrinsischen Belastungen
einer Tätigkeit. Dazu gehören wichtige unterrichtliche und außer-
unterrichtliche Aufgaben. Besondere Aspekte sind das Niveau, die Verständlichkeit und die Planbarkeit von Arbeitsaufgaben, die Art der
Unterrichtsfächer inklusive fachfremder Unterricht. Belastungsrele-
vante Ausführungsbedingungen sind die Arbeitszeit, die Häufung von
Aufgaben in bestimmten Zeiten, der Zeitdruck und der Handlungs-
und Entscheidungsspielraum. Der Arbeitsablauf wird in erster Linie
durch den Stundenplan einschließlich zusätzlicher Spring- bzw. Ver-
tretungsstunden und Pausen bestimmt.

Lehrplan, -mittel und Lehrmethodik. Die wichtigsten Arbeitsmittel
einer Lehrkraft sind der Lehrplan und Lehrmittel. Der Lehrplan umfasst Lehrinhalt und -ziele. Während ein Lehrplan für alle Lehrer gilt,
sind die Verfügbarkeit und Qualität von Lehrmitteln einschließlich
Unterrichtshilfen besonders für praxis- und anschauungsorientierte
Fächer bedeutsam. Belastend kann ebenfalls die Lehrmethode sein,
z. B. Frontalunterricht oder Projektarbeit.

Arbeitsumweltbedingungen. Das Mikroklima in Klassen- und Fachräumen schließt die Luftbeschaffenheit, die Raumtemperatur und ggf.
Gase, Dämpfe, Gifte und Staub ein. In ihrem Kontext ist auch Infekti-
onsgefahr gegeben. Ein weiterer Belastungsfaktor ist der Lärm mit sei-

nen verschiedenen Quellen in der Schule. Schließlich sind die Lichtverhältnisse und Beleuchtung im Schulgebäude, in den Klassen- und Fachräumen und an weiteren Arbeitsplätzen als subjektive Belastungen von Interesse.

Materiell-technische Schulausstattung. Zum Schulequipment zählen besonders die zur Verfügung stehenden Klassen-, Fach-, Sanitär- und ggf. Ruheräume und deren Zustand. Ferner ist die Ausstattung der Schule bzw. der Räume mit Tischen, Stühlen, Tafeln, Computern und Internet, Sportgeräten, Kopierern usw. zu beachten. Wichtig ist auch die Ausstattung der Fachräume mit speziellen Geräten und Stoffen, ferner des Lehrerzimmers und der Bibliothek. Außerdem ist der technische Zustand von elektrischen Anlagen und Geräten, Flaschen und Behältern zu beachten. Schließlich wird hier der bauliche und ästhetische Zustand von Wänden, Fenstern und Türen sowie des gesamten Schulgebäudes berücksichtigt.

Körperliche Anforderungen. Unter ihnen sind besonders die stimmliche Belastung, die Belastungen durch langes Stehen, durch Hilfestellungen bei Schülern (im Sport oder bei Körperbehinderten), durch ungünstige Körperhaltungen oder durch häufigen Raumwechsel aufgeführt.

Für die PBL liegt ein objektiver Auswertungsmodus vor. Es werden Roh- und Standardwerte gebildet, welche anzeigen, ob keine oder geringe, eine wahrscheinliche oder eine gesundheitliche Gefährdung durch vorwiegend psychische Belastungen in der Lehrerarbeit vorliegt.

Die PBL wird derzeit zur Diagnose von psychischen Belastungen in unterschiedlichen Schultypen und bei Lehrergruppen mit verschiedenen Fächern von Psychologen der Landesunfallkassen in mehreren Bundesländern und in einer empirischen Pilotstudie zum Arbeitsschutz im Lehrerberuf in ca. 200 Schulen des Landes Baden-Württemberg eingesetzt. Diese Untersuchungen dienen auch dazu, die Prüfliste methodisch weiterzuentwickeln, besonders ihre Reliabilität und Validität zu prüfen.

Vom Autor wird gegenwärtig eine vergleichbare Prüfliste zur Erfassung vorwiegend psychischer Belastungen in der Arbeit von Erzieherinnen entwickelt. Sie soll ebenfalls der Entwicklung des Arbeits- und Gesundheitsschutzes in dieser Pädagogengruppe dienen (vgl. Kap. 8 im vorliegenden Band).

Maßnahmen des Arbeits- und Gesundheitsschutzes

Maßnahmen bzw. Methoden des Arbeits- und Gesundheitsschutzes
sind bisher in der Schule nicht konzeptgeleitet angewandt worden.
Vielmehr fanden einzelne Methoden, je nach Verfügbarkeit und
Kenntnis von Schulleitung und Lehrern, also eher nach dem „Gieß-
kannenprinzip" Anwendung. Der gesetzlich begründete Arbeits- und
Gesundheitsschutz für Lehrer gibt nun die große Chance, sie in der
Schule auf Grundlage der Gefährdungsbeurteilung gezielt zu imple-
mentieren.

An erster Stelle stehen Maßnahmen der Organisations- und Arbeitsgestaltung. Sollte es zum Beispiel Probleme mit dem Führungsstil
der Schulleitung geben, die sich negativ auf die Gesundheit auswirken, könnten Führungsgrundsätze implementiert werden. Bei fehlender Gruppenarbeit unter Lehrern sollten Teamarbeitsmodelle eingeführt werden. Dabei liegt die Einführung eines Gesundheitszirkels
nahe. Mit ihm wurden auch bei Lehrern gute Erfahrungen gemacht
[8]. Bei fehlender Unterstützung im Kollegium kommt unter anderem
die kollegiale Supervision in Frage. Wenn Lehrer durch zahlreiche Arbeitsaufgaben quantitativ überfordert sind, ist eine Veränderung der
Aufgabenverteilung zu prüfen. Zum Abbau der qualitativen Unterforderung sollten die Handlungs- und Entscheidungsspielräume der Lehrer bei der Unterrichts- oder Stundenplangestaltung in Form des job
enrichment erweitert werden. Zur Verbesserung physikalischer Arbeitsbedingungen, wie z. B. Lärm, Klima oder Beleuchtung, sind Methoden des technischen Arbeitsschutzes heranzuziehen. Bei den per-
sonenbezogenen Maßnahmen sind bewährte Methoden zu nutzen. Für
Lehrer kommen beispielsweise in Betracht: die Progressive Muskelre-
laxation oder das Autogene Training als Entspannungsübung, das Be-
lastungs-Management-Training für Lehrer (BMT-L) nach Rudow, die
Frankfurter-Lehrer-Angst-Selbsthilfe (FLASH) nach Jehle & Nord-
Rüdiger, das Konstanzer Trainingsmodell (KTM) zum effektiven Umgang mit Konflikten bzw. Aggressionen von Schülern, das Gesund-
heitscoaching bei persönlichen Problemen der Lehrer und eine Ver-
haltens- oder Gesprächstherapie bei Burnout.

Literatur

[1] Bundesministerium für Arbeit und Sozialordnung: Arbeitsschutz, Bonn 1998

[2] Buschmann, I. & E. Gamsjäger (1999). Determinanten des Lehrer-Burnout. Psychol Erz Unterr 281–292

[3] Freie und Hansestadt Hamburg, Behörde für Schule, Jugend und Berufsbildung (Hrsg.) (1999): Kleine Fibel des Arbeitsschutzes für Schulleiterinnen und Schulleiter und für Sicherheitsbeauftragte (Lehrerinnen und Lehrer) an Schulen. Hamburg, 5. Auflage

[4] Jehle, P. (1997). Vorzeitige Pensionierung von Lehrerinnen und Lehrern – Befunde und Desiderate der Forschung. In: S. Buchen, U. Carle, P. Döbrich, H.-D- Hoyer & H.-G. Schönwälder (Hrsg.). Jahrbuch für Lehrerforschung, Band 1 (S. 247–276). Weinheim & München: Juventa

[5] Kramis-Aebischer, K. (1995). Stress, Belastungen und Belastungsverarbeitung im Lehrerberuf. Bern: Haupt

[6] Nawrath, C. & M. Taupitz (1999) Die Chance wahrnehmen. Ein Erfahrungsbericht über die Durchführung von Gefährdungs- bzw. Belastungsanalysen in allgemein bildenden Schulen. Pluspunkt, Heft 1, S. 8–9

[7] Rudow, B. (1995). Die Arbeit des Lehrers. Zur Psychologie der Lehrertätigkeit, Lehrerbelastung und Lehrergesundheit. Verlag Hans Huber, Bern, Göttingen, Toronto, Seattle,

[8] Rudow, B. (1997). Personalpflege im Lehrerberuf – Stressmanagementkurse und Gesundheitszirkel. In: S. Buchen et al. (Hrsg.), Jahrbuch für Lehrerforschung, Band 1, S. 301–324. Juventa Verlag, Weinheim & München

[9] Rudow, B. (1999). Stress and burnout in the teaching profession. European studies, issues and research perspectives. In: R. Vandenberghe & A.M. Huberman (Eds.), Understanding and Preventing Teacher Burnout. A Sourcebook of International Research and Practice, pp. 38–58. Cambridge: University Press

[10] Rudow, B. (2000): Der Arbeits- und Gesundheitsschutz im Lehrerberuf. Süddeutscher Pädagogischer Verlag, Ludwigsburg

[11] Scheuch, K., H. Vogel & E. Haufe (1995). Entwicklung der Gesundheit von Lehrern und Erziehern in Ostdeutschland. Dresden: Technische Universität

[12] Stöckli, G. (1999). Nicht erschöpft und dennoch ausgebrannt. Pädagogisches Ausbrennen im Lehrerberuf. Psychol Erz Unterr 46, 293–301

[13] Unfallkasse Sachsen (Hrsg.) (1998) Checklisten zur Gefährdungsbeurteilung in allgemeinbildenden Schulen

10

Betriebliche Einflussfaktoren des Krankenstandes. Eine empirische Untersuchung über Fehlzeiten und ihre Ursachen beim nichtwissenschaftlichen Personal der Universität Erlangen-Nürnberg

G. BUTTLER · C. BURKERT

Einleitung

Zwar ist der betriebliche Krankenstand in den letzten 10 Jahren in den alten Bundesländern insgesamt deutlich zurückgegangen. In den neuen Bundesländern stagniert er jedoch auf etwas höherem Niveau und auch die Entwicklung verläuft nicht in allen Bereichen positiv [3, S. 185/186]. Nach wie vor sind die betrieblichen und die volkswirtschaftlichen Kosten hoch, so dass kein Anlass besteht, die Hände in den Schoß zu legen.

Die Unternehmen können als direkt Betroffene ihren Beitrag nur auf einem Gebiete leisten, bei den betrieblichen Einflussfaktoren von Erkrankungen. Die makro- und mikrosozialen beziehungsweise individuellen Faktoren entziehen sich dagegen weitgehend ihrer Einflussnahme. Da überdies Krankheitsursachen häufig multifaktoriell sind, besteht immer die Gefahr, dass bei Beseitigung einer wesentlichen Ursache andere, bisher latente Faktoren wirksam werden, so dass der erwartete Effekt nicht eintritt [9, 11–13, 18]. Dennoch sollte man nicht in den Fehler verfallen, theoretisch begründete und empirisch bestätigte Maßnahmen zu vernachlässigen. Bei der Bekämpfung von Krankheitsursachen ist es ein wenig wie bei der Werbung. Ein Großteil der Maßnahmen bleibt wirkungslos, man weiß nur nicht, welcher Teil.

Aus der Literatur gibt es verschiedene Hinweise, wo im Unternehmen grundsätzlich die Ursachen für negative Einflüsse auf die Gesundheit der Belegschaft liegen. Es ist daher sicherlich nützlich, kontinuierlich für eine Verbesserung der Arbeitsbedingungen zu sorgen [14, 18]. Wo die besonderen Schwachpunkte liegen, wo also gezielte Maßnahmen besonders erfolgreich erscheinen, erkennt man jedoch dabei nicht. Hierfür sind betriebsindividuelle Untersuchungen erforderlich, wie zum Beispiel eine Analyse der Erkrankungshäufigkeiten nach organisatorischen Einheiten, Diskussionen mit dem Betriebsrat über Beschwerden der Mitarbeiter. In erster Linie gilt es jedoch, die Meinung der Mitarbeiter selbst zu ihrer Arbeitssituation zu erfragen.

Die Mitarbeiterbefragung

Oberstes Gebot einer Mitarbeiterbefragung ist es, der Belegschaft das Gefühl zu geben, dass ihre Meinung ernst genommen wird und dass diese diskret behandelt wird. Jeder kann seine Meinung ehrlich zum Ausdruck bringen, braucht sich für negative Äußerungen nicht zu rechtfertigen und hat vor allem keine Sanktionen zu befürchten. All dies lässt sich nur auf dem Wege einer anonymen Umfrage realisieren [16, S. 36; 6, S. 110; 17, S. 391]. Das hat allerdings den Nachteil, dass Schwachpunkte niemals präzise zu diagnostizieren sind und eine Verbindung mit sonstigen Daten, etwa aus der betrieblichen Krankenstandsstatistik, nicht möglich ist. Eine Unterteilung nach Organisationseinheiten kommt auch nur für größere Bereiche in Frage.

Will man also konkret ermitteln, bei welchen Ursachen besondere Probleme bestehen, muss man neben der Meinung zu den Arbeitsbedingungen auch die Krankheitshäufigkeiten erfragen. Das schafft zwei Probleme. Zum einen ist es kaum möglich, zwischen krankheitsbedingter Abwesenheit und anderweitig verursachter Absenz zu differenzieren, sofern die Befragten dies nicht selbst tun. Immerhin besteht die Chance, dass in einer anonymen Umfrage noch eher ehrlich geantwortet wird als wenn es gilt, grundsätzlich ungerechtfertigtes Fernbleiben zu entschuldigen.

Im Übrigen ist in vielen Fällen die Grenze zwischen beiden Ursachenkomplexen ohnehin fließend. Wer an seinem Arbeitsplatz zufrieden ist, wer sich verantwortlich für seine Arbeit fühlt, der wird in seinem Wohlbefinden seltener einen subjektiven Grund für das Daheimbleiben finden.

Das zweite Problem besteht darin, dass man, um Zufälligkeiten zu kompensieren, die Krankheitshäufigkeit und -dauer für einen längeren Zeitraum, etwa ein halbes Jahr, erfragen sollte, dass dann aber keine exakten Angaben mehr erwartet werden können. Insbesondere Personen, die häufiger krank waren, werden dies ohne Aufzeichnungen nicht mehr genau rekapitulieren können. Hier kann man also nur Häufigkeitsklassen zum Ankreuzen vorgeben. Der Versuch, exakte Angaben zu erhalten, würde nur eine Scheingenauigkeit vortäuschen.

Für die Vertrauensbildung wichtig ist, dass der Personalrat, der ja ohnehin seine Zustimmung geben muss, aktiv in die Gestaltung der Umfrage einbezogen wird [1, 2]. Das bedeutet, dass die Befragung nicht mit einem von außen eingekauften Fragebogen durchgeführt wird, sondern soweit wie möglich auf die organisationsspezifischen Belange zugeschnitten ist. Das erfordert keinesfalls eine völlige Eigenentwicklung, sondern erlaubt durchaus, einen anderweitig entwickelten und erprobten Fragebogen zugrunde zu legen. Dies erleichtert auch die Vergleichbarkeit [5, S. 5 ff; 14]. Auf alle Fälle sollte die Belegschaft das Gefühl haben, dass es darum geht, ihre Belange angemessen zu berücksichtigen. Die Mitarbeiterbefragung ist mit Hilfe eines Projektteams durchzuführen, zu welchem u.a. Mitarbeiter aus unterschiedlichen Bereichen gehören [16, S. 41]. Bleibt die Frage einer Voll- oder Teilerhebung! Vollerhebungen haben Vorteile. Für die Akzeptanz der Befragung und ihrer Ergebnisse ist es wichtig, den Mitarbeitern das Gefühl zu geben, dass die Meinung jedes Einzelnen gefragt ist. Dass es letztlich nur auf Gesamtergebnisse ankommt und dass diese auch auf Stichprobenbasis möglich sind, lässt sich dem statistischen Laien nur schwer vermitteln. Die größere Zahl der Teilnehmer bei Vollerhebungen erlaubt überdies auch bei Wahrung der Anonymität eine gewisse Segmentierung der Umfrage. Dadurch können konkrete Veränderungsmaßnahmen eingeleitet werden, die sich aus den Ergebnissen der Auswertungseinheiten ableiten lassen. Die vor allem gegen Vollerhebungen angeführten Kostenargumente verlieren im Zuge der steigenden Anzahl an Online-Mitarbeiterbefragungen und maschinenlesbarem Einlesen der Antwortbögen an Bedeutung.

Selbstverständlich sollte sein, dass die Resultate rasch der Belegschaft bekannt gemacht werden und dass unverzüglich – unter Einbeziehung von Vertretern der Mitarbeiter – über sinnvolle und notwendige Konsequenzen aus den Ergebnissen diskutiert wird. Diese Diskussionen bilden die Basis für die Entwicklung von Problemlösungen. Daraus werden dann Maßnahmen abgeleitet und umgesetzt [8].

Wir sind der Meinung, dass zur Veranschaulichung dieser Postulate eine Umfrage dienen kann, die im Jahre 1996 unter den nichtwissenschaftlichen Mitarbeitern der Universität Erlangen-Nürnberg durchgeführt wurde. Da die zugrunde liegende Problematik nach wie vor existiert, dürften auch die Ergebnisse noch aktuell sein, sich also zum Beispiel für einen Vergleich mit anderen Hochschulen, möglicherweise auch sonstigen staatlichen Institutionen eignen. Dies gilt erst recht für das Vorgehen bei der Durchführung der Befragung sowie die verwendeten Analyseverfahren.

Konkretes Vorgehen

Die Befragung richtete sich an alle 2009 Personen des nichtwissenschaftlichen Personals (Angestellte, Arbeiter, Beamte). Erfasst wurden also ganz unterschiedliche Tätigkeiten wie die von Sekretärinnen, Hausmeistern oder der allgemeinen Verwaltung[1]. Der Fragebogen erfasst in vier Komplexen

1. Die Einschätzung der Mitarbeiter zu ihrer Arbeitssituation, und zwar in Bezug auf Anforderungen, Arbeitsplatzgestaltung, Bezahlung, Kollegen, Vorgesetzte, Informationsfluss sowie Fort- und Weiterbildung.
2. Häufigkeit und Dauer von Erkrankungen,
3. Soziodemographie der Befragten,
4. Verbesserungsvorschläge.

Der Praxis der empirischen Sozialforschung entsprechend wurden die weichen Daten der Beurteilung der Arbeitssituation jeweils durch mehrere Items operationalisiert. Dies ermöglicht es den Befragten zum einen, den jeweiligen Bereich differenziert zu beurteilen. Zum anderen kann dadurch die unvermeidliche zufallsbedingte Streuung in den Antworten kompensiert werden, indem die Items zu Gesamtindizes zusammengefasst werden (vgl. „Arbeitszufriedenheit und Krankenstand" und „gruppenspezifische Differenzierungen").

Es wurde eine Vollerhebung durchgeführt, die zu einer Rücklaufquote von 70,7 Prozent führte. Ein Vergleich der Struktur der Antwortenden mit der Gesamtheit ergab alles in allem eine recht gute Übereinstimmung (Abb. 11.1)[2].

Da die Personalabteilung keine – pauschalen – Krankenstandsdaten zur Verfügung stellen konnte, war leider ein Vergleich mit den Umfrageergebnissen nicht möglich.

Die Befragungsdaten wurden mit Hilfe des Programmpaketes SPSS analysiert. Dabei wurden die überwiegend ordinalen Merkmale grundsätzlich wie metrische behandelt. Das erleichtert die Auswer-

---

[1] Es handelte sich dabei sowohl um administrative wie handwerklich/technische Arbeiten. Einige Arbeitsplätze haben Publikumsverkehr, andere nicht.
[2] Das ist zwar noch kein Beweis dafür, dass die Ausfälle neutral zu behandeln sind, andererseits ergaben sich aber auch keine Verdachtsmomente für eine systematische Verzerrung der Resultate. Da es in dieser Befragung auch nicht darum ging, die Arbeitszufriedenheit der Hochschulmitarbeiter möglichst genau zu erfassen, sondern Zusammenhänge zwischen Arbeitsbedingungen und Krankenstand aufzuzeigen, spielen die fehlenden 30 Prozent nur eine untergeordnete Rolle: Es ist nicht anzunehmen, dass es sich dabei vorwiegend um unzufriedene, aber gesunde oder alternativ um zufriedene, aber häufig kranke Mitarbeiter handelt.

| | Anteil an der Grundgesamtheit | | Anteil am Rücklauf | | Rücklauf-quote des Teilbereichs |
	absolut	in %	absolut	in %	in %
Zentrale Universitätsverwaltung	352	17,52	242	17,0	68,75
Bibliotheken	170	8,46	131	9,2	77,06
Geisteswissenschaftliche Fakultäten (Theo., Jur., Phil., Wiso, EWF)	224	11,15	166	11,7	74,11
Medizinische Fakultät	386	19,21	254	17,9	65,8
Naturwissenschaftliche Fakultäten	341	16,97	238	16,7	69,79
Technische Fakultät	444	22,11	338	23,8	76,13
Technischer Dienst (Referat V der ZUV)	92	4,58	52	3,7	56,52
	2009	100,00	1421	100,00	Ø 69,73

RÜCKLAUFQUOTE 70,7%   Rundungsfehler ↑

Abb. 11.1. Häufigkeitsverteilung der Grundgesamtheit und des Rücklaufs nach Teilbereichen

tung, bedeutet andererseits aber, dass die Ergebnisse, etwa in Gestalt arithmetischer Mittelwerte, nicht ganz die ausgewiesene Präzision aufweisen.

Überprüfung einiger gängiger Hypothesen[3]

Zunächst einige Basisdaten zur Struktur des Krankenstandes (Abb. 11.2). Etwa die Hälfte der Antwortenden (47,9 Prozent) gab an, im letzten Halbjahr nicht krank gewesen zu sein gegenüber 49,5 Prozent, die mindestens einmal krankheitsbedingt fehlten. Die Ausfälle

---

[3] Signifikanztests wurden, da es sich um eine Vollerhebung handelt, nicht angestellt. Sie hätten aber auch in diesem Falle wenig zusätzliche Erkenntnis gebracht, da bei der Größe des „Stichprobenumfanges" von 1421 Personen ohnehin fast alle sinnvollen Hypothesen signifikant gewesen wären. Die deskriptiven Resultate sprechen, zumindest in der Mehrzahl der Fälle, für sich.

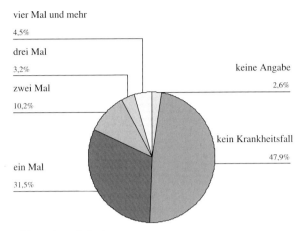

Abb. 11.2. Krankheitshäufigkeit pro Person

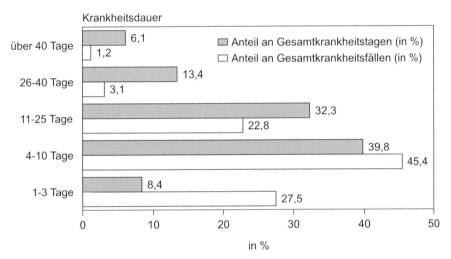

Abb. 11.3. Verteilung der Gesamtkrankheitsfälle und Gesamtkrankheitstage auf die Krankheitsdauer

durch Krankheit betrugen über alle Arbeitnehmer 2,6 Tage/Halbjahr beziehungsweise 5 Tage pro mindestens einmal Erkrankten.

Konfrontiert man Krankheitstage und Krankheitshäufigkeit, ergibt sich das erwartete Bild (Abb. 11.3). Während zum Beispiel die Kurzzeiterkrankten (1 bis 3 Tage) ein gutes Viertel (27,5 Prozent) der Erkrankungen ausmachen, entfallen darauf aber nur 8,4 Prozent aller Krankheitstage. Das Schwergewicht liegt im mittleren Bereich zwi-

schen 4 und 25 Tagen. Dort finden sich 72,1 Prozent der Krankheitstage und 68,2 Prozent der Krankheitshäufigkeiten. Hierfür sind jedoch
nur ein Viertel der Mitarbeiter verantwortlich. Der Krankenstand verteilt sich folglich sehr ungleichmäßig auf die Belegschaft.

Auf den ersten Blick unerwartet sind zwei weitere Resultate, die die
Abhängigkeit der Krankheitshäufigkeit vom Geschlecht und vom beruflichen Status einerseits sowie von der Dauer der Betriebszugehörigkeit andererseits zeigen. Die meisten betrieblichen Untersuchungen
kommen zu dem Resultat, dass Frauen einen höheren Krankenstand
aufweisen als Männer. Dies wird vor allem mit der Doppelbelastung
durch Beruf und Familie sowie mit den Folgen von Schwangerschaften begründet. Dem stehen allerdings die Statistiken der Gesetzlichen
Krankenversicherung entgegen, die eher das Gegenteil belegen [3,
S. 185]. In diese fließen allerdings Krankheiten bis zu einer Dauer
von 3 Tagen nur ein, insoweit in den Betrieben eine ärztliche Arbeitsunfähigkeitsbescheinigung vorgelegt werden muss. In unserer Untersuchung kamen die Frauen im Durchschnitt auf 1,0 Krankheitsfälle
gegenüber ihren Kollegen mit 0,84 Fällen. Der Anteil der Kurzzeiterkrankungen ist bei den Frauen deutlich höher.

Auffällig ist ferner, dass Beamte bis auf die Altersgruppe der über
40-jährigen deutlich höhere Krankheitshäufigkeiten aufweisen als Arbeiter und Angestellte, die etwa gleiches Niveau haben (Abb. 11.4)[4].

Überraschend erscheint auch, dass die Krankheitshäufigkeit mit
der Dauer der Betriebszugehörigkeit deutlich zunimmt, sollte man
doch erwarten, dass mit der Dauer der Zugehörigkeit auch die Bin-
dung an den Arbeitsplatz wächst, so dass leichtere Erkrankungen eher
ignoriert werden. Es ist möglich, dass die unerwarteten Ergebnisse
ein Artefakt sind, Ergebnis eines latenten Alterseinflusses. Die grobe
Unterteilung in zwei Altersklassen, unter 40 sowie 40 Jahre und älter
lässt dies allerdings nicht erkennen. Eine vollständige Ausschaltung
möglicher Alterseinflüsse scheitert jedoch an der Sorge, bei genauerer
Erfragung des Alters könne, in Verbindung mit anderen persönlichen
Daten, die Anonymität nicht mehr gewahrt sein. Hier ist ein Kompro-
miss zwischen den Anforderungen an die Diskretion und dem
Wunsch nach möglichst präzisen Analyseergebnissen zu finden.

---

[4] Dass sich der Krankenstand von Arbeitern und Angestellten auf gleichem
Niveau bewegt, ist ungewöhnlich. Im Durchschnitt weisen die Arbeiter einen
fast doppelt so hohen Krankenstand auf wie die Angestellten (vgl. dazu
Kap. 18 in diesem Band).

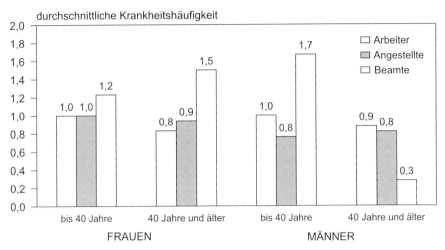

Abb. 11.4. Krankheitshäufigkeit von Frauen und Männern nach Altersgruppen und Arbeitnehmerstatus

Arbeitszufriedenheit und Krankenstand

Aus den verschiedenen Bereichen der Arbeitszufriedenheit, die im Fragebogen erfasst werden, sollen im Folgenden einige besonders deutliche Resultate aufgeführt werden. Dabei werden, wie erwähnt, jeweils mehrere Items zu einem Index zusammengefasst. Dadurch lässt sich auf einfache, aber sehr anschauliche Weise der Zusammenhang zwischen der Einschätzung des jeweiligen Komplexes und der Krankheitshäufigkeit zeigen.

Zum Komplex „Arbeitsgestaltung" zählen die Freiheitsspielräume innerhalb des Arbeitsprozesses, die Einschätzung der Nützlichkeit der eigenen Tätigkeit sowie das Ausmaß der Abwechslung. Bei positiver Einschätzung der Arbeitsgestaltung ist die Krankheitshäufigkeit mit 0,82 Fällen weniger als halb so hoch wie bei denen, die mit der Gestaltung ihrer Arbeit weniger oder überhaupt nicht zufrieden waren. Dort liegt die Krankheitshäufigkeit bei einem Durchschnitt von 1,78 (Abb. 11.5).

Ein ähnliches Bild zeigt sich auch bei der Beurteilung des Vorgesetzten (Abb. 11.6). Je positiver das Verhalten des Vorgesetzten eingeschätzt wird, desto niedriger ist die Krankheitshäufigkeit.

Auch die Selbsteinschätzung bezüglich der Anforderungen der Arbeit, Frage: „Haben Sie das Gefühl, den Anforderungen Ihres Arbeitsplatzes gewachsen zu sein?", zeigt das erwartete Ergebnis (Abb. 11.7). Am niedrigsten ist die Krankheitshäufigkeit mit 0,83 bei denen, die

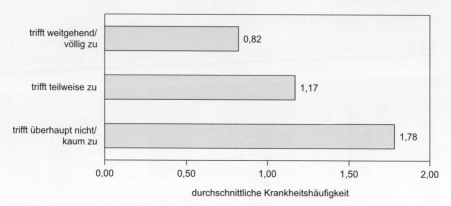

Abb. 11.5. Krankheitshäufigkeit und Arbeitsgestaltung

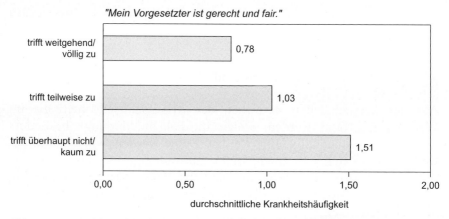

Abb. 11.6. Krankheitshäufigkeit und Vorgesetztenbeurteilung

sich angemessen gefordert fühlen. Demgegenüber steigt die Häufigkeit sowohl mit der Unter- als auch mit der Überforderung.

In der Gesamtbewertung kommt der Zusammenhang zwischen Arbeitszufriedenheit und Krankheitshäufigkeit noch deutlicher zum Ausdruck als in den bereits dargestellten Auswertungen. Auf die resümierende Frage: „Wenn Sie an alles denken, was mit Ihrer Arbeit zu tun hat und gute und schlechte Seiten abwägen, wie zufrieden sind Sie dann alles in allem mit Ihrer Arbeit?" steigt die Krankheitshäufigkeit von 0,73 bei sehr Zufriedenen bis auf 2,20 bei den sehr Unzufriedenen.

"Haben sie das Gefühl, den Anforderungen Ihres Arbeitsplatzes gewachsen zu sein?"

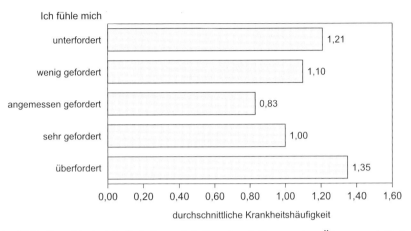

Abb. 11.7. Krankheitshäufigkeit und Selbsteinschätzung der Über- und Unterforderung

Gruppenspezifische Differenzierungen

Abschließend wurde die Frage untersucht, ob die Belegschaft in Gruppen eingeteilt werden kann, die sowohl in Bezug auf Krankheitshäufigkeit als auch auf Arbeitszufriedenheit klar voneinander getrennt sind[5].

Mit Hilfe einer logistischen Regression wurden zunächst die Variablen ermittelt, welche für die Prognose der Erkrankungswahrscheinlichkeit am besten geeignet sind. Es ergaben sich sechs Variablen, nämlich Führungsindex, Kollegenindex, Tätigkeitsartenindex, Betriebsklima, Informationsfluss und Arbeitszufriedenheit insgesamt. Sie wurden zu einem Zufriedenheitsindex zusammengefasst und zusammen mit der Krankheitshäufigkeit für die Bildung von drei Klassen (Verfahren: K-Means-Cluster, Euklidische Distanz) zugrunde gelegt. Auch hier zeigt sich das erwartete Resultat, die Häufigkeit der Erkrankungen verhält sich gegenläufig zur Zufriedenheit (Abb. 11.8).

Nun werden bekanntlich nicht alle Dimensionen der Arbeitsbedingungen für gleich bedeutsam gehalten. Entscheidend ist daher weni-

---

[5] Der Grundgedanke der Clusterbildung ist dadurch gekennzeichnet, die Fälle der Untersuchung in möglichst homogene Gruppen einzuteilen. Die Gruppen sollten möglichst ähnliche Elemente enthalten, während Elemente verschiedener Gruppen möglichst unähnlich sein sollten.

Cluster	Häufigkeit der krankheits- bedingten Abwesenheit (Mittelwert)	Zufriedenheit Addition (Mittelwert)	Anzahl der Fälle
1	1,2	14,2	305
2	0,89	19,4	545
3	0,55	24,2	488
	∅ 0,83	∅ 19,9	Summe 1338

Abb. 11.8. Cluster der Belegschaft nach Krankheitshäufigkeit und Arbeits-zufriedenheit

ger die absolute Einschätzung als vielmehr die Diskrepanz zwischen der erwarteten und der erlebten Situation. Dies lässt sich mit Hilfe des sog. Servqual-Ansatzes ermitteln, bei dem inhaltsgleiche Items mit einer Doppelskala, nämlich für die tatsächliche und für die gewünschte Situation, gemessen werden [10, S. 208 ff; 7, S. 19 ff].

Eine negative Differenz erzeugt Frustration, die sich nachteilig auf die Gesundheit auswirken kann. Dies könnte zu einer höheren Krankheitshäufigkeit führen.

Die Hypothese krankmachender Arbeitsfrustration kommt in einem Profilvergleich der drei Cluster deutlich zum Ausdruck (Abb. 11.9). In Cluster 3, das heißt bei den Personen mit der höchsten Zufriedenheit und der niedrigsten Krankheitshäufigkeit schwanken die Differenzen von wenigen Ausnahmen abgesehen um die Nulllinie, das heißt Erwartung und Realität decken sich weitgehend. Demgegenüber liegen bei Cluster 1, das heißt den Personen mit der größten Krankheitshäufigkeit, die Diskrepanzen deutlich im negativen Bereich, die betreffenden Mitarbeiter sind auf der ganzen Linie mit den Bedingungen ihrer Arbeit unzufrieden.

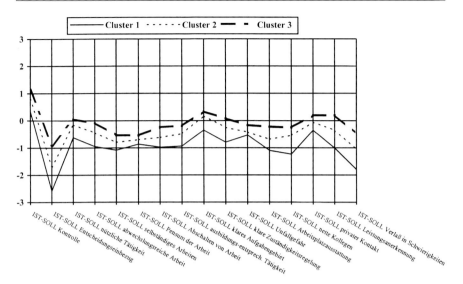

Abb. 11.9. Profil der erlebten Differenzen aller drei Cluster

Zusammenfassung und Ausblick

Bei den Beschäftigten der Friedrich-Alexander-Universität konnte ein deutlicher formaler Zusammenhang zwischen den Arbeitsbedingungen in ihrer subjektiven Wertung und der Krankheitshäufigkeit festgestellt werden. Damit wurden wieder einmal die Hypothesen über den Einfluss betrieblicher Faktoren auf den Gesundheitszustand empirisch belegt. Es trifft also zu, dass Personen, die mit ihrer Arbeit unzufrieden sind, öfter krank sind als die Zufriedenen. Über die Wirkungsrichtung ist damit jedoch noch nichts gesagt. Es spricht zwar vieles dafür, dass Unzufriedenheit krank macht. Andererseits ist aber auch nicht auszuschließen, dass eine angegriffene Gesundheit auf die Stimmung drückt und so zu einer schlechteren Beurteilung führt.

Da die objektiven Arbeitsbedingungen überdies stets durch den Filter der subjektiven Empfindungen bewertet werden, muss man auch davon ausgehen, dass gleiche Bedingungen von unterschiedlichen Personen in aller Regel auch unterschiedlich bewertet werden. Entscheidend ist also letztlich nicht, wie die Verhältnisse tatsächlich sind, sondern wie sie gesehen werden. Das macht eine Diagnose von Schwachstellen zusätzlich schwer und behindert die Implementierung von Verbesserungsmaßnahmen.

Hinzu kommt noch, dass die Anonymität der Befragung Ergebnis-
auswertungen für kleinere organisatorische Einheiten, in denen zum
Beispiel das Verhalten von Kollegen und Vorgesetzten wirksam wird,
nicht erlaubt [6].

Dennoch ist es unbedingt geboten, dass die Leitung der Institution,
in der eine derartige Erhebung durchgeführt wurde, deren Resultat
ernst nimmt. Das bedeutet zum einen, dass die Ergebnisse den Mitarbeitern zwar in konzentrierter und interpretierter Form zur Verfügung gestellt werden, dass dabei aber jeglicher Eindruck einer
Schönung der Ergebnisse vermieden werden sollte. Zum anderen
muss der Belegschaft deutlich gemacht werden, dass Konsequenzen
aus den Befragungen gezogen werden sollen. Dies jedoch nicht als
einsame Entscheidungen der Leitung, sondern vielmehr im Dialog,
besser noch in Zusammenarbeit mit den Mitarbeitern und den Vertretern der Mitarbeiter (vgl. Abschnitt „Mitarbeiterbefragung"). Alle
auf diese Weise eingeleiteten Maßnahmen tragen allein schon durch
den Umstand, dass sie von der Belegschaft mitinitiiert wurden, zur
Verbesserung des Betriebsklimas bei. Ob sich dadurch tatsächlich eine
Senkung des Krankenstandes ergibt, bleibt abzuwarten. Eindeutig
feststellen lässt sich das sicher nicht. Feststellen lässt sich jedoch, ob
dadurch die Zufriedenheit der Mitarbeiter gewachsen ist. Die Bedeutung, die der Mitarbeiterzufriedenheit im Rahmen moderner Unter-
nehmensstrategien, insbesondere bei TQM, beigemessen wird, zeigt
jedoch, dass deren Verbesserung sich generell lohnt [16, S. 24].

Literatur

[1] Böhm W (1997) Mitarbeiterbefragungen – Juristische Rahmenbedingungen. In: Bungard W, Jöns I (Hrsg) Mitarbeiterbefragung. Ein Instrument des Innovations- und Qualitätsmanagements. Beltz Psychologie
Verlags Union, Weinheim, S 236-244

[2] Breisig T (1993) Personalforschung und Betriebsrat: Facetten eines
getrübten Verhältnisses. In: Becker F, Martin A (Hrsg) Empirische Personalforschung. Methoden und Beispiele. Rainer Hampp Verlag,
München/Mering, S 219–240

[3] Bundesministerium für Arbeit und Sozialordnung (2000) Arbeits- und
Sozialstatistik. Hauptergebnisse 2000. Bundesministerium für Arbeit
und Sozialordnung, Bonn

[4] Bungard W, Jöns I, Schultz-Gambard J (1997) Sünden bei Mitarbeiterbefragungen. In: Bungard W, Jöns I (Hrsg) Mitarbeiterbefragung. Ein Instrument des Innovations- und Qualitätsmanagements. Beltz Psychologie Verlags Union, Weinheim, S 441–455

---

[6] Dies wäre hier aufgrund der organisationsspezifischen Abfrage auch überhaupt nicht möglich.

[5] Domsch M, Ladwig D (2000) Mitarbeiterbefragungen – Stand und Entwicklungen. In: Domsch M, Ladwig D (Hrsg) Handbuch Mitarbeiterbefragung. Springer, Berlin, S 1–14

[6] Fettel A (1997) Mitarbeiterbefragungen – Anforderungen und Erwartungen aus der Sicht von Mitarbeiter. In: Bungard W, Jöns I (Hrsg) Mitarbeiterbefragung. Ein Instrument des Innovations- und Qualitätsmanagements. Beltz Psychologie Verlags Union, Weinheim, S 97–113

[7] Haller S (1993) Methoden zur Beurteilung von Dienstleistungsqualität – Überblick zum State of the Art. Zeitschrift für betriebswirtschaftliche Forschung 1: 19–37

[8] Jöns I (1997) Rückmeldung der Ergebnisse an Führungskräfte und Mitarbeiter. In: Bungard W, Jöns I (Hrsg) Mitarbeiterbefragung. Ein Instrument des Innovations- und Qualitätsmanagements. Beltz Psychologie Verlags Union, Weinheim, S 167–194

[9] Kleinbeck U, Wegge J (1996) Fehlzeiten in Organisationen: Motivationspsychologische Ansätze zur Ursachenanalyse und Vorschläge für die Gesundheitsförderung am Arbeitsplatz. Zeitschrift für Arbeits- und Organisationspsychologie 4: 161–171

[10] Meffert H, Bruhn M (1995) Dienstleistungsmarketing. Grundlagen – Konzepte – Methoden. Gabler, Wiesbaden

[11] Schnabel C (1991) Strukurelle und konjunkturelle Determinanten des Krankenstandes. Sozialer Fortschritt 12: 298–304

[12] Schnabel C, Stephan G (1993) Determinanten des Krankenstandes: Betriebs- und Zeitreihendaten. In: Duwendag D et al (Hrsg) Jahrbuch für Sozialwissenschaften. Zeitschrift für Wirtschaftswissenschaft. Vandenhoeck & Ruprecht, Göttingen, S 132–147

[13] Schumacher E (1994) Psychosoziale Bedingungen betrieblicher Fehlzeiten. Eine empirische Untersuchung im industriellen Bereich. Profil-Verlag, München

[14] Slesina W, Broekmann M (1992) Gesundheitszirkel zur Verstärkung des Gesundheitsschutzes im Betrieb. Arbeit 2: 166–186

[15] Spies S; Beigel H (1996) Einer fehlt, und jeder braucht ihn. Wie Opel die Abwesenheit senkt. Ueberreuter, Wien

[16] Trost A, Jöns I, Bungard W (1999) Mitarbeiterbefragung. WEKA Verlag, Augsburg

[17] Wiendieck G (1997) Führungskräfte im Urteil ihrer Mitarbeiter. In: Bungard W, Jöns I (Hrsg) Mitarbeiterbefragung. Ein Instrument des Innovations- und Qualitätsmanagements. Beltz Psychologie Verlags Union, Weinheim, S 386–398

[18] Zoike E (1991) Sozialpolitik: Krankenstand – Einflussfaktoren und Steuerungspotentiale. Arbeit und Sozialpolitik 11/12: S 41–48

11

KAPITEL 12

Gesundheitsförderung an Hochschulen

B. Gusy · D. Kleiber

Gesundheitsförderung im Setting Hochschule gehört zu den jüngeren Projektinitiativen des europäischen Regionalbüros der Weltgesundheitsorganisation in Kopenhagen. Als erste Universität stellte sich die University of Central Lancashire (1995) dieser Herausforderung und konzipierte ein Rahmenprogramm für Gesundheitsförderung, dass Interventionen in vielen Hochschulbereichen beinhaltete und derzeit als „model of good practice" europaweit Anerkennung genießt. In der Bundesrepublik Deutschland wurde zeitgleich der Arbeitskreis „Gesundheitsfördernde Hochschulen" konstituiert, in dem derzeit Vertreter gesundheitsförderungsinteressierter Hochschulen mitarbeiten. Die Palette gesundheitsförderlicher Vorhaben und Projekte an bundesdeutschen Hochschulen reicht derzeit von Einzelaktivitäten wie z. B. dem Modell präventiver Studienberatung in Dresden [1] bis zur Etablierung von Gesundheitsförderung als integriertem strukturellen Merkmal an Hochschulen wie in dem an der Universität Bielefeld realisierten Ansatz „Personalentwicklung als Mittel der Gesundheitsförderung" [2]. Abgesehen von diesen Projekten befinden sich die ersten Hochschulen bei der Erstellung von Gesundheitsberichten für Mitarbeiter bzw. Studenten einer Hochschule, um datengestützt Veränderungspotenziale zu ermitteln und in Gesundheitsprojekten umzusetzen. Ziel dieses Beitrags ist es, den aktuellen Stand dieser Initiativen kritisch zu beleuchten.

Hintergrund

Gesundheitsfördernde Hochschulen sind seit 1997 Bestandteil des Arbeitsprogramms „Gesunde Städte", das 1986 als erstes Setting-Projekt von der Weltgesundheitsorganisation erfolgreich initiiert wurde und als Modell für viele Folgeinitiativen diente. Die Projektinitiative „Gesundheitsfördernde Hochschule" steht sowohl in der Tradition des Programms „Gesundheitsförderliche Schule" als auch des Arbeitsprogramms „Gesundheitsförderung in Betrieben" und versucht, die in

Wirtschaft und Bildung erfolgreichen Programme in einer einzigen Modellinitiative zu bündeln. Die Hochschule rückt als Arbeitsplatz der dort beschäftigten Personen einerseits sowie als Ausbildungsstätte für Studierende andererseits ins Zentrum der Betrachtung, die eine Schnittstelle in Lern-/Lehrsituationen aufweisen. Es werden Gesundheitschancen und Risikopotenziale von Beschäftigten und Studierenden durch das System Hochschule beeinflusst. Die Thematisierung von Gesundheit wird sichtbar:

- in einer mehr oder weniger expliziten Verankerung gesundheitsbezogener Themen mit entsprechender nachgelagerter Angebotsgestaltung im Leitbild einer Hochschule,
- in der Ausgestaltung der im Arbeitsschutzgesetz beinhalteten Standards für den betrieblichen Arbeits- und Gesundheitsschutz für Hochschulen als Betriebsstätten,
- in Veranstaltungen, deren inhaltliche oder didaktische Gestaltung einen mehr oder minder starken Gesundheitsbezug erkennen lassen,
- in der Dienstleistungsfunktion in Forschung, Weiterbildung und Systemgestaltung, sofern deren angebotene Dienste oder Produkte Gesundheitsrelevanz aufweisen (z. B. Biotechnologie, Ausbildung von Fachkräften im Gesundheitsbereich),
- in einer unterstützenden Sozialisationsfunktion für junge Erwachsene in der Ablösung vom Elternhaus, in der individuelle gesundheitsbezogene Lebensstile geformt bzw. gefestigt werden,
- in ihrer Rolle, gesundheitsbezogene Perspektiven in kommunalen, regionalen, nationalen und internationalen Gestaltungsprojekten einzubringen,
- in ihrer Multiplikatorfunktion für gesundheitsbezogene Orientierungen durch Menschen, die nach dem Studium in unterschiedlichen Arbeits- und Wirtschaftsbereichen tätig sein werden [3, 4]

12

Diese multiplen Einwirkungsmöglichkeiten von Hochschulen in gesundheitliche Belange unterschiedlicher Akteursgruppen (Beschäftigte, Studierende, zukünftige Gestalter von Gesundheitssystemen) qualifiziert eben diese als idealen Ort für Gesundheitsförderung. Was aber hat die Hochschule davon, wenn sie sich in der Gesundheitsförderung engagiert? Es lassen sich folgende drei Argumente für die Initiierung von Gesundheitsprojekten an Hochschulen anführen:

1. Die Förderung ihrer Leistungsfähigkeit

Psychosoziale Belastungen (z. B. Stress) oder gesundheitliche Beschwerden senken die Leistungsfähigkeit und führen zu hohen Fehlzeiten in den Hochschulen. Mit 7,6% (in 1999) gehören Hochschulen im Dienstleistungssektor zu den Institutionen mit dem höchsten Krankenstand und liegen weit über dem Branchendurchschnitt von 5,4% [5]. Die durch Fehlzeiten verursachten direkten und indirekten Kosten sind in Folge branchenspezifisch am höchsten. Investitionen in die Gesundheit von Mitarbeitern und Studierenden helfen, die Leistungsvoraussetzungen beider Gruppen zu verbessern und können somit einen Beitrag zur Produktivität im Lehr- und Forschungsbetrieb leisten.

2. Die Profilierung in Gesundheitsfragen

Immer mehr Hochschulen formulieren Leitbilder, die ihr Profil kurz und prägnant darstellen. Mit einer zusätzlichen Akzentsetzung auf Gesundheit/Gesundheitsförderung können Hochschulen sich als Partner in Gesundheitsfragen in lokalen, regionalen, nationalen und internationalen Zusammenhängen ausweisen.

3. Die Förderung ihres Images

Nicht immer steht der direkte (gesundheitliche) Nutzen für gesundheitsförderungsaktive Unternehmen im Vordergrund. Eine europaweite Studie der Europäischen Stiftung zur Verbesserung der Lebens- und Arbeitsbedingungen (1998) erbrachte, dass die Pflege und Förderung des Images eines Unternehmen ein häufig genanntes Motiv für die Initiierung gesundheitsbezogener Projekte ist. Die Unternehmen erwarten, dass diese Investitionen ihre Attraktivität fördern, Wettbewerbsvorteile gegenüber Konkurrenten bewirken und sich insofern auszahlen. Dies trifft auch auf Hochschulen zu, die zunehmend unter Wettbewerbsbedingungen agieren und ihre Attraktivität für Studierende und Mitarbeiter herausstreichen müssen.

Gesunde Mitarbeiter gelten als flexibler, motivierter und leistungsfähiger und sind bei zunehmendem Konkurrenzdruck ein unschätzbarer Wettbewerbsvorteil. Dies gilt umso mehr in personalintensiven kommunikativen Arbeitsfeldern wie der Hochschule, in denen der Automatisierung Grenzen gesetzt sind. Insofern gilt es, die Leistungsfähigkeit der Mitarbeiter zu erhalten und zu fördern und ihnen Bedingungen zu bieten, unter denen sie in ihrer Arbeitstätigkeit maximale Wirkung entfalten können. Veränderungsinitiativen können z.B. darauf gerichtet sein, erkannte Mängel zu beseitigen (korrektiv), gesundheitliche Schädigungen oder Mängel im Vorfeld zu vermeiden (präventiv) oder die Lern-, Lebens- oder Arbeitsbedingungen so zu gestalten, dass sie zur Persönlichkeitsentwicklung von Lehrenden und

Studierenden beitragen (prospektiv). Zielen erstgenannte Interventionsarten primär darauf ab einer (möglichen) Gesundheitsschädigung entgegenzuwirken bzw. deren Folgen zu minimieren, lässt sich letztgenannte Intention am ehesten dem in der Ottawa-Charta der Weltgesundheitsorganisation formulierten Entwicklungsziel für Maßnahmen zur Gesundheitsförderung in der Arbeitswelt zuordnen, „sichere, anregende, befriedigende und angenehme Arbeits- und Lebensbedingungen" zu schaffen.

In der konstituierenden Idee zu dem Netzwerk „Gesundheitsfördernder Hochschulen" ist die Zugangsschwelle niedrig definiert. Als gesundheitsfördernd gilt eine Hochschule dann, wenn sie „beständig und nachhaltig darum bemüht ist, ihre Kapazitäten als gesundem Lebens-, Arbeits- und Lernort zu verbessern" [4]. Im Netzwerk „Gesundheitsfördernde Hochschulen" finden sich somit Projekte, die qualitativ unterschiedliche Zielsetzungen verfolgen und ausschließlich den Gesundheitsbezug als gemeinsame Klammer aufweisen. Diagnostizierte Fehlentwicklungen bzw. Schwachstellen wie z. B. hoher Krankenstand bilden häufig den Ausgangspunkt für gesundheitsbezogene Interventionen und zielen auf Beseitigung der Ursachen (korrektiv) bzw. auf zukünftige Vermeidung dieser Fehlentwicklungen (präventiv) wie z. B. die Minderung potenziell gesundheitsgefährdender Risiken. Die Fragestellung, wie zukünftige persönlichkeitsförderliche Lern- und Arbeitsbedingungen an Hochschulen gestaltet werden können (prospektiv), wird bislang in keinem Projekt bearbeitet. Unternehmensweite Managementstrategien für den Arbeits- und Gesundheitsschutz, wie z. B. Zimolong sie vorschlägt [16], sind an dieser Stelle zu nennen, sollte unter Gesundheitsförderung mehr als „Mängelbeseitigung" bzw. „Verhinderung von Mängeln" verstanden werden.

Gesundheitsförderung:
Für die Hochschulen eine Herausforderung unter vielen

Hochschulen sind spätestens seit Beginn der 90er Jahre Motoren der Public Health Bewegung in Deutschland. Beim Bundesministerium für Bildung und Forschung (bmb + f) wurde ein Förderprogramm Public Health aufgelegt, aus dem fünf verschiedene universitäre Public Health Verbünde mit angeschlossenen Weiterbildungsangeboten hervorgingen. In diesem Kontext wurden ca. 300 Projekte zu gesundheitsbezogenen Forschungs- und Versorgungsfragen bearbeitet, die Innovationen in der Praxis der Gesundheitsversorgung vorbereiteten. An anderen Hochschulen wurde diese interdisziplinäre Orientierung aufgegriffen und es wurden ergänzende Public Health relevante Ausbildungsangebote, Forschungs- und Praxisprojekte etabliert. Dieser Innovationsschub berührte in den ersten Jahren viele hochschulexterne Bereiche wie Betriebe, Krankenhäuser, Schulen etc., die eine gesundheitsförderliche Weiterentwicklung ihrer Organisation anstrebten, der Betrieb „Hochschule" wurde von dieser Entwicklung zunächst nicht angesteckt. Dies erscheint widersprüchlich und ist nur dadurch zu erklären, dass Hochschulen derzeit einen tiefgreifenden Wandlungsprozess durchlaufen, von stark bürokratisch strukturierten Einrichtungen zu modernen Dienstleistern, in dem verschiedenartige Probleme zu bewältigen sind. Die Stärkung der Autonomie der Hochschulen bei gleichzeitig sinkenden Haushaltsvolumen führt zu einem sich verschärfenden Konkurrenzkampf unter Wettbewerbsbedingungen um renommierte Wissenschaftler, den besten wissenschaftlichen Nachwuchs, um Reputation, um Drittmittel für Forschung, um Studenten und zunehmend mehr um staatliche Mittel für die Grundausstattung. Leistungsverträge zwischen staatlichen Organen und Hochschulen werden geschlossen, in der der gesellschaftliche Auftrag der Hochschule in Zielvereinbarungen formuliert wird (z.B. Anzahl an zur Verfügung zu stellenden Studienplätzen), die den Hochschulen mehr Flexibilität bei der Durchführung ermöglichen sollen. Hochschulintern werden ähnliche Steuerungsmechanismen erwogen bzw. bereits realisiert. Dies hat eine Neustrukturierung hochschuleigener Organisationsprozesse zur Folge. „Beständig sind allein Wandel und Veränderung, in der Zukunft immer schneller und tiefgreifender" kommentiert Warnecke [8] die Situation anlässlich einer Tagung zu „Qualität an Hochschulen". Zunehmender Wettbewerb unter erschwerten wirtschaftlichen Bedingungen lenkt den Blick stärker auf das Leistungsgeschehen und nicht optimal genutzte Ressourcen innerhalb einer Institution.

Strategien zur Gesundheitsförderung an Hochschulen

„Gesundheitssport", „Rückenschulen", „präventive Studienberatung", „Gesundheitsförderliche Personalentwicklung" sind Beispiele für Maßnahmen im Rahmen von Aktionsprogrammen zu „Gesundheitsfördernder Hochschule" in Deutschland. Hierbei lassen sich zwei Strategien unterscheiden. Die erste Strategie intendiert eine Verbesserung der personalen Voraussetzungen durch Qualifikation und Abbau potenziell schädigender Verhaltensweisen (Verhaltensprävention), eine zweite Strategie zielt auf Veränderung der Lern-, Lehr- und Arbeitsumgebung z.B. durch eine ergonomisch günstigere Bestuhlung von Veranstaltungsräumen (Verhältnisprävention). Die Gestaltung der

Abb. 12.1. Ein Phasenmodell gesundheitlicher Interventionsprozesse

Rahmenbedingungen unter denen an der Hochschule gelernt, gelehrt und gearbeitet wird, entspricht dem „Setting"-Ansatz, der den diversen von der Weltgesundheitsorganisation angeregten Netzwerken zur Gesundheitsförderung in verschiedenen Bereichen (z.B. Betrieben, Krankenhäusern, Schulen) zugrunde liegt.

Sieht man von singulären Aktivitäten im Bereich „Gesundheitsfördernder Hochschulen" ab, wie z.B. dem konsequenten Ausbau von Bewegungsangeboten im Rahmen des Hochschulsports, der einschlägigen gesundheitswissenschaftlichen Erkenntnissen folgt, orientieren sich umfassender arbeitende Gesundheitsprojekte in ihrer Programmgestaltung am Gesundheitsaktionzyklus von Public Health (health-action-cycle), der Bestandsaufnahme, Programmplanung, Programmumsetzung und Evaluation[1] als vier aufeinander folgende Phasen umfasst (vgl. Abb. 12.1).

In der Bestandsaufnahme werden Daten über den Gesundheitszustand, Risiken und Gefährdungen, Ressourcen oder Entwicklungspotenziale erhoben, deren Ergebnis für die Interventionsplanung von

---

[1] Im Original lauten die Phasen: assessment, policy formulation, assurance, evaluation.

Bedeutung ist (Bestandsaufnahme). Datengestützt werden Interventionsschwerpunkte abgeleitet und Maßnahmen entwickelt oder adaptiert, die geeignet sind, den Ausgangszustand in positive Richtung zu verändern (Programmplanung), die dann entweder als Pilotprojekte durchgeführt werden oder gleich der vorab spezifizierten Zielgruppe zu Gute kommen. Die in dieser Phase bedeutsame Programmsteuerung hilft bei der Feinabstimmung der Maßnahmen im jeweiligen Kontext (Programmgestaltung), deren Effekte dann mit Blick auf die bei der Programmplanung formulierten Zielsetzungen bewertet werden (Evaluation). In den folgenden Abschnitten werden die verschiedenen Phasen ausführlicher dargestellt.

Die Bestandsaufnahme. Die Bestandsaufnahme erfolgt entweder partizpativ im Rahmen moderierter Diskussionsprozesse (z. B. in Gesundheitszirkeln) oder über sog. Gesundheitsberichte. Diese sind im Idealfall Ergebnis periodischer Datenerhebungen, welche die Darstellung und Analyse des Gesundheitszustandes, von Gesundheitsgefährdungen sowie der Effizienz und Effektivität der gesundheitlichen Versorgung vorher spezifizierter Zielgruppen erlauben. Erste Vorschläge für eine hochschulbezogene Gesundheitsberichterstattung orientieren sich in der Struktur am Gesundheitsbasisbericht für die Bundesrepublik Deutschland, angereichert um Hochschulspezifika (Tabelle 12.1). Insgesamt sieben Bereiche: Rahmenbedingungen, Ausstattung, gesundheitliche Lage und Gefährdungen, Ressourcen und deren Inanspruchnahme, Finanzierung und Steuerung, Vernetzung und Gemeindeorientierung, Veränderung und Weiterentwicklung [4] sowie zwei Interessengruppen finden Berücksichtigung: Mitarbeiter und Studierende einer Hochschule. Diese sehr breit angelegte Struktur für einen hochschulbezogenen Gesundheitsbericht bietet den Vorteil, Zusammenhänge zwischen institutionellen Gegebenheiten/Entwicklungen und dem Gesundheitsstatus von Mitarbeitern und Studenten aufzuzeigen bzw. beschreiben und im Falle periodischer Berichtlegung auch Veränderungen dokumentieren zu können, z. B. in Folge gesundheitsbezogener Interventionen. Es handelt sich hierbei allerdings um eine maximale Entwicklungsperspektive hochschulbezogener Gesundheitsberichterstattung, in der vorhandene kontinuierlich aktualisierte Datenbestände (periodische Statistiken, Strukturdaten, Gefährdungsanalysen) mit Daten aus eigens für Gesundheitsprojekte realisierten Erhebungen zusammenzuführen wären.

Tabelle 12.1. Struktur und Inhaltsbereiche einer Basisgesundheitsbericht-erstattung an Hochschulen [4, S. 75[1]]

Bereiche	Inhalte
Allgemeine Rahmenbedingungen, Organisationskultur und Leitbilder, Verhältnis von Lehre und Forschung	politische, ökonomische und kulturelle Rahmenbedingungen und Leitbilder der Organisation Hochschule und einzelner Fachbereiche/Einrichtungen; Standorte und ihre materiellen und natürlichen Umweltbedingungen; Gebäude; Ergonomie des Lernens/Lehrens; Versorgungsstruktur (Mensa, Wohnheime, Freizeiteinrichtungen, etc.)
Ausstattung, Arbeits- und Studienbedingungen	Personal- und Sachausstattung; Arbeitsgestaltung, Arbeitsmittel, Arbeitsschutz; Lehr-/Lern-Ausstattung; Personalschlüssel, Didaktik und Studienorganisation; Studienbedingungen, -erfolge, -abbrüche
Gesundheitliche Lage und Gesundheitsgefährdungen der Hochschulmitglieder	Arbeits- und Studienzufriedenheit; Lebenskompetenzen, soziale Unterstützung, Belastungen und Stressbewältigung; Gesundheitsverhalten, Gesundheitsgefährdungen/Risikofaktoren; somatische, psychische und psychosoziale Beschwerden und Krankheiten, Krankenstand/Fehlzeiten, Arbeitsunfähigkeit (AU-Tage), arbeitsmedizinische Vorsorgeuntersuchungen; Behinderungen, Frühberentungen (Mortalität, Lebenserwartung) → differenziert nach: Studierenden, Lehrenden, Verwaltung/Hausdiensten, assoziierten MitarbeiterInnen und Diensten, nach Geschlecht, u.U. auch nach: Standorten, Abteilungen, Fachbereichen, Sondereinrichtungen
Ressourcen und Inanspruchnahme	betriebsärztlicher Dienst; Beratungs- und Versorgungseinrichtungen und deren Beschäftigte, Leistungen und Inanspruchnahme von gesundheitlicher Information, Beratung, Gesundheits- und Arbeitsschutz, medizinischer Versorgung an der Hochschule
Finanzierung und Steuerung	Ausgaben, Kosten und Preise, Finanzierung und Steuerung von Gesundheitsaufklärung und -beratung, von Prävention und Gesundheitsförderung, von Arbeits- und Gesundheitsschutz an der Hochschule
Vernetzung und Gemeindeorientierung	gesundheitsbezogene Vernetzung/Kooperation mit anderen Einrichtungen, Einbindung in die Gemeinde
Weiterentwicklung und Veränderung	Entwicklungslinien, Zukunftsszenarien, Veränderungsnotwendigkeiten und -modelle

[1] Es handelt sich um einen Tabellenauszug. Die im Original enthaltene Spalte: „Ableitung für Gesundheitsförderung" ist in dieser Darstellung nicht enthalten.

12

In gesundheitsförderungsaktiven Hochschulen wird die Bestandsaufnahme derzeit im Wesentlichen durch Befragungen von Mitarbeitern oder Studierenden gespeist. Im Zentrum der Erhebungen bei Studierenden stehen dabei Bereiche wie die gesundheitliche Lage, Gefährdungen und Risiken sowie Versorgungsangebote und deren Inanspruchnahme, kaum aber situationale Gegebenheiten der Hochschule wie sie Franzkowiak vorschlägt (vgl. Tabelle 12.2). Diese stark auf Personen fokussierte Betrachtung von Gesundheit bringt im Ergebnis Hinweise, die zur Verbesserung der Gesundheit Studierender oder von Mitarbeitern beitragen können, aber nur geringen Bezug zum System Hochschule als Verursacher bzw. Gestalter von Gesundheit aufweisen. So formulieren z.B. Allgöwer, Stock & Krämer als Ergebnis des Bielefelder Gesundheitssurvey eine hohe Nachfrage nach bewegungsorientierten Angeboten, den Bedarf an gesunder Ernährung bzw. niedrigschwelligen medizinischen Angeboten an den Hochschu-

Tabelle 12.2. Struktur und Inhaltsbereiche von Gesundheitsberichten über Studierende

Technische Hochschule Zürich [9]	Bielefelder Gesundheitssurvey für Studierende [6]
Psychische und physische Gesundheit und Wohlbefinden Baseler Befindlichkeitsskalen sowie Skalen zu depressiven und psychosomatischen Symptomen	Allgemeine Fragen zum Studium Semester, Fachrichtung, Leistungsbereitschaft und -einschätzung, studienspezifische Belastungen, Zielorientierung im Studium, Notendurchschnitt im Abitur
	Allgemeine Fragen zur Gesundheit
Soziale und personale Ressourcen Soziales Netzwerk, soziale Unterstützung	Gesundheitsbewusstsein globale Einschätzung des Gesundheitszustandes
Belastungen und Ressourcen im Studium	Gesundheitszustand (psycho-)somatische Beschwerden, Zahngesundheit, Schlafdauer, Inanspruchnahme und Bewertung von Versorgungseinrichtungen
Belastungsbewältigung Dispositioneller Bewältigungsstil	Gesundheitsbezogene Verhaltensweisen und Kognitionen sportliche Aktivität, Ernährungsgewohnheiten, Risikoverhaltensweisen (Alkohol-, Nikotin- und Drogenkonsum), Impfverhalten und Schutzverhalten in Bezug auf sexuell übertragbare Krankheiten
Einstellung und Bewertung des Studiums	
Soziodemographische Charakteristika	Bedarf an gesundheitsfördernder Maßnahmen Kurs- oder Beratungsangebot, Nichtraucherschutz, Einrichtung ärztlicher Betreuungsmöglichkeiten
	Soziodemographische Charakteristika

len zur Verbesserung der Grundimmunisierung [6, vgl. dazu auch Kap. 13 in diesem Band], die allesamt auch außerhalb des Systems Hochschule zu realisieren wären. Hinweise auf situationsverändernde Maßnahmen in den Hochschulen z.B. zur Gestaltung einer gesundheitsförderlichen Lehr-/Lernumgebung sind indes nicht enthalten. Stärkere Bezüge zur Lehr-/Lern- und Arbeitssituation an Hochschulen könnten dazu beitragen, settingspezifischere Interventionen aus den erhobenen Daten abzuleiten.

Programmplanung. Während in der Bestandsaufnahme das Ziel verfolgt wird, hochschulbezogen gesundheitliche Fehlentwicklungen bzw. Gesundheitspotenziale von Mitarbeitern oder Studierenden festzustellen, gilt es in dieser Phase, spezifische interventionsrelevante Fragestellungen zu bearbeiten. Die erste Aufgabe besteht meist darin, Interventionsschwerpunkte für Projekte zu „Gesundheitsfördernder Hochschule" festzulegen.

Wird z.B. unter den Studierenden einer Hochschule eine auffällige Häufung muskulo-skeletaler Rückenbeschwerden ermittelt und die Reduktion derselben zum Ziel gesundheitsbezogener Maßnahmen erklärt, legt dies noch keine spezifische Interventionsstrategie nahe. Werden die Beschwerden als Folge individueller Fehlhaltungen interpretiert, läge es beispielsweise nahe, durch verstärkte Kursangebote („Rückenschulen") zu intervenieren um den Rücken zu stärken und Fehlhaltungen abzubauen. Sollten die Rückenbeschwerden jedoch verursacht sein durch die in der Lehr-/Lernumgebung überwiegende einseitige Körperhaltung des Sitzens in Verbindung mit einer wenig gesundheitsgerechten Bestuhlung der Veranstaltungsräume, wäre eine ergonomisch verbesserte Bestuhlung in Kombination mit Bewegungsangeboten eine sinnvollere Interventionsstrategie. Die Entscheidung für eine spezifische Interventionsstrategie setzt sowohl Erkenntnisse über Ursachen gesundheitlicher Beeinträchtigungen als auch über geeignete Maßnahmen zur Behebung derselben voraus. Da diese kaum vorhanden sind, muss dieses Wissen derzeit durch Ergänzungen der Erhebungen für Gesundheitsberichte zusätzlich gewonnen werden.

Bei der Auswahl von Maßnahmen sollten solche vorrangig verwirklicht werden, die auf die Beseitigung der Quellen von Gesundheitsgefährdungen zielen, situationsverändernde Interventionen wie z.B. Modifikationen der Lern-/Lehr- und Arbeitsumgebung vor verhaltensmodifizierenden Angeboten realisiert werden. Diese im Arbeitsschutzgesetz von 1996 formulierten Auswahlkriterien sollten analog für Gesundheitsprojekte an Hochschulen Geltung finden. Nach vorliegenden Erkenntnissen versprechen mehrdimensionale Interventionsstrategien,

12

in denen neben verhaltensändernden auch verhältnisgestaltende Maßnahmen zur Anwendung kommen, den größten gesundheitsbezogenen
Nutzen [10].

Die datengestützte Ermittlung gesundheitsrelevanter betrieblicher
Interventionsschwerpunkte und die Planung darauf bezogener Interventionen unterstellt eine „zweckrationale" Logik, die nur einen Aus-
schnitt betrieblicher Alltagserfahrung abbildet. In Betrieben agieren
verschiedene Akteure (z. B. Management, Belegschaft), deren Handeln
von unterschiedlichen, häufig konkurrierenden Interessen geleitet ist.
Zwischen diesen Gruppen werden gesundheitsbezogene Projekte aus-
gehandelt, die nur dann breite Unterstützung und Akzeptanz finden,
wenn sich alle betrieblichen Interessengruppen von den intendierten
Veränderungen einen Zugewinn versprechen. In Gesundheitszirkeln
können von Beschäftigten erarbeitete Lösungen z. B. nur dann optimal
umgesetzt werden, wenn sie vom Management mitgetragen werden.
Ein zweiter wichtiger Aspekt ist die betriebliche Erfahrung in der
Verständigung über gesundheitsbezogene Themen. Wurden z. B. bereits gesundheitliche Belange in vorangegangenen Projekten bearbeitet
und erarbeitete Interventionen nicht oder nur teilweise umgesetzt,
wird die an neue Projekte geknüpfte Erwartung geringer ausfallen
und die Motivation zur Beteiligung senken. Bei der Planung von Gesundheitsprojekten sind diese institutionellen Gegebenheiten stärker
zu berücksichtigen, da sich vor diesem Hintergrund die „sinnvollsten"
nicht immer als die „durchsetzungsfähigsten" Interventionen erweisen.

Programmumsetzung. In der kurzen Zeit, in der sich Hochschulen
der Herausforderung der Gesundheitsförderung stellen, wurde bereits
ein breites Spektrum von Interventionsangeboten entwickelt. Für Studierende wurden ein Gesundheitssurvey, Gesundheitszirkel, ein Bera-
tungsangebot zur Rückengesundheit (Universität Bielefeld), das Dres-
dener Netzwerk studienbegleitender Hilfen und ein Projekt zur gesundheitsförderlichen Gestaltung der Studienabschlussphase (Universität Oldenburg) entwickelt bzw. umgesetzt (vgl. Tabelle 12.3). „Personalentwicklung als Mittel zur Gesundheitsförderung" (Universität
Bielefeld) ist ausschließlich an Mitarbeiter adressiert. Keine dieser
Maßnahmen unterliegt bislang ein Rahmenkonzept zur Gesundheitsförderung, das ein ausgewogenes Verhältnis aufeinander bezogener verhältnis- und verhaltensbezogener Maßnahmen ausweist; sie
sind Ergebnis wenig verbundener Einzelaktivitäten.

Erreicht werden soll eine Verbesserung der gesundheitlichen Situation bzw. die Steigerung des Wohlbefindens von Studierenden oder
Mitarbeitern. Ob diese Projekte die Rahmenbedingungen, unter denen

Tabelle 12.3. Interventionsmaßnahmen zur Gesundheitsförderung an Hochschulen im Überblick

Kurztitel	Hochschule	Zielgruppen	Interventionsbereiche
Gesundheitssurvey [6]	Universität Bielefeld	Studierende	Ausbau von Bewegungsangeboten im Rahmen des Hochschulsports Ausbau des Hochschulangebots zu „gesunder Ernährung" Aufbau eines niedrigschwelligen medizinischen Angebots zur Verbesserung des Impfverhaltens
Koordinationsstelle Rückengesundheit [11]	Universität Bielefeld	Studierende	Beratung bei Rückenproblemen mit dem Ziel • Stärkung der Kompetenz zum Thema Rückengesundheit • Entwicklung individueller Interventionsmaßnahmen
Health Promoting University [12]	University of Central Lancashire	System Hochschule Studierende & Mitarbeiter	Integration des Kriteriums Gesundheit in hochschuleigene Strukturen, Prozesse und Organisationskultur Verbesserung von Gesundheit und Wohlbefinden
Das Dresdener Netzwerk Studienbegleitender Hilfen [1]	Dresden	Studierende	Aktivierung und Förderung alltäglicher und informeller Hilfe- und Selbsthilferessourcen im System Hochschule, Vernetzung von Hilfe- und Beratungsangeboten
Gesundheitsfördernde Gestaltung der Studienabschlussphase [13]	Universität Oldenburg	Studierende der Psychologie	Antizipation des Übergangs vom Studium in den Beruf
Personalentwicklung als Mittel der Gesundheitsförderung [2]	Universität Bielefeld	Mitarbeiter	Schulungen von Führungskräften Erhöhung des Weiterbildungsetats für Mitarbeiter Einführung neuer Personalauswahlverfahren Einführung neuer Arbeitszeitmodelle Einführung von Arbeitsgruppen zur Erarbeitung von Entwicklungs- und Qualifizierungskonzepten

12

Tabelle 12.3 (Fortsetzung)

Kurztitel	Hochschule	Zielgruppen	Interventionsbereiche
Gesundheitszirkel (http://www.uni-bielefeld.de/ gesundhw/ag2/ gesundhz.html)	Universität Bielefeld	Studierende	Optimale Gestaltung der Studienbedingungen Verbesserung des Wohl-befindens

an der Hochschule gelehrt, gelernt bzw. gearbeitet wird, verändern, wie dies Grossmann & Scala für settingbasierte Ansätze unterstellen [14], lässt sich erst bei Betrachtung der Gesamtheit gesundheitsfördernder Projekte an einer Hochschule beurteilen.

Das Konzept der University of Central Lancashire gilt bislang wohl auch deswegen als erfolgreich, weil allen Aktivitäten ein institutionell abgestimmtes Rahmenkonzept unterliegt, das die gesundheitsförderliche Entwicklung von Strukturen, Prozessen sowie der Organisationskultur vorsieht und zudem die Förderung der Gesundheit und des Wohlbefindens von Studierenden, Mitarbeitern und ihrer außeruniversitären Einflusssphäre, intendiert. Abgeleitet werden daraus sechs Aktionsbereiche:

1. Die Entwicklung und Unterstützung einer gemeinsamen Vision von Gesundheit, die in hochschuleigenen Strukturen und Entscheidungen sichtbar wird.
2. Die Entwicklung gesundheitsförderlicher Lehr-/Lern- und Arbeitsumgebungen.
3. Der Ausbau der Universität zu einer unterstützenden Empowerment fördernder Arbeitsumgebung.
4. Die Förderung gesundheitlicher Ressourcen von Mitarbeitern und Studierenden.
5. Die Förderung des Verständnisses, Wissens und der Akzeptanz einer multidisziplinären Gesundheitsförderung über alle Fakultäten und Fachbereiche.
6. Die Unterstützung nachhaltiger Gesundheitsprojekte außerhalb der Hochschule [12].

Abgestimmt wurde ein Rahmenkonzept für ein Programm, das in viele Einzelprojekte untergliedert ist und neben verhaltensändernden auch verhältnisgestaltende Maßnahmen beinhaltet. In der Bundesrepublik Deutschland wurde diese Idee bislang kaum aufgegriffen, allein an der Universität Oldenburg wird eine „Oldenburger Charta zur Gesundheitsförderung" vorbereitet, die das Rahmenkonzept der University of Central Lancashire adaptiert [15].

Durch ein derart abgestimmtes Rahmenkonzept könnte eine für betriebliche Gesundheitsförderung formulierte Zwischenbilanz vermieden werden, die viel „verhaltens-" und wenig „verhältnispräventive" Maßnahmen in gesundheitsförderungsaktiven Betrieben konstatiert [7].

Evaluation. Da die meisten Projekte im Rahmen „Gesundheitsfördernder Hochschule" erst unlängst begonnen wurden, liegen bisher für den deutschsprachigen Raum noch keine Evaluationsergebnisse vor. Die in den derzeitigen Erhebungen für die hochschulbezogene Gesundheitsberichterstattung vorgesehenen Bereiche wie gesundheitliche Lage, Gefährdungen und Risiken sowie Versorgungsangebote und deren Inanspruchnahme legen nahe, dass diese in Wiederholungsbefragungen auch zur Evaluation genutzt werden sollen. Eine globale Nutzen- bzw. Wirksamkeitsabschätzung wäre auf dieser Grundlage möglich, spezifische Wirkungen von Einzelmaßnahmen aber kaum herauszuarbeiten. Es wäre wünschenswert, dass sich die gesundheitliche Lage von Studierenden und Lehrenden verbessert; ob und inwieweit allerdings diese Entwicklung durch spezifische in Hochschulen durchgeführte Maßnahmen zur Förderung der Gesundheit erreicht werden konnte, wird auf der Grundlage dieser Daten allein kaum beurteilbar sein. Hierfür bedarf es spezifischer Indikatoren, die aus den jeweiligen Zielsetzungen von Einzelmaßnahmen möglichst schon in der Phase der Programmplanung abgeleitet und operationalisiert werden sollten. Neben der Entwicklung von Kriterien zur Wirksamkeit gilt es ergänzende Informationen zur Planung und Durchführung betrieblicher Gesundheitsprojekte kontinuierlich zu erheben, die für die Projekt-/Programmsteuerung bzw. -optimierung von unschätzbarem Wert sind.

Die Evaluationsergebnisse können dann in einem kontinuierlichen Verbesserungsprozess dazu genutzt werden, die Ziel- und Passgenauigkeit hochschulbezogener Gesundheitsprogramme zu optimieren und ebenso für andere Projekte als Anregung dienen.

Perspektiven

„Gesundheitsfördernde Hochschule" hat als eine der jüngsten Projektinitiativen der Weltgesundheitsorganisation bereits zu einer Reihe von Projekten an verschiedenen Hochschulen angeregt. Derzeit erfolgt der Versuch einer Systematisierung des Prozesses, in dem über Gesundheitsberichte bei Studierenden und Lehrenden interventionsrelevante Informationen erhoben werden, die dann für die Programmplanung,

-umsetzung und Evaluation genutzt werden können. Eine aus anderen Netzwerken zur Gesundheitsförderung berichtete Erfahrung, dass Akzeptanz und Unterstützung auf allen betrieblichen Ebenen ausschlaggebend dafür ist, ob Interventionen an der „Peripherie" stattfinden (z. B. Bewegungsangebote im Rahmen des Hochschulsports) oder aber auch betriebliche „Kernprozesse" (z. B. Lehr-Lernsituationen) erfassen, verweist auf die frühzeitige Einbindung aller Akteure und Anspruchsgruppen (Hochschulleitung, Fachbereiche, Mitarbeiter und Studenten). An den Hochschulen partizipativ erarbeitete und ratifizierte Rahmenvereinbarungen zur Gesundheitsförderung bilden hier eine gute Plattform. Hochschulinterne Marketingstrategien zur Sensibilisierung für gesundheitliche Themen und zur Vorbereitung von konkreten Gesundheitsprojekten sind hier konsequenter zu nutzen.

Literatur

[1] Stiehler S, Nestmann F (2000) Das Dresdner Netzwerk Studienbegleitender Hilfen. Theorie und Praxis eines Modells präventiver Studienberatung. In: Sonntag U, Gräser S, Stock C, Krämer A (eds.), Gesundheitsfördernde Hochschulen. Konzepte, Strategien und Praxisbeispiele, Juventa, Weinheim, S 175–185

[2] Simm H-J, Unnold K (2000) Personalentwicklung als Mittel der Gesundheitsförderung an der Universität Bielefeld. In: Sonntag U, Gräser S, Stock C, Krämer A (Hrsg.), Gesundheitsfördernde Hochschulen. Konzepte, Strategien und Praxisbeispiele, Juventa, Weinheim, S 218–228

[3] Tsouros A, Dowding G, Thompson J, Dooris M (1998) Health Promoting Universities – Concept, experience and framework. WHO Regional Office for Europe, Copenhagen

[4] Franzkowiak P (2000) Gesundheitsförderung im Setting Hochschule. Konzeption und Umsetzung. In: Sonntag U, Gräser S, Stock C, Krämer A (Hrsg.), Gesundheitsfördernde Hochschulen. Konzepte, Strategien und Praxisbeispiele, Juventa, Weinheim, S 71–79

[5] Vetter C, Dieterich C, Acker C (2000) Krankheitsbedingte Fehlzeiten in der deutschen Wirtschaft. In: Badura B, Litsch M, Vetter C (Hrsg.), Zukünftige Arbeitswelten: Gesundheitsschutz und Gesundheitsmanagement, Springer, Berlin, S 277–518

[6] Allgöwer A, Stock C, Krämer A (2000) Wie gesund leben Studierende? In: Sonntag U, Gräser S, Stock C, Krämer A (Hrsg.), Gesundheitsfördernde Hochschulen. Konzepte, Strategien und Praxisbeispiele, Juventa, Weinheim, S 105–114

[7] Gusy B, Kleiber D (2000) Programmatische Überlegungen zu betrieblicher Gesundheitsförderung an Hochschulen. In: Sonntag U, Gräser S, Stock C, Krämer A (Hrsg.), Gesundheitsfördernde Hochschulen. Konzepte, Strategien und Praxisbeispiele, Juventa, Weinheim, S 53–70

[8] Warnecke G (1999) Begrüßung und Eröffnung einer Tagung zum Thema „Qualität an Hochschulen". In: Hochschulrektorenkonferenz (Hrsg.), Qualität an Hochschulen (Beiträge zur Hochschulpolitik 1/1999), Hochschulrektorenkonferenz, Bonn, S 7–14

[9] Bachmann N, Berta D, Eggli P, Hornung R (1999) Macht Studieren krank? Die Bedeutung von Belastung und Ressourcen für die Gesundheit der Studierenden. Bern, Huber

[10] Wickström, G (1982) Evaluation of work-related intervention studies to prevent chronification of back disorders. Veröffentlichungsreihe der Forschungsgruppe Gesundheitsrisiken und Präventionspolitik, S 92–203. Wissenschaftszentrum Berlin für Sozialforschung, Berlin

[11] Sobhan-Sarbandi M, Stock C, Krämer A (2000) Die Rückengesundheit von Studierenden im Rahmen einer gesundheitsfördernden Hochschule. In: Sonntag U, Gräser S, Stock C, Krämer A (Hrsg.), Gesundheitsfördernde Hochschulen. Konzepte, Strategien und Praxisbeispiele, Juventa, Weinheim, S 139–148

[12] Dooris M (2001) The „health promoting university". A critical exploration of theory and practice. Health Education 101:(2), 51–60

[13] Gräser S (2000) PsyBe: Ein Modell zur Gesundheitsförderung in der Studienabschlußphase. In: Sonntag U, Gräser S, Stock C, Krämer A (Hrsg.), Gesundheitsfördernde Hochschulen. Konzepte, Strategien und Praxisbeispiele, Juventa, Weinheim, S 206–217

[14] Grossmann R, Scala K (1996) Setting-Ansatz in der Gesundheitsförderung. In: Bundeszentrale für gesundheitliche Aufklärung (Hrsg.), Leitbegriffe der Gesundheitsförderung, Schwabenheim, Sabo, S 100–101

[15] Belschner W, Gräser S (in Druck) Leitbild Gesundheit als Standortvorteil. BIS Verlag, Oldenburg

[16] Zimolong B (Hrsg.) (2001) Management des Arbeits- und Gesundheitsschutzes. Die erfolgreichen Strategien der Unternehmen. Gabler, Wiesbaden

12

„Wie gesund leben Studierende? – Schlussfolgerungen für eine gesundheitsfördernde Hochschule"

C. STOCK · A. KRÄMER

Einleitung

Die Gesundheitsforschung in Deutschland befasste sich bis heute nur vereinzelt mit dem Lebens- und Arbeitsraum Hochschule und seinem Einfluss auf die Gesundheit von Studierenden. Studierende werden allgemein als eine gesunde Bevölkerungsgruppe betrachtet, die keinem verstärkten Augenmerk im Hinblick auf Prävention und Gesundheitsförderung bedarf. Obwohl diese Gruppe über ein im gesellschaftlichen Vergleich geringes Einkommen verfügt und hiermit verbundene soziale Probleme im Bereich Wohnverhältnisse, schlechte Bedingungen bei studentischen Arbeitsverträgen innerhalb oder außerhalb der Hochschule oder besondere Notlagen bei der Betreuung von Kindern häufig vorkommen, gelten Studierende nicht als sozial benachteiligte Bevölkerungsgruppe. Die Gründe hierfür liegen im hohen Bildungsniveau der Studierenden, in der zeitlichen Begrenzung der Studienzeit und im sozialen Rückhalt durch häufig besserverdienende Eltern. Ein weiterer Grund für das überwiegende Desinteresse für die gesundheitlichen Aspekte des Lebensraums Hochschule ist darin zu sehen, dass die Aufgabe der Hochschulen in Forschung und Lehre nicht im engeren Sinne eine Verantwortung für die Gesundheit von Studierenden einschließt.

In dieser engen Sichtweise wird jedoch das Potenzial, das Hochschulen für die Gesundheitsförderung junger Erwachsener haben, nicht erkannt. Für viele Studierende bildet die Hochschule den Lebensmittelpunkt, dem über die Vermittlung von Wissen und Kompetenzen hinaus auch eine Bedeutung als Sozialisationsraum zukommt [7]. Somit haben Hochschulen einen Einfluss auf die Formung und Verfestigung gesundheitlicher Ressourcen und Risiken von Studierenden und bestimmen ihre gesundheitsbezogenen Einstellungen mit. Dieses enorme Potenzial leitet sich aus den vielen verschiedenen Aspekten des täglichen Lebens ab, die durch die Hochschule mit-

bestimmt werden, wie z. B. das Lern- und Arbeitsumfeld, die Wohnsituation, die studentischen Kultur- und Freizeitangebote, die Verpflegung bis hin zur Nutzung von Verkehrsmitteln. In all diesen Bereichen hat die Hochschule zusammen mit den Studentenwerken vielfältige Gestaltungsmöglichkeiten, die zur Herstellung einer gesunden
Lebenswelt für Studierende maßgeblich beitragen können. Darüber
hinaus bieten sich auch in Lehre und Forschung an Hochschulen noch
weitgehend ungenutzte Möglichkeiten, die gesundheitlichen Einstellungen und das Gesundheitshandeln von Studierenden zu beeinflussen, indem Aspekte von Prävention und Gesundheitsförderung fach-
übergreifend in Lehre und Forschung Eingang finden. Die Hochschule
hat daher auch eine weitreichende gesellschaftliche Bedeutung: als Ausbildungsstätte zukünftiger Entscheidungsträgerinnen und Entscheidungsträger hat sie das Potenzial, ein gesundheitsbezogenes Bewusstsein herauszubilden, das durch die Absolventinnen und Absolventen
in andere Gesellschaftsbereiche multiplikativ hineingetragen wird.

Die Weltgesundheitsorganisation (WHO) hat dieses Potenzial der
Hochschulen für die Gesundheitsförderung erkannt und die „Gesundheitsfördernden Hochschulen" als ein neues Setting Projekt in das Gesunde Städte Programm einbezogen [23]. In der Tabelle 13.1 sind die
wesentlichen Kriterien und Ziele der WHO für eine Gesundheitsfördernde Hochschule zusammengefasst. Dabei geht der Setting-Ansatz
der Gesundheitsförderung von einem ganzheitlichen Gesundheitsver-
ständnis aus und zielt darauf ab, den Gedanken nachhaltiger Gesundheit in Kultur, Prozesse, Abläufe, Strukturen und Entscheidungen von
Organisationen einfließen zu lassen. Dieser Gedanke wurde in
jüngster Zeit auch im deutschsprachigen Raum aufgegriffen und der
Hochschule wird als Ort für Gesundheitsförderung zunehmend Beachtung geschenkt [2, 17 und 24].

Folgt man diesem übergeordneten Ziel der Schaffung eines Lebensraums Hochschule, der der Herstellung von Gesundheit dient und eine
gesunde persönliche und soziale Entwicklung von Studierenden
fördert, so ergibt sich hieraus die Notwendigkeit eines detaillierten
Wissens über die Determinanten von Gesundheit in diesem Setting.
Ein Ansatz hierzu, der in anderen Settings bereits Anwendung gefunden hat, empfiehlt eine Analyse des Settings unter fünf Blickwinkeln:
die Charakterisierung der gesundheitlichen Lage der Bevölkerung, die
bauliche und physische Umwelt, die Organisationskultur, die medizinische Versorgungslage und die Beziehungen zur Region [4].

Die hier vorgestellte Forschungsarbeit liefert einen Beitrag zu einer
solchen Diagnose, indem der primäre Fokus auf die Charakterisierung der gesundheitlichen Lage der Studierendenpopulation gelegt

13

Tabelle 13.1. Ziele und Kriterien der WHO für eine Gesundheitsfördernde Hochschule nach Tsouros [23]

Ziel 1: Ein klares Bekenntnis der Hochschule zu Zielen der Gesundheitsförderung und der nachhaltigen Entwicklung.
Ziel 2: Schaffung einer umwelt- und gesundheitsverträglichen Lebens- und Arbeitswelt, in der gesundheitliche Gefahren für die Menschen und Schäden für die ökologische Umwelt minimiert werden.
Ziel 3: Einrichtung eines Unterstützungs- und Beratungsservice für gesundheitliche Fragen, der auf die Bedürfnisse von Studierenden und Beschäftigten ausgerichtet ist.
Ziel 4: Schaffung von Möglichkeiten für alle Studierenden und Beschäftigten, ihre persönlichen Fähigkeiten und gesundheitlichen Ressourcen zu erweitern.
Ziel 5: Schaffung von Sport-, Kultur- und Freizeitangeboten, die die unterschiedliche Zusammensetzung der Studierenden berücksichtigen und einen gesunden Lebensstil fördern.
Ziel 6: Beteiligung von Studierenden und Beschäftigten an Entscheidungen, die ihre Lern- und Arbeitsbedingungen oder ihre sozialen Bedürfnisse betreffen.
Ziel 7: Bildung von Anreizen, um den Gedanken der Gesundheitsförderung in den Lehr- und Forschungsinhalten aller Disziplinen und Fakultäten zu verankern.
Ziel 8: Schaffung von horizontalen und vertikalen Kommunikationsstrukturen zwischen Studierenden und Beschäftigten/DozentInnen und unter den Studierenden bzw. unter den Beschäftigten.
Ziel 9: Bildung einer wertvollen Ressource zur Förderung der Gesundheit in der Region.

wird, jedoch Aspekte der Lebensumwelt an der Hochschule, die gesundheitliche Versorgung der Studierenden und ihr spezifischer Bedarf an Gesundheitsförderung, sowie Aspekte der Organisations- und Studienkultur als wichtige Determinanten einbezogen werden.

Methodik der Studien zur Gesundheit von Studierenden

Die verwendeten Daten basieren auf dem Bielefelder Gesundheitssurvey für Studierende, d.h. einer Baseline-Erhebung, die im Wintersemester 1995/96 an der Universität Bielefeld durchgeführt wurde, und einer Follow-Up Untersuchung nach zwei Jahren Studium. Diese Untersuchungen erfassten selbstberichtete Daten zur gesundheitlichen Lage von Studienanfängern der Universität Bielefeld in der Baseline-Erhebung und schlossen im Follow-Up eine körperliche Untersuchung und biochemische Tests mit ein.

Die Stichprobe der *Baseline-Erhebung* setzte sich aus 650 Studienanfängerinnen und -anfängern zusammen. Das Geschlechterverhältnis von 55,5% Frauen und 44,5% Männern entsprach der universitätsweiten Geschlechtsverteilung der Hochschulanfänger in diesem Jahrgang. Das Durchschnittsalter der Befragten betrug 21,4 Jahre (SD ± 3,6). Bei der Auswahl der Fachbereiche (Biologie, Chemie, Pädagogik, Psychologie, Rechtswissenschaft, Linguistik) wurde darauf geachtet, dass die Stichprobe die Fachbereichsgruppen der Universität zahlenmäßig in angemessenem Verhältnis repräsentierte. Die Fragebögen wurden während der Lehrveranstaltungen ausgefüllt. Es wurde ein Rücklauf von 85% erreicht.

Bei der Baseline-Erhebung haben 445 Studierende unabhängig von den Fragebögen ihre Adressen angegeben. Sie wurden nach zwei Jahren angeschrieben und zur *Follow-Up* Untersuchung eingeladen. Gleichzeitig wurde der Fragebogen mitgeschickt. Um die Teilnahmequote zu erhöhen, wurde ein Probandengeld von 40 DM angeboten. Die medizinische Untersuchung fand im Gesundheitslabor, einer Einrichtung der Fakultät für Gesundheitswissenschaften, statt. Die Teilnehmer brachten die bereits zu Hause ausgefüllten Fragebögen mit. Ein Anteil von 22% wurde wegen Umzugs bzw. oder Studienplatzwechsel nicht mehr erreicht, so dass der Rücklauf bei dieser Erhebung 48% betrug. Die Längsschnittdaten beziehen sich demzufolge auf 166 Studierende (110 Frauen, 56 Männer), die sowohl an der Erhebung im Wintersemester 1995/96 als auch an dem Follow-up im Wintersemester 1997/98 teilgenommen haben. Für diese Kohorte liegen Daten sowohl zu Beginn des Studiums (1. Semester) als auch im 5. Semester vor. Der geringere Rücklauf beim Follow-Up gegenüber der Baseline-Erhebung war möglicherweise auch dadurch bedingt, dass diese mit biomedizinischen Untersuchungen gekoppelt war, die eine Blutabnahme erforderlich machten.

Da im deutschsprachigen Raum kein standardisiertes Instrument zur Erfassung von Informationen zum Gesundheitszustand, zu gesundheitsbezogenen Verhaltensweisen und Kognitionen sowie zum Bedarf an gesundheitsfördernden Maßnahmen im Lebensraum Hochschule vorlag, wurde ein geeigneter Fragebogen entwickelt. Dieser enthielt standardisierte Skalen und Fragenkomplexe, die für untersuchungsspezifische Fragestellungen neu generiert wurden. Eine Zusammenstellung der Fragebogendimensionen findet sich in Tabelle 13.2.

13

Tabelle 13.2. Dimensionen und Variablen des Bielefelder Gesundheitssurveys für Studierende

Soziodemographische Daten
Alter, Geschlecht, Größe, Gewicht, Familienstand, Schulbildung der Eltern, Einkommen und Einkommensquellen, Wohnsituation, Religion

Fragen zum Studium
Semesterzahl, Studienfach, Leistungsbereitschaft und -einschätzung, Studienanforderungen und -belastungen, Studienzufriedenheit, Wohlbefinden an der Universität

Aspekte der physischen Gesundheit
Subjektive Einschätzung der Gesundheit, Beschwerde- und Erkrankungslisten von Hurrelmann und Kolip [12], selbstberichtete sexuell übertragbare Erkrankungen, gesundheitliche Kognitionen, Medikamentenkonsum, Inanspruchnahme und Zufriedenheit mit medizinischer Versorgung

Aspekte der mentalen und sozialen Gesundheit
Subjektiv wahrgenommener Stress anhand der Stressskala von Cohen [9], Stressquellen, qualitative und quantitative Aspekte sozialer Unterstützung

Gesundheitshandeln
Bewegungsverhalten, Ernährungsverhalten, Zahnhygiene, Konsum von Alkohol, Nikotin und anderen Drogen, Alkoholismusgefährdung mit Hilfe des Screening-Instruments CAGE in der deutschen Übersetzung von John [13], riskantes Verhalten im Straßenverkehr, Risikosexualverhalten

Bedarf an gesundheitsfördernden Angeboten an der Universität
Interesse an Kursangeboten und Gesundheitsberatung, Einstellungen zu strukturellen Maßnahmen der Gesundheitsförderung, Wünsche zur Gesundheitsförderung

Ergebnisse

Aus den Auswertungen der Baseline- und Follow-Up-Untersuchungen an der Universität Bielefeld lassen sich verschiedene Thesen zur Gesundheit von Studierenden ableiten, anhand derer sich konkrete Handlungsfelder für eine universitäre Gesundheitsförderung aufzeigen lassen.

These 1. Erkrankungen haben bei Studierenden mit Ausnahme der Allergien eine niedrige Prävalenz. Dagegen sind gesundheitliche Beeinträchtigungen und Befindlichkeitsstörungen häufig.

Legt man die Angaben der Studierenden zur Einschätzung ihres Gesundheitszustands zugrunde, ergibt sich das Bild einer gesunden Population. Knapp 80% der Befragten bewerteten ihren aktuellen Gesundheitszustand als sehr gut oder gut. Die Frage nach Erkrankungen in den letzten 12 Monaten bestätigten im Wesentlichen diese Einschätzung. So hatten die ernsten und chronischen Erkrankungen, wie z. B. Diabetes eine niedrige Prävalenz unter 1%. Etwas höhere Prävalenzen wiesen die entzündlichen Magenerkrankungen (8%), Neurodermitis (8%), Asthma (7%) und Essstörungen (5%) auf. Eine Ausnahme bildeten die Allergien, die von 33% der Befragten berichtet wurden. Da die Mehrheit der Betroffenen auch einen Arzt aufsuchte, stellten die Allergien eine häufige und zugleich ernsthafte, behandlungsbedürftige Erkrankung bei den Studierenden dar [1]. Die somit vorhandene Allergieneigung bei Studierenden sollte im Bereich des Arbeits- und vorbeugenden Gesundheitsschutzes an Hochschulen zur konsequenten Vermeidung allergieauslösender Stoffe im Studium Anlass geben. Dies betrifft z. B. die Vermeidung von Latexhandschuhen im Laborbereich und von Teppichböden und anderen allergiefördernden Ausstattungen.

Aufgrund ihrer altersbedingten hohen sexuellen Aktivität haben Studierende ein erhöhtes Risiko für sexuell übertragbare Infektionen. Diese Gruppe von Erkrankungen bildete daher einen weiteren Untersuchungsschwerpunkt. Auf Selbstberichten der Studierenden beruhende Angaben zum Auftreten einer sexuell übertragbaren Infektion im Verlauf der letzten 12 Monate ergab sehr geringe Häufigkeiten von urogenitalen Chlamydieninfektionen (1,3%), genitalen Herpesinfektionen (HSV-2) (0,9%), Feigwarzen (0,2%), Syphilis (0,2%), HIV-Infektion (0%) und Gonorrhöe (0%) [15]. Demgegenüber ergaben biochemische Infektionsnachweise mittels einer Ligase-Kettenreaktions-Analyse im Urin eine Prävalenz der Chlamydieninfektion von 4,7% [19] und eine HSV-2-Seropositivität von 3,4%. Der Unterschied zwischen selbstberichteten und durch biochemische Analyse nachgewiesenen Infektionsdaten ist zum Einen durch einen möglichen Unterbericht durch die Studierenden, zum Anderen jedoch durch die trotz positivem Infektionsstatus häufig fehlende Symptomatik zu erklären.

Die Befunde zur Prävalenz urogenitaler Chlamydieninfektionen zeigten eindeutig ein Präventionsfeld für diese Bevölkerungsgruppe auf, da unerkannte und unbehandelte Infektionen zu schweren Unterleibsentzündungen und Folgeschäden wie z. B. Unfruchtbarkeit der Frau führen können. Dementsprechend haben sich Screeningverfahren in angelsächsischen Ländern als gut durchführbar und in Kosten-Nutzen-Analysen als effizient erwiesen [10, 14, 16], so dass auch in Deutschland ein Screeningangebot für Studierende sinnvoll erscheint.

Während im Bereich von Erkrankungen und Infektionen nur einzelnen Entitäten eine erhöhte präventive Aufmerksamkeit zukommen muss, wies das häufige Auftreten psychosomatischer Beschwerden eher generell auf ein Problemfeld hin. Beschwerden, die sich auf einzelne Körperregionen beziehen, wie Schulter- bzw. Rückenschmerzen, Kopfschmerzen und Magenbeschwerden, aber auch psychovegetative Beschwerden wie Unruhe und Konzentrationsschwierigkeiten, wurden z.T. von über 50% der Befragten häufig erlebt und gehören somit zum Alltag vieler Studierender [1].

Im Gesamtbild zum Gesundheitszustand von Studierenden zeigte sich, dass durchaus eine Diskrepanz zwischen subjektiv guter Gesundheit und dem gleichzeitigen, häufigen Erleben von Beschwerden und Symptomen bestand. Es wurde für die Population der Studierenden deutlich, dass es sich – wie auch schon in der Studie von Herzlich [11] beschrieben – bei Gesundheit und Krankheit nicht um einander ausschließende Kategorien handelt. Trotzdem sank bei denjenigen, die einen hohen Beschwerdescore aufwiesen, die subjektive Einschätzung des Gesundheitszustands signifikant (r=0,52; p<0,001) [1], so dass sich die subjektive Einschätzung der Gesundheit auf der Ebene des Individuums nicht unabhängig von den wahrgenommenen Beschwerden darstellte.

These 2. Studierende erleben im Studienverlauf ansteigende psychosoziale Belastungen. Sie verfügen jedoch über ein hohes Maß an Ressourcen, die zur Gesunderhaltung beitragen.

In einer zwölf Einzelitems umfassenden Batterie wurden die Studierenden in der Baseline-Erhebung und auch im Follow-Up aufgefordert, ihre derzeitige Belastung bezogen auf verschiedene Bereiche einzuschätzen. Im Anschluss sollte die „Belastung insgesamt" angegeben werden. Die Antwortformate waren „sehr belastet", „eher öfter belastet", „eher selten belastet" und „nie belastet", wobei die beiden erstgenannten Kategorien in der Auswertung zusammengezogen wurden. Auffällig war, dass das „Studium allgemein" verglichen mit anderen Lebensbereichen die stärkste Belastungsquelle darstellte. Während sich 58% der Befragten durch das Studium belastet fühlten, war dies bei den meisten anderen Faktoren nur bei rund einem Viertel der Befragten der Fall [20].

Wurde zur Stressmessung eine andere Skala, nämlich die Skala zur Messung subjektiv wahrgenommenen Stresses von Cohen [9] eingesetzt, so ergab sich ein hierzu korrespondierendes Bild: Die Analyse von Faktoren zur Erklärung der Varianz des mit dieser Skala ermittelten Stress-Scores (PSS) zeigte, das eine geringe Lebensqualität einen starken Prädiktor für das Stresserleben darstellte ($\beta = -0,46$; p<0,0001). Ebenso ergab sich eine hohe Assoziation zwischen der Orientierungslosigkeit im Studium und dem PSS-Score ($\beta = 0,30$; p<0,0001). Schwächere, aber signifikante Zusammenhänge wurden au-

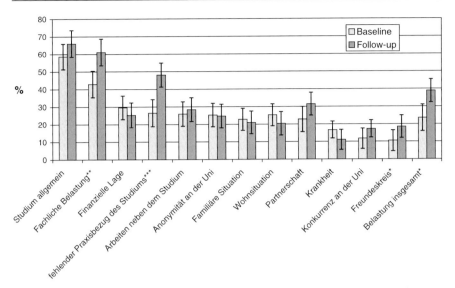

Abb. 13.1. Psychosoziale Belastungen von Studierenden zum Studienbeginn (Baseline) und im 5. Hochschulsemester (Follow-Up). Dargestellt sind die prozentualen Anteile (mit 95%igem Konfidenzintervall) derjenigen, die eine hohe oder sehr hohe Belastung in den entsprechenden Bereichen angaben. *** p≤0,05; ** p≤0,01; *** p≤0,001

ßerdem zwischen geringer sozialer Unterstützung und der Stresswahrnehmung ($\beta = -0,16$; p=0,003) und dem weiblichen Geschlecht und der Stresswahrnehmung ($\beta = 0,12$; p=0,03) deutlich. Es zeigte sich aber keine Assoziation zum Einkommen und zum subjektiven Gesundheitszustand der Studierenden. Der Anteil der aufgeklärten Varianz mit diesem Modell betrug 50% [20].

Ein Vergleich zwischen der Belastungswahrnehmung zu Beginn und im 5. Semester des Studiums, ergab folgendes Bild (Abb. 13.1.): Gaben zu Beginn des Studiums 24% ihre Belastung insgesamt als hoch oder sehr hoch an, so stieg dieser Anteil nach zwei Jahren Studium auf 39%. Der Anteil derjenigen, die sich durch das Studium belastet fühlten, war bereits zu Beginn hoch und zeigte dann im Verlauf einen weiteren, jedoch nicht signifikanten Anstieg. In einem anderen Bereich kam es aber zu signifikanten Veränderungen. So gaben im Verlauf mehr Studierende an, sich durch den Freundeskreis belastet zu fühlen. Hier konnte nicht aufgeklärt werden, ob dies durch einen Wechsel des Freundeskreises im Verlauf des Studiums oder andere Faktoren erklärt werden kann. Überraschend war, dass sich die Mehrheit der Befragten weder zu Beginn noch im Verlauf des Studiums durch den Faktor „finanzielle Lage" belastet fühlten.

Da das Studium allgemein von der Mehrheit der Studierenden zu beiden Erhebungszeitpunkten als eine hohe Belastung eingeschätzt wurde, wurden die studienbezogenen Items genauer untersucht. In der Rangfolge wurde eine Belastung durch „fachliche Anforderungen" am häufigsten genannt, gefolgt von „fehlendem Praxisbezug des Studiums". Dagegen fühlten sich weniger als ein Viertel der Befragten durch „Anonymität" bzw. „Konkurrenz an der Universität" belastet. Ein hochsignifikanter Anstieg von 27% auf 48% war bei dem Anteil derjenigen zu verzeichnen, die eine Belastung durch fehlenden Praxisbezug des Studiums angaben.

Auch nach einer Faktorenanalyse, die die zwölf Belastungsitems zu vier Faktoren zusammenfasste, zeigte sich eindeutig, dass die Summenmittelwerte für den Faktor „Leistungsanforderungen" am höchsten waren, gefolgt von den Faktoren „Studienbedingungen", „sozioökonomische Faktoren", und „persönliche Situation" [21]. Zu analogen Kategorisierungen und Gewichtungen studentischer Belastungen führte auch eine von der Arbeitsgruppe Hochschulforschung auf der Grundlage einer repräsentativen Stichprobe von Studierenden an deutschen Hochschulen durchgeführte Faktorenanalyse: hier wurden drei Belastungssyndrome identifiziert und zwar 1. die Leistungsanforderungen und Prüfungen, 2. die Anonymität, Orientierungsprobleme sowie persönliche Probleme und 3. die finanzielle Lage und die beruflichen Aussichten [7].

Außerdem konnten die sechszehn Items der Beschwerdeskala zu den Faktoren „psychosomatische Symptome, „vegetative Symptome, „Rückenschmerzen und „Verdauungs- und Unterleibsbeschwerden zusammengefasst werden, wobei die „Rückenschmerzen" eindeutig die höchste mittlere Ausprägung hatten. Im Bereich der Belastungen erfuhren die studienbezogenen Faktoren „Leistungsanforderungen" und „Studienbedingungen" signifikante Anstiege vom 1. bis zum 5. Semester, während die anderen Faktoren unverändert blieben [21]. Demgegenüber gab es im Studienverlauf keine Änderungen der Beschwerdewahrnehmung.

Zusammenfassend war zu erkennen, dass die Ursachen für psychosoziale Belastung bei Studierenden eng mit der Lebenswelt Studium verknüpft waren. Studierende erlebten die Hochschule als Lebensmittelpunkt, und das Studium und das Studienklima beeinflussten nachhaltig die Lebenszufriedenheit und die Belastungswahrnehmung von Studierenden. Gleichzeitig wurde deutlich, dass die psychosoziale Belastung von Studierenden speziell in den mit dem Studium eng verknüpften Bereichen im Studienverlauf signifikant anstieg. Demgegenüber blieb die Beschwerdewahrnehmung als Indikator der physischen

Gesundheit unverändert. Eine an der Universität und ETH Zürich durchgeführte Kohortenstudie mit knapp 1400 Studierenden zur Frage potenziell gesundheitsbeeinträchtigender Bedingungen in der Übergangsphase Studienbeginn (RUBIS-Studie) zeigte ähnliche Ergebnisse: Die psychische Gesundheit verschlechterte sich im Verlauf des ersten Studienjahres signifikant, während sich das physische Befinden sogar verbesserte [8]. Hier ist vordergründig ein Widerspruch zu erkennen, wenn man die These zugrundelegt, dass die psychische und die physische Gesundheit eng miteinander verknüpft sind. Nun fällt jedoch gleichzeitig auf, dass im Verlauf des Studiums die gesundheitsbezogenen Einstellungen der Studierenden in der Tendenz eine positive Entwicklung zeigten. So achteten die Studierenden nach zwei Jahren Studium eher mehr auf ihre Gesundheit und auf ein gesundes Maß an körperlicher Aktivität [21]. Möglicherweise sind Studierende im Sinne des salutogenetischen Konzepts von Antonovsky [3] in der Lage, besonders effektiv Ressourcen zu nutzen. Damit könnten sie potenziell negative Auswirkungen steigender Belastungen auf die Gesundheit begrenzen oder sogar eine erfolgreiche Bewältigung von Anforderungen zur Steigerung des Wohlbefindens nutzen. Für die Gesundheitsförderung an der Hochschule bedeutet dies, dass ein Umfeld aufgebaut werden muss, dass die gesundheitlichen Potenziale von Studierenden fördert und es dem Einzelnen erleichtert ein vorhandenes gesundheitliches Bewusstsein auch in tatsächliches gesundheitsförderliches Handeln umzusetzen.

These 3. Studierende haben eine grundsätzlich positive Einstellung zum Studium, ihr Wohlbefinden im Lebensraum Hochschule ist jedoch durch verschiedene Faktoren deutlich beeinträchtigt.

13

Die überwiegende Mehrheit der Studierenden gab an, Spaß am Studium zu haben (83%), ein gutes Verhältnis zu den Dozentinnen und Dozenten zu haben (76%) und von Mitstudierenden unterstützt zu werden (74%) [20]. Diese positiven Einschätzungen in Bezug auf die Studiensituation und die sozialen Beziehungen wurden im Wesentlichen auch in größeren repräsentativen Studien der Arbeitsgruppe Hochschulforschung der Universität Konstanz im Auftrag des Bundesministeriums für Bildung, Wissenschaft, Forschung und Technologie (BMBF+T-Studie) gestützt. Hier gaben in einer Stichprobe von ca. 5000 Studierenden an Universitäten der alten Bundesländer 95% der Befragten an, gern Student zu sein, 63% hatten keine Schwierigkeiten im Umgang mit den Lehrenden und 74% fanden leicht Kontakte zu Kommilitonen [7]. Auch in der RUBIS-Studie an der Universität Zürich wurde ein hohes Maß sozialer Unterstützung im Studienalltag festgestellt [8], und es konnte ein Zusammenhang zwischen der Größe des sozialen Netzes als Schutzfaktor und dem Auftreten von Depressionen im Studienverlauf aufgezeigt werden [6]. Gleichzeitig hatte sich an deutschen Hochschulen nach der BMBF+T-Studie die Kontakthäufigkeit zwischen Studierenden und Lehrenden seit 1990 kontinuierlich erhöht, obwohl nach wie vor große Unterschiede zwischen den Studienfächern bestanden [7]. Eine Differenzierung der Aussagen von Studierenden zur Studienzufriedenheit nach dem jeweiligen Studienfach ist daher sinnvoll, wie auch in der RUBIS-Studie deutlich gezeigt wurde [5]. Dies konnte jedoch in der vorliegenden Auswertung wegen der limitierten Stichprobengröße nicht durchgeführt werden.

Kontrastiert wurden diese positiven Einschätzungen der Studierenden zum Studium durch Zweifel an der Studienfachwahl (77%), Orientierungslosigkeit im Studium (74%) und die Einschätzung, dass die Organisation ihres Studiengangs „chaotisch" sei und ein zügiges Studium verhindere (74%) [20]. Auch diese Einschätzungen fanden sich in der BMBF+T-Studie wieder. Gleichzeitig wurde ein ansteigender Beratungsbedarf bei Studierenden festgestellt [7]. Diesem Bedarf sollten die Hochschulen nachkommen und die Qualität der Lehre verbessern sowie die studentischen Beratungsangebote reformieren und ausweiten.

Weitere Einschränkungen des Wohlbefindens der Studierenden ergaben sich aus den Umweltfaktoren an der Universität Bielefeld. So bemängelten über 50% der Befragten fehlende Rückzugsmöglichkeiten, Hektik und Zeitstress sowie eine Lärmbelastung im Gebäude [20]. Hier könnte durch eine Gebäudegestaltung, die Ruhe- und Kommunikationsbereiche räumlich trennt und Entspannungsmöglichkeiten schafft, sowie durch eine Umgestaltung der Außenanlagen der Reizüberflutung entgegengewirkt und zur Steigerung des Wohlbefindens im Lebensraum Hochschule beigetragen werden.

These 4. Das Interesse von Studierenden an universitärer Gesundheitsförderung ist vorhanden und sollte gezielt angesprochen werden.

Das Interesse von Studierenden an Maßnahmen zur Gesundheitsförderung im Lebensraum Hochschule wurde in dieser Studie im deutschsprachigen Raum erstmalig erfasst [18, 22]. Auch wenn insgesamt ein hohes Interesse festgestellt wurde – so würden z. B. rund 80% der Befragten gerne gesundheitsorientierte Gruppenangebote wahrnehmen – ist bei der Interpretation der Daten jedoch zu beachten, dass ein geäußertes subjektives Interesse nicht mit einer wirklichen späteren Inanspruchnahme gleichgesetzt werden kann und daher lediglich Mutmaßungen hinsichtlich des tatsächlich vorhandenen

Bedarfs aufgestellt werden können. Ein besonders großes Interesse wurde im Hinblick auf Angebote zur Stressreduktion und -bewältigung deutlich. Prädiktor für das Interesse an einer Beratung zu diesem Thema war eindeutig ein hohes Maß an psychosozialem Stress, so dass in diesem Bereich tatsächlich diejenigen mit hoher Belastung von entsprechenden Angeboten profitieren würden [22].

Das recht hohe Gesundheitsbewusstsein der Studierenden spiegelte sich in einer großen Nachfrage nach Bewegungsangeboten, Ernährungskursen und -beratungen wider. Außerdem wünschten fast die Hälfte der Befragten ein größeres Angebot an gesunder Ernährung in der Universität. Hier könnten durch gezielte Veränderungen im Bereich der Verpflegung und Gastronomie die Voraussetzungen dafür geschaffen werden, dass ein vorhandenes Gesundheitsbewusstsein in ein tatsächliches Gesundheitshandeln umgesetzt werden kann.

Weiterhin wurden Beratungen zu Fragen der Sexualität, zur Schwangerschaftsverhütung und zum Schutz vor sexuell übertragbaren Erkrankungen von 43% der Studierenden gewünscht. Diese große Nachfrage machte deutlich, dass Studierende offensichtlich noch Wissenslücken und Unsicherheiten bezüglich der Schwangerschaftsverhütung, HIV/AIDS und anderen sexuell übertragbaren Erkrankungen haben, so dass hier gezielte Aufklärung und Präventionsprogramme Abhilfe schaffen können.

Die Bereitschaft der Studierenden zur Prävention des Zigarettenrauchens war überraschend groß. So unterstützte die Mehrheit der Befragten (über 60%) eine Ausweitung der Nichtraucherzonen als strukturelle Präventionsmaßnahme in der Universität. Weiterhin hatte fast jeder zweite Raucher bzw. jede zweite Raucherin ein Interesse an einem Kurs zur Raucherentwöhnung. Somit scheint eine Initiative erfolgversprechend, die den Nichtraucherschutz an der Universität durch die Erweiterung rauchfreier Bereiche verbessert und gleichzeitig für Raucherinnen und Raucher das Angebot von Entwöhnungskursen bereithält.

Die große Mehrheit der Studierenden nahm den Umgang mit Alkohol als unproblematisch wahr und sah in diesem Bereich keinen großen Präventionsbedarf. 27% der Studierenden waren allerdings der Meinung, dass der Alkoholverkauf an der Universität eingeschränkt werden sollte, und immerhin 14% hatten ein Interesse an einer Beratung zum Thema Alkoholmissbrauch. Vor dem Hintergrund eines nach dem CAGE-Screeningtest bemerkenswert hohen Anteils alkoholismusgefährdeter Studierender (14%) [22] ist zu folgern, dass eine größere Aufklärung der Studierenden bezüglich der Gefahren einer Alkoholabhängigkeit angestrebt werden muss und für Gefährdete ent-

13

sprechende Hilfsangebote bereitgestellt werden sollten. Da eine Alkoholismusgefährdung der stärkste Prädiktor für das Interesse an einer Beratung zum Thema Alkohol war, ist zu erwarten, dass eine Beratung tatsächlich von der am stärksten betroffenen Gruppe in Anspruch genommen würde [22]. Allerdings muss der hohen Sensibilität des Themas bei der Konzeption eines Beratungsangebots Rechnung getragen werden, sodass u. U. internetbasierte Beratungsangebote aufgrund der niedrigen Schwelle und der Anonymität einen geeigneten Zugang zu dieser Risikopopulation ermöglichen würden. Gleichzeitig gilt es sich bei der Prävention des Alkoholmissbrauchs nicht nur auf die Risikogruppe mit bereits problematischem Trinkverhalten zu konzentrieren, sondern eine Senkung des Alkoholkonsums bei allen Studierenden durch attraktive alkoholfreie Angebote auf Unifesten und im gesamten Bereich der Gastronomie an der Universität anzustreben.

Schlussbemerkung

Dieser Beitrag widmete sich einem Thema, dass nicht auf die Krankenstandsentwicklung von Beschäftigten an Hochschulen, sondern auf die gesundheitliche Lage von Studierenden ausgerichtet war. Versteht man jedoch eine Gesundheitsfördernde Hochschule als eine gesunde Institution, so sind viele Maßnahmen zur Gesunderhaltung im Setting Hochschule übergreifend und differenzieren nicht zwischen Studierenden und Beschäftigten. So tragen eine gesunde physikalische Umwelt, eine Gebäudegestaltung, die das Wohlbefinden fördert, ein gesundes gastronomisches Angebot und Maßnahmen zum Nichtraucherschutz zur Gesundheitsförderung für beide Gruppen bei. Zudem beeinflussen sich das Wohlbefinden von Studierenden und das der Lehrenden an Hochschulen wechselseitig. Ein positives und gesundes Lehrklima verbunden mit einem gesunden Lernumfeld führt zu einem Gesundheitsgewinn für beide Gruppen und kann darüber hinaus Synergieeffekte hervorrufen. Daher ist die gesundheitliche Lage und Krankenstandsentwicklung der Beschäftigten im Bereich der Hochschulen nicht unabhängig von der gesundheitlichen Lage der „Kunden", d. h. der Studierenden zu betrachten.

Literatur

[1] Allgöwer A, Stock C, Krämer A (1998) Die gesundheitliche Situation von Studierenden. Schlußfolgerungen für Prävention und Gesundheitsförderung. Prävention 1:22–25
[2] Allgöwer A (2000) Gesundheitsförderung an der Universität. Leske und Budrich Verlag, Opladen

[3] Antonovsky A (1987) Unraveling the mystery of health. Jossey-Bass Publishers, San Francisco, London

[4] Ashton J (1998) The historical shift in public health. In: Tsouros AD, Dowding G, Thompson M, Dooris M (Hrsg.) Health promoting Universities, World Health Organization, S 5–9

[5] Bachmann N, Berta D, Eggli P, Hornung R (1999) Macht Studieren krank? Hans Huber Verlag, Bern

[6] Bachmann N (1999) Die Bedeutung sozialer Ressourcen im Studium. In: Bachmann N, Berta D, Eggli P, Hornung R (Hrsg.) Macht Studieren krank? Hans Huber Verlag, Bern, S 105–132

[7] Bargel Z, Multrus F, Ramm M (1996) Studium und Studierende in den 90er Jahren. Bundesministerium für Bildung, Wissenschaft, Forschung und Technologie, Bonn

[8] Brunner S, Bachmann N (1999) Belastungen und Ressourcen im Studienalltag. In: Bachmann N, Berta D, Eggli P, Hornung R (Hrsg.) Macht Studieren krank? Hans Huber Verlag, Bern, S 93-103

[9] Cohen S, Kamarck T, Mermelstein R (1983) A global measure of perceived stress. J Health Soc Behav 24:385–396

[10] Henry-Sachet J, Sluzhinska A, Serfaty D (1996) Chlamydia trachomatis screening in family planning centers: a review of cost/benefit evaluations in different countries. Eur J Contraception Reprod Health Care 1: 301–309

[11] Herzlich C (1973) Health and illness: A social-psychological analysis. Academic Press, London

[12] Hurrelmann K, Kolip P (1994) Der Jugendgesundheitssurvey. Presseinformationsdienst des SFB 227, Nr. 11, März 1994.

[13] John U (1993) Standardisierte Verfahren zur Diagnostik der Alkoholabhängigkeit. Drogalkohol 17:3–12

[14] Marrazzo JM, White CL, Krekeler B, Celum CL, Lafferty WR, Stamm WE, Handsfield HH (1997) Community-based urine screening for Chlamydia trachomatis with ligase chain reaction assay. Ann Int Med 127: 796–803

[15] Prüfer-Krämer L, Oteng S, Stock C, Krämer A (1998) Sexualverhalten und selbstberichtete sexuell übertragene Erkrankungen bei Erstsemestern der Universität Bielefeld. In: Greiser E, Wischnewsky M (Hrsg.) Methoden der Medizinischen Informatik, Biometrie und Epidemiologie in der modernen Informationsgesellschaft. MMV Medien & Medizin Verlag, München, S 479–482

[16] Rietmeijer CA, Yamaguchi KJ, Oritz CG, Montstream SA, LeRoux T, Ehret JM, Judson FN, Douglas JM (1997) Feasibility and yield of screening urine for Chlamydia trachomatis by polymerase chain reaction among high-risk male youth in field-based and other non-clinical settings. Sex Transm Dis 24:429–435

[17] Sonntag U, Gräser S, Stock C, Krämer A (2000) Gesundheitsfördernde Hochschulen. Konzepte, Strategien und Praxisbeispiele. Juventa Verlag, Weinheim und München

[18] Stock C, Allgöwer A, Prüfer-Krämer L, Krämer A (1997) Gibt es einen Bedarf für eine betriebliche Gesundheitsförderung für Studierende? Z Gesundheitswiss 3:239–256

[19] Stock C, Guillén Grima F, Prüfer-Krämer L, Serrano Monzo I, Marin Fernandez B, Aguinaga Ontoso I. Krämer A (2000) Sexual behavior and the prevalence of *Chlamydia trachomatis* infection in asymptomatic students in Germany and Spain. European Regional Meeting of the International Epidemiology Association IEA, Abstractband S 70

13

[20] Stock C, Krämer A (2000) Psychosoziale Belastung und psychosomatische Beschwerden von Studierenden: Ergebnisse einer Längsschnittstudie. In: Sonntag U, Gräser S, Stock C, Krämer A (Hrsg.) Gesundheitsfördernde Hochschulen. Juventa Verlag, Weinheim und München, S 127–138

[21] Stock C, Krämer A (2001) Die Gesundheit von Studierenden im Studienverlauf. Das Gesundheitswesen 61:57–60

[22] Stock C, Wille L, Krämer A (2001) Gender-specific health behaviors of German university students predict the interest in campus health promotion. Health Prom Int 16:145–154

[23] Tsouros AD, Dowding G, Dooris M (1998) Strategic framework for the Health Promoting Universities project. In: Tsouros AD, Dowding G, Thompson M, Dooris M (Hrsg.) Health Promoting Universities, World Health Organization, S 111–126

[24] Weissinger V (1996) Gesundheitsförderung im Studium – Aspekte zum Wohlbefinden im Lebensraum Hochschule. Lorenz-von-Stein-Institut für Verwaltungswissenschaften an der Christian-Albrechts-Universität (Arbeitspapier Nr. 40), Kiel

Verkehr und Transport

Implementierung eines Betrieblichen Gesundheitsmanagements bei der Essener Verkehrs-AG

U. WALTER · E. MÜNCH · B. BADURA

Der vorliegende Artikel versteht sich als Beitrag zur Institutionalisierung und Systematisierung Betrieblicher Gesundheitsförderung in Wirtschaftsunternehmen und Dienstleistungsorganisationen. Im öffentlichen Sektor und in der Privatwirtschaft ist seit einigen Jahren eine Zunahme von Projekten zum Thema „Betriebliche Gesundheitsförderung" zu beobachten. Der überwiegende Teil dieser Bemühungen lässt jedoch drei zentrale Mängel erkennen: 1. eine unzureichende Wahrnehmung von Gesundheitsförderung als Führungsaufgabe, 2. eine mangelnde Integration von Gesundheitsförderung in die betrieblichen Routinen sowie 3. eine fehlende Systematisierung in der Vorgehensweise. Diese Mängel beeinträchtigen Bedarfsgerechtigkeit, Wirksamkeit und Effizienz Betrieblicher Gesundheitsförderung und ihre Weiterentwicklung in Richtung Betriebliches Gesundheitsmanagement.

Mit dem „Leitfaden für Betriebliches Gesundheitsmanagement" [2] wurde von wissenschaftlicher Seite ein Konzept zur Institutionalisierung und Systematisierung von Gesundheitsförderung im Sinne eines Managementprozesses vorgeschlagen. Grundelement dieses Konzeptes ist ein Lernzyklus, bestehend aus den vier Kernprozessen Diagnose, Planung, Intervention und Evaluation. Die Prozesse sind kontinuierlich zu durchlaufen und erfordern gewisse strukturelle Voraussetzungen und Rahmenbedingungen zu ihrer erfolgreichen Durchführung. Jeder Durchlauf soll Erkenntnisgewinn für weiteres planvolles Handeln ermöglichen. Der Leitfaden soll Unternehmen dabei unterstützen, selbsttragende Strukturen, Prozesse und Instrumente für ein Betriebliches Gesundheitsmanagement aufzubauen. Zwischenzeitlich liegen zur Anwendung dieses Leitfadens erste Erfahrungen vor, z.B. aus einem derzeit laufenden Projekt im öffentlichen Sektor [1]. Am Beispiel eines Modellbetriebs aus diesem Projekt – der Essener Verkehrs-AG – wird

---

Fußnote [1] siehe Seite 198.

Fußnote [1] siehe Seite 198.

14

im Folgenden aus Sicht der Wissenschaftlichen Begleitforschung [2] die Implementierung eines Betrieblichen Gesundheitsmanagements exemplarisch dargestellt. Primäres Ziel ist es, die Vorgehensweise und Zielerreichung des Unternehmens – orientiert an dem o.g. Leitfaden – darzustellen und die aufgebauten Strukturen und Rahmenbedingungen sowie die durchgeführten Kernprozesse zu bewerten. Die „Erfolgsbewertung" erfolgt auf der Basis aus dem Leitfaden abgeleiteter Kriterien. Ein weiteres Ziel des Artikels besteht darin, durch die in der Anwendung gemachten Erfahrungen Hinweise zur Weiterentwicklung des Leitfadens zu gewinnen.

Das dazu im Folgenden präsentierte Datenmaterial stützt sich zum einen auf Daten der Wissenschaftlichen Begleitung [3], zum anderen auf Daten, die von der Essener Verkehrs-AG im Rahmen der Diagnostik selbst generiert wurden.

Das Unternehmen

Die Essener Verkehrs-AG, im Jahr 1895 gegründet als „Süddeutsche Eisenbahngesellschaft" und im Jahr 1954 umbenannt in „Essener Verkehrs-AG", beschäftigt heute als öffentliches Nahverkehrsunternehmen

[1] Bei dem Projekt handelt es sich um das bundesweite Modellprojekt der Gewerkschaft Ver.di (ÖTV) „Effiziente Organisations- und Führungsformen – ein integratives Projekt zur betrieblichen Gesundheitsförderung". Das Projekt startete nach einer Vorlaufphase im Frühjahr 1999 und endet am 31. Dezember 2001. An dem Projekt nehmen als Modellbetriebe teil: die Essener Verkehrs-AG, das Seniorenzentrum Hagenbeckstraße der Arbeiterwohlfahrt Landesverband Hamburg e.V., das Klinikum Lippe-Lemgo sowie das Westfälische Zentrum für Psychiatrie, Psychotherapie und Psychosomatik Dortmund. Die Wissenschaftliche Begleitung und Evaluation des Projektes erfolgt im Auftrag der Hans-Böckler-Stiftung durch die Universität Bielefeld, Fakultät für Gesundheitswissenschaften (Prof. Bernhard Badura). Die wissenschaftlich begleitete Phase ist auf einen Zeitraum von 2,5 Jahren angelegt und endet ebenfalls am 31. Dezember 2001.
[2] Primäre Aufgabe der Wissenschaftlichen Begleitforschung im Projekt ist es, die Implementierung eines Betrieblichen Gesundheitsmanagements in den Modellbetrieben zu dokumentieren und zu evaluieren. Eine weitere Aufgabe der Wissenschaft besteht darin, die Betriebe bzw. die dort handelnden Akteure zu qualifizieren und zu unterstützen, selbsttragende Strukturen, Prozesse und Instrumente für ein Betriebliches Gesundheitsmanagement aufzubauen.
[3] Die Wissenschaftliche Begleitforschung bedient sich sowohl methodischer Vorgehensweisen und Instrumente der empirischen Evaluationsforschung, z.B. [1], als auch Elementen der Aktionsforschung [3, 4, 5]. Im Einzelnen handelt es sich dabei um (qualitative) Experteninterviews, Dokumentenanalysen, teilnehmende Beobachtung sowie die Analyse und Bewertung der vom Betrieb selbst generierten quantitativen und qualitativen Daten.

2060 MitarbeiterInnen, davon ca. 1000 im Fahrdienst. Durch das Unternehmen werden täglich rund 300 000 Fahrgäste befördert; ca. 250 Busse und 145 Straßenbahn- und Stadtbahnfahrzeuge sind pro Tag auf mehr als 50 Linien im Einsatz. Neben dem wirtschaftlichen Eigentum an 22 km U-Bahn-Strecke/-Anlage unterhält die Essener Verkehrs-AG drei Betriebshöfe, eine Leitstelle und eine Hauptverwaltung.

Die wirtschaftliche Situation bei der Essener Verkehrs-AG ist seit einigen Jahren geprägt durch einen zunehmend auf das Unternehmen einwirkenden Wettbewerbsdruck. Vor dem Hintergrund veränderter Rahmenbedingungen im Öffentlichen Personennahverkehr (z. B. Marktöffnung, EU-Konkurrenz) wurden mehrfache Reorganisationsprozesse durchgeführt mit dem Ziel, durch eine stärkere Ausrichtung am Markt und eine verbesserte Wirtschaftlichkeit auf allen Ebenen, die Existenz des Unternehmens und der damit verbundenen Arbeitsplätze zu sichern[4]. Die in der Vergangenheit durchgeführten Umstrukturierungsmaßnahmen hatten u.a. eine zunehmende Leistungsverdichtung zur Folge. Aus Sicht der Beschäftigten haben sie zugleich zu einer wachsenden Arbeitsbelastung geführt.

Die voran skizzierte Entwicklung und die daraus resultierenden Konsequenzen für die Essener Verkehrs-AG und deren Beschäftigte sind für die Unternehmensleitung ein entscheidender Grund für die Implementierung eines Betriebliches Gesundheitsmanagements gewesen und stellen ein wichtiges, handlungsleitendes Motiv dar. Gesundheit und Wohlbefinden der Mitarbeiterinnen und Mitarbeiter sind aus Sicht des Vorstands eine maßgebliche Voraussetzung für die Wettbewerbsfähigkeit und Existenzsicherung des Unternehmens.

Bezogen auf das Thema „Betriebliche Gesundheitsförderung" verfügte die Essener Verkehrs-AG bis zum Projektbeginn (Frühjahr 1999) über begrenzte Vorerfahrungen. Bis dahin wurden in erster Linie verhaltensorientierte Aktivitäten/Maßnahmen durchgeführt. Jedoch fehlten bislang ein strategisch ausgerichtetes, organisationsweites Handeln sowie ein systematisches, prozessorientiertes Vorgehen. Insbesondere erfolgte keine hinreichende Erfolgsbewertung der durchgeführten Maßnahmen und Projekte. Ein festes Budget für Maßnahmen zur betrieblichen Gesundheitsförderung wurde nicht zur Verfügung gestellt; stattdessen erfolgte die Finanzierung der Aktivitäten bei Bedarf aus dem laufenden Wirtschaftsplan. Der bereits im Jahr 1997 – unter Einbeziehung ver-

14

---

[4] In diesem Kontext ist auch die Gründung einer Betreibergesellschaft – der „EVAG-Betriebsgesellschaft" – zum 1. Januar 2001 zu sehen, die sämtliche Fahrbetriebs- und fahrbetriebsbezogenen Werkstattleistungen der Essener Verkehrs-AG übernommen hat.

schiedener innerbetrieblicher Akteure – eingerichtete Arbeitskreis Gesundheit tagte in der Vergangenheit eher unregelmäßig; die Zusammenarbeit der Akteure erfolgte nicht kontinuierlich, sondern punktuell und/oder problembezogen. Vereinzelt wurde auch mit externen Partnern (Betriebskrankenkasse, Berufsgenossenschaft) kooperiert. Auch diesbezüglich konnte vor Projektbeginn nicht von einer kontinuierlichen Form der Zusammenarbeit gesprochen werden.

Vorteilhaft für den hier dargestellten Implementierungsprozess sind die vielfältigen Vorerfahrungen der Essener Verkehrs-AG im Bereich Organisations- und Personalentwicklung und der in diesem Kontext seit einigen Jahren stattfindende Lern- und Entwicklungsprozess. Zudem stehen dem Unternehmen mit den Abteilungen „Organisation und Personal" sowie „Marketing" Ressourcen und Kompetenzen für wesentliche Arbeitsschritte im Rahmen des Projektes zur Verfügung.

Implementierung eines Betrieblichen Gesundheitsmanagements

Die erfolgreiche Implementierung eines Betrieblichen Gesundheitsmanagements bemisst sich vor allem an drei Faktoren:
1. dem Aufbau von Strukturen und Rahmenbedingungen, als Grundlage für planvolles Handeln,
2. der professionellen Durchführung der vier Kernprozesse Diagnose, Maßnahmenplanung, Intervention und Evaluation sowie
3. der Integration der entsprechenden Strukturen und Prozesse in die Organisationsroutinen.

Nachfolgend werden jeweils im ersten Schritt die Bedeutung der einzelnen Elemente im Betrieblichen Gesundheitsmanagement skizziert und erfolgsrelevante Qualitätskriterien benannt. Im nächsten Schritt wird die Vorgehensweise der Essener Verkehrs-AG dargestellt. Die anschließende Beurteilung der Qualität der aufgebauten Strukturen und Rahmenbedingungen sowie der bislang durchgeführten Kernprozesse erfolgt auf der Basis der zuvor benannten Kriterien.

Strukturen und Rahmenbedingungen. Für eine systematische und prozessorientierte Vorgehensweise im Betrieblichen Gesundheitsmanagement sowie dessen Integration in die betrieblichen Routinen bedarf es einer Reihe struktureller Voraussetzungen und Rahmenbedingungen. Die in diesem Zusammenhang erfolgsrelevanten Kriterien sind in Abb. 14.1 aufgeführt.

Grundlegende Voraussetzung für ein effizientes und wirksames Betriebliches Gesundheitsmanagement sind eine klare inhaltliche Zielset-

---

Strukturen und Rahmenbedingungen

1. klare und überprüfbare inhaltliche Zielsetzung für Betriebliches Gesundheitsmanagement (BGM)

2. Wahrnehmung von BGM als Führungsaufgabe sowie aktive Unterstützung durch das Topmanagement und die Arbeitnehmervertretung

3. klare personelle Zuständigkeiten und Verantwortlichkeiten für BGM

4. Bereitstellung ausreichender Ressourcen (finanziell, personell, zeitlich, räumlich etc.)

5. Verknüpfung mit vorhandenen Managementansätzen und Führungsinstrumenten

6. Fort- und Weiterbildung

7. interne und externe Öffentlichkeitsarbeit

Abb. 14.1. Qualitätskriterien für Strukturen und Rahmenbedingungen

zung, die Wahrnehmung des Themas als Führungsaufgabe und seine aktive Unterstützung durch das Topmanagement und die Arbeiternehmervertretung sowie die Schaffung eindeutiger Zuständigkeiten und Verantwortlichkeiten. Zu letzterem Aspekt gehören sowohl die Benennung eines Beauftragten/Projektleiters als auch die Einrichtung eines Steuerungsgremiums (z. B. Arbeitskreis Gesundheit). Weitere Erfolgskriterien stellen die Bereitstellung ausreichender Ressourcen (finanziell, personell, zeitlich, räumlich) sowie die Verknüpfung mit vorhandenen Managementsystemen und Führungsinstrumenten dar. Darüber hinaus unterstützen Fort- und Weiterbildung (z. B. für Führungskräfte, Mitarbeiter und betriebliche Gesundheitsexperten) sowie eine gute interne und externe Öffentlichkeitsarbeit die Zielerreichung. Insbesondere die Verknüpfung mit Managementsystemen und Führungsinstrumenten sowie die Fort- und Weiterbildung spielen im Hinblick auf die dauerhafte Verankerung des Gesundheitsmanagements im Unternehmen eine maßgebliche Rolle.

Die Essener-Verkehrs-AG beabsichtigt, neben dem übergeordneten Ziel, ein effizientes Betriebliches Gesundheitsmanagement organisationsweit zu implementieren, in zwei exemplarisch ausgewählten Organisationseinheiten[5] gemeinsam mit den Mitarbeiterinnen und Mitarbeitern konkrete Maßnahmen für eine gesundheitsförderliche Ge-

14

---

[5] Bei den ausgewählten Einheiten handelt es sich um den Bereich „Fahrbetrieb Straßenbahn (FB 3)" sowie den Bereich „Gleis- und Weichentechnik (TI 5)". Mit diesen beiden Bereichen wurden zwei Organisationseinheiten mit unterschiedlichen Aufgaben und Anforderungsprofilen ausgewählt. Der deutlich größere Bereich „Fahrbetrieb Straßenbahn" deckt zugleich einen wesentlichen Teil des Kerngeschäftes des Unternehmens ab.

staltung der Arbeit zu entwickeln und zu realisieren. Das vorrangig verfolgte Ziel besteht darin, Wohlbefinden, Zufriedenheit und Motivation der Beschäftigten zu steigern. Nicht zuletzt erhofft man sich dadurch aber auch ökonomische Effekte. Im Vordergrund steht dabei die Senkung von Fehlzeiten bzw. damit verbundener Personalkosten sowie eine insgesamt verbesserte Effizienz und Dienstleistungsqualität. Anzumerken ist, dass abgesehen von diesen eher allgemein formulierten Zielen zunächst keine konkreten und überprüfbaren Projektziele (und Meilensteine) definiert wurden; entsprechend war eine „Nachsteuerung" zu einem späteren Zeitpunkt erforderlich.

Gemeinsamer Auftraggeber für das Vorhaben sind der Vorstand und der Betriebsrat[6]. In dem von beiden Sozialpartnern unterzeichneten Projektauftrag sowie einer dem Auftrag zugrunde liegenden Betriebsvereinbarung sind die Ziele und Eckpunkte für das Vorhaben festgelegt. Für das Topmanagement ist eine deutliche Befürwortung des Vorhabens zu konstatieren. Dies lässt sich u.a. daran festmachen, dass die Fortführung des Projektes auch unter der neuen Betreibergesellschaft sichergestellt wird. Auch soll, um den Stellenwert von Betrieblichem Gesundheitsmanagement im Unternehmen zu unterstreichen, das Thema nachträglich in das bereits vorhandene Unternehmensleitbild und die Stellenbeschreibungen von Führungskräften integriert werden. Der Betriebsrat äußert ebenfalls uneingeschränkte Unterstützung. Er ist durch zwei Mitglieder aktiv im Projektlenkungsausschuss (s.u.) vertreten, bleibt aber darüber hinaus als Gremium eher im Hintergrund.

Die Verantwortung für den Implementierungsprozess liegt in den Händen des Leiters für Personal und Organisation (Projektleitung) sowie des Leiters für Arbeitssicherheit und Umweltschutz (stv. Projektleitung); beide Personen nehmen die Leitungsfunktion arbeitsteilig wahr. Während der stellvertretende Projektleiter in erster Linie für das operative Tagesgeschäft zuständig ist, verantwortet der Projektleiter vor allem die strategische und inhaltliche Steuerung des Vorhabens. Anzumerken ist, dass insbesondere die Projektleitung – resultierend aus ihrer Primärfunktion im Unternehmen – unter einer hohen Arbeitsbelastung steht. Um so wichtiger ist die gut funktionierende Zusammenarbeit zwischen Projektleitung und Stellvertretung.

---

[6] Die Tatsache, dass Vorstand und Betriebsrat gemeinsam als Auftraggeber auftreten, stellt eine Besonderheit gegenüber den meisten anderen Projekten dar. Sie beruht auf einer Vorgabe seitens des Projektträgers und dem Willen der Beteiligten und ist u.a. Gegenstand der zwischen Ver.di (ÖTV) und Modellbetrieb geschlossenen Kooperationsvereinbarung.

Als zweite Steuerungsgröße wurde bei der Essener Verkehrs-AG ein Projektlenkungsausschuss – unter Beteiligung der relevanten internen Akteure sowie externer Experten – eingerichtet[7]. Mit der Einbindung der Kranken- und Unfallversicherung soll die Basis für eine dauerhafte und kontinuierliche Kooperation gelegt werden. Die Sitzungen des Lenkungsausschusses werden durch eine externe Moderatorin begleitet. Mit Blick auf die Verstetigung von Betrieblichem Gesundheitsmanagement ist die Einrichtung eines (dauerhaften) Steuerungsgremiums vorgesehen. Um durch die ggf. mögliche Integration verschiedener Gremien Synergieeffekte zu erzeugen, erfolgt derzeit eine Bestandsaufnahme der thematisch relevanten Gremien und Arbeitsgruppen.

Die Essener Verkehrs-AG hatte bereits zu einem frühen Zeitpunkt Erwartungen und Anforderungen an die Teilnehmer des Projektlenkungsausschusses relativ klar formuliert. Dennoch stellte die Integration aller internen und externen Akteure eine Herausforderung dar und erforderte eine Vielzahl von Diskussionen. Darunter litt zunächst auch die Effizienz der Sitzungen. Hervorzuheben ist die hohe Bedeutung einer guten Protokollierung, die nicht nur die Sitzungen von ihren Ergebnissen her dokumentieren muss, sondern auch die stattgefundenen Prozesse nachvollziehbar macht.

Mit der Einrichtung eines eigenen Budgets für das Projekt wurde sichergestellt, dass finanzielle Ressourcen in ausreichendem Maße zur Verfügung stehen. Das Budget basiert auf einem detaillierten Kostenplan, in dem die Kosten für alle im Laufe des Projektes anfallenden Eigen- und Fremdleistungen (z. B. Moderation, Durchführung einer Mitarbeiterbefragung, Qualifizierungsmaßnahmen, Öffentlichkeitsarbeit) festgelegt sind. Mit Blick auf die Überführung der Projektstrukturen in die betrieblichen Routinen ist die Einrichtung eines festen Budgets für Maßnahmen/Aktivitäten im Rahmen des Betrieblichen Gesundheitsmanagements geplant.

Zur Verstetigung des Betrieblichen Gesundheitsmanagements werden derzeit, neben den bereits angesprochenen Aspekten, Fort- und Weiterbildungsangebote für Führungskräfte und Mitarbeiter entwickelt sowie Vorbereitungen zur dauerhaften Vernetzung mit bereits

14

---

[7] Mitglieder des Projektlenkungsausschusses sind: die Projektleitung, zwei Mitglieder des Betriebsrates, die Leiter der Interventionseinheiten, der Leiter Aus- und Weiterbildung, zwei Mitarbeiter aus dem Bereich Personal und Organisation, der Betriebsarzt, der betreuende Gewerkschaftssekretär, je ein Vertreter der zuständigen Krankenkasse (BKK Krupp Thyssen + Partner) und der Berufsgenossenschaft (BG Bahnen) sowie (zeitweilig) die Moderatorin der Gesundheitszirkel und die Sprecher der Gesundheitszirkel.

vorhandenen Managementansätzen und Führungsinstrumenten (z. B. Steuerungs- und Kompetenzmodell, Balanced Scorecard, Zielvereinbarungen) getroffen.

Kernprozesse. Zu den zentralen Qualitätselementen eines wirksamen und effizienten Betrieblichen Gesundheitsmanagements zählen – neben den bereits angesprochenen Strukturen und Rahmenbedingungen – die vier Kernprozesse Diagnostik, Planung, Intervention und Evaluation. Die Prozesse stehen in einer logischen Abfolge und ermöglichen so planvolles und zielgerichtetes Handeln.

Diagnose

Der erste Kernprozess im Betrieblichen Gesundheitsmanagement zielt auf die systematische Erfassung der Arbeitssituation und des Gesundheitszustands der Beschäftigten und der dafür in Frage kommenden Ursachen. Der Diagnose, die mit unterschiedlichen Methoden und Instrumenten erfolgen kann, kommen vier zentrale Funktionen zu:

1. das körperliche und psychosoziale Befinden der Beschäftigten systematisch und valide zu erfassen,
2. Hinweise zu geben auf mögliche Einflussgrößen für Gesundheit und Wohlbefinden (pathogene und salutogene Faktoren),
3. die Grundlage zu liefern für Maßnahmenplanung und Intervention sowie
4. den Ausgangspunkt (baseline) zu bilden für die spätere Evaluation.

Für eine adäquate Diagnose bedarf es bereits im Vorfeld einer klaren Zielsetzung. Orientiert an dieser Zielsetzung erfolgen die Auswahl der Zielgruppen sowie der relevanten Daten-/Informationsquellen. In Frage kommen dabei beispielsweise Routine-Daten der Kassen (AU-Berichte) und Berufsgenossenschaften (Daten zum Unfallgeschehen und Berufskrankheiten), Routine-Daten des Betriebes (z. B. Fehlzeitenstatistiken) und Daten aus eigenen, zusätzlichen Erhebungen (z. B. Mitarbeiterbefragungen). Grundsätzlich ist bei der Diagnostik auf die Generierung valider und aussagekräftiger Daten zu achten. Ebenso sind bei allen Arbeitsschritten datenschutzrechtliche Belange zu berücksichtigen. Am Beispiel der Mitarbeiterbefragung sind in Abb. 14.2 die aus Sicht der Autoren relevanten Qualitätsdimensionen und -kriterien dargestellt.

Bei der Essener Verkehrs-AG wurde im Rahmen der Diagnose im Frühjahr 2000 eine Mitarbeiterbefragung in den Bereichen „Fahrbetrieb Straßenbahn" und „Gleis- und Weichentechnik" durchge-

Mitarbeiterbefragung

1. Qualitätsdimension „Erhebungsinstrument"
   - orientiert an wissenschaftlichen Standards
   - Relevanz der Fragestellungen
   - Erfassung von Zielvariablen: z.B. psychosoziales und körperliches Wohlbefinden
   - Erfassung potenzieller Einflussfaktoren (salutogen, pathogen)
2. Qualitätsdimension „Planung, Durchführung und Auswertung"
   - klare Zielsetzung
   - Festlegung der Zielgruppe
   - realistische Zeitplanung
   - Sicherstellung des Datenschutzes und der Anonymität
   - frühzeitige und hinreichende Information der MitarbeiterInnen
   - Freiwilligkeit der Teilnahme
   - Akzeptanz der Befragung
   - Rücklaufquote
   - Repräsentativität
   - Identifikation von Handlungsbedarfen
   - Formulierung von Empfehlungen
3. Qualitätsdimension „Rückmeldung der Ergebnisse"
   - Feedback an Topmanagement
   - Feedback an Steuerungskreis
   - Feedback an Beschäftigte

Abb. 14.2. Qualitätsdimensionen und -kriterien für eine Mitarbeiterbefragung

führt[8]. Die Befragung diente dazu, Arbeitsbedingungen und -belastungen sowie Arbeitszufriedenheit, körperliches und psychosoziales Wohlbefinden der Beschäftigten in den Interventionseinheiten zu untersuchen. Im Weiteren sollten dadurch Problembereiche identifiziert und offengelegt werden, um daraus im nächsten Schritt konkrete Veränderungs- und Verbesserungsmaßnahmen abzuleiten. Die Datenerhebung erfolgte in Form einer schriftlichen Befragung[9]. Das Befragungsinstrument konzentrierte sich auf die Themen:

1. Arbeitszeitstrukturen
2. Arbeitsplatz/-umfeld
3. Technikeinsatz
4. Arbeitstätigkeit und -situation
5. Führungsverhalten
6. körperliches und psychosoziales Wohlbefinden
7. Vorschläge zur Verbesserung der Arbeitssituation

[8] Die beiden Einheiten sind aufgrund der Projektanlage nach einer innerbetrieblichen Diskussion bereits im Vorfeld der Diagnose ausgewählt worden.
[9] Der eingesetzte Fragebogen wurde in Abstimmung mit der Wissenschaftlichen Begleitung entwickelt. Dabei wurde im Wesentlichen auf in der Praxis erprobte, validierte Instrumente zurückgegriffen.

Im Interventionsbereich „Fahrbetrieb Straßenbahn" umfasste die Gesamtpopulation der Befragten insgesamt 399 Personen. Mit 253 auswertbaren Fragebögen wurde eine Rücklaufquote von 63,4 Prozent erzielt. Im deutlich kleineren Bereich „Gleis- und Weichentechnik" wurden insgesamt 58 Beschäftigte befragt. Die Rücklaufquote belief sich in diesem Bereich auf 85%. Die Datenerfassung und -auswertung übernahm die eigene Marketingabteilung. Die Präsentation der Ergebnisse der Befragung erfolgte sowohl in einer Sitzung des Projektlenkungsausschusses, als auch in Belegschaftsversammlungen für die Beschäftigten der beiden Interventionsbereiche.

Nachfolgend werden – beispielhaft für den Bereich „Fahrbetrieb Straßenbahn" – drei ausgewählte Ergebnisse der Befragung präsentiert. Die Ergebnisse wiesen auf deutlichen Handlungsbedarf hin und wurden im Rahmen der nachfolgenden Intervention vertiefend bearbeitet.

Im Zusammenhang mit der Frage nach den *persönlichen Gesundheitsgefährdungen* am Arbeitsplatz hatten die befragten Personen die Gelegenheit, ihre Einschätzung zu sechs unterschiedlichen Faktoren mit gesundheitsgefährdendem Potenzial zu äußern (s. Abb. 14.3). Am markantesten ist dabei das Ergebnis für den Faktor „Stress im Straßenverkehr": rund 91 Prozent aller Respondenten, und damit nahezu alle Befragten, sahen ihre Gesundheit durch diesen Faktor in „eher hohem" oder gar „sehr hohem Maße" gefährdet.

Immerhin knapp die Hälfte (49%) der Befragten sahen sich zudem durch das Heben und Tragen schwerer Lasten gesundheitlich gefähr-

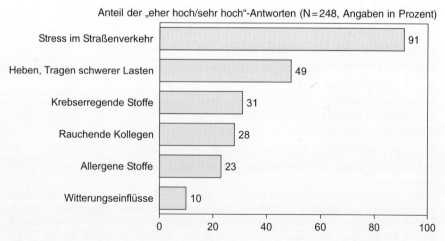

Abb. 14.3. Rangreihe gesundheitsgefährdender Faktoren am Arbeitsplatz

det. Ein knappes Drittel (31%) der Respondenten war darüber hinaus der Ansicht, dass die eigene Gesundheit durch krebserregende Stoffe gefährdet sei und mehr als ein Viertel (28%) schätzte die Gesundheitsgefährdung durch rauchende Kollegen (z.B. in Pausen-/Sozialräumen) „eher hoch" bis „sehr hoch" ein. Eine geringere Bedeutung wurde hingegen allergenen Stoffen (23%) sowie Witterungseinflüssen (10%) beigemessen.

Bezogen auf die Frage nach der Häufigkeit des Auftretens von *Fehlfunktionen oder Störungen an technischen Geräten*, gaben immerhin 40,7% der befragten Fahrerinnen und Fahrer an, diese mehrmals in einer Woche zu erleben. Noch rund ein Drittel der Befragten gab an, dass diese Störungen/Fehlfunktionen mehrmals am Tag aufträten. Hingegen tritt eine solche Situation nur noch für einige wenige Fahrerinnen und Fahrer (3,8%) mehrmals die Stunde auf. Als Folge solcher Störungen wurden von rund 80 Prozent der Befragungsteilnehmer erhöhter „Zeitdruck" beschrieben. Für etwa jeden sechsten Befragten (17%) resultierte aus diesen Störungen eine „höhere Gefährdung" und/oder „Ärger mit Vorgesetzten oder Kollegen".

Im Hinblick auf die *körperlichen Beschwerden*[10] waren es – trotz des vergleichsweise günstigen Durchschnittsalters – mit rund 58 Prozent weit über die Hälfte der antwortenden Fahrerinnen und Fahrer, die häufig Rückenschmerzen empfanden (s. Abb. 14.4). Nur um fünf Prozentpunkte geringer (53%) lag der Anteil derjenigen, die häufig unter Nackenschmerzen und Schlafstörungen litt. Ebenso wie die vorangenannten Beschwerden waren auch „Aufregung am ganzen Körper spüren" und „schnelles Ermüden" häufig auftretende Symptome. Auch bei den beiden letztgenannten Beschwerden lag die Häufigkeit mit 51 bzw. 50 Prozent relativ hoch.

Positiv hervorzuheben ist zunächst, dass die meisten der im Rahmen der Planung, Durchführung und Auswertung erforderlichen Arbeitsschritte von dem Unternehmen weitgehend eigenständig und in hinreichender Qualität durchgeführt wurden. Neben der gemeinsamen Entwicklung des Fragebogens war lediglich bei Teilen der Auswertung und Interpretation des Datenmaterials Unterstützung seitens der Wissenschaftlichen Begleitung erforderlich. Als vorteilhaft haben sich in diesem Zusammenhang die vorhandenen Ressourcen und Kompetenzen sowie die Vorerfahrungen mit Projekten erwiesen. Der Gesamt-

---

[10] Die körperlichen Beschwerden wurden mit der 20 Items umfassenden Kurzform des Freiburger-Beschwerden-Inventars gemessen. Die Probanden wurden dabei gebeten, auf einer fünfstufigen Skala anzugeben, wie häufig sie im letzten halben Jahr die aufgeführten körperlichen Beschwerden empfunden haben.

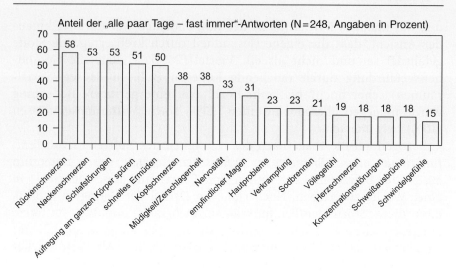

Abb. 14.4. Häufigkeit körperlicher Beschwerden

zeitraum von einem Jahr (von der Entwicklung des Erhebungsinstrumentes bis hin zur Ergebnispräsentation) ist im Rahmen des zeitlich befristeten Projektes allerdings als relativ lang einzuschätzen. Daran wird u.a. deutlich, welche Herausforderung die Diagnose – trotz günstiger Voraussetzungen – für das Unternehmen darstellt. Zeitverzögernd hat sich auch das Thema Datenschutz ausgewirkt, das Gegenstand mehrfacher Diskussionen im Projektlenkungsausschuss war. Im Vordergrund stand die Frage der Anonymität und die Sorge um einen möglichen Missbrauch der Daten durch die Arbeitgeberseite.

Im Hinblick auf die Auswertung der Mitarbeiterbefragung ist anzumerken, dass die Potenziale des eingesetzten Fragebogens noch vollständiger hätten genutzt werden können. So wurde z.B. auf die Analyse von Zusammenhängen zwischen den Arbeitsbedingungen und dem körperlichen und psychosozialen Wohlbefinden der Beschäftigten verzichtet.

Um in Zukunft für die Diagnose und die daraus abzuleitenden Interventionen eine umfassendere Daten- bzw. Informationsbasis heranziehen zu können, beschäftigt sich derzeit eine Teilprojektgruppe mit dem Aufbau einer betrieblichen Gesundheitsberichterstattung.

Interventionsplanung

Der zweite Kernprozess dient der inhaltlichen und konzeptionellen Vorbereitung und Planung der nachfolgenden Intervention. Erfolgsrelevante Kriterien für die Planung sind in Abb. 14.5 dargestellt. Im

Rahmen der Planung werden, basierend auf den Ergebnissen der Diagnose und unter Einbeziehung der verantwortlichen Akteure und Gremien, Problembereiche und Handlungsbedarfe identifiziert. Daraus sind präzise, ergebnisbezogene und operationale Ziele für die Intervention zu formulieren, Zielgruppen festzulegen sowie geeignete, evidenzbasierte Interventionsmaßnahmen auszuwählen. Des Weiteren ist eine detaillierte Zeit-, Arbeits- und Kostenplanung für die Durchführung der Maßnahmen vorzunehmen.

Bei der Essener Verkehrs-AG basierte die inhaltliche Planung der Intervention vornehmlich auf den Ergebnissen der Mitarbeiterbefragung. Im Anschluss an die Diskussion und Bewertung der Befragungsergebnisse im Projektlenkungsausschuss erfolgte die Entscheidung, in den Bereichen „Fahrbetrieb Straßenbahn" und „Gleis- und Weichentechnik" je einen Gesundheitszirkel einzurichten. Beide Zirkel erhielten den Auftrag, die bereits als belastend identifizierten Themen sowie mögliche weitere Themen zu bearbeiten und Verbesserungsvorschläge zu entwickeln. Über die Einrichtung von Gesundheitszirkeln hinaus hat sich der Projektlenkungsausschuss auch mit der Planung weiterer Maßnahmen befasst. Dazu gehören z. B. Führungskräftetrainings sowie die Einrichtung einer Arbeitsgruppe zum Thema „Betrieblicher Gesundheitsbericht", die beide einen Beitrag zur Verstetigung leisten sollen. Orientiert an den genannten Qualitätskriterien ist für die Essener Verkehrs-AG für diesen Kernprozess überwiegend ein hoher Standard zu konstatieren. Ähnlich wie auf der Ebene des Gesamtprojektes wurden allerdings auch im Rahmen der Planung zunächst keine ausreichend klaren und operationalen Ziele für die nachfolgende Intervention festgelegt. Diesbezüglich erfolgte zu einem späteren Zeitpunkt eine Feinabstimmung.

14

Interventionsplanung

1. Identifizierung von Problembereichen und Handlungsbedarfen, basierend auf den Ergebnissen der Diagnostik

2. Formulierung präziser und überprüfbarer Ziele

3. Festlegung der Zielgruppen (z. B. Führungskräfte, Mitarbeiter, Gesundheitsexperten)

4. Einbeziehung der relevanten Akteure und Gremien

5. Auswahl geeigneter, evidenzbasierter Maßnahmen

6. klare Zeit- und Arbeitsplanung (wer? was? bis wann?)

7. detaillierte Kostenplanung

Abb. 14.5. Qualitätskriterien für die Planung

Intervention

Der dritte Kernprozess bezieht sich auf die Durchführung und Steuerung der im vorherigen Arbeitsschritt geplanten Intervention. Auch für die Intervention lassen sich – unabhängig von der jeweiligen Interventionsform – einige erfolgsrelevante Kriterien benennen (s. Abb. 14.6). Ausgehend von der Bedarfsgerechtigkeit und Angemessenheit der Intervention sind ihre Akzeptanz durch die jeweilige/n Zielgruppe/n, ihre Effektivität und Effizienz sowie die Einhaltung der Zeit- und Kostenplanung als zentrale Kriterien zu betrachten. Darüber hinaus sind – je nach Maßnahme – die Dokumentation, die Rückmeldung der Ergebnisse an zuständige Gremien sowie die Information der Mitarbeiter wichtige Größen.

Bei der Essener Verkehrs-AG wurde in den eingerichteten Gesundheitszirkeln[11] im Verlauf von insgesamt sechs Sitzungen eine Palette unterschiedlicher Themen bearbeitet. Die Auswahl der Themen basierte auf den Ergebnissen der Mitarbeiterbefragung sowie auf Themen, die von den Teilnehmern zusätzlich benannt wurden. So wurde den bereits erwähnten Problembereichen „Gesundheitsgefährdung am Arbeitsplatz", „Störungen/Fehlfunktionen an technischen Geräten" sowie „körperliche Beschwerden" (s. o.) im Rahmen der Sitzungen des „Gesundheitszirkels Fahrbetrieb" eine hohe Bedeutung zugesprochen. Ein weiteres zentrales Thema stellte hier die Einführung eines neuen Dienstplansystems dar, dass eine flexiblere Reaktion auf die individu-

---

Intervention

1. Bedarfsgerechtigkeit und Angemessenheit der Maßnahmen
2. Akzeptanz der Maßnahmen durch die Zielgruppen
3. Effektivität und Effizienz der Maßnahmen
4. Einhaltung Zeit- und Kostenplan sowie Meilensteine
5. Dokumentation der Maßnahmen
6. Rückmeldung der Ergebnisse an Gremien
7. Information der Mitarbeiter über Ergebnisse

Abb. 14.6. Qualitätskriterien für die Intervention

---

[11] Ständige Teilnehmer der Gesundheitszirkel waren jeweils sechs Mitarbeiter der beiden Organisationseinheiten, der Leiter des jeweiligen Bereiches, ein Vertreter des Betriebsrates, eine Mitarbeiterin aus dem Bereich Personalentwicklung, der Betriebsarzt, sowie der Leiter für Arbeitssicherheit und Unfallschutz. Die Organisation (inkl. Moderation) und Finanzierung der Maßnahme erfolgte durch die BKK Krupp Thyssen + Partner.

ellen Bedürfnisse der Fahrerinnen und Fahrer sowie die Erfordernisse des Betriebs ermöglichen soll. Bezogen auf die Ebene der einzelnen Fahrer und Fahrerinnen wurde schließlich das Thema „individuelle Stressprävention" behandelt. In allen Fällen erfolgte nach einer detaillierten Problembeschreibung die Entwicklung von Verbesserungsvorschlägen. Im Rahmen der fünften Zirkelsitzung wurde eine vollständige Liste mit insgesamt 38 Verbesserungsvorschlägen erstellt und dem Projektlenkungsausschuss zur Diskussion und Umsetzung vorgelegt. Der Ausschuss hat die Aufgabe übernommen, die Verbesserungsvorschläge zu prüfen und deren Umsetzung zu unterstützen. Im Anschluss an die Zirkelsitzungen ist geplant, nach ca. einem halben Jahr einen Workshop durchzuführen, um den Umsetzungsstand der erarbeiteten Verbesserungsvorschläge zu überprüfen und die Zirkelarbeit abzuschließen. Mit Blick auf die Verstetigung wurde darüber hinaus seitens der Zirkelteilnehmer die Überlegung angestellt, im „Fahrbetrieb Straßenbahn" eine dauerhafte Arbeitsgruppe zur Bearbeitung von Arbeitsbelastungen der Fahrer und Fahrerinnen einzurichten.

Zusammenfassend ist für die Umsetzung dieses Kernprozesses bei der Essener Verkehrs-AG zu konstatieren, dass insbesondere die Gesundheitzirkel sowohl aus Sicht der teilnehmenden Führungskräfte als auch der Mitarbeiterinnen und Mitarbeiter auf ein hohes Maß an Akzeptanz gestoßen sind. Dies ist sicherlich auch auf die Bedarfsgerechtigkeit und Angemessenheit der Maßnahme sowie die entwickelten Verbesserungsvorschläge zurückzuführen. Da sich ein Großteil der Vorschläge derzeit noch in der Prüf- bzw. Umsetzungsphase befindet, kann die tatsächliche Effektivität und Effizienz der Gesundheitszirkel noch nicht abschließend beurteilt werden.

14

Evaluation

Beim letzten der vier Kernprozesse gilt es, den Grad der Zielerreichung und damit den Erfolg des Vorhabens zu überprüfen. Mit anderen Worten geht es bei der Evaluation darum, orientiert an wissenschaftlichen Standards, einen Abgleich zwischen dem angestrebten Soll und dem erzielten Ist vorzunehmen. Um nicht nur die Ergebnisse, sondern auch ihre Voraussetzungen sowie die Art und Weise ihres Zustandekommens transparent und nachvollziehbar zu machen und damit für Lernerfahrungen zu nutzen, empfiehlt sich ein zweistufiges Evaluationsverfahren. Zum einen sind die erzielten Effekte auf Seiten der Beschäftigten (z. B. Wohlbefinden, Zufriedenheit) sowie der Organisation (z. B. Veränderungen der Arbeitsbedingungen oder -abläufe) zu evaluieren. Zum anderen sind auch das Betriebliche Gesundheits-

Evaluation

1. Ergebnisevaluation:
   - Effekte auf Ebene der Organisation (z. B. Arbeitsbedingungen, Arbeitsabläufe)
   - Effekte auf Ebene der Mitarbeiter (z. B. Zufriedenheit, Wohlbefinden)
2. Evaluation des Betrieblichen Gesundheitsmanagements
   - Qualität der Strukturen und Rahmenbedingungen
   - Qualität der Kernprozesse
   - hemmende und fördernde Faktoren bei der Realisierung der Kernprozesse

Abb. 14.7. Qualitätsdimensionen der Evaluation

management selbst, d. h. seine Strukturen und Rahmenbedingungen sowie die Qualität der Kernprozesse einer Erfolgsbewertung zu unterziehen (s. Abb. 14.7). Für die Durchführung der Evaluation gelten darüber hinaus in weiten Teilen die gleichen Qualitätskriterien wie bei der Diagnose (s. o.).

Bei der Essener Verkehrs-AG werden im Rahmen der im Herbst 2001 durchzuführenden Evaluation vor allem die folgenden Fragenkomplexe zu bewerten sein:

1. Inwieweit ist es dem Unternehmen gelungen, ein Betriebliches Gesundheitsmanagement zu implementieren und die Voraussetzungen für dessen dauerhafte Etablierung zu schaffen?
2. Welches waren die förderlichen und hemmenden Faktoren im Implementierungsprozess?
3. Welche Effekte wurden im Hinblick auf eine gesundheitsförderliche Arbeits- und Organisationsgestaltung erzielt?
4. Welche gesundheitlichen Effekte lassen sich bei den Mitarbeitern der beiden Interventionsbereiche feststellen?

Die Evaluation wird arbeitsteilig zwischen der Essener-Verkehrs-AG und der Wissenschaftlichen Begleitforschung erfolgen. Während die Wissenschaftliche Begleitung in erster Linie die ersten beiden Fragenkomplexe betrachtet, konzentriert sich die interne Evaluation des Unternehmens auf die Komplexe drei und vier. Die handelnden Akteure werden seitens der Begleitforschung zum Thema Evaluation qualifiziert und bei der Entwicklung der zur Durchführung erforderlichen Instrumente unterstützt. Anzumerken ist, dass hinsichtlich des vierten Aspektes aufgrund des kurzen Zeitraums zwischen Intervention und Evaluation kaum Effekte messbar und valide Aussagen zu erwarten sind. Soweit Mitarbeiterinnen und Mitarbeiter Aussagen zu positiven Veränderungen in der Arbeitssituation formulieren, lassen diese jedoch im Sinne einer attributiven Validität mittel- bis langfristig positive Effekte auf individueller Ebene erwarten.

Zusammenfassung und Ausblick

Gemessen an den eingangs formulierten drei zentralen Faktoren für die erfolgreiche Implementierung eines Betrieblichen Gesundheitsmanagements ist für die Essener Verkehrs-AG insgesamt eine positive Zwischenbilanz zu ziehen. Im Unternehmen sind Strukturen und Rahmenbedingungen als Grundlage für planvolles Handeln aufgebaut worden. Diese erfüllen in weiten Teilen die an sie gestellten Anforderungen und Qualitätskriterien. Positiv hervorzuheben sind in diesem Zusammenhang die Unterstützung durch die Auftraggeber des Projektes (Vorstand und Betriebsrat), die Einrichtung eines eigenen Budgets sowie das gute Projektmanagement. Auch die bislang durchgeführten drei Kernprozesse Diagnose, Planung und Intervention weisen überwiegend eine gute Qualität auf. Erwähnenswert sind insbesondere die im Rahmen der Diagnostik durchgeführte Mitarbeiterbefragung sowie die Arbeit der beiden Gesundheitszirkel. Im Rahmen der noch ausstehenden Evaluation wird es insbesondere von Bedeutung sein, den Nutzen der bisherigen Bemühungen für die Beschäftigten und das Unternehmen zu verdeutlichen.

Mit Blick auf die dauerhafte Etablierung des Betrieblichen Gesundheitsmanagements werden bei der Essener Verkehrs-AG erste wichtige Schritte unternommen (z. B. Integration des Gesundheitsmanagements in die Balanced Scorecard und Zielvereinbarungen, Aufbau eines betrieblichen Gesundheitsberichts). Für einen nachhaltigen Erfolg bedarf es hier allerdings noch weiterer Bemühungen. Dazu gehören u.a. auch die Sensibilisierung und Qualifizierung von Führungskräften und Mitarbeitern. Die kontinuierliche Zusammenarbeit der internen Akteure sowie die Kooperation mit externen Experten (Krankenkasse, Berufsgenossenschaft) wird um so wichtiger, wenn zum 31. Dezember 2001 das Projekt und damit zugleich die Unterstützung durch überbetriebliche Akteure (z. B. Wissenschaftliche Begleitung, überbetriebliche Projektleitung, externe Moderation) endet. Für die zukünftige Arbeit wird nicht zuletzt eine frühzeitige und konkrete Zieldefinition (inkl. operationalisierter Teilziele) eine erfolgsrelevante Größe darstellen.

Das dargestellte Beispiel der Essener Verkehrs-AG zeigt, dass die erfolgreiche Implementierung eines Betrieblichen Gesundheitsmanagements hohe Anforderungen an ein Unternehmen stellt. Der von Badura et al. [2] entwickelte Leitfaden dient Führungskräften und Gesundheitsexperten zur Information, Orientierung und Motivation. Darüber hinaus soll er als Instrument zur systematischen Selbstbeurteilung einer Organisation eingesetzt werden, um daran anknüpfend selbsttragende Strukturen und Prozesse für ein Betriebliches Gesundheitsmanagement aufzubauen. Diesem Anspruch wird der vorliegende Leitfaden bislang nur in Teilen gerecht. Während er in hohem Maße Fachwissen zum Betrieblichen Gesundheitsmanagement vermittelt, fehlt für dessen Umsetzung eine konkrete, praxisorientierte Anleitung. Auch der Tatsache, dass professionelle Projektmanagementkompetenz bei den Projektverantwortlichen ebenso vorhanden sein sollte wie ausreichendes Fachwissen, ist bei einer Weiterentwicklung des Leitfadens Rechnung zu tragen.

Literatur

[1] Badura B (1999) Evaluation und Qualitätsberichterstattung im Gesundheitswesen. Was soll bewertet werden und mit welchen Maßstäben? In: Badura B, Siegrist J (Hrsg) Evaluation im Gesundheitswesen – Ansätze und Ergebnisse. Juventa, Weinheim und München

[2] Badura B, Ritter W, Scherf M (1999) Betriebliches Gesundheitsmanagement – ein Leitfaden für die Praxis. edition sigma, Berlin

[3] Friedrichs J (1990) Methoden empirischer Sozialforschung. Westdeutscher Verlag, Opladen

[4] Lankenau K (1986) Methoden der empirischen Sozialforschung. In: Schäfers B (Hrsg) Grundbegriffe der Soziologie. Leske und Budrich, Leverkusen-Opladen

[5] Moser H (1978) Methoden der Aktionsforschung. Kösel, München

[6] Zerssen D v. (1976) Befindlichkeits-Skala Bf-S. Beltz, Weinheim

Die Auswirkung intensiver Betreuung nach Bahnunfällen auf Fehlzeiten bei Triebfahrzeugpersonal

S. Gröben · E. Grzesitza

Die Vorgeschichte

Einen Psychologischen Dienst gibt es bei der Bahn seit 1917. Seit dieser Zeit finden bei der Bahn auch Eignungsuntersuchungen statt. Diese Untersuchungen werden vor allem für Bereiche durchgeführt, die erhöhte Anforderungen an die Leistungsfähigkeit stellen, z.B. sicherheitsrelevante Tätigkeiten im Betriebsdienst.

Heute ist der Servicebereich Psychologie Teil des DB Gesundheits-Service, der alle gesundheitsbezogenen Dienstleistungen aus einer Hand anbietet.

Vereinzelte Betreuungsgespräche mit belasteten Mitarbeitern fanden schon vor den neunziger Jahren statt. Die Gespräche standen allerdings nicht im Rahmen eines umfassenden Betreuungsprogramms. Ansätze des Servicebereichs Psychologie, ein Betreuungsprogramm einzuführen, stießen noch Ende der achtziger Jahre auf geringe Resonanz. Im Jahr 1994 änderte sich dies und die Betroffenen forderten für sich ein Betreuungsprogramm, das auch noch im selben Jahr eingeführt wurde. Dieses konzentrierte sich zunächst auf Lokführer, inzwischen werden auch andere Mitarbeiter betreut.

15

Traumatisierungsrisiko für Triebfahrzeugführer

Mitarbeiter von Verkehrsunternehmen sind einem berufsspezifischen Risiko der Traumatisierung ausgesetzt: Triebfahrzeugführer und Busfahrer werden in Unfälle verwickelt, die in der Regel schwer sind und bei denen Menschen getötet oder erheblich verletzt werden. Zugbegleitpersonal und Busfahrer sind häufig das Ziel gewalttätiger Übergriffe. Weitere traumatisierende Situationen können darin liegen,
- bei Arbeiten im Gleisbereich schwer verletzt oder getötet zu werden
- mitzuerleben, wie ein Kollege im Gleisbereich getötet wird,
- bei Zusammenstößen mit anderen Fahrzeugen verletzt zu werden,

- dem Anblick von schwerverletzten Personen oder Leichen(teilen) ausgesetzt zu sein,
- Sachschaden in erheblichem Ausmaß durch Handlungsfehler zu verursachen,
- Personenschaden durch Handlungsfehler zu verursachen oder
- mit dem Leid Hinterbliebener konfrontiert zu werden.

Die Deutsche Bahn AG beschäftigt rund 32 000 Lokführer, das ist etwa ein Siebtel der gesamten Mitarbeiter. Sie stellen die Mehrzahl der Mitarbeiter, die vom Servicebereich Psychologie betreut werden.

Für Triebfahrzeugführer ergibt sich ein erhöhtes Risiko, in Ausübung ihres Berufs ein psychisches Trauma zu erleiden. Beim Überfahren einer Person bzw. Zusammenstoß mit einem anderen Fahrzeug ist in der Regel das A-Kriterium der Posttraumatischen Belastungsstörung aus DSM-IV[1] erfüllt. „Die Person" wurde mit einem traumatischen Ereignis konfrontiert, bei dem die beiden folgenden Kriterien vorhanden waren:

(1) Die Person erlebte, beobachtete oder war mit einem oder mehreren Ereignissen konfrontiert, die tatsächlichen oder drohenden Tod oder ernsthafte Verletzung oder eine Gefahr der körperlichen Unversehrtheit der eigenen Person oder anderer Personen beinhalteten.
(2) Die Reaktion der Person umfasste intensive Furcht, Hilflosigkeit oder Entsetzen. Die Belastung ergibt sich aus dem Unfallereignis selbst, sowie aus zusätzlich belastenden Bedingungen.

Die überwiegende Zahl dieser Ereignisse ist durch das Unternehmen selbst so gut wie gar nicht zu beeinflussen. Pro Jahr finden auf den Strecken der Bahn etwa 1000 Suizide statt. Durch diese Ereignisse sind nicht nur die Lokführer betroffen, sondern auch Zugbegleiter, Stellwerkspersonal und Notfallmanagement.

Butollo [1] beschreibt das Überfahren von Selbstmördern als eine besondere Art der Traumatisierung für die Triebfahrzeugführer, da hier die Rolle des „Täters" und des „Opfers" durcheinandergeraten.

Der Lokführer hat einerseits die Rolle eines verantwortlichen Steuermannes inne, gleichzeitig erlebt er aber in extremem Ausmaß die Hilflosigkeit in dieser Steuerfunktion. Der Bremsweg ist auch bei sofortigem Einleiten einer Schnellbremsung so lang, dass so gut wie keine Chancen bestehen, dass die Lok noch rechtzeitig vor einem Suizidanten zum Stehen kommt. Der Lokführer fühlt sich aktiv verantwortlich, hat

---

[1] Diagnostic and Statistical Manual of the American Psychiatric Association, 1994.

aber keine Chance, das Trauma zu vermeiden. Derjenige aber, der das Trauma in erster Linie verursacht, stirbt daran, ist also „Täter" und „Opfer" zugleich. Als besonders belastend werden beschrieben

- Hilflosigkeit durch extrem lange Bremswege
- mindestens 90% der Suizidversuche mit tödlichem Ausgang
- Verletzungen häufig stark entstellend
- Verunsicherung durch Ermittlungen der Staatsanwaltschaft
- manchmal Vorwürfe oder Drohungen von Angehörigen
- sensationslüsterne Darstellung in den Medien.

Im Netz der Deutschen Bahn AG ereignen sich durchschnittlich 3 Unfälle mit Personenschaden bzw. Suizide im Gleisbereich pro Tag. Dies bedeutet, dass es je Lokführer durchschnittlich zu 2 Vorfällen im Berufsleben kommt. Natürlich wird nicht jeder Lokführer im Laufe seiner Berufslaufbahn mit solchen belastenden Ereignissen konfrontiert, andrerseits gibt es z.T. erhebliche Häufungen auf bestimmten Streckenabschnitten.

In der Folge kommt es je nach Standort zu unfallbedingten Ausfallzeiten in Höhe von bis zu 30% beim Zugpersonal.

Reaktionen auf extreme Belastungssituationen

Die psychologische Reaktion auf ein Trauma durchläuft mehrere Phasen. Die Betroffenen haben in diesen Phasen unterschiedliche Bedürfnisse. Das Programm der DB AG berücksichtigt dies in hohem Maße und hat die jeweiligen Interventionen darauf abgestimmt.

Nach belastenden Ereignissen können Personen folgende Stadien durchlaufen:

1. Schock. Das heißt eine starke seelische Erschütterung ausgelöst durch ein plötzlich hereinbrechendes, belastendes Ereignis wie z.B. durch einen Unfall oder einen Überfall. Personen haben häufig im Stadium des traumatischen Ereignisses erhöhte Fähigkeiten, mit der Situation kompetent umzugehen. In der Regel kommt es aber unmittelbar nach dem Trauma zu einer Reduktion der Fähigkeiten in allen psychischen Funktionen. Wahrnehmung, Gedächtnis und motorische Funktionen können deutlich geschwächt sein. Dies ist häufig mit körperlichen Begleiterscheinungen verbunden und hält Minuten bis Stunden an (in Ausnahmefällen Tage). Ein psychischer Schock ist subjektiv belastend, aber bei körperlich gesunden Personen normalerweise nicht gefährlich. Bei extrem ausgeprägten körperlichen Reaktionen (z.B. Kreislaufkollaps) ist ein Notarzt zu verständigen.

2. Krise. Sie ist gekennzeichnet durch erhöhte Anspannung, Aufregung, Nervosität, Unsicherheit, Ängstlichkeit, Irritation, Aggressivität, Depressivität. Dieser Zustand folgt häufig auf einen Schock und ist eine normale Reaktion auf die unnormale Situation. Eine Krisenreaktion kann mehrere Tage bis Wochen andauern.

3. Posttraumatische Belastungsstörung. Dies ist eine behandlungsbedürftige, von der Weltgesundheitsorganisation anerkannte Krankheit. Diese ist gekennzeichnet durch

- *Wiedererleben des belastenden Ereignisses.* Dabei treten innere Bilder sehr lebendig wieder auf und lösen dieselben Gefühle aus, z. B. panikartige Zustände. Die Betroffenen fühlen sich hilflos ausgeliefert, sie haben in diesen Momenten der „Flashbacks" keine Kontrolle über ihr Denken und Fühlen.
- *Vermeiden* von Aktivitäten und Situationen, die Erinnerungen an das Trauma wachrufen können. Ebenfalls auftreten können Amnesien, Interessenverlust, Gefühlsabstumpfungen etc.
- *Erhöhtes Erregungsniveau* begleitet von erhöhter Schreckhaftigkeit und Hypervigilanz. Die Aufmerksamkeit richtet sich vor allem auf Anzeichen von Gefahren für das neuerliche Auftreten der bereits erfahrenen Traumatisierung. Weitere Folgesymptome sind Schlafstörungen, Konzentrationsprobleme und Reizbarkeit.

Wird eine Person während der Krise nicht adäquat betreut, kommt es bei ca. 30% der Betroffenen zu einer Posttraumatischen Belastungsstörung.

Das Betreuungsprogramm der Deutschen Bahn

Nach unseren Erfahrungen hat es sich als ausgesprochen günstig erwiesen, wenn die „Psychische Erste Hilfe" von speziell ausgebildeten Angehörigen des Unternehmens geleistet wird. Dies vermittelt das positive Gefühl, dass das eigene Unternehmen sich auch in schwierigen Situationen um die Mitarbeiterinnen und Mitarbeiter kümmert.

Die gegenteilige Wahrnehmung stellt oft eine zusätzliche Traumatisierung dar und wirkt sich negativ auf Befindlichkeit und zukünftige Motivation aus („meine Firma lässt mich in einer solchen Situation allein").

Zusätzlich wird die Angebotsschwelle so niedrig gelegt, dass es den Betroffenen leicht fällt, darauf einzugehen. Da sie sich direkt nach dem Überfall in der Regel noch in einem Schockzustand befinden, sollte sofortige Betreuung im Sinne der „Psychischen Ersten Hilfe" nach Lasogga und Gasch [2] (s. Abb. 15.1) durch speziell ausgebildete Personen stattfinden; die eigentliche psychologische Betreuung setzt

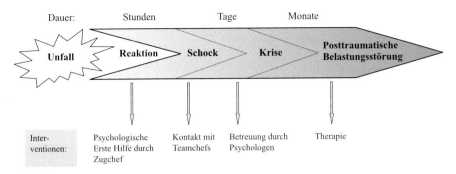

Abb. 15.1. Zeitabfolge der psychischen Reaktion auf ein traumatisches Ereignis mit entsprechenden Hilfsangeboten (dargestellt ist der ungünstigste Verlauf)

aber erst später (in den darauf folgenden Tagen) ein, wenn die Betroffenen wieder aufnahmebereit sind und über erste Symptome und Bewältigungsstrategien berichten können.

Für die psychische Bewältigung solcher Vorfälle und damit auch die Verringerung von Ausfallzeiten sind entsprechende Interventionen (präventive Trainings, Betreuung nach dem Ereignis) dringend notwendig. Diese sind immer auf den individuellen psychischen Zustand der Betroffenen abzustimmen. Dabei haben wir insbesondere auf vorbeugende Maßnahmen Wert gelegt.

Präventive Maßnahmen

- zweitägige Schulung während der Ausbildung („Stressimpfung und Konfliktmanagement")
- eintägige Informationsveranstaltung für bereits ausgebildete Mitarbeiter
- zwei- bzw. dreitägiges Training für Vertrauensleute (und Vorgesetzte, z. B. Teamchefs)
- eintägige Informationsveranstaltung für Vorgesetzte
- Schulung von Notfallmanagern
- Schulung von Mitarbeitern der Lokdienste
- Schulung von Lehrlokführern
- Broschüre „Umgang mit Stress und besonderen Belastungen"
- Video „Der Schock kommt später"

Maßnahmen vor Ort

- am Unfallort in der Regel durch Notfallmanager
- teilweise über Funk durch Mitarbeiter der Lokleitung

Maßnahmen danach

- durch geschulte Laienhelfer („Vertrauensleute", bzw. Teamchefs)[2]
- auf Wunsch durch den regionalen Psychologen[3]
- gegebenenfalls durch externe Therapeuten bzw. Kliniken

Maßnahmen zur Begleitung beim Wiedereinsatz

- auf Wunsch Begleitung durch Lehrlokführer oder Vertrauensleute

Das Angebot wird von den Triebfahrzeugführern gut angenommen. Es liegen bereits erste Erfahrungen mit Mitarbeitern vor, die den Stressimpfungsteil in der Ausbildung durchlaufen haben. In den Gesprächen hat sich gezeigt, dass die in der Ausbildung vermittelten Selbsthilfestrategien (aktive Bearbeitung des Erlebten im Gespräch mit Vertrauenspersonen) auch angewandt werden und dass sich die Betroffenen dadurch auch entlastet fühlen. Häufig wird der Psychologe aufgesucht, „um sich noch zusätzliche Tipps zu holen". Obwohl fast immer von anfänglichen Schocksymptomen und Beschwerden in den ersten Tagen (vor allem Schlafstörungen) berichtet wird, tritt eine posttraumatische Belastungsstörung in der Folge eher selten auf. Beklagt werden allerdings immer noch Probleme an der Unfallstelle (Zeitdauer bis zum Eintreffen des Notfallmanagers, unsensible Behandlung durch Dritte, z.B. Polizei, begrenzte Zeitkapazität des Notfallmanagers für die Lokführerbetreuung). Vor diesem Hintergrund lief 1999 am Gesundheitszentrum Duisburg ein Modellprojekt an, dass die Auswirkungen besonders intensiver Betreuung testen sollte.

---

[2] In der Schulung der Laienhelfer werden zwar zunächst theoretische Hintergründe (Reaktionsabläufe, typische Symptome und Bewältigungsstrategien) an Hand von Beispielen erarbeitet, die Betonung liegt jedoch auf der praktischen Übung der Auffanggespräche in Rollenspielen mit Videofeedback, wobei auch der Umgang mit eigenen Rollenerwartungen und Belastungen thematisiert wird. Mit den Teilnehmern werden verschiedene Strategien zur Prävention von Burn-out diskutiert, z. B. kognitive Strategien aus der rational-emotiven Therapie.

[3] Mindestens einmal im Jahr findet eine Weiterbildungsveranstaltung im traumatherapeutischen Bereich statt, außerdem durchlaufen alle Psychologen im DB GesundheitsService mindestens das Level I-Training in Augenbewegungsdesensibilisierung (EMDR). Ziel der Betreuung durch die Psychologen ist es, entweder eine schnelle Entlastung oder eine schnelle Weitervermittlung an erfahrene Traumatherapeuten zu erzielen.

Auswirkung intensiver Betreuung (Modell Duisburg)

Ein geschulter Vertrauensmann, der früher selbst als Triebfahrzeugführer tätig war, erhält über Mobilfunk Nachricht über den Unfall und kommt mit einem Ablöser für den betroffenen Triebfahrzeugführer an die Unfallstelle. Er begleitet den abgelösten Triebfahrzeugführer nach Hause, hält in den nächsten Tagen aktiv Kontakt zu ihm, stellt Kontakt zu anderen Betreuungsinstanzen her (Gespräch mit dem Betriebsarzt innerhalb von 72 Stunden, Gespräch mit einem Psychologen spätestens nach 14 Tagen bei fortbestehender Krankmeldung) und begleitet den Betroffenen bei Bedarf auch zu Gesprächen. Auch für den Wiedereinsatz steht er als Begleitperson zur Verfügung.

Im Vergleich zu einer Region mit „normaler" Betreuung ergibt sich eine reduzierte Ausfallzeit von 13,8 statt 22,9 Ausfalltagen nach dem Unfall, also ein Unterschied von mehr als einer Woche. In der besonders intensiv betreuten Region ergab sich eine dramatische Senkung der Ausfalltage, die mit 48,5 Tagen vorher extrem hoch gewesen waren. Der Anteil der Mitarbeiter, die länger als 4 Wochen erkrankten und damit vermutlich ein posttraumatisches Belastungssyndrom entwickelten, konnte von 32,8 auf 9,7% gesenkt werden.

Auch die Schnelligkeit der Betreuung schlug sich deutlich nieder. Lagen die Ausfalltage bei den spätestens nach einer Stunde bzw. zwei Stunden Betreuten im Schnitt bei 10 bzw. 11,3 Tagen, so ergab die Verzögerung um eine weitere Stunde bereits eine deutlich längere Ausfallzeit von 19,7 Tagen. War der Erstbetreuer nicht innerhalb der ersten 12 Stunden nach dem Unfall verfügbar, ergab sich noch einmal eine dramatische Steigerung auf 32 Ausfalltage.

Fazit

Diese Zahlen sprechen dafür, zumindest in Ballungsräumen, wo eine schnelle Intensivbetreuung gewährleistet werden kann, diese auch einzuführen. Ergänzend werden regionale Netzwerke auch in Kooperation mit externen Stellen (z. B. Notfallseelsorgern) aufgebaut, um auch in dünner besiedelten Regionen eine möglichst schnelle Betreuung zu gewährleisten.

Literatur

[1] Butollo, W. (1997) Traumatherapie. München, CIP-Medien
[2] Lasogga, F. & Gasch, B. (1997) Psychische Erste Hilfe. Edewecht, Stumpf und Kossendey

Öffentliche Sicherheit

KAPITEL 16

Für Seele und Körper der Polizisten.
Die sozial-psychologische Betreuung der Polizei des Landes Brandenburg

R. Brandt

Vorbemerkung

Jeder, der schon einmal in einer psychischen Krisensituation war, hat wohl gemerkt, dass solche Situationen nicht so einfach abgearbeitet werden konnten. Im günstigsten Fall sind es Selbstheilungskräfte, auch mit Unterstützung von Freunden und Bekannten aktiviert, die aus einem psychischen Tief herausführen. Oftmals ist dies aber aus den unterschiedlichsten Gründen nicht möglich. Dann ist es angezeigt, fachkompetente Hilfe in Anspruch zu nehmen. Mit dem Wissen, dass psychische Spannungsmomente sich auch in der täglichen Arbeit manifestieren können und damit eine dienstliche Beeinträchtigung einhergehen kann, wurde die sozial-psychologische Betreuung im Polizeiärztlichen Dienst der Polizei des Landes Brandenburg eingerichtet. Sozial-psychologische Betreuung heißt nichts anderes, als ein Hilfsangebot für alle Kolleginnen und Kollegen der Landespolizei zu haben.

Die Polizeibediensteten sind in erster Linie Menschen, die Gefühle haben, die selbstbewusst sind und ihr Leben bewältigen können, die aber, aus welchen Gründen auch immer, in psychische Konfliktlagen kommen können. Das Ziel ist es, die psychische Gesundheit der Kolleginnen und Kollegen zu erhalten, bzw. wieder herzustellen.

Rückblick

Mit der gesellschaftlichen und politischen Wende 1989 in Deutschland gingen eine Vielzahl von Veränderungen einher. Was für viele Bereiche des öffentlichen und privaten Lebens für lange Jahre Bestand hatte, wurde umgestoßen, verändert, zeigte sich in neuen Blickwinkeln und Dimensionen.

Für die polizeiliche Arbeit in den neuen Bundesländern ergaben sich dabei besondere Anforderungen. Innerhalb kürzester Zeit wurden neue Strukturen geschaffen und oftmals, von einem Tag auf den ande-

ren, änderten sich gesetzliche Rahmenbedingungen. Die Polizeibediensteten standen vor der Aufgabe, die öffentliche Ordnung und
Sicherheit zu gewährleisten. Obwohl sie sich dabei selbst noch nicht
in den neuen Standards ausreichend auskannten, mussten sie diese
aber dem Bürger gegenüber als Autorität des Staates vertreten.

Polizeiinterne Ausbildungsprogramme unterstützten diesen Prozess
und resümierend kann heute festgestellt werden, dass die übergroße
Mehrheit der Beamtinnen und Beamten diesen Umwälzungsprozess,
ohne persönlichen Schaden zu nehmen, bewältigt haben. Doch nicht
alle behielten ihre psychische Stabilität. Trotz relativer Arbeitsplatzsicherheit waren die Kollegen nicht frei von sozialen Ängsten, von
Perspektivunsicherheit. Private Erfahrungen, wie z.B. Arbeitslosigkeit
innerhalb der Familie, hatten Auswirkungen auf die Dienstdurchführung. Hinzu kamen oftmals noch psychische Problemfelder, die
erst durch die Konstellation der Wende hochgespült wurden. Mit diesem Blickwinkel erlangte der Begriff „Fürsorgepflicht des Diensther-
ren" eine ganz konkrete und nachvollziehbare Bedeutung.

Schon in der Anfangszeit der polizeiinternen Umstrukturierung
wurde die Frage nach einem psychologischen Betreuungskonzept für
die Polizei des Landes Brandenburg in den Raum gestellt. Eine Veranstaltung am 13. März 1992 mit den Polizeipräsidenten, mit den
maßgeblichen Vertretern des Innenministeriums, dem leitenden Polizeiarzt, dem Polizeipsychologen und den Personalvertretungen erbrachte eine positive Resonanz zum Aufbau einer innerpolizeilichen
Sozialbetreuung und daran anschließend einen Arbeitsauftrag an den
Polizeiarzt und den Polizeipsychologen.

Die Idee

Mit dieser, von politischer Ebene unterstützten, Idee der Installierung
einer Sozialbetreuung innerhalb der Polizei des Landes Brandenburg
sollten effektive Betreuungsmechanismen ins Leben gerufen werden,
um einen Nachbesserungsbedarf auf Jahre hinaus zu vermeiden. In
der bundesweiten polizeiinternen Umschau wurde eines sehr schnell
deutlich, so viele Bundesländer wie es gab, so viele Ansätze für Sozialbetreuung wurden praktiziert. Es ging von nur ehrenamtlicher Arbeit einzelner Kollegen, über Teilfreistellungen für psycho-soziale Arbeit, bis hin zu stabil organisierten psycho-sozialen Einrichtungen.

Das Ziel war es stabile und funktionierende Rahmenbedingungen
zu schaffen, und dazu mussten folgende Punkte umgesetzt werden:
1. Eine andauernde effektive sozial-psychologische Arbeit innerhalb
   der Institution Polizei kann nur auf hauptamtlicher Ebene realisiert

werden. Es müssen also Fachleute (Psychologen, Sozialarbeiter) für diesen Bereich eingesetzt werden. Ehrenamtliche Tätigkeit kann und soll dabei nur unterstützend wirken. Die Mitarbeiter brauchen dabei unbedingt tiefergehende Kenntnisse über das spezifische Arbeitssystem Polizei.

2. Sozial-psychologische Arbeit kann nur im Zusammenwirken mit dem Ärztlichen Dienst der Polizei funktionieren, denn wir reden ja in diesem Zusammenhang von Krankheitsmechanismen und in solchen Fällen ist der Arzt häufig der beste und oftmals der einzige Ansprechpartner. Die Einbindung in den Polizeiärztlichen Dienst hat nicht zuletzt Konsequenzen für den Umgang mit der Schweigepflicht für die Mitarbeiter der sozial-psychologischen Betreuung.

3. Die Tätigkeit der sozial-psychologischen Betreuung darf sich nicht nur an Personen festmachen, was bei ehrenamtlicher Arbeit oftmals der Fall ist, es muss ein Papier (heißt im öffentlichen Dienst „Erlass") erarbeitet werden, worin die Aufgaben und Befugnisse definiert sind, und dieses muss von der obersten Führungsebene abgesegnet und unterschrieben sein.

Im November 1992 wurde der erste Erlass vom zuständigen Abteilungsleiter des Innenministeriums unterzeichnet. In der Präambel hieß es dazu:

„Die Aufgaben des Polizeiärztlichen Dienstes werden um die Organisation und Gestaltung eines sozial-medizinischen Dienstes erweitert."
und weiter unten:

„Beim Polizeipräsidium Potsdam erfolgt der Einsatz eines Diplom-Psychologen/Diplom-Sozialpädagogen (oder vergleichbarer Hochschulabschluss) sowie eines weiteren Mitarbeiters (Suchtkrankenhelfer/möglichst geh. Dienst), die zunächst ihre Aufgaben landesweit wahrnehmen."

In diesem Erlass wurden alle drei notwendigen Hauptforderungen realisiert.

Heute

Zunächst sollte primär dem Alkoholmissbrauch begegnet werden. Dies erschien als vorrangige Aufgabe, da in den alten Bundesländern dieses Thema durch haupt- und ehrenamtliche Mitarbeiter eine besondere Zuwendung erfuhr. Die konkrete Arbeit erschöpfte sich jedoch nicht nur in der Bearbeitung des Themas Alkohol.

Der aktuelle Erlass des Ministeriums des Innern vom 25. August 1999 sagt dazu in seiner Einleitung:

„...Die sozial-psychologische Betreuung ist Teil des Polizeiärztlichen Dienstes (PÄD) und wird von Psychologen getragen. Sie ist auf die Prävention, Diagnostik und Therapie psychischer Störungen, die Behandlung der Alkoholkrankheit und anderer Suchten sowie auf die Mithilfe bei der Bewältigung menschlich-sozialer Konflikte gerichtet und schließt die Betreuung bei posttraumatischen Belastungsstörungen ein."[1]

Die Aufgabenvielfalt hat dazu geführt, dass zur Zeit zwei klinische Psychologen/psychologische Psychotherapeuten und ein Suchtkrankenhelfer/Sozialbetreuer als hauptamtliche Mitarbeiter in der sozialpsychologischen Betreuung der Polizei des Landes tätig sind. Sie sind die Hauptansprechpartner für alle Bediensteten mit psychischen und sozialen Problemen in den Behörden und Einrichtungen und arbeiten eng mit den Polizeiärzten zusammen. Die Aufgaben sind dabei eindeutig formuliert:

- Eigenständige psychologische Diagnostik und Therapie und Indikationsstellung für weitergehende ambulante und/oder stationäre Psychotherapie.
- Übernahme der Erstbetreuung bei posttraumatischen Belastungsstörungen auf Anforderung durch die zuständige Behörde oder auf Wunsch eines Betroffenen und nach Abstimmung mit dem Polizeiarzt
- Aufbau, Anleitung und Führung von Selbsthilfegruppen
- interne Öffentlichkeitsarbeit.

Der Großteil der Klienten wird durch die Personalabteilungen der Präsidien über den Polizeiarzt zur sozial-psychologischen Betreuung überwiesen. In den letzten Jahren wurden zunehmend Kollegen an die Sozialbetreuung durch Vorgesetzte vermittelt. Hier wirken sich die für Führungskräfte durchgeführten Veranstaltungen, über die weiter unten noch berichtet wird, sehr positiv aus. Viele Vorgesetzte nehmen inzwischen ihre Aufgaben, die sich aus der Fürsorgepflicht gegenüber den Mitarbeitern ableiten, viel bewusster wahr. Sehr bewährt haben sich Gespräche zwischen Betroffenen, Psychologen und Vorgesetzten. Hier können individuelle Therapiepläne unter Einbeziehung der Rahmenbedingungen am Arbeitsplatz erarbeitet werden, z.B. Nutzung von Arbeitszeit für Therapiemaßnahmen, zeitweilige Innendiensttätigkeit, Wechsel von Arbeitsbereichen usw. Die Tatsache, dass alle Beteiligten miteinbezogen sind und die notwendigen Kompromisse mittra-

---

[1] Aktuell ist die psychologische Eignungsuntersuchung nach der neuen Führerscheinverordnung als neues Arbeitsfeld hinzugekommen.

gen, ist dem therapeutischen Prozess sehr zuträglich. Es findet keine Ausgrenzung oder Abschiebung des Betroffenen statt, sondern das Suchen nach individuellen Lösungen hat positive Auswirkungen auf das Arbeitsklima. Der Vorgesetzte erfährt durch die Hinzuziehung des Psychologen eine für ihn unmittelbar spürbare Entlastung.

In den letzten Jahren ist die Zahl der Mitarbeiter, die von sich aus die sozial-psychologische Betreuung kontaktieren, angestiegen. Zurückzuführen ist dies auf das positive Image der sozial-psychologischen Betreuung (durch Einzelfallarbeit, durch interne Öffentlichkeitsarbeit), welches sich im Laufe der Zeit herausgebildet hat. Kolleginnen oder Kollegen, die positive Erfahrungen mit der Betreuung und Beratung gemacht haben, reflektieren das in aller Regel auch öffentlich. Die positiv angelegte Breitenwirkung ist groß, Schwellenängste werden abgebaut, psychische Probleme sind im Gespräch nicht mehr tabu und der kollegiale Hinweis auf die polizeiinterne Sozialbetreuung hat vielfach die Angst genommen, einen Psychologen aufzusuchen.

Auch weitere Ansprechpartner für psycho-soziale Belange der Kollegen, z.B. Vertreter des Personalrats, der Gewerkschaften, Frauenbeauftragte, Schwerbehindertenvertreter arbeiten in zunehmendem Maße mit der sozial-psychologischen Betreuung zusammen, denn es geht um Lösungswege und Lösungen für die Kollegen und damit natürlich auch um die Erhaltung der Polizeidienstfähigkeit.

Die absoluten Zahlen der letzten Jahre für die sozial-psychologische Betreuung der Polizei des Landes Brandenburg stellen sich wie folgt dar (bei ca. 10 000 Beschäftigten). Erfasst sind alle Erstkontakte in den verschiedenen Störungsbildern:

1997: 274
1998: 313
1999: 310
2000: 326

Die sozial-psychologische Betreuung des Landes Brandenburg erfährt mittlerweile eine hohe Akzeptanz und wird inzwischen auch von anderen Bundesländern als die z.Z. beste Lösung angesehen.

Arbeitsfelder

Eine Frage, die häufig intern angesprochen wird, lautet etwa so: „Psychotherapie für Polizisten – haben denn die so etwas nötig?" Vom Polizisten wird immer etwas besonderes verlangt, er soll in jeder alltäglichen oder nicht alltäglichen Situation handlungsfähig sein, er soll derjenige sein, der ausgleichend, deeskalierend, helfend und zugewandt agiert. Es ist schon klar, dass ein Polizist ein „gewöhnlicher

Mensch mit einem ungewöhnlichen Beruf" ist. Die Beamtin/der Beamte ist im täglichen Dienst mit einer Schusswaffe unterwegs, sie/er
kann ein Fahrzeug mit Sondersignalen führen und sich damit bevorrechtet im Straßenverkehr bewegen, sie/er kann einen Bürger mit zur
Dienststelle nehmen. Weder sind Polizisten ihr Leben lang psychisch
stabil, noch sind sie in ihrem Beruf permanent Anforderungen ausgesetzt, die eine „Rundum-Betreuung" durch Vertreter helfender Berufsgruppen erfordert.

Die Polizistin/der Polizist muss in seinem Berufsleben befähigt
werden, diesen besonderen psychischen Anforderungen gerecht zu
werden und wenn Hilfe notwendig ist, Hilfsangebote wahr- und anzunehmen. Dafür steht ihnen der Polizeiärztliche Dienst mit seiner sozial-psychologischen Betreuung zur Seite.

1. Prävention/Interne Öffentlichkeitsarbeit. Um den Polizeibeamten
für „Psycho-Themen" zu sensibilisieren, werden diese gezielt durch
interne Öffentlichkeitsarbeit angesprochen. Inzwischen haben alle Beamten Grundkenntnisse in den Bereichen Kommunikation, Stressbewältigung, Umgang mit Aggression (fremder und eigener) und psychischen Erkrankungen. Darauf aufbauend wollen wir Aufklärungsarbeit zu den vielfältigsten menschlich-sozialen Konfliktfeldern leisten. Es soll damit erreicht werden, dass individuelles psychisches Belastungserleben erkennbar und erklärbar wird. Wenn die Psyche
erschüttert ist und Gefühle der Ohnmacht, der Angst, der Hilflosigkeit
erlebt werden, kann das Wissen um seelische Phänomene den Weg
zur sozial-psychologischen Betreuung ebnen helfen. Hier erwartet den
Betroffenen kompetente Hilfe.

Für die interne Öffentlichkeitsarbeit werden die vorhandenen Medien, die Zeitschrift „INFO 110", Informationsblätter der Präsidien
und das Intranet genutzt. In der polizeiinternen Zeitschrift „Info 110"
ist die sozial-psychologische Betreuung mit verschiedenen Themenbereichen präsent gewesen, so z.B. Alkoholismus, Mobbing, sexuelle
Belästigung, Tod eines Familienangehörigen, posttraumatische Belastungsstörung. In dieser Form der Öffentlichkeitsarbeit ist es wichtig,
den Kollegen zu vermitteln, dass sie persönlich voll belastbar sind
und nicht die Hilfsbedürftigkeit im Vordergrund steht.

Für die Dienststellen des Landes bietet die sozial-psychologische
Betreuung Fortbildungsveranstaltungen für alle Hierarchieebenen an.
Das persönliche Gespräch innerhalb von Dienstversammlungen hilft
ganz einfach Schwellenängste abzubauen und ebnet oftmals den Weg
zu einer psychologischen Beratung. Nicht zuletzt kann hier auf die
verschiedene Bedürfnislage von Vorgesetzten und Mitarbeitern einge-

gangen werden. Gerade in der individuellen Ausrichtung dieser Art von Rundtischgesprächen liegen die Chancen zur Zuwendung, gerade auch brisanter psychischer Gegebenheiten, sehr günstig, denn nichts ist schlimmer als bei Kollegen etwas zu sehen und an der eigenen Hilflosigkeit zu ersticken. Der persönliche Kontakt zu den Mitarbeitern der sozial-psychologischen Betreuung löst in diesen Momenten oftmals Barrieren.

An der Fachhochschule der Polizei des Landes ist die sozial-psychologische Betreuung in bestimmten Fortbildungsmodulen für Führungskräfte vertreten. Thematische Schwerpunkte, die hier bearbeitet werden, liegen beim Umgang mit Mobbing und/oder sexueller Belästigung im Dienstbereich, beim Umgang mit alkoholbedingten Auffälligkeiten im Dienst und dem Umgang mit Kollegen, die bei der Dienstdurchführung einen Menschen getötet haben (durch einen Verkehrsunfall, durch Anwenden der Schusswaffe). Das Spektrum der Angebote richtet sich auch nach dem eingeforderten Bedarf der Zielgruppe.

2. Betreuung, Beratung, Therapie. Der zweite Bereich umfasst die Hauptarbeit: Das Angebot von ambulanter Betreuung, Beratung und Therapie in psychischen Ausnahmesituationen. Solche Ausnahmesituationen können sein: Tod eines Familienangehörigen, Anwendung der Schusswaffe mit Todesfolge, Schulden, sexuelle Belästigung am Arbeitsplatz, Familienprobleme, Mobbing, Umgang mit Überforderungssymptomen, Spannungen zwischen Mitarbeitern und Vorgesetzten, Alkoholmissbrauch/Alkoholkrankheit.

Machen wir uns doch nichts vor: Der Weg zu einem Psychologen wird in unserer Gesellschaft nach wie vor mit Skepsis begleitet. Wer will schon psychisch krank sein? Erst wenn der Leidensdruck so groß ist, dass alle Selbsthilfeversuche scheitern, wächst die innere Bereitschaft, psychologische Hilfe in Anspruch zu nehmen. Die Mitarbeiter der sozial-psychologischen Betreuung sind aber nicht so vermessen zu sagen, dass sie alles leisten können. Sie sind bestrebt, viele Dinge innerhalb der Betreuung zu bearbeiten und zu therapieren. Sollte aber erkannt werden, dass das Hilfsangebot nicht ausreichend ist, sind vielfältige Kontakte mit ambulant tätigen Psychologen und Psychotherapeuten, mit Beratungsstellen und auch mit psychotherapeutisch tätigen Fachkliniken aufgebaut worden.

Die Beratung kann für die/den Betroffene(n) in unterschiedlicher Weise beginnen:

- Die Kollegin/der Kollege findet von alleine den Weg zur sozial-psychologischen Betreuung. Dieser leider eher seltene Schritt ist der erfolgversprechendste. Hier hat der Klient schon sehr viel Motivationsarbeit und Auseinandersetzung mit sich geleistet. Er hat bereits die innere Bereitschaft, sich einer psychologischen Beratung, trotz aller Unsicherheit und Schwellenangst, relativ offen zu stellen. Der therapeutische Weg kann ohne große Umwege begonnen werden. Es existiert auch keine Scheu externe Hilfe in Anspruch zu nehmen. Die Aufgabe für die Psychologen besteht in diesem Fall darin, die effektivste Therapieform zu finden, sei es ambulant oder stationär. Innerbetriebliche Sozialarbeit hat allerdings auch Grenzen, individuelle, zeitliche, inhaltliche und moralische. Nicht alles, was vernünftig ist, kann hier geleistet werden. Das müssen die Mitarbeiter wissen und akzeptieren.

- Die Kollegin/der Kollege wird durch Vorgesetzte oder Kollegen motiviert. Wenn wir es ganz genau nehmen, dann müssten Vorgesetzte oder Kollegen die psychischen Veränderungen wahrnehmen, sei es in der Arbeit, sei es im persönlichen Auftreten oder im veränderten Umgang mit Kollegen. Aber wir wissen eben auch, dass es schwerfällt, jemanden darauf anzusprechen. Jeder sollte sich einmal die Frage stellen, wer das tun soll: ich oder der Andere? Es wird immer wieder delegiert und dem betroffenen Kollegen wird eine Chance vorenthalten. Dabei ist es so einfach, menschliche Zuwendung zu geben und Hilfe zu organisieren oder den betroffenen Kollegen ein paar Schritte zu begleiten. Mit dem Wissen, dass es eine sozial-psychologische Betreuung innerhalb des Dienstsystems der Polizei gibt, kann jeder dem Kollegen Hilfe anbieten und seiner Fürsorgepflicht gerecht werden. Praktisch reicht das Telefonat mit dem zuständigen Psychologen aus.
- Die Personalabteilung reagiert auf dienstliche Auffälligkeiten und schickt den Kollegen zum Psychologen. Für eine klassische psychotherapeutische Arbeit ist das der ungünstigste Fall, denn Fragen zur Polizeidienstfähigkeit und ein verständlicher Zeitdruck von dienstlicher Seite aus sind für Psychotherapiemaßnahmen hinderlich. Hier ist durch das therapeutische Fachpersonal die ganze Bandbreite der Motivation für psychotherapeutische Beratung erst noch zu leisten.

Zwei Betroffene sollen zu Wort kommen:

„Mein Sohn ist tot...". Frau St. berichtet: „Mein Sohn, damals 17 Jahre alt, verunglückte im November letzten Jahres mit seinem Motorrad tödlich. Meine Gefühle kann ich heute noch nicht so richtig in Worte fassen. Ich fühlte Trauer, Hilflosigkeit, ich konnte nicht mehr einschlafen, wachte dann nachts auf und dachte immer nur an meinen Sohn. Warum gerade er? Wie sollte ich von meinem Sohn Abschied nehmen?

Mein Vorgesetzter sah, dass ich meine Gefühle schwer unter Kontrolle halten konnte, sprach mit mir, und in diesem Gespräch machte er mir das Angebot, einen Termin beim Polizeipsychologen Brandt wahrzunehmen. Ohne es richtig bewerten zu können, war ich dankbar für diese Hilfestellung. Ich bekam kurzfristig einen Termin und erlebte eine vertrauensvolle Atmosphäre, die mir sehr viel Geborgenheit und Sicherheit gab. Ich konnte über meine Gefühle reden, fühlte mich verstanden. Wichtig war für mich zu erfahren, dass das, was ich in meiner Trauer erlebe, eine ganz normale Reaktion meines Körpers und meiner Seele war und ist, und dass es keinen Zeitrahmen für Trauerarbeit gibt. Ich wollte ganz schnell wieder ein ganz normales Leben führen, alles sollte in gewohnten Bahnen weiter laufen. Aber da spielte mein Innerstes nicht mit. Ich merkte auch, dass ich meine Familie überforderte. Mein Lebenspartner und meine Tochter unterstützten mich dennoch, wo sie konnten, aber ich hatte ein schlechtes Gewissen ihnen gegenüber, ich wollte wieder „normal" sein und konnte es nur in bestimmten Momenten.

Die Termine beim Polizeipsychologen, die ich auch nach meiner Bedürfnislage verändern konnte, halfen mir sehr bei der Bewältigung des Todes meines Sohnes. Er machte mir auch das Angebot, meinen Lebenspartner mit in die Betreuung einzubeziehen. Vielleicht wäre es für mich dann einfacher, mit meinem schlechten Gewissen umzugehen.

Ich habe erfahren, dass mir in meiner besonderen psychischen Situation viele zur Seite stehen. In erster Linie ist es wohl meine Familie, die mir mit sehr viel Verständnis begegnet. Auch denke ich, dass ich sehr viel Unterstützung durch meinen Vorgesetzten und meine Kollegen erfahren habe. Ja, und nicht zuletzt hat mir die Begleitung durch den Psychologen von der sozial-psychologischen Betreuung des Polizeipräsidiums Potsdam Halt und Sicherheit für meine Trauerarbeit gegeben. Ich weiß, dass mein Weg noch nicht zu Ende ist. Ich weiß aber auch, dass ich sehr viel Unterstützung bekommen kann, wenn ich sie brauche und wünsche."

„Ich bin ein Mobbingopfer ...". Frau L. : „Im letzten Jahr wurde ich in einen anderen Bereich versetzt und mit mehr Verantwortung betraut. Mein unmittelbarer Vorgesetzter war sehr distanziert und zurückhaltend. Ich hielt das in der Anfangsphase auch für normal. Als ich jedoch versuchte, mehr Einblick in unser Arbeitsgebiet zu erhalten, musste ich erfahren, dass ich systematisch aus vielen dienstlichen Ab-

16

läufen herausgehalten wurde. Ich fraß alles in mich hinein und hoffte einfach auf Besserung. Hier merkte ich schon, dass ich immer angespannter zur Arbeit ging.

Meine Hoffnung auf Bereinigung der sich für mich immer belastender gestaltenden Situation erfüllten sich nicht. Ich hatte den Eindruck, je mehr ich nachfragte, desto mehr wurde ich von meinem Chef geschnitten. Aber anstatt unseren gemeinsamen Vorgesetzten davon in Kenntnis zu setzen, deckte ich noch Versäumnisse und versuchte Fehler, für die ich nichts konnte, auszubügeln. In diese Zeit fallen auch meine ersten gravierenden psychischen und körperlichen Missempfindungen. Ich wurde das erste Mal in meinem Leben wegen psychischer Überlastung krank geschrieben.

Ich denke schon, dass meine Kollegen und unser Vorgesetzter die Situation mitbekommen haben. Eine richtige Unterstützung habe ich aber nicht bekommen. Alle hielten sich da raus. Meine Krankschreibungen wurden immer häufiger. Gebracht haben die aber nichts. Irgendwann musste ich ja wieder arbeiten gehen und dort hatte sich ja nichts geändert.

Auswirkungen bekam natürlich auch meine Familie zu spüren. Ich war reizbar, mein Kind hat viel von meiner Anspannung und Aggressivität abbekommen, und mancher Streit mit meinem Mann hätte auch nicht sein müssen. Aber ich konnte einfach nicht anders. Zu Hause eskalierte die Situation, bis es meinem Mann reichte. Er wusste vom Polizeipsychologen im Präsidium Potsdam und organisierte einen Termin. Obwohl es mir total dreckig ging, hatte ich immer noch die Vorstellung, dass ich alles noch alleine auf die Reihe bringen werde.

Mit Herrn Brandt habe ich das ganze Dilemma mit den schlimmen Auswirkungen für mich und meine Familie aufbereitet. Wohltuend empfand ich, dass ich nicht das ganze besondere System Polizei erklären musste, der Psychologe kannte alle Interna, und wir konnten uns sehr schnell den zu verändernden Dingen zuwenden.

Ich glaube heute, dass ich das nicht alleine geschafft hätte. Der Weg ist zwar noch nicht zu Ende, aber ich habe Lösungen für den Arbeitsprozess erarbeitet. Eines weiß ich: Da, wo ich einmal psychisch gestanden habe, dahin will ich nicht wieder zurück."

Führungskräfte und sozial-psychologische Betreuung

Der innerpolizeiliche Führungsstil und das Führungsverhalten des Einzelnen ist in hohem Maße dafür verantwortlich, wie mit psychischen Konfliktkonstellationen umgegangen wird. Erst mit Unterstützung der höchsten polizeilichen Führung war es möglich, dieses

System der sozial-psychologischen Betreuung in der Polizei des Landes zu etablieren.

Das Wissen darum, dass die Vorgesetzten aller Führungsebenen eine wichtige Rolle bei der Gestaltung der psychologischen Arbeitsumgebung einnehmen, hat dazu geführt, dass sozial-psychologische Fragestellungen den Führungskräften immer wieder nahe gebracht werden.

Die Vorgesetzten müssen sich der Kompliziertheit ihrer Aufgabe bewusst sein, denn wer heute noch glaubt, gute dienstliche Ergebnisse seien nur durch „ordentlichen" Druck zu erreichen, der irrt. Auf Dauer zahlen sich nur Teamarbeit, selbstverantwortliches Arbeiten, Beteiligung an Entscheidungen, Kollegialität und Fürsorge aus. Eine Führungskraft der Zukunft braucht dabei:
- strategische Kompetenz
- soziale Kompetenz
- Persönlichkeitsformat.

In der Konsequenz heißt das, dass Vorgesetzte insbesondere in den Bereichen der Mitarbeiter/-innenführung, Kommunikation, dem Stress- und Konfliktmanagement etc. qualifiziert werden müssen.

Das spezielle Gesprächsangebot an die Führungskräfte soll verhindern, dass sich auf nur fachliche Bereiche zurückgezogen wird, dort fühlt sich wohl jeder Vorgesetzte kompetent und handlungsfähig. Es muss erreicht werden, dass auch einfach normal menschliche Aspekte in das persönliche Gespräch, ohne dienstlichen Druck, einfließen können.

Kommt die Führungskraft ihrer sozialen Aufgabe nach, dann kann sie bei wahrgenommenen psychischen Problemen einer Kollegin/eines Kollegen den Weg zur sozial-psychologischen Betreuung ebnen. Sie soll keine Diagnosen stellen, sie soll auf das reagieren, was sie wahrnimmt, und das sind in aller Regel Auffälligkeiten im Dienstgeschehen, mangelnde Arbeitsleistung, häufige Krankschreibungen, Persönlichkeitsveränderungen. Sie soll wissen, wie Hilfe zu organisieren ist.

Ein Mitarbeiter, der solch eine soziale Unterstützung erfahren hat, wird diese Form der Hilfe und Zuwendung mit positiver Arbeitsleistung zurückgeben. Und das hat nicht zuletzt Auswirkungen auf die Arbeitsleistung des gesamten Dienstbereiches.

Viele Vorgesetzte erleben gerade in den speziell für sie organisierten Veranstaltungen, im Austausch mit Kollegen der gleichen Führungsebene, dass sie mit ihren Defiziten im Umgang mit psychischen Auffälligkeiten nicht allein dastehen. Schon der Austausch lässt die Defizite in einem anderen Licht erscheinen. Nach der Diskus-

16

sion bleibt nicht Handlungsunfähigkeit und darüber hinwegsehen übrig, sondern die meisten Vorgesetzten nehmen dankbar das Hilfsangebot der sozial-psychologischen Betreuung an. Zunehmend wird der direkte Kontakt zum zuständigen Psychologen gesucht und als Entlastung erlebt.

Im günstigsten Fall können alle weiteren Maßnahmen mit den betroffenen Kollegen, dem Vorgesetzten und dem Psychologen abgestimmt werden. Mechanismen der Vorverurteilung, der Ausgrenzung von betroffenen Kolleginnen oder Kollegen sind dabei so gut wie ausgeschlossen.

Die Erfahrung zeigt aber auch, dass Führungskräfteschulungen kontinuierlich erfolgen müssen, da Probleme des Alltagsgeschäftes die Sozialthemen sehr schnell in den Hintergrund treten lassen. Auch Vorgesetzte sollten von Zeit zu Zeit „gezwungen" werden, sich ihrer Aufgabe der Menschenführung wieder bewusst zu werden.

Mit den Veranstaltungen vor Ort, z.B. bestimmte Themen in den Dienstbesprechungen zu behandeln, und den organisierten Maßnahmen an der Fachhochschule ist es möglich, alle Vorgesetzten in bestimmten Abständen zu erreichen.

Der Nutzen

Wie ist der Nutzen für den Arbeitgeber konkret beschreibbar:
1. Bei einer sehr frühzeitig einsetzenden Unterstützung durch die sozial-psychologische Betreuung kann im Regelfall auch sehr schnell die Problematik ausgeräumt werden. Dies kann ohne Dienstausfallzeiten geschehen.
2. Bei schwerwiegenderen Problemen können alle zur Verfügung stehenden Hilfsmechanismen (intern, extern, ambulant, stationär) ohne Zeitverzug aktiviert werden. Eine Chronifizierung der Störungsbilder wird vermieden. Die Arbeitsausfallzeiten können erheblich reduziert werden, zumal der Wiedereinstieg in den Arbeitsprozess als therapiebegleitende Maßnahme organisiert werden kann.
3. Das gesamte Führungsgeschehen vereinfacht sich. Die Führungskräfte aller Hierarchieebenen sind nicht nur fachlich fit, sondern auch menschlich-sozial. Die Motivation der Mitarbeiter, die Identifikation mit den polizeiinternen Aufgaben und Strukturen, sind geprägt von Teamgeist und Kollegialität.
4. Das Arbeitsklima verbessert sich. Erscheinungen wie Mobbing, sexueller Belästigung, und Ausgrenzung wird der Nährboden entzogen. Die psychische Gesundheit des Einzelnen hat Rückwirkung auf den gesamtem Dienstablauf.

5. Die Außenwirkung solcher gesunder innerer Strukturen ist beträchtlich. Für den Bürger wird das in einer Polizei-Kultur merkbar, wo er sich angenommen und verstanden fühlen kann, das lebendige Beispiel schafft hier echte Autorität und Vertrauen.

16

Gesundheitsförderung für Personal in Justizvollzugsanstalten in NRW – Hintergründe und Erfahrungen

H. Bögemann

Einleitung

Vom 1. Januar 1997 bis zum 31. Dezember 2000 wurde in einer nordrhein-westfälischen Justizvollzugsanstalt ein Projekt mit dem Titel „Gesundheitsförderung und Stressbewältigung für Justizvollzugsbedienstete" aufgebaut. Erstmalig in der BRD wurde damit der Versuch unternommen, Elemente der betrieblichen Gesundheitsförderung in die vorhandenen Personalstrukturen einer Justizvollzugsanstalt zu implementieren. Die Grundlagen des neuen Arbeitsschutzgesetzes (ArbSchG) wurden dabei ebenso berücksichtigt wie auch die Initiativen der EU, betriebliche Gesundheitsförderung auf europäischer Ebene voranzutreiben (Luxemburger Deklaration zur betrieblichen Gesundheitsförderung in der europäischen Union) und Projekte der WHO wie z. B. das „Health in Prison Project"[1].

Das Projekt konnte sich auf die Ergebnisse einer 1993 vom Autor durchgeführten Personalbefragung von Justizvollzugsbediensteten in einer offenen JVA stützen. Bereits damals zeichnete sich bei den 153 Bediensteten (N = 230) des Allgemeinen Vollzugsdienstes eine vielfältige Problemkonstellation ab [1]. Neben den Belastungen durch organisationsbedingte Stressoren wie Schichtdienst, Überstunden und Dienstplangestaltung manifestierten sich Belastungen aus dem zwi-

---

[1] Zur Problematik der Gesundheitsförderung für *Beschäftigte* im Strafvollzug, gibt es kaum Publikationen und noch weniger praxisorientierte Forschungsprojekte. Dies scheint nicht nur in Deutschland der Fall zu sein, sondern überhaupt in Europa. Diese Erkenntnis manifestierte sich bei einer Tagung des „Health in Prison" Projektes der Weltgesundheitsorganisation (WHO) im November 1998 in Den Haag. Dort wurde unter dem Titel „MENTAL HEALTH PROMOTION IN PRISONS" eine Absichtserklärung verabschiedet, die gesundheitliche Situation nicht nur der Inhaftierten sondern auch der Strafvollzugsbediensteten in ganz Europa zu verbessern. Insofern hatte das Bielefelder Projekt Pionierstatus über die Landesgrenzen Nordrhein-Westfalens hinaus.

schenmenschlichen Bereich wie dem Umgang der Kollegen untereinander, dem Verhältnis zum Vorgesetzten und der Arbeit mit einer zunehmend schwierigen Klientel.

In den Sozialwissenschaften ist der Arbeitsplatz Gefängnis bisher kaum thematisiert worden. Bisherige Untersuchungen und die aktuellen Projekterfahrungen deuten immer wieder darauf hin, dass primär das Arbeitsklima (und nicht, wie zunächst zu vermuten, die Belastungen durch die Arbeit mit Inhaftierten) ursächlich für den erlebten Arbeitsstress vieler Beschäftigter ist [2, 3]. Reaktionen der Beschäftigten lassen sich an Parametern wie hohen Krankenständen und an der zunehmenden Zahl vorzeitiger Pensionierungen von Beamten ablesen. Allein in NRW werden pro Jahr 150 bis 200 Bedienstete aus dem allgemeinen Vollzugsdienst und Werkaufsichtsdienst vorzeitig in den Ruhestand geschickt. Dabei nehmen die psychischen Erkrankungen zu und das Lebensalter der Bediensteten ab. Immer häufiger müssen jüngere Bedienstete zwischen 35 und 50 Jahren ihren Dienst quittieren. Ein Bericht der Landesregierung zur Entwicklung der vorzeitigen Zurruhesetzungen von Beamten im Lande NRW bezifferte 1997 die zusätzlichen finanziellen Belastungen auf 700–900 Mio. DM bei einem jährlichen Gesamtversorgungsaufwand von 5,4 Mrd. DM. Nach amtsärztlichen Schätzungen ließe sich jede dritte Frühpensionierung vermeiden [4].

Ähnliche Tendenzen sind auch in anderen Bundesländern zu beobachten [2] [5]. Insgesamt zeichnet sich eine vollzugspezifische Personalproblematik ab, die mit Entwicklungen bei der Polizei oder den Lehrern durchaus vergleichbar scheint. Insbesondere Phänomene wie innere Kündigung, Burnout oder unbewältigte traumatische Belastungen aus alltäglichen Dienstsituationen deuten auf sehr komplexe Problemlagen hin, die jedoch innerhalb des Justizvollzugs bisher wenig Beachtung fanden. So war es bei der Anbahnung des Projektes zunächst äußerst schwierig, Unterstützung für die Idee eines Gesundheitsförderungsprojektes zu finden. Bemerkenswert ist, dass sich auch Teile der beamteten Personalvertretungen hier zurückhielten.

17

---

[2] Der bayrische Oberrechnungshof hat bereits 1992 die steigenden Kosten für vorzeitige Pensionierungen von Justizvollzugsbediensteten erwähnt. Nur noch 20% der Justizvollzugsbediensteten erreichten regulär die Altersgrenze. Für die Berufsgruppen Polizei, Lehrer und Justizvollzug entstand dadurch ein jährlicher Mehraufwand an Versorgungsleistungen von 250 Mio. DM.

Das Projekt „Gesundheitsförderung für Justizvollzugsbedienstete"

Mit Förderung durch das Justizministerium und dem Auftrag, psychosoziale Betreuungsstrukturen für Bedienstete in der Projektanstalt zu
schaffen und dazu Modellbausteine zu entwickeln, nahm das Projekt
„Gesundheitsförderung für Justizvollzugsbedienstete" im Januar 1997
seine Arbeit auf. Damit wurde erstmalig eine „Abteilung „Gesundheitsförderung" innerhalb einer Justizvollzugsanstalt eingerichtet, die
sich ausschließlich mit Gesundheitsmanagementaufgaben für das Ge-
fängnispersonal auseinander zu setzen hatte. Die Abteilung bestand
aus dem Projektleiter, einem Gesundheitswissenschaftler, und einer
Diplom Pädagogin. Nach drei Jahren war die Abteilung Gesundheitsförderung für drei Haftanstalten zuständig und wurde darüber
hinaus besonders zur Thematik der posttraumatischen Belastungsstörungen (PTBS) von weiteren Anstalten zu Rate gezogen.

Mit dem Gesundheitsförderungsprojekt wurden anfangs verschiedene Teilziele verfolgt:

• Ermittlung der beruflichen und privaten Belastungsfaktoren der Beschäftigten (durch Arbeitsplatzbesichtigungen, Personalbefragung).
• Entwicklung und Erprobung einer innerbehördlichen Betreuungs-
  struktur zur Hilfestellung bei psychosozialen Problemstellungen der
  Bediensteten (Psychosoziale Betreuung).
• Unterstützung bei der Entwicklung von persönlichen Stressbewälti-
  gungsstrategien (Fortbildungen, Training).
• Verbesserung der Kommunikationsstruktur innerhalb der Anstalt;
  sowohl laufbahnintern als auch hierarchieübergreifend (Kommuni-
  kationsschulungen).
• Gesundheitsbildung durch spezifische Informationen (Aufbau einer
  Infothek).

Der Arbeitsansatz

Das Projekt orientierte sich an den Grundlagen der partizipativen
und handlungsorientierten Aktionsforschung [6]. Der Forschungspro-
zess innerhalb der JVA sollte zur Veränderung des Forschungsfeldes
führen. Ein ganzheitliches Setting verknüpfte den Verhaltensansatz
mit dem Verhältnisansatz [7]. Durch die „Hilfe zur Selbsthilfe" sollten
persönliche Ressourcen stärker zur Bewältigung von Problemlagen genutzt werden.

Folgende Elemente waren essenziell für die Durchführung des Projekts:

Die Arbeitsgruppe Gesundheit

Die Arbeitsgruppe Gesundheit (AGG) befasste sich bei den regelmäßig stattfindenden wöchentlichen Treffen neben der inhaltlichen Projektarbeit und deren Reflexion mit Vorlagen für den Arbeitskreis Gesundheit. In der AGG arbeiteten 1996 zunächst eine Personalsachbearbeiterin, der Personalratsvorsitzende und der zukünftige Projektleiter. Sie waren sozusagen „die Keimzelle" des gesamten Projektes. Später kamen der Koordinator des Sozialdienstes und die zweite Mitarbeiterin der Abteilung Gesundheit hinzu. Insofern war die AGG während der Projektvorbereitung 1996 zunächst eine informelle und mit Projektbeginn 1997 eine formelle Arbeitsgruppe. Sie war das eigentliche Steuerungsgremium, welches sich mit taktischen Schritten zur Projektimplementierung und der Verzahnung zwischen Personal- und Organisationsentwicklung beschäftigte [8].

Der Arbeitskreis Gesundheit

Im April 1997 erfolgte die Konstituierung des Arbeitskreises Gesundheit (AKG). Neben der Arbeitsgemeinschaft Gesundheit (AGG) als Steuerungsgremium und Impulsgeber für die Abfolge der einzelnen Projektschritte, war der Arbeitskreis Gesundheit das Steuerungsgremium auf Leitungsebene. Neben Anstalts- und Verwaltungsleitung war hier das gesamte Personalmanagement versammelt (von denen nicht alle die Gesundheitsförderungsidee guthießen). Insofern wurden alle Teilschritte des Projektes zunächst im kleinen Kreis in der Arbeitsgruppe Gesundheit strategisch vorgeplant und dann im Arbeitskreis Gesundheit zur Diskussion gestellt. Trotz teilweise kontroverser Diskussionen und heftiger Auseinandersetzungen, konnte letztlich jeder Vorschlag der Arbeitsgruppe Gesundheit zur Genehmigung gebracht werden.

Die Personalbefragung

17

Nachdem eine zweimonatige Hospitation (teilstrukturierte, arbeitsplatzbezogene Interviews) durch die beiden Mitarbeiter der Abteilung Gesundheitsförderung abgeschlossen und ausgewertet war, folgte im Sommer 1997 eine Personalbefragung der Zielgruppe. Dazu wurde ein Fragebogen entwickelt, dessen Items im Wesentlichen bereits 1993 bei einer Befragung in einer Nachbaranstalt verwendet wurden. Dieses Instrument wurde modifiziert und auf die Verständlichkeit und Akzeptanz der Fragen hin mit 40 Bögen vorgetestet. Der Rücklauf zum Pretest betrug 87,5%. Insgesamt wurden 360 Fragebögen verteilt, von denen 230 Bögen (50 Frauen, 175 Männer, 5 k. A.) zur Auswertung gelangten (63,9%). Zusammen mit den 40 Bögen des Pretests wurde ein Gesamtrücklauf von 66,3% erzielt. Die folgenden Zahlen und Auswertungen beziehen sich auf die 230 relevanten Fragebögen der Hauptbefragung. Die Verteilung beim Pretest entspricht der in der Hauptbefragung. Der Fragebogen gliederte sich in die Bereiche:

I: Bedürfnisse und Veränderungswünsche im Hinblick auf die persönliche Gesundheit
II: Stress im Alltag
III: Status quo der persönlichen Gesundheit
IV: Bereitschaft und Motivation zur Veränderung des individuellen Gesundheitsverhaltens (Inanspruchnahme gesundheitsfördernder und stressabbauender Angebote)
V: Persönliche Anmerkungen und Verbesserungsvorschläge.

Außerdem hatten die Befragten die Möglichkeit, durch offene Fragen ihre persönliche Einschätzung oder Kommentare anzugeben; insbesondere zu:

• den stressauslösenden Verhältnissen,
• dem individuellen Verhalten und
• den persönlichen Wünschen und Bedürfnissen.

Einschätzung des persönlichen Stressgeschehens am Arbeitsplatz

Im Fragebogen wurden vier Bereiche unterschieden, die jeweils verschiedene Items und damit mögliche unterschiedliche Quellen für Stress auflisteten und abfragten [9]:

1. Tätigkeitsspezifische Ursachen
2. Persönliche berufliche Entwicklung
3. Die zwischenmenschlichen Beziehungen
4. Das Verhältnis zwischen Arbeitsplatz und privater Situation.

Bei der Auswertung der einzelnen Bereiche wurden aus der Gesamtheit aller 37 Items, also ohne weitere Differenzierung innerhalb der vier Bereiche, die insgesamt wichtigsten Ursachen für Stress ermittelt. Bei der Beantwortung der Fragen zu den vier Themenkomplexen „Stress im Alltag" beteiligten sich insgesamt 224 Beschäftigte (N 230), indem sie zumindest ein Item ankreuzten. Durchschnittlich wurden pro Person 14 Items angekreuzt. Die einzelnen Faktoren erreichten mit Nennungen bis zu 83,0% hohe Ausprägungen.

Bei den tätigkeitsspezifischen Ursachen wurde von rund 80% der Beschäftigten das (schlechte) Anstaltsklima genannt. Bei der persönlichen beruflichen Entwicklung zeigten Beförderungspraxis (74,1%), fehlende Anerkennung der geleisteten Arbeit (73,6%) und Anstaltshierarchie (69,6%) hohe Werte. Im zwischenmenschlichen Bereich war es das subjektiv wahrgenommene mangelnde Arbeitsinteresse der Kolleginnen und Kollegen (83,7%). Auch fehlende Solidarität (73,1%) und mangelnde Hilfsbereitschaft (69,6%) wurden als belastend genannt. Beim Verhältnis von Arbeit und privater Situation waren Müdigkeit nach Dienstschluss (62,1%) und nicht „abschalten" zu können, stark ausgeprägt (36,7%). Auch die geringe Akzeptanz des Berufes in der Bevölkerung belastet viele (44,3%). Ebenso finanzielle Sorgen (17,4%) und Einsamkeit (9,5%) spielten eine Rolle. Die Befragungsergebnisse ließen auf eine fehlende Struktur der Personalpflege und eine geringe Ausprägung von mitarbeiterbezogenem Führungsverhalten schließen [10]. An vielen Stellen in der Anstalt waren Belastungen des allgemeinen Betriebsklimas, also der sozialen Beziehungen und Strukturen [11], nicht zu übersehen.

Welche gesundheitlichen Beschwerden wurden genannt?

Jeder Befragte hatte die Möglichkeit, aus einer Beschwerdeskala mit 34 Items eine Einschätzung zum „Status Quo der persönlichen Gesundheit" zu geben. Diese Skala wurde vom Autor entwickelt. Die Zusammenstellung der einzelnen Items innerhalb der Beschwerdeskala orientierte sich an der Untersuchung Kalimos [2] und den Erfahrungen einer Erhebung in Baden Württemberg [12]. Zwar handelte es sich bei den Befragungsdaten um subjektiv wahrgenommene Beschwerden [13], dennoch kann deren Indikatorfunktion für eine frühzeitige Diagnostizierung manifester Erkrankungen genutzt werden.

Zu den 34 Items gab es insgesamt 991 Nennungen. Damit hatte jeder Befragte im Durchschnitt vier Beschwerden wie z.B. Kopfschmerzen oder Magenschmerzen genannt (N 230).

Die Beschwerdeitems wurden durch den Projektleiter auf insgesamt sechs Beschwerdekomplexe verteilt (Tabelle 17.1). Beispielsweise wurde das Item „Rückenschmerzen" dem Beschwerdekomplex „Bewegungs- und Stützapparat" zugeordnet. Bei der Auswertung der Befragungsergebnisse wurden die Angaben zu den Häufigkeitsmerkmalen „oft" und „manchmal" unter der Bezeichnung „davon betroffen" zusammengefasst.

Mit 89,6% fanden sich vegetative Beschwerden auf dem ersten Rang. Den zweiten Rang nahmen mit 83,5% Beeinträchtigungen des Bewegungs- und Stützapparates ein. Auf dem dritten Rang (77,8%)

17

Tabelle 17.1. Gesundheitliche Beschwerdenkomplexe

Rang*	Beschwerdenart	N	k. A.	Ja	%
1	Vegetativer Beschwerdenkomplex	230	24	206	89,6
2	Bewegungs- und Stützapparat	230	38	192	83,5
3	Atmungsorgane und Erkältungen	230	51	179	77,8
4	Herz- und Kreislaufbeschwerden	230	72	158	68,7
5	Hautkrankheiten	230	91	139	60,4
6	Störungen des Verdauungssystems	230	113	117	50,9

fanden sich Beschwerden der Atmungsorgane. Herz- und Kreislauf-
beschwerden belegten mit 68,7% den vierten Rang. Diese waren bei
den weiblichen Befragten besonders ausgeprägt (Frauen: 86,0%; Männer: 65,0%). Ursachen sind möglicherweise starker Zigaretten- und
Kaffeekonsum der weiblichen Beschäftigten. Auch Adipositas-Tenden-
zen und eine bewegungsarme Tagesstruktur könnten eine Rolle spielen. Ein weiterer Faktor, der berücksichtigt werden muss, ist die Doppelbelastung vieler Frauen durch Arbeit und Kindererziehung zu Hause. Auf dem vorletzten Rang finden sich Hautbeschwerden und auf
dem letzten Rang Störungen des Verdauungssystems mit 50,9% (s. Tabelle 17.1). Auch Verdauungsbeschwerden werden von den weiblichen
Befragten deutlich häufiger genannt als von ihren männlichen Kollegen (62,0% vs. 38,0%).

Die vielfältige Beschwerdedichte bei den Mitarbeitern der Anstalt
wurde durch die Erfahrungen von Betriebsärzten des Justizvollzugs
und Amtsärzten umliegender Kommunen bestätigt. Seelische Störungen manifestieren sich mitunter in einem psychosomatischen Formen-
kreis. Sie erfuhren aber eine einseitig auf physische Ursachen aus-
gerichtete Diagnose und Therapie [14]. So haben die Erfahrungen gezeigt, dass bei Burnout-Diagnosen, die zum vorzeitigen Ausscheiden
aus dem Dienst führten, oft über einen längeren Zeitraum organische
Störungen behandelt worden sind.

Was wünschten sich die Befragten an Angeboten?

Die Belastungen und Beschwerden der Beschäftigten spiegeln sich
zum Teil in den Angebotswünschen wieder. Der Wunsch nach Stressbewältigung, Rückenschule, Schwimmen, Körpererfahrung sowie Supervision und kollegialem Austausch über die berufliche Situation
weisen auf einen hohen Bedarf an Kommunikation und körperlicher
Aktivität hin (s. Tabelle 17.2). Der Wunsch, sich vertrauensvoll mit-
zuteilen, wird auch bei der Beantwortung der offenen Fragen deutlich.

Tabelle 17.2. Angebotswünsche der Zielgruppe

Angebote	N	k. A.	Ja	%
Stressbewältigungstraining	230	127	103	44,8
Radfahren	230	127	103	44,8
Rückenschule	230	134	96	41,7
Schwimmen	230	134	96	41,7
Körpererfahrung	230	145	85	37,0
Supervision	230	149	81	35,2
Kollegialer Austausch	230	157	73	31,7
Wandern	230	162	68	29,6
Fitness-Training	230	171	59	25,7
Ernährungskurse	230	172	58	25,2
Gesundheitstest	230	176	54	23,5
Raucherentwöhnungskurse	230	182	48	20,9
Info-Veranstaltungen Gesundheit	230	191	39	17,0
Laufen	230	200	30	13,0
Tanzkurs	230	201	29	12,6

Tabelle 17.3. Einstellung der Befragten zur Gesundheit

Fragen 1, 2, 3, 4	Ja	Teil-weise	Nein	keine Angabe	Gesamt-N
Betrachten Sie Gesundheit als schicksalsbedingte Erscheinung? (Frage 1)	11 (4,8%)	143 (62,2%)	71 (30,9%)	5 (2,2%)	230 (100%)
Sind Sie mit Ihrem gegenwärtigen Gesundheitszustand zufrieden? (Frage 2)	89 (38,7%)	89 (38,7%)	49 (21,3%)	3 (1,3%)	230 (100%)
Können Sie persönlich Einfluss auf Ihre Gesundheit nehmen? (Frage 3)	195 (84,8%)	31 (13,5%)	1 (0,4%)	3 (1,3%)	230 (100%)
Wären Sie bereit, für eine Verbesserung Ihrer Gesundheit selbst etwas zu tun? (Frage 4)	207 (90,0%)	18 (7,8%)	1 (0,4%)	4 (1,7%)	230 (100%)

17

197 Befragte (85,65%) nahmen das Angebot wahr und äußerten sich durchschnittlich viermal mit insgesamt 591 Ergänzungen zu bestimmten Fragen. Erfreulich war die hohe Bereitschaft der Zielgruppe, für die persönliche Gesundheit aktiv zu werden (s. Tabelle 17.3).

Die Daten der Personalbefragung dienten als Grundlage für die Konzipierung von Angeboten und damit als Anhalt für das praktische Herangehen an das sehr komplexe Problemfeld. Da es bislang keine vergleichbaren Praxiserfahrungen zur Gesundheitsförderung in einem Gefängnis gab, wurden anfangs viele unterschiedliche Angebote entwickelt, um Erfahrungen in der Arbeit mit der Zielgruppe zu sammeln. Schwerpunkte waren zunächst psychosoziale Beratung, Organisationsberatung und zunehmend posttraumatische Belastungsstörungen (PTBS).

Wichtige Ergebnisse der Projektarbeit

Um adäquat auf die Situation zu antworten, wie sie sich aufgrund der erhobenen Daten aber auch aus der Beobachtung alltäglicher Situationen und Paradoxien innerhalb der JVA darstellte, wurden unterschiedliche Interventionen konzipiert und erprobt:

Sozialer Ansprechpartner (SAP). Die Anstalt verfügt seit 1998 über einen sozialen Ansprechpartner (SAP). Grundlage ist ein Erlass des Justizministeriums in NRW. Dieses Modell wurde von der Polizei in NRW entwickelt und vom Justizvollzug übernommen. Der SAP ist ein Kollege, der extern nach dem Prinzip „learning by doing" geschult wurde. Er steht bei lebenspraktischen Problemen als Berater und auch als Vermittler bei Konflikten zur Verfügung. In enger Kooperation mit der Personalstelle der JVA mit der Abteilung Gesundheitsförderung wurde ein Bewerbungs- und Auswahlverfahren entwickelt. Durch Leitfadengestützte Interviews wurden die Motivation und Eignung der Bewerber und Bewerberinnen geklärt. Dieses Auswahlverfahren hat sich in der Praxis bewährt, da der SAP nach einer mittlerweile dreijährigen Tätigkeit intensiv von den Kollegen in Anspruch genommen wird, im Gegensatz zu anderen Anstalten, wo entweder kein SAP im Sinne der Vorgaben existiert oder der SAP von der Anstaltsleitung ernannt worden ist und beim Personal wenig Akzeptanz genießt.

Psychosoziale Beratung. Gesprächs- und Beratungsangebote wurden sowohl bei beruflichen als auch privaten Problemen intensiv und hierarchieübergreifend in Anspruch genommen. Neben einzelnen Gesprächskontakten entwickelten sich zunehmend auch Mehrfachbetreuungen (z.B. bei Mobbing). Insgesamt nahmen etwa 80 Personen das Einzelberatungsangebot in Anspruch. Zudem wurden Informationsgespräche zu spezifischen Themen wie gesunde Ernährung, Stressbewältigung oder Risikofaktoren geführt. In der Mehrzahl der Gespräche ging es um Themen, die den Arbeitsplatz betrafen, z.B. Konflikte mit Vorgesetzten oder Kollegen, Belastung durch Arbeitsstress, organisatorische Mängel etc. Neben individuellen Beratungsangeboten wurden auch Teamberatungen in Anspruch genommen. Das Klima und der Umgang innerhalb des Teams, aber auch Wünsche nach einer besseren Strukturierung von Dienstübergaben oder Dienstbesprechungen waren wiederholt Thema.

Posttraumatische Belastungsstörungen (PTBS, engl. PTSD). Dieser Schwerpunktbereich hat sich erst im Laufe des Projektes herauskristallisiert. Unbewältigte traumatische Erlebnisse im Dienstalltag (z.B. Suizid eines Gefangenen), führen bei vielen Bediensteten zu psychovegetativen Störungen und dienstlichen Einschränkungen, die zusätzliche Fehlzeiten mit sich bringen. Die PTBS-Problematik scheint, ähnlich wie die Suchtmittel-Problematik, ein Tabu innerhalb des Justizvollzugs zu sein, jedenfalls lassen die Projekterfahrungen darauf schließen. Bisher wurde keine Notwendigkeit gesehen, belastende Einsätze (im Rahmen der Fürsorgepflicht) nachzubereiten (z.B. durch Debriefing). Eine Kausalität zwischen (posttraumatischer) Belastung und möglicher Erkrankung wurde nicht wahrgenommen. Suchten Betroffene Hilfe, kam es wiederholt zu Stigmatisierungen des Hilfesuchenden z.B. als „Weichei" [15].

1998 wurde eine Personalbefragung zu diesem Thema in der Projektanstalt durchgeführt. Von den 109 Befragten haben sich 87 schon einmal in einer für sie besonders belastenden Situation befunden. 69 haben solche Situationen wiederholt erlebt. 46 Personen haben sich danach alleingelassen gefühlt. Bei der erneuten Konfrontation mit dem zurückliegenden Ereignis zeigten zum Erhebungszeitpunkt noch 45 Personen öfter oder gelegentlich psychovegetative Reaktionen. In der Projektanstalt hat sich eine kollegiale Selbsthilfegruppe gebildet, die sich regelmäßig außerhalb der Anstalt traf, um über persönliche Erfahrungen mit diesem Thema zu reflektieren. Auch der Soziale Ansprechpartner wird zunehmend mit diesem Thema konfrontiert (z.B. Ängste vor bestimmten Diensten).

Um das Bewusstsein für diese über viele Jahre nicht beachtete Problematik zu schärfen, fanden seit August 1999 in unregelmäßigen Abständen in verschiedenen Anstalten des Landes Informationsveranstaltungen statt, an denen Vertreter des Anstaltsmanagements und interessierte Bedienstete teilnahmen. Außerdem wurden Ansprechpartner in 13 Anstalten des Landes durch Fortbildungen mit dem Thema vertraut gemacht. Seit 2000 ist eine „Fachgruppe PTSD" beim Justizministerium etabliert. Diese Fachgruppe hat sich aus dem Arbeitskreis PTSD entwickelt, der 1997 entstanden ist. Für die umfassende Arbeit auf Landesebene ist durch die Fachgruppe ein Konzept „PTSD Struktur" entwickelt worden. Dieses Konzept integriert die metho-

17

dische Arbeit der Fachgruppe, ein zukünftiges Kriseninterventions-
team (K.I.T., vergleichbar mit dem bereits seit 1997 bestehenden K.I.T.
in Niedersachsen) und die Auswahl und Ausbildung von (kollegialen)
Ansprechpartnern in den Anstalten (ein ähnliches Modell befindet
sich im Land Brandenburg im Aufbau). Dazu läuft ab 2001 zunächst
für drei Jahre in der Projektanstalt und in fünf weiteren Anstalten in
NRW eine Modellerprobung mit dem Ziel, ein Ansprechpartnernetz-
werk zu installieren. Parallel hierzu werden Krisenhelfer durch ein Po-
lizeifortbildungsinstitut geschult. Außerdem gibt es Kooperationen
mit psychosomatischen Fachkliniken. Besonders an der PTSD-Proble-
matik hat sich sehr deutlich gezeigt, wie wichtig es ist, Gesundheitsförderung in Gefängnissen auch gegen Skepsis und Widerstände,
von der Basis der Beschäftigten aus zu initiieren. Die mittlerweile
sehr positive Gesamtentwicklung hätte nicht stattgefunden, wenn
nicht die entscheidenden Impulse von den Betroffenen, die täglich
mit diesen Problemen umgehen müssen, ausgegangen wären.

Dienstvereinbarung Sucht (DV Sucht). Personalrat und Anstaltsleitung haben im Januar 1997 eine „Dienstvereinbarung Sucht" (DV
Sucht) abgeschlossen, die durch die Abteilung Gesundheitsförderung
vorbereitet wurde. Diese DV beinhaltet Regelungen des Umgangs mit
Alkohol-, Medikamenten- und Drogenmissbrauch sowie mit nicht
stoffgebundenen Süchten (z. B. Spielsucht). Sie betont die Verantwortlichkeit der Vorgesetzten und regelt in einem Stufenplan die Hilfe-
und Interventionsmöglichkeiten gegenüber gefährdeten oder schon
abhängigen Beschäftigten. Diese Vorgehensweise sollte das Tabu
Suchtmittelmissbrauch in der Anstalt aufbrechen.

Sowohl Kollegen als auch Vorgesetzte fühlen sich oft mit diesem
Thema überfordert. Häufig war sowohl im Kollegenkreis als auch bei
Vorgesetzten das Phänomen der Co-Abhängigkeit zu beobachten, und
nicht selten war die Suchtkrankheit eines Beschäftigten allen bekannt.
Dennoch wurden keine Hilfen angeboten. Die Abteilung Gesundheitsförderung hat sich von Beginn ihrer Tätigkeit in der Anstalt an
mit diesem Thema intensiv auseinandergesetzt. Es war nicht zu übersehen, dass auch in der Projektanstalt Suchtmittelmissbrauch ein All-
tagsphänomen war. U.a. konnte in enger Kooperation mit Personalver-
waltung und Personalrat ein suchtkranker Mitarbeiter motiviert werden, sich in therapeutische Behandlung zu begeben.

Neben dem Leid für den Betroffenen haben suchtbedingte Krank-
heitsausfälle in der Vergangenheit auch erhebliche Zusatzkosten für
den Arbeitgeber verursacht. Im Einzelfall waren Bedienstete in einem
Kalenderjahr sechs Wochen und länger krankheitsbedingt abwesend

(nach Berechnungen der Bundesanstalt für Arbeitsmedizin und Arbeitsschutz kann ein Ausfalltag mit mindestens 500 DM direkter und indirekter Kosten veranschlagt werden [16], so dass sich eine Besserung der Lage schon allein in finanzieller Hinsicht „auszahlen" würde).

Zum Thema Suchtprävention wurde insgesamt erheblicher Fortbildungsbedarf festgestellt. Die Abteilung Gesundheitsförderung hat in diesem Zusammenhang eng mit unterschiedlichen Institutionen der Suchtkrankenhilfe kooperiert. Außerdem wurden mit dem Fachdienst für betriebliche Suchtkrankenhilfe, der Hauptfürsorgestelle des Landschaftsverbands Westfalen Lippe (LWL), Informations- und Schulungsveranstaltungen für Vorgesetzte durchgeführt.

Vorgesetztenschulungen zum „Mitarbeitergespräch". Das Personalentwicklungskonzept der Landesregierung NRW sah die Einführung von strukturierten „Mitarbeitergesprächen" vor, um die Kommunikation zwischen Vorgesetzten und Mitarbeitern zu verbessern. Den Erlass des Justizministeriums hat die Abteilung Gesundheitsförderung zum Anlass genommen, ein Schulungskonzept für Vorgesetzte zu entwickeln.

Das Justizministerium hatte zunächst vorausgesetzt, dass jeder Vorgesetzte in der Lage ist, solche sensiblen Gespräche zu führen. Doch waren viele Vorgesetzte verunsichert und fühlten sich überfordert. In der Projektanstalt und in der Nachbaranstalt wurden insgesamt 6 zweitägige Schulungen mit jeweils 12 Vorgesetzten durchgeführt. Neben einer theoretischen Einführung in die Grundlagen der Kommunikation wurden Gesprächssituationen im Rollenspiel trainiert.

Die Projektanstalt war die erste Anstalt im Land, die Vorgesetztenschulungen in dieser Form angeboten hat. Andere Anstalten folgten dem Beispiel: Im Frühjahr 1999 hat die Nachbaranstalt diese Schulung angefordert. Anfragen weiterer Anstalten konnten wegen der beschränkten Kapazität der Abteilung Gesundheitsförderung nicht bedient werden. Aus diesen Schulungen ist ein von den Teilnehmern entwickelter „Leitfaden für Rückkehrgespräche" hervorgegangen.

Arbeitsgruppe Personal. Auf Initiative der Abteilung Gesundheitsförderung hat sich aus dem monatlich tagenden Arbeitskreis Gesundheit (AK) 1999 eine Arbeitsgruppe Personal (AGP)[3] unter Vorsitz des Verwaltungsleiters konstituiert. Nach Beendigung des Projekts hat diese

17

---

[3] Diese Arbeitsgruppe befasst sich mittelfristig auch mit Umsetzungsmöglichkeiten der Empfehlungen der „Landesarbeitsgruppe Personal", die sich auf der Grundlage eines Kabinettsbeschlusses vom 12. 03. 1996 zur Organisationsentwicklung im Strafvollzug konstituiert hat.

AGP auch die Funktion des Arbeitskreises Gesundheit übernommen. Die AGP ist zum integralen Bestandteil der Personalentwicklung in der Anstalt geworden. Sie trifft sich einmal wöchentlich und setzt sich mit dem aktuellen Krankenstand und möglichen Ursachen auseinander, um ggf. frühzeitig präventiv tätig werden zu können.

Gesünder sitzen. Animiert durch die Daten der Personalbefragung über die hohe Beschwerdedichte im Bereich des Bewegungs- und Stützapparats (83,9%) wurde zunächst ein Angebot „Gesünder sitzen" und später eine Rückenschule initiiert. Neben der Beratung bei der Beschaffung ergonomischer Stühle wurden auch Sitzbälle erprobt. Bedienstete wurden aufgefordert, mindestens vier Wochen lang neben ihrer regulären Bürobestuhlung einen Sitzball zu testen. Die Resonanz war positiv. Insgesamt wurde die Idee alternativer Sitzmöbel als sehr wichtig erachtet. Anschließend wurde ab Mai 1998 einmal wöchentlich unter Leitung einer Diplom-Sportlehrerin eine „Rückenschule" durchgeführt, zu der sich 38 Bedienstete anmeldeten. Da der Bedarf insgesamt größer war, als die Kurskapazitäten (maximal 15 Personen), wurden insgesamt vier sechswöchige Kurse innerhalb des Projektzeitraums angeboten. Bis zur erstmaligen Übernahme der Kosten durch das zuständige Justizvollzugsamt wurde das Honorar für die Kursleitung durch Spenden und durch Eigenanteile der Kursteilnehmer aufgebracht.

Die Rückmeldungen (Beurteilungsfragebogen) zu diesem Kurs waren durchweg positiv und von dem Wunsch geprägt, kontinuierliche Fitness-Angebote auch während der Dienstzeit zu erhalten.

Fortbildungsveranstaltungen und Qualitätszirkel. Zwischen 1998 und 2000 wurden im Rahmen von Gesundheitsförderung und Organisationsentwicklung insgesamt 14 Fortbildungsveranstaltungen durchgeführt. An den Veranstaltungen nahmen in der Regel 15 bis 25 Personen teil. Das Programm wurde gemeinsam mit den Teilnehmern besprochen und geplant (z.B. in Teambesprechungen). Dadurch wurde bereits vor Beginn der Veranstaltung eine möglichst umfassende Partizipation gewährleistet. In einer „Zukunftswerkstatt" wurde ein Maßnahmenkatalog entwickelt, in dem kurz-, mittel- und langfristige Lösungsansätze zusammengefasst wurden [17]. Zum Ende einer Tagung, wurden Absprachen darüber getroffen, wer, mit wem, wann und in welchem zeitlichen Rahmen für die Umsetzung einer bestimmten Idee verantwortlich ist („W-Fragenschema").

Spätestens bei dem Versuch, verbindliche Planungsschritte zu vereinbaren, machten viele Teilnehmer die Erfahrung, dass es sehr viel leichter ist, Kritik und Wünsche zu äußern als sich selbst für die Umsetzung verantwortlich zu erklären. Oftmals zeigte sich eine unterentwickelte Bereitschaft zum eigenverantwortlichen Handeln. Zahlreichen Teilnehmern fiel es schwer, aktiv an einer Verbesserung der Verhältnisse mitzuwirken. Schlechte Erfahrungen mit Vorgesetzten und mit Kollegen, Misstrauen untereinander, große Vorurteile, Angst vor Sanktionen (Beförderungsrelevanz) sowie Neid und Missgunst bremsten an vielen Stellen ein konstruktives Voranschreiten.

Durch ihre Einbindung in ein starres, hierarchisches System ist das Personal daran gewöhnt, Anweisungen entgegen zu nehmen, ohne sie zu hinterfragen. Dieser Geist der „totalen Institution" Gefängnis [18] erschwerte Veränderungsprozesse, bei denen der Einzelne gefordert ist, und ließ mitunter die Forderung nach modernen Management- und Personalentwicklungsmethoden als reine Makulatur erscheinen. Trotz des häufig fehlenden Bewusstseins und der Unlust, persönlich aktiv zu werden, gab es dennoch immer wieder einzelne oder kleine Gruppen, die nach jeder Tagung aktiv wurden[4]. So konnten im Projektzeitraum vier „Qualitätszirkel" eingerichtet werden, in denen die Beschäftigten strukturiert an Veränderungen arbeiten und direkten Einfluss auf Arbeitsbedingungen nehmen konnten. Die Zirkel wurden von Vorgesetzten misstrauisch beäugt. Insofern bedurfte diese Arbeit großer Motivationsarbeit und intensiver Begleitung. Erneut zeigte sich, dass Partizipation von Beschäftigten mitunter zu schnellen Problemlösungen führt. Deutlich wurde aber auch, dass wichtige Ressourcen des Personals in der vorhandenen Struktur einer Haftanstalt nicht genutzt werden.

Krankenstandsentwicklung

Da die Krankenstände in den vergangenen Jahren noch nicht für alle Bereiche systematisch erfasst und dokumentiert wurden, sind Aussagen zur Krankenstandsentwicklung nur in begrenztem Maße möglich. Die Entwicklung einer PC-gestützten standardisierten Krankenstandserfassung durch Bedienstete und deren Erprobung ab 2001 wird in Zukunft genauere Aussagen zu dem Krankheitsgeschehen in der Anstalt zulassen.

17

---

[4] Insgesamt gingen aus den Fortbildungsveranstaltungen wichtige Veränderungen beispielsweise bei der Organisation von Arbeitsabläufen (Checklisten), Kommunikation und Information (Strukturierung von Teambesprechungen), Gestaltung von Arbeitsplätzen (Büro als Lebensraum) sowie Betreuung und Beratung (Kollegiale Multiplikatoren und Ansprechpartner PTBS) hervor.

Zuverlässige Krankenstandsdaten liegen derzeit lediglich für die männlichen Beschäftigten im Bereich des allgemeinen Vollzugsdienstes bezogen auf die Jahre 1998 und 1999 vor. Dabei handelt es sich allerdings um die größte Beschäftigtengruppe. Bei dieser Gruppe ging der Krankenstand von 10,1% zu Beginn des Projekts auf 9,7% im Jahr 1999 zurück, während er im Bereich des Strafvollzugs insgesamt im Jahr 1999 um 0,1 Prozentpunkte zunahm [19]. Die Frage, inwieweit dieser Rückgang auf die durchgeführten Maßnahmen zurückzuführen ist, lässt sich allerdings nicht abschließend beantworten, da im Rahmen des Projektes nicht alle Randbedingungen, die Einfluss auf den Krankenstand haben, kontrolliert werden konnten. Ohnehin sind Erfolge beim Krankenstand eher mittel- oder langfristig zu erwarten; besonders bei den vielfältigen Problemfeldern in Gefängnissen.

Abschlussbetrachtung und Ausblick

Obwohl es um erhebliche Kosteneinsparungspotentiale ging, ist das Projekt „Gesundheitsförderung für Justizvollzugsbedienstete" nur unzureichend mit finanziellen Mitteln ausgestattet worden. Dadurch mussten wiederholt Privatmittel oder Spenden in das Projekt investiert werden, um bestimmte Elemente wie z.B. die erste Personalbefragung umsetzen zu können. Eine umfassende Evaluation der Projektergebnisse durch die Fakultät Gesundheitswissenschaften an der Universität Bielefeld ist bislang ebenfalls an der Finanzierung gescheitert. Trotz aller Widerstände und unsicherer Rahmenbedingungen sind die Erfahrungen mit diesem außergewöhnlichen Projekt dennoch weitestgehend positiv.

Die Personalbefragungen haben eine umfassende Einsicht in die Belastungssituation am Arbeitsplatz, in die Genese des Krankenstands und die Entwicklung von spezifischen Angeboten möglich gemacht. Es ist deutlich geworden ist, dass es sowohl institutionellen Veränderungsbedarf gibt (Arbeitskreis und Zirkel in der Verhältnisprävention), als auch konkret in der Gesundheitsbildung (Stressbewältigung und Rückenschule in der Verhaltensprävention). Neue Instrumente der Personalentwicklung wie die Arbeitsgruppe Personal, Qualitätszirkel und der Aufbau kollegialer Selbsthilfe- und Beratungsnetzwerke (z.B. PTSD) können die Grundlagen für mehr Wohlbefinden in der Arbeitswelt Gefängnis schaffen. Ein zufriedeneres Personal fördert auch die Qualität der Arbeit mit den Inhaftierten.

Neben Veränderungen in der Anstalt hat das Projekt eine intensive Außenwirkung entfaltet. Das große Interesse anderer Bundesländer wird u.a. an der 1999 gegründeten „Bundesarbeitsgemeinschaft Gesundheitsförderung für die Beschäftigten im Justizvollzug e.V." deutlich. Besonders erfreulich ist die Entwicklung in Niedersachsen. Bei der JVA Oldenburg gibt es seit Januar 2001 das „Gesundheitszentrum für den niedersächsischen Justizvollzug", ein Novum für den deutschen Strafvollzug. Dieses Gesundheitszentrum wird künftig Strukturen für die Gesundheitsförderung und die Krisenintervention in allen Justizvollzugseinrichtungen Niedersachsens aufbauen.

Damit wird anerkannt, dass ganzheitliche Gesundheitsförderungsansätze, wie sie im Bielefelder Projekt umgesetzt wurden, auch in der „totalen Institution" Gefängnis wirksam sein können. Zwar steht diese Arbeit insgesamt noch am Anfang, doch zeigt die Entwicklung, dass der Strafvollzug in Bewegung kommt: Gesundheitsförderung für Justizvollzugsbedienstete wird in absehbarer Zukunft keine Schnapsidee mehr sein, sondern integraler Teil einer zeitgemäßen und bedürfnisorientierten Personalentwicklung [20].

Literatur

[1] Bögemann, H. (1994) „Gesundheitsförderung mit Bediensteten des allgemeinen Vollzugsdienstes – Vorbereitende empirische Erhebungen in einer offenen Justizvollzugsanstalt". Dipl. Arbeit, Fakultät Gesundheitswissenschaften an der Universität Bielefeld

[2] Kalimo, R. (1980) Stress in Work – Conceptual analysis and a study on prison personnel. Institute of Occupational Health and University of Helsinki, Helsinki Finland

[3] Dolde, G. (1990/2001) Die Arbeitszufriedenheit des allgemeinen Vollzugsdienstes und Werkdienstes im Langstrafenvollzug – ein Problem für die Vollzugsorganisation. Zeitschrift für den Strafvollzug (ZfStrVo) 6/90 Dolde, G. (2001) Organisations- und Personalentwicklung im Strafvollzug – Ergebnisse einer Mitarbeiterbefragung in drei Justizvollzugsanstalten von Baden Württemberg. Zeitschrift für den Strafvollzug (ZfStrVo) 1/01

[4] Bericht der interministeriellen Arbeitsgruppe zur Vermeidung vorzeitiger Zurruhesetzungen von Beamtinnen und Beamten im Lande NRW, 1997, Düsseldorf

[5] Bericht des bayrischen Oberrechnungshofes zur Versorgungslage von Beamtinnen und Beamten in Bayern (1992), München

[6] Nagel, A. (1983) Aktionsforschung, Gesellschaftsstrukturen und soziale Wirklichkeit, Berlin

[7] Grossmann, R., Scala, K. (1994) Gesundheit durch Projekte fördern, Weinheim und München

[8] Pelikan J.M., Demmer H., Hurrelmann K. (Hrsg.) (1993) Gesundheitsförderung durch Organisationsentwicklung, Weinheim und München

[9] Niedt, C., Stengel, M., (1988) Belastung, Beanspruchung, Bewältigung am Arbeitsplatz „Justizvollzugsanstalt". Zeitschrift für Strafvollzug und Straffälligenhilfe, 2/88, 95–101

[10] Badura, B., Münch, E., Ritter, W., 1997 „Partnerschaftliche Unternehmenskultur und betriebliche Gesundheitspolitik", Studie der Bertelsmann Stiftung, Gütersloh

17

[11] Rosenstiel, L. (1986) Betriebsklima heute, Ludwigshafen
[12] Dolde, G. (1990) Die Arbeitszufriedenheit des allgemeinen Vollzugsdienstes und Werkdienstes im Langstrafenvollzug – ein Problem für die Vollzugsorganisation. Zeitschrift für Strafvollzug und Straffälligenhilfe, 2/90, 350–355
[13] Abele, A., Becker, P. (Hrsg.) (1994) Wohlbefinden – Theorie – Empirie – Diagnostik, Weinheim und München
[14] Uexküll, T. u. a. (1998) Psychosomatische Medizin, München-Wien-Baltimore
[15] Fiedler, P. (1999) Dissoziative Störungen und Konversion Trauma und Traumabehandlung, Weinheim
[16] Bundesanstalt für Arbeitsschutz und Arbeitsmedizin (1999) „Kostenwirksamkeitsanalyse im Arbeits- und Gesundheitsschutz", Dortmund
[17] Kuhnt, B., Müllert, N. (1996) Moderationsfibel Zukunftswerkstätten – verstehen – anleiten – einsetzen, Münster
[18] Goffmann, Erving (1973) Asyle – Über die soziale Situation psychiatrischer Patienten und anderer Insassen, Frankfurt am Main
[19] Badura, B., Litsch, M., Vetter, C. (2000) Fehlzeiten-Report 2000, Berlin Heidelberg
[20] Craes, U., Mezger, E. (2000) Erfolgreich durch Gesundheitsmanagement, Gütersloh

B. Daten und Analysen

KAPITEL 18

Krankheitsbedingte Fehlzeiten in der deutschen Wirtschaft

I. Küsgens · C. Vetter · B. Yoldas

18.1 Branchenüberblick

Einführung

Krankheitsbedingte Fehlzeiten bringen erhebliche Kosten und Belastungen für die Unternehmen und deren Mitarbeiter mit sich. Die Bundesvereinigung der Deutschen Arbeitgeberverbände beziffert die Kosten der Arbeitgeber für die Entgeltfortzahlung im Jahr 2000 auf 53,5 Milliarden DM. Hinzu kommt noch das Krankengeld, das die Krankenkassen ab der siebten Woche der Arbeitsunfähigkeit zahlen. Hierfür wurden 2000 13,85 Milliarden DM aufgewendet. Aufgrund der paritätischen Finanzierung der gesetzlichen Krankenversicherung geht die Hälfte dieser Summe (6,9 Milliarden) zu Lasten der Arbeitgeber, sodass sich für das Jahr 2000 insgesamt 60,4 Milliarden DM an Lohnersatzleistungen für erkrankte Mitarbeiter ergaben.[1]

18

---

[1] Fußnotentext siehe Seite 258.

Errechnet man die volkswirtschaftlichen Kosten, die sich aufgrund der durch Arbeitsunfähigkeit verloren gegangenen Werte (finanzielle Aufwendungen ohne Wertschöpfung) ergeben, kommt man zu einer noch höheren Summe. 2000 waren in der deutschen Wirtschaft 684 Millionen Krankheitstage[2] zu verzeichnen. Dies entspricht ca. 1,9 Millionen Ausfalljahren. Die durchschnittlichen Bruttolöhne und -gehälter der Arbeitnehmer in Deutschland lagen im Jahr 2000 bei 49 800 DM[3]. Umgerechnet ergibt sich daraus ein Ausfallvolumen des Produktionsfaktors Arbeit in Höhe von rund 93 Milliarden DM.

Neben den finanziellen Aufwendungen für Lohnersatzleistungen sind Fehlzeiten für die Unternehmen mit einer Vielzahl weiterer Probleme verbunden. Die Einhaltung von Lieferterminen und Qualitätsstandards kann gefährdet sein. Bei hohen Krankenständen müssen entweder entsprechende Personalreserven vorgehalten werden, was sich allerdings gerade kleinere Unternehmen häufig nicht leisten können, oder es müssen Überstunden und Zusatzschichten gefahren werden bzw. neue Mitarbeiter befristet eingestellt werden. Dies bedeutet nicht nur zusätzlichen Planungs- und Organisationsaufwand, sondern bringt auch weitere Kosten mit sich. Auch für die nicht selbst von Arbeitsunfähigkeit betroffenen Mitarbeiter bringt das krankheitsbedingte Fernbleiben der Kollegen vom Arbeitsplatz oft zusätzliche Belastungen und Erschwernisse mit sich, da sie häufig die Arbeit ihrer erkrankten Kollegen mit übernehmen müssen. Die Arbeitsmotivation und das Betriebsklima können dadurch erheblich beeinträchtigt werden.

Wie aber ist der Krankenstand im eigenen Betrieb zu bewerten? Ist er im Vergleich zu den Mitbewerbern zu hoch? Welche Krankheitsarten führen zur Arbeitsunfähigkeit? Wo sollten Maßnahmen zur Reduzierung der Fehlzeiten vorrangig ansetzen? Der folgende Beitrag versucht Antworten auf diese Fragen zu geben. Er liefert umfassende und differenzierte Daten zu den krankheitsbedingten Fehlzeiten in der deutschen Wirtschaft, sodass ein zielorientiertes Benchmarking möglich wird. Es wird aufgezeigt, wo die Krankheitsschwerpunkte in den einzelnen Branchen und Berufsgruppen liegen und von welchen Faktoren die Höhe des Krankenstandes abhängt. Ein einführendes Kapitel gibt zunächst einen Überblick über die allgemeine Krankenstandsentwicklung in der Bundesrepublik Deutschland. Im Folgenden

---

[1] Quelle: Bundesvereinigung der Deutschen Arbeitgeberverbände.
[2] Im Zusammenhang mit Schwangerschaften und Kuren auftretende Fehlzeiten wurden dabei nicht berücksichtigt.
[3] Quelle: Statistisches Bundesamt.

wird dann in separaten Kapiteln das Arbeitsunfähigkeitsgeschehen in den einzelnen Wirtschaftszweigen detailliert analysiert.

18.1.1 Datenbasis und Methodik

Die folgenden Ausführungen zu den krankheitsbedingten Fehlzeiten in der deutschen Wirtschaft basieren auf einer Analyse der Arbeitsunfähigkeitsmeldungen aller *erwerbstätigen AOK-Mitglieder in der Bundesrepublik Deutschland*. Die AOK ist nach wie vor die Krankenkasse mit dem größten Marktanteil in Deutschland. Sie verfügt daher über die umfangreichste Datenbasis zum Arbeitsunfähigkeitsgeschehen. Bei den Auswertungen wurden auch freiwillig Versicherte berücksichtigt. Ausgewertet wurden die Daten des Jahres 2000. In diesem Jahr waren insgesamt 11,9 Millionen Arbeitnehmer bei der AOK versichert.

Datenbasis der Auswertungen sind sämtliche Arbeitsunfähigkeitsfälle, die der AOK im Auswertungsjahr gemeldet wurden.[4] Allerdings werden *Kurzzeiterkrankungen* bis zu drei Tagen von den Krankenkassen nur erfasst, soweit eine ärztliche Krankschreibung vorliegt. Der Anteil der Kurzzeiterkrankungen liegt daher höher, als dies in den Krankenkassendaten zum Ausdruck kommt. Hierdurch verringern sich die Fallzahlen und die rechnerische Falldauer erhöht sich entsprechend. *Langzeitfälle* mit einer Dauer von mehr als 42 Tagen wurden in die Auswertungen mit einbezogen, da sie von entscheidender Bedeutung für das Arbeitsunfähigkeitsgeschehen in den Betrieben sind.

Die *Arbeitsunfähigkeitszeiten* wurden *auf der Basis von Kalendertagen* berechnet. Wochenenden und Feiertage gingen dabei in die Berechnung mit ein. Bei jahresübergreifenden Arbeitsunfähigkeitsfällen wurden nur Fehlzeiten in die Auswertungen miteinbezogen, die im Auswertungsjahr anfielen.

Die Berechnung der Kennzahlen zum Arbeitsunfähigkeitsgeschehen erfolgt auf der Basis der tatsächlichen Versicherungszeiten, d.h. es wird berücksichtigt, ob ein Mitglied ganzjährig oder nur einen Teil des Jahres bei der AOK versichert war bzw. als in einer bestimmten Branche oder Berufsgruppe beschäftigt geführt wurde.

Aufgrund der speziellen *Versichertenstruktur* der AOK sind die Daten nur bedingt repräsentativ für die Gesamtbevölkerung in der Bundesrepublik Deutschland bzw. die Beschäftigten in den einzelnen Wirtschaftszweigen. In Folge ihrer historischen Funktion als Basiskas-

18

---

[4]Im Zusammenhang mit Schwangerschaften und Kuren auftretende Fehlzeiten wurden bei den Auswertungen nicht berücksichtigt.

se weist die AOK einen überdurchschnittlich hohen Anteil an Versicherten aus dem gewerblichen Bereich auf. Angestellte sind dagegen im Versichertenklientel der AOK unterrepräsentiert.

Die *Wirtschaftsgruppensystematik* entspricht der Klassifikation der Wirtschaftszweige der Bundesanstalt für Arbeit[5] (s. Anhang). Diese enthält insgesamt fünf Differenzierungsebenen, von denen allerdings bei den vorliegenden Analysen nur die ersten drei berücksichtigt wurden. Unterschieden wird zwischen Wirtschaftsabschnitten, -abteilungen und -gruppen. Ein *Abschnitt* ist beispielsweise das „Verarbeitende Gewerbe". Dieser untergliedert sich in die *Wirtschaftsabteilungen* „Chemische Industrie", „Herstellung von Gummi- und Kunststoffwaren", „Textilgewerbe" usw. Die Wirtschaftsabteilung „Chemische Industrie" umfasst wiederum die *Wirtschaftsgruppen* „Herstellung von chemischen Grundstoffen", „Herstellung von Schädlingsbekämpfungs- und Pflanzenschutzmitteln" etc. Im vorliegenden Unterkapitel erfolgt die Betrachtung zunächst lediglich auf der Ebene der Wirtschaftsabschnitte[6]. In den folgenden Kapiteln wird dann auch nach Wirtschaftsabteilungen und teilweise auch nach Wirtschaftsgruppen diffe-

---

[5] Verzeichnis der Wirtschaftzweige für die Statistik der Bundeanstalt für Arbeit, Ausgabe 1993. Die im Fehlzeiten-Report 1990 und 2000 noch zugrunde gelegte Ausgabe aus dem Jahr 1973 wurde inzwischen durch die derzeit verwendete Version aus dem Jahr 1993 abgelöst. Dabei handelt es sich um die deutsche Fassung des europäischen NACE-Schlüssels. Um Vorjahresvergleiche durchführen zu können, wurden die 99er Werte, die noch auf Basis der 73er Ausgabe vorlagen, auf Basis des aktuellen Schlüssels neu berechnet, soweit dies angesichts der teilweise erheblichen Unterschiede zwischen der alten und der neuen Version des Wirtschaftszweigschlüssels möglich war. Diese Werte sind daher nur begrenzt mit den im Fehlzeiten-Report 2000 veröffentlichten Werten, die auf dem alten Wirtschaftszweigschlüssel basierten, vergleichbar.

[6] Die Abschnitte E (Energie- und Wasserversorgung) und C (Bergbau und Gewinnung von Steinen und Erden) wurden unter der Bezeichnung „Ernergie/ Wasser/Bergbau" zusammengefasst. Der Bereich Dienstleistungen umfasst die Abschnitte H (Gastgewerbe), K (Grundstücks- und Wohnungswesen, Vermietung beweglicher Sachen, Erbringung von Dienstleistungen überweigend für Unternehmen), N (Gesundheits-, Veterinär- und Sozialwesen), O (Erbringung von sonstigen öffentlichen und persönlichen Dienstleistungen) und P (Private Haushalte). Der Bereich Land- und Forstwirtschaft umfasst die Wirtschaftsabschnitte A (Land- und Forstwirtschaft) und B (Fischerei und Fischzucht). Unter der Bezeichnung „Öffentliche Verwaltung und Sozialversicherung" wurden die Abschnitte L (Öffentl. Verwaltung und Sozialversicherung) und Q (Exterritoriale Organisationen) zusammengefasst. Das Verarbeitende Gewerbe umfasst in diesem Unterkapitel auch die Metallindustrie. Als Synonym für den Begriff „Wirtschaftsabschnitte" werden auch die Begriffe Branchen oder Wirtschaftszweige verwandt. Im Text sowie in den Tabellen und Grafiken werden die offiziellen Bezeichnungen der Bundesanstalt für Arbeit aus Platzgründen teilweise abgekürzt bzw. pars pro toto verwandt. Die vollständigen Bezeichnungen finden Sie im Anhang.

Tabelle 18.1.1. AOK-Mitglieder nach Wirtschaftsabschnitten

Wirtschaftsabschnitte	Pflichtmitglieder		Freiwillige Mitglieder
	Absolut	Anteil an der Branche (in %)	Absolut
Banken/Versicherungen	126 783	11,9	7 404
Baugewerbe	1 116 775	50,1	8 717
Dienstleistungen	3 644 578	46,0	39 458
Energie/Wasser/Bergbau	107 348	25,0	5 800
Handel	1 545 934	36,5	15 602
Land- und Forstwirtschaft	276 495	77,9	1 011
Öffentl. Verwaltung/Sozial-versicherung	805 114	45,4	18 808
Verarbeitendes Gewerbe	3 218 161	44,3	45 856
Verkehr/Transport	738 006	48,8	5 150
Sonstige	216 390	21,3	2 728
Insgesamt	11 795 584	42,4	150 534

renziert. Die Metallindustrie, die nach der Systematik der Wirtschaftszweige der Bundesanstalt für Arbeit zum verarbeitenden Gewerbe
gehört, wird, da sie die größte Branche des Landes darstellt, in einem
eigenen Kapitel behandelt. Auch dem Bereich Erziehung und Unterricht wird angesichts des Schwerpunktthemas der vorliegenden Ausgabe des Fehlzeiten-Reports ein eigenes Kapitel gewidmet. Aus Tabelle 18.1.1 ist die Anzahl der AOK-Mitglieder in den einzelnen Wirtschaftsabschnitten sowie deren Anteil an den Beschäftigten insgesamt[7] ersichtlich.

Angesichts nach wie vor unterschiedlicher Morbiditätsstrukturen
werden neben den Gesamtergebnissen für die Bundesrepublik
Deutschland die Ergebnisse für *Ost- und Westdeutschland* separat aus-
gewiesen.

Die Verschlüsselung der Diagnosen erfolgte bis zum Jahr 1999 nach
der 9. Revision des ICD (International Classification of Diseases)[8]. Im
Jahr 2000 wurde die Umstellung auf die 10. Revision vollzogen. Mit
Wirkung vom 1. Januar 2000 hat das Bundesministerium für Gesundheit eine für Zwecke der Abrechnung mit den Krankenkassen über-

18

---

[7] Errechnet auf der Basis der Beschäftigtenstatistik der Bundesanstalt für Arbeit, 2000.
[8] International übliches Klassifikationssystem der Weltgesundheitsorganisation.

arbeitete Fassung der 10. Revision der ICD („ICD-10-SGB V") in Kraft gesetzt.

Mit der Einführung der ICD-10 ist eine Vielzahl von Änderungen und Neuerungen verbunden, auf die hier nicht im Einzelnen eingegangen werden kann. Der ICD-10 ist insgesamt feiner gegliedert und nimmt z. T. andere Zuweisungen der Diagnosen zu den Diagnosegruppen vor. Bis 1999 war die Verschlüsselung Sache der Krankenkassen. Seit 2000 erfolgt diese direkt durch die Krankenhäuser und Vertragsärzte. Für die vorliegende Ausgabe des Reports musste ein Teil der Diagnosen von ICD-9 auf 10 umgeschlüsselt werden, da im Jahr 2000 noch nicht alle Diagnosen einheitlich im neuen Code verschlüsselt wurden. Angesichts der unterschiedlichen Struktur der Schlüssel ist die Zuordnung der Diagnosen nicht immer eindeutig möglich. Mit Blick auf all diese Veränderungen sind die diagnosebezogenen Ergebnisse des Jahres 2000 nur eingeschränkt mit den Vorjahreswerten vergleichbar.

Teilweise weisen die Arbeitsunfähigkeitsbescheinigungen mehrere Diagnosen auf. Um einen Informationsverlust zu vermeiden, werden bei den diagnosebezogenen Auswertungen im Unterschied zu anderen Satistiken[9], die nur eine (Haupt-)Diagnose berücksichtigen, auch *Mehrfachdiagnosen*[10] in die Auswertungen mit einbezogen.

18.1.2 Allgemeine Krankenstandsentwicklung

Der Krankenstand der AOK-Mitglieder betrug im Jahr 2000 5,37%. Die Versicherten waren im Durchschnitt 19,7 Kalendertage krankgeschrieben.[11] 55,3% der AOK-Mitglieder haben sich 2000 mindestens einmal krank gemeldet. 6,0% der Arbeitsunfähigkeitstage waren auf Arbeitsunfälle zurückzuführen (Tabelle 18.1.2).

Im Vergleich zum Vorjahr nahm die Zahl der Krankmeldungen in der deutschen Wirtschaft im Jahr 2000 um 3% zu. Gleichzeitig ging aber die durchschnittliche Dauer der Arbeitsunfähigkeitsfälle um 3,1% zurück, sodass sich die Zahl der Arbeitsunfähigkeitstage lediglich um 0,2% erhöhte. In Ostdeutschland stieg die Zahl der Arbeitsunfähigkeitsfälle deutlich stärker als in Westdeutschland (West: 2,6%; Ost: 5,0%). Dort ging aber die durchschnittliche Dauer der Fälle so stark

---

[9] Beispielsweise die von den Krankenkassen im Bereich der gesetzlichen Krankenversicherung herausgegebene Krankheitsartenstatistik.
[10] Leidet ein Arbeitnehmer an unterschiedlichen Krankheitsbildern (Multimorbidität) kann eine Arbeitsunfähigkeitsbescheinigung mehrere Diagnosen aufweisen. Insbesondere bei älteren Beschäftigten kommt dies häufiger vor.
[11] Wochenenden und Feiertage eingeschlossen.

Tabelle 18.1.2. Krankenstandskennzahlen 2000 im Vergleich zum Vorjahr

	Kranken-stand (in %)	Arbeitsunfähigkeiten je 100 AOK-Mitglieder				Tage je Fall	Veränd. z.Vorj. (in %)	AU-Quote (in %)
		Fälle	Veränd. z.Vorj. (in %)	Tage	Veränd. z.Vorj. (in %)			
West	5,37	156,7	2,6	1965,6	0,5	12,5	-2,3	55,4
Ost	5,38	159,5	5,0	1970,6	-1,5	12,4	-6,1	54,1
BRD	5,37	157,1	3,0	1966,3	0,2	12,5	-3,1	55,3

(6,1%) zurück, dass trotz der vermehrten Krankmeldungen die Zahl der Arbeitsunfähigkeitstage etwas geringer war als im Vorjahr. In Westdeutschland war die Falldauer zwar auch rückläufig, jedoch nicht so stark, dass dadurch die Zunahme der Fälle vollständig kompensiert werden konnte.

Die Zahl der von Arbeitsunfähigkeit betroffenen AOK-Mitglieder (AU-Quote: Anteil der AOK-Mitglieder mit mindestens einem AU-Fall) nahm im Jahr 2000 geringfügig ab (West: 0,4; Ost: 0,6 Prozentpunkte).

Im Jahresverlauf erreichte der Krankenstand, wie bereits in den Vorjahren, im Februar seinen höchsten Wert (6,8%). Der niedrigste Wert war, urlaubs- und wetterbedingt, im August zu verzeichnen (4,4%) (Abb. 18.1.1).

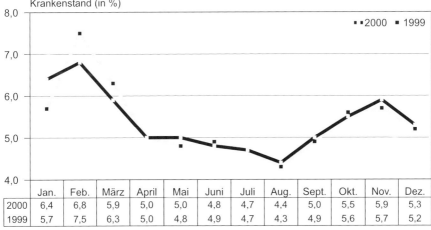

	Jan.	Feb.	März	April	Mai	Juni	Juli	Aug.	Sept.	Okt.	Nov.	Dez.
2000	6,4	6,8	5,9	5,0	5,0	4,8	4,7	4,4	5,0	5,5	5,9	5,3
1999	5,7	7,5	6,3	5,0	4,8	4,9	4,7	4,3	4,9	5,6	5,7	5,2

Abb. 18.1.1. Krankenstand 2000 im saisonalen Verlauf im Vergleich zum Vorjahr, AOK-Mitglieder

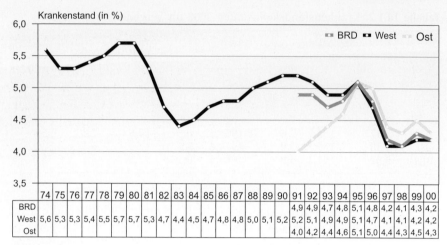

Abb. 18.1.2. Krankenstand 1974–2000, Gesetzliche Krankenversicherung; Arbeitsunfähig kranke Pflichtmitglieder in %. Quelle: Bundesministerium für Gesundheit

Abbildung 18.1.2 zeigt die längerfristige Entwicklung des Krankenstandes in den Jahren 1974–2000 auf der Basis von Stichtagserhebungen der gesetzlichen Krankenkassen.[12]

Danach erreichte der Krankenstand in Westdeutschland 1997 den niedrigsten Stand seit 1974. 1999 stieg der Krankenstand seit 1996 erstmalig wieder geringfügig an (West: 0,1; Ost 0,2 Prozentpunkte). Im Jahr 2000 blieb er in Westdeutschland stabil, in Ostdeutschland ging er um 0,2 Prozentpunkte zurück. Damit befindet sich der Krankenstand im Vergleich zu den letzten 25 Jahren nach wie vor auf einem sehr niedrigen Niveau.

18.1.3 Verteilung der Arbeitsunfähigkeit

Im Jahr 2000 waren 55,3% der AOK-Mitglieder mindestens einmal von Arbeitsunfähigkeit betroffen (Arbeitsunfähigkeitsquote). 25,8% meldeten sich nur einmal, 14,1% zweimal und 15,4% dreimal oder häufiger krank (Abb. 18.1.3).

Abb. 18.1.4 zeigt die Verteilung der kumulierten Arbeitsunfähigkeitsfälle auf die AOK-Mitglieder in Form einer Lorenzkurve. Daraus ist ersichtlich, dass der überwiegende Teil der Fälle sich auf einen re-

---

[12] Dabei wird jeweils zum Monatsersten der prozentuale Anteil der arbeitsunfähigen Pflichtmitglieder ermittelt. Aus den Monatswerten werden dann Jahresdurchschnittswerte berechnet.

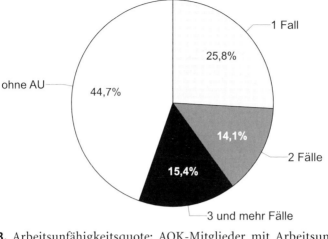

Abb. 18.1.3. Arbeitsunfähigkeitsquote: AOK-Mitglieder mit Arbeitsunfähigkeit (in %) 2000

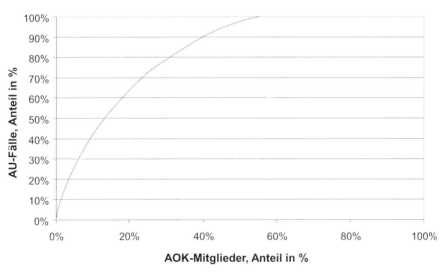

Abb. 18.1.4. Lorenzkurve AU-Fälle – Verteilung der Arbeitsunfähigkeitsfälle, 2000

lativ kleinen Teil der AOK-Mitglieder konzentriert. Die folgenden Zahlen machen dies deutlich:

- Ein Viertel der Arbeitsunfähigkeitsfälle entfällt auf nur 4,8% der Mitglieder.
- Die Hälfte der Fälle wird von lediglich 13,5% der Mitglieder verursacht.

- 80% der Arbeitsunfähigkeitsfälle gehen auf nur 31,2% der AOK-Mitglieder zurück.

18.1.4 Krankenstandsentwicklung in den einzelnen Branchen

Den höchsten Krankenstand wiesen im Jahr 2000 wie auch bereits in den Vorjahren mit 6,3% die öffentlichen Verwaltungen auf, den niedrigsten mit 3,6% die Banken und Versicherungen (Abb. 18.1.5). Bei dem hohen Krankenstand in der öffentlichen Verwaltung muss allerdings berücksichtigt werden, dass ein großer Teil der in diesem Sektor beschäftigten AOK-Mitglieder keine Bürotätigkeiten ausübt, sondern in gewerblichen Bereichen mit teilweise sehr hohen Arbeitsbelastungen tätig ist, wie z.B. im Straßenbau, in der Straßenreinigung und Entsorgung, in Gärtnereien etc. Insofern sind die Daten, die der AOK für diesen Bereich vorliegen, nicht repräsentativ für die gesamte öffentliche Verwaltung. Hinzu kommt, dass die bei den öffentlichen Verwaltungen beschäftigten AOK-Mitglieder eine im Vergleich zur freien Wirtschaft ungünstige Altersstruktur aufweisen, die zum Teil für die erhöhten Krankenstände mitverantwortlich ist (s. Kap. 18.1.7). Schließlich spielt auch die Tatsache, dass die öffentlichen Verwaltungen ihrer Verpflichtung zur Beschäftigung Schwerbehinderter stärker nachkommen als andere Branchen, eine erhebliche Rolle. Der Anteil erwerbstätiger Schwerbehinderter liegt im öffentlichen Dienst um etwa 50% höher als in anderen Sektoren (6,6% der Beschäftigten in der öffentlichen Verwaltung

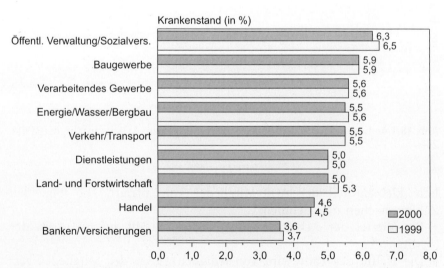

Abb. 18.1.5. Krankenstand nach Branchen, 2000 im Vergleich zum Vorjahr

gegenüber 4,2% in anderen Beschäftigungssektoren). Nach einer Studie der Hans-Böckler-Stiftung ist die gegenüber anderen Beschäftigungsbereichen höhere Zahl von Arbeitsunfähigkeitsfällen im öffentlichen Dienst knapp zur Hälfte allein auf den erhöhten Anteil an schwerbehinderten Arbeitnehmern zurückzuführen [3].[13]

Die Zahl der Krankmeldungen nahm im Jahr 2000 im Vergleich zum Vorjahr in den meisten Branchen zu. Der stärkste Anstieg (4,8%) war bei den Beschäftigten von Banken und Versicherungen zu verzeichnen. Die Zunahme der Arbeitsunfähigkeitsfälle hatte jedoch in der Regel kaum Auswirkungen auf den Krankenstand, da, wie bereits in den Vorjahren, die durchschnittliche Dauer der Arbeitsunfähigkeitsfälle weiter zurückging. In den meisten Branchen blieb der Krankenstand annähernd stabil. Im Bereich der Land- und Forstwirtschaft (0,3 Prozentpunkte), der öffentlichen Verwaltung und Sozialversicherung (0,2 Prozentpunkte) sowie der Banken und Versicherungen (0,1 Prozentpunkte) ging er etwas zurück.

Die Höhe des Krankenstandes resultiert aus der Zahl der Krankmeldungen und deren Dauer.

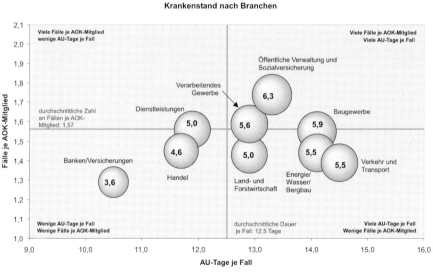

Abb. 18.1.6. Krankenstand nach Branchen: Bestimmungsfaktoren, 2000

---

[13] Vgl. dazu den Beitrag von Marstedt et al. in diesem Band. Weitere Ausführungen zu den Bestimmungsfaktoren des Krankenstandes in der öffentlichen Verwaltung finden sich im Beitrag von Alfred Oppolzer in: Badura B., Litsch M., Vetter C. (Hrsg) (2000) Fehlzeiten-Report 1999, Springer, Berlin (u. a.).

Tabelle 18.1.3. Krankenstandsentwicklung 1993–2000 (in %)

Wirtschaftsabschnitt		1993	1994	1995	1996	1997	1998	1999	2000
Banken/	West	4,2	4,4	3,9	3,5	3,4	3,5	3,6	3,6
Versicherungen	Ost	2,9	3,0	4,0	3,6	3,6	3,6	4,0	4,1
	BRD	3,9	4,0	3,9	3,5	3,4	3,5	3,7	3,6
Baugewerbe	West	6,7	7,0	6,5	6,1	5,8	6,0	6,0	6,1
	Ost	4,8	5,5	5,5	5,3	5,1	5,2	5,5	5,4
	BRD	6,2	6,5	6,2	5,9	5,6	5,8	5,9	5,9
Dienstleistungen	West	5,6	5,7	5,2	4,8	4,6	4,7	4,9	4,9
	Ost	5,4	6,1	6,0	5,6	5,3	5,2	5,6	5,5
	BRD	5,5	5,8	5,3	4,9	4,7	4,8	5,0	5,0
Energie/Wasser/	West	6,4	6,4	6,2	5,7	5,5	5,7	5,9	5,8
Bergbau	Ost	4,8	5,2	5,0	4,1	4,2	4,0	4,4	4,4
	BRD	5,8	6,0	5,8	5,3	5,2	5,3	5,6	5,5
Handel	West	5,6	5,6	5,2	4,6	4,5	4,6	4,6	4,6
	Ost	4,2	4,6	4,4	4,0	3,8	3,9	4,2	4,2
	BRD	5,4	5,5	5,1	4,5	4,4	4,5	4,5	4,6
Land- und	West	5,6	5,7	5,4	4,6	4,6	4,8	4,6	4,6
Forstwirtschaft	Ost	4,7	5,5	5,7	5,5	5,0	4,9	6,0	5,5
	BRD	5,0	5,6	5,6	5,1	4,8	4,8	5,3	5,0
Öffentl. Verwaltung/	West	7,1	7,3	6,9	6,4	6,2	6,3	6,6	6,4
Sozialversicherung	Ost	5,1	5,9	6,3	6,0	5,8	5,7	6,2	5,9
	BRD	6,6	6,9	6,8	6,3	6,1	6,2	6,5	6,3
Verarbeitendes	West	6,2	6,3	6,0	5,4	5,2	5,3	5,6	5,6
Gewerbe	Ost	5,0	5,4	5,3	4,8	4,5	4,6	5,2	5,1
	BRD	6,1	6,2	5,9	5,3	5,1	5,2	5,6	5,6
Verkehr/Transport	West	6,6	6,8	4,7	5,7	5,3	5,4	5,6	5,6
	Ost	4,4	4,8	4,7	4,6	4,4	4,5	4,8	4,8
	BRD	6,2	6,4	5,9	5,5	5,2	5,3	5,5	5,5

Bei den öffentlichen Verwaltungen lag sowohl die Zahl der Krankmeldungen als auch die mittlere Dauer der Krankheitsfälle deutlich über dem Durchschnitt (Abb. 18.1.6). Im Baugewerbe dagegen war der hohe Krankenstand ausschließlich auf die überdurchschnittlich lange Dauer (14,1 Tage) der Arbeitsunfähigkeitsfälle zurückzuführen. Die Zahl der Krankmeldungen war dagegen etwas geringer als im Branchendurchschnitt.

Im Jahr 2000 war der Krankenstand in den meisten Wirtschaftszweigen in Ostdeutschland niedriger als in Westdeutschland, teilweise erheblich niedriger. Im Bereich Energie, Wasser, Bergbau lag er 1,4 Prozentpunkte unter dem westdeutschen Niveau. In einigen Wirtschaftszweigen waren jedoch in den neuen Bundesländern höhere Werte festzustellen und zwar in der Land- und Forstwirtschaft (0,9 Prozentpunkte), im Dienstleistungsbereich (0,6 Prozentpunkte) und bei den Banken und Versicherungen (0,5 Prozentpunkte).

Tabelle 18.1.3 zeigt die Krankenstandsentwicklung in den einzelnen Branchen in den Jahren 1993–2000, differenziert nach West- und Ostdeutschland. Im Vergleich zum Vorjahr blieb der Krankenstand im Jahr 2000 in West- und Ostdeutschland in den meisten Branchen annähernd stabil oder ging sogar zurück.

18.1.5 Kurz- und Langzeiterkrankungen

Die Höhe des Krankenstandes wird entscheidend durch länger dauernde Erkrankungen bestimmt. Die Zahl dieser Erkrankungsfälle ist zwar relativ gering, diese sind aber für eine große Zahl von Ausfalltagen verantwortlich (Abb. 18.1.7). 2000 waren fast die Hälfte aller Arbeitsunfähigkeitstage (49,1%) auf lediglich 8,3% der Arbeitsunfähigkeitsfälle zurückzuführen. Dabei handelt es sich um Fälle mit einer Dauer von mehr als vier Wochen. Besonders zu Buche schlagen Langzeitfälle, die sich über mehr als sechs Wochen erstrecken. Obwohl ihr Anteil an den Arbeitsunfähigkeitsfällen im Jahr 2000 nur 4,6% betrug, verursachten sie 39,9% des gesamten AU-Volumens.

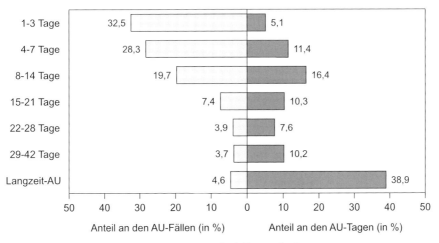

Abb. 18.1.7. Arbeitsunfähigkeitstage und -fälle nach der Dauer, 2000

Kurzzeiterkrankungen wirken sich zwar häufig sehr störend auf den Betriebsablauf aus, spielen aber, anders als häufig angenommen, für den Krankenstand nur eine untergeordnete Rolle. Auf Arbeitsunfähigkeitsfälle mit einer Dauer von 1–3 Tagen gingen 2000 lediglich 5,1% der Fehltage zurück, obwohl ihr Anteil an den Arbeitsunfähigkeitsfällen 32,5% betrug. Da viele Arbeitgeber in den ersten drei Tagen einer Erkrankung keine ärztliche Arbeitsunfähigkeitsbescheinigung verlangen, liegt der Anteil der Kurzzeiterkrankungen allerdings in der Praxis höher, als dies in den Daten der Krankenkassen zum Ausdruck kommt. Nach einer Befragung des Instituts der deutschen Wirtschaft [6] hat jedes zweite Unternehmen die Attestpflicht ab dem ersten Krankheitstag eingeführt. Der Anteil der Kurzzeitfälle von 1–3 Tagen an den krankheitsbedingten Fehltagen in der privaten Wirtschaft beträgt danach insgesamt durchschnittlich 11,3% [6]. Auch wenn man berücksichtigt, dass die Krankenkassen die Kurzzeit-Arbeitsunfähigkeit nicht vollständig erfassen, ist also der Anteil der Erkrankungen von ein bis drei Tagen am Arbeitsunfähigkeitsvolumen insgesamt nur gering. Von Maßnahmen, die in erster Linie auf eine Reduzierung der Kurzzeitfälle abzielen, ist daher kein durchgreifender Effekt auf den Krankenstand zu erwarten. Maßnahmen, die auf eine Senkung des Krankenstandes abzielen, sollten vorrangig bei den Langzeitfällen ansetzen.

Im Vergleich zum Vorjahr hat 2000 der Anteil der der AOK gemeldeten Kurzzeiterkrankungen zugenommen. Der Anteil der Krankschreibungen mit einer Dauer von 1–3 Tagen an den Fällen stieg um 1,8 Prozentpunkte, der Anteil an den Tagen nahm um 0,4 Prozentpunkte zu. Der Anteil der Langzeitfälle[14] an den Arbeitsunfähigkeiten hat dagegen abgenommen, bei den Fällen um 0,4 Prozentpunkte, bei den Tagen um 0,7 Prozentpunkte.

Am höchsten war der Anteil der Langzeiterkrankungen 2000 mit 46,6% im Baugewerbe und am niedrigsten bei Banken und Versicherungen (34,8%). Der Anteil der Kurzzeiterkrankungen schwankte in den einzelnen Wirtschaftszweigen zwischen 7,3% bei Banken und Versicherungen und 3,7% im Bereich Verkehr und Transport (Abb. 18.1.8)

---

[14] Mit einer Dauer von mehr als sechs Wochen.

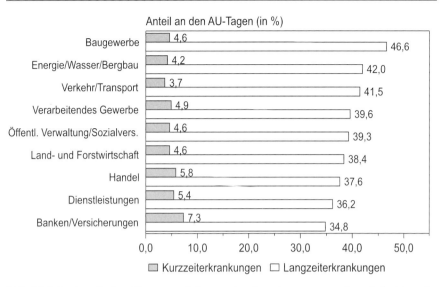

Abb. 18.1.8. Anteil der Kurz- und Langzeiterkrankungen an den Arbeitsunfähigkeitstagen nach Branchen, 2000

18.1.6 Krankenstand nach Bundesländern

Der Krankenstand befand sich im Jahr 2000 in Ost- und Westdeutschland auf gleichem Niveau (5,4%). Zwischen den einzelnen Bundesländern gab es jedoch erhebliche Unterschiede im Krankenstand. Die höchsten Krankenstände waren 2000 in den Stadtstaaten Berlin (7,1%), Hamburg (6,6%) und Bremen (6,4%) zu verzeichnen. Die niedrigsten Krankenstände wiesen die Bundesländer Bayern (4,8%), Brandenburg (4,8%) und Baden-Württemberg (4,9%) auf (Abb. 18.1.9).

Die hohen Krankenstände in den Stadtstaaten haben unterschiedliche Ursachen. Verantwortlich für den hohen Krankenstand in Berlin ist in erster Linie die lange Dauer der Arbeitsunfähigkeitsfälle. Diese lag 2000 in Berlin bei 15,4 Tagen; im Bundesdurchschnitt waren es lediglich 12,5 Tage (Abb. 18.1.10). In Hamburg und Bremen dagegen ist der hohe Krankenstand vor allem auf eine extrem hohe Zahl an Krankmeldungen zurückzuführen. Dort waren 2000 183,1 bzw. 185,0 Arbeitsunfähigkeitsfälle je 100 AOK-Mitglieder zu verzeichnen, im Bundesdurchschnitt waren es lediglich 157,1 Fälle.

Im Vergleich zum Vorjahr hat die Zahl der Krankmeldungen 2000 in fast allen Bundesländern zugenommen (Tabelle 18.1.4). Am stärksten nahm sie in den ostdeutschen Ländern Sachsen (7,2%), Sachsen-Anhalt (6,8%) und Mecklenburg-Vorpommern (6,5%) zu. Lediglich in

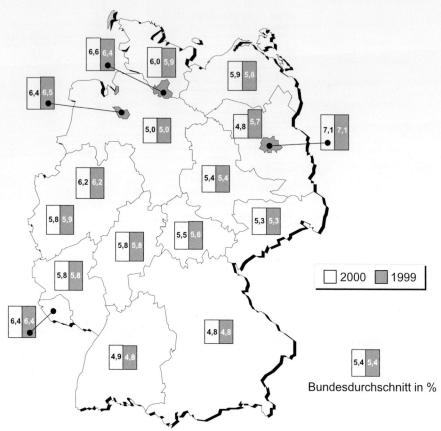

Abb. 18.1.9. Krankenstand nach Landes-AOK's, 2000 im Vergleich zum Vorjahr

Brandenburg (–4,9%) und Bremen (–0,1%) war die Zahl der Arbeitsunfähigkeitsfälle rückläufig. Da jedoch gleichzeitig die durchschnittliche Falldauer in allen Bundesländern zurückging, stieg die Zahl der Arbeitsunfähigkeitstage meist nur geringfügig an oder war sogar trotz der vermehrten Krankmeldungen rückläufig. Ein besonders starker Rückgang der Krankheitstage war in Brandenburg zu verzeichnen (15,5%).

18.1.7 Einfluss der Alters- und Geschlechtsstruktur

Die Höhe des Krankenstandes hängt entscheidend vom Alter der Beschäftigten ab. Die Zahl der Arbeitsunfähigkeitstage nimmt mit steigendem Alter stark zu. Die Höhe des Krankenstandes variiert auch in

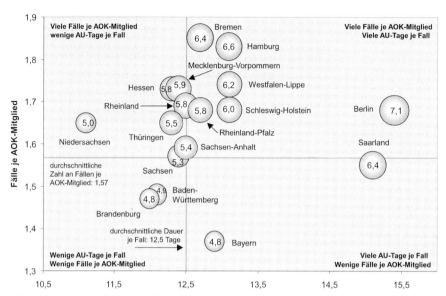

Abb. 18.1.10. Krankenstand nach Landes-AOK's: Bestimmungsfaktoren

Tabelle 18.1.4. Arbeitsunfähigkeit nach Landes-AOK's, 2000 im Vergleich zum Vorjahr

Landes-AOKs	Arbeitsunfähigkeiten je 100 AOK-Mitglieder				Tage je Fall 2000	Veränd. z. Vorj (in %)
	AU-Fälle 2000	Veränd. z.Vorj. (in %)	AU-Tage 2000	Veränd. z.Vorj. (in %)		
Baden-Württemb.	148,2	3,4	1786,7	1,3	12,1	−1,6
Bayern	136,8	2,8	1761,2	1,5	12,9	−0,8
Berlin	168,4	3,1	2594,8	0,2	15,4	−3,1
Brandenburg	146,8	−4,9	1762,9	−15,5	12,0	−11,1
Bremen	185,0	−0,1	2357,3	−1,0	12,7	−1,6
Hamburg	183,1	4,4	2404,5	2,7	13,1	−2,2
Hessen	173,1	2,1	2125,7	0,1	12,3	−1,6
Mecklenb.-Vorp.	172,7	6,5	2143,5	2,0	12,4	−4,6
Niedersachsen	164,8	2,7	1835,6	0,3	11,1	−2,6
Rheinland	169,0	2,2	2115,2	−1,1	12,5	−3,1
Rheinland-Pfalz	168,5	1,5	2138,9	0,3	12,7	−0,8
Saarland	155,0	1,0	2338,0	0,1	15,1	−0,7
Sachsen	157,3	7,2	1951,6	1,1	12,4	−6,1
Sachsen-Anhalt	159,3	6,8	1991,9	0,9	12,5	−5,3
Schleswig-Holst.	167,6	3,0	2190,1	2,3	13,1	−0,8
Thüringen	164,8	5,2	2030,1	0,0	12,3	−5,4
Westfalen-Lippe	174,1	3,0	2275,2	0,5	13,1	−2,2
Bund	157,1	3,1	1966,3	0,2	12,5	−3,1

18

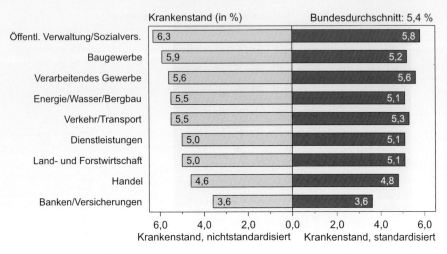

Abb. 18.1.11. Krankenstand nach Branchen, alters- und geschlechtsstandardisiert, 2000

Abhängigkeit vom Geschlecht. Es ist daher sinnvoll, beim Vergleich der Krankenstände unterschiedlicher Branchen die Alters- und Geschlechtsstruktur zu berücksichtigen. Mit Hilfe von Standardisierungsverfahren lässt sich berechnen, wie der Krankenstand in den unterschiedlichen Bereichen ausfiele, wenn man eine durchschnittliche Alters- und Geschlechtsstruktur zugrunde legen würde. Abbildung 18.1.11 zeigt die standardisierten Werte für die einzelnen Wirtschaftszweige im Vergleich zu den nicht standardisierten Krankenständen. [15]

Im Baugewerbe, in der öffentlichen Verwaltung, im Bereich Energie, Wasser, Bergbau sowie im Bereich Verkehr und Transport fallen die standardisierten Werte niedriger aus als die nicht standardisierten. Insbesondere im Baugewerbe und in der öffentlichen Verwaltung ist der hohe Krankenstand zu einem erheblichen Teil (0,7 bzw. 0,5 Prozentpunkte) auf eine ungünstige Altersstruktur zurückzuführen. Im Handel, in der Land- und Forstwirtschaft sowie im Dienstleistungsbereich dagegen ist es genau umgekehrt. Dort wären bei einer durchschnittlichen Altersstruktur etwas höhere Krankenstände zu erwarten. Die Banken und Versicherungen weisen, auch wenn man die Alters- und Geschlechtsstruktur beim Vergleich der Krankenstände der ver-

---

[15] Berechnet nach der Methode der direkten Standardisierung. Zugrunde gelegt wurde die Alters- und Geschlechtsstruktur der erwerbstätigen Mitglieder der gesetzlichen Krankenversicherung insgesamt (Mitglieder mit Krankengeldanspruch). Quelle: VDR-Statistik.

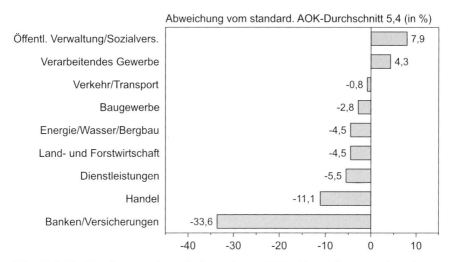

Abb. 18.1.12. Krankenstand nach Branchen, 2000, Abweichungen der alters- und geschlechtsstandardisierten Krankenstände vom Bundesdurchschnitt

schiedenen Branchen berücksichtigt, den niedrigsten Krankenstand auf.

Abb. 18.1.12 zeigt die Abweichungen der standardisierten Krankenstände vom Bundesdurchschnitt. Die höchsten Werte weist die öffentliche Verwaltung auf. Dort liegen die standardisierten Werte 7,9% über dem Durchschnitt. Die günstigsten Werte sind bei den Banken und Versicherungen zu verzeichnen. In diesem Bereich ist der standardisierte Krankenstand 33,% niedriger als im Bundesdurchschnitt. Dies ist in erster Linie auf den hohen Angestelltenanteil in dieser Branche zurückzuführen (vgl. Kap. 18.1.9).

18.1.8 Krankenstand nach Betriebsgröße

Mit zunehmender Betriebsgröße steigt die Anzahl der krankheitsbedingten Fehltage. Während die Mitarbeiter von Betrieben mit 10–99 AOK-Mitgliedern im Jahr 2000 durchschnittlich 20,1 Tage fehlten, fielen in Betrieben mit 1000 und mehr AOK-Mitgliedern pro Mitarbeiter 22,3 Fehltage an (Abb. 18.1.13). [16] Eine Untersuchung des Instituts der Deutschen Wirtschaft kam zu einem ähnlichen Ergebnis [6]. Mit Hilfe einer Regressionsanalyse konnte darüber hinaus nachgewiesen werden, dass der positive Zusammenhang zwischen Fehlzeiten und Be-

18

---

[16] Als Maß für die Betriebsgröße wird hier die Anzahl der AOK-Mitglieder in den Betrieben zugrunde gelegt, die allerdings in der Regel nur einen Teil der gesamten Belegschaft ausmachen.   .

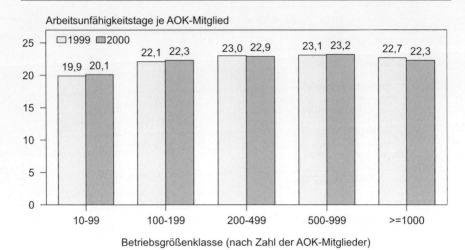

Abb. 18.1.13. Arbeitsunfähigkeitstage nach Betriebsgröße, 2000 im Vergleich zum Vorjahr

triebsgröße nicht auf andere Einflussfaktoren wie zum Beispiel die Beschäftigtenstruktur oder Schichtarbeit zurückzuführen ist, sondern unabhängig davon gilt.

Im Vergleich zum Vorjahr nahm die Zahl der Arbeitsunfähigkeitstage im Jahr 2000 bei Betrieben mit 10–99 (1,0%) und 100–199 (0,9%) sowie 500–999 (0,4%) AOK-Mitgliedern geringfügig zu. Bei Betrieben mit 200–499 (–0,4%) und Betrieben mit mehr als 1000 AOK-Mitgliedern (–1,8%) ging der Krankenstand dagegen zurück.

18.1.9 Krankenstand nach Stellung im Beruf

Der Krankenstand variiert erheblich in Abhängigkeit von der beruflichen Stellung. Die höchsten krankheitsbedingten Fehlzeiten weisen Arbeiter auf (23,8 Tage je AOK-Mitglied), die niedrigsten Angestellte (14,0 Tage). Facharbeiter (20,3 Tage), Meister, Poliere (16,3 Tage) und Auszubildende (15,2 Tage) liegen hinsichtlich der Fehltage im Mittelfeld (Abb. 18.1.14). Diese Rangfolge findet sich fast durchgängig in allen Branchen wieder.

Im Vergleich zum Vorjahr nahm im Jahr 2000 die Zahl der Arbeitsunfähigkeitstage bei den Angestellten (4,5%) sowie den Meistern und Polieren (3,2%) zu. Bei den Arbeitern, Facharbeitern und Auszubildenden blieb der Krankenstand dagegen stabil oder ging zurück.

Worauf sind die erheblichen Unterschiede in der Höhe des Krankenstandes in Abhängigkeit von der beruflichen Stellung zurückzu-

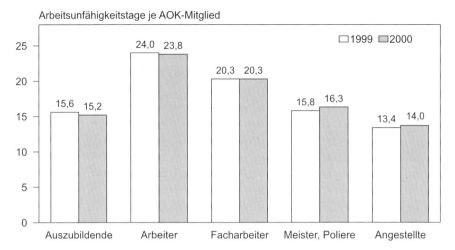

Abb. 18.1.14. Arbeitsunfähigkeitstage nach Stellung im Beruf, 2000 im Vergleich zum Vorjahr

führen? Zunächst muss berücksichtigt werden, dass Angestellte häufiger als Arbeiter bei Kurzerkrankungen von ein bis drei Tagen keine Arbeitsunfähigkeitsbescheinigung vorlegen müssen. Dies hat zur Folge, dass bei Angestellten die Kurzzeiterkrankungen in geringerem Maße von den Krankenkassen erfasst werden als bei Arbeitern. Dann ist zu bedenken, dass gleiche Krankheitsbilder je nach Art der beruflichen Anforderungen durchaus in einem Fall zur Arbeitsunfähigkeit führen können, im anderen Fall aber nicht. Bei schweren körperlichen Tätigkeiten, die im Bereich der industriellen Produktion immer noch eine große Rolle spielen, haben Erkrankungen viel eher Arbeitsunfähigkeit zur Folge als etwa bei Bürotätigkeiten. Hinzu kommt, dass sich die Tätigkeiten von gering qualifizierten Arbeitnehmern im Vergleich zu höher qualifizierten Beschäftigten in der Regel durch ein größeres Maß an physiologisch-ergonomischen Belastungen, eine höhere Unfallgefährdung und damit durch erhöhte Gesundheitsrisiken auszeichnen. Eine nicht unerhebliche Rolle dürfte schließlich auch die Tatsache spielen, dass in höheren Positionen das Ausmaß an Verantwortung, aber gleichzeitig auch der Handlungsspielraum und die Gestaltungsmöglichkeiten zunehmen. Dies führt zu größerer Motivation und stärkerer Identifikation mit der beruflichen Tätigkeit. Aufgrund dieser Tatsache ist in der Regel der Anteil motivationsbedingter Fehlzeiten bei höherem beruflichen Status geringer.

Nicht zuletzt muss berücksichtigt werden, dass sich das niedrigere Einkommensniveau bei Arbeitern ungünstig auf die außerberuflichen

Lebensverhältnisse wie z. B. die Wohnsituation, die Ernährung und die Erholungsmöglichkeiten auswirkt. Untersuchungen haben auch gezeigt, dass bei einkommensschwachen Gruppen verhaltensbedingte gesundheitliche Risikofaktoren wie Rauchen, Bewegungsarmut und Übergewicht stärker ausgeprägt sind als bei Gruppen mit höheren Einkommen [4].

18.1.10 Krankenstand nach Berufsgruppen

Auch bei den einzelnen Berufsgruppen gibt es große Unterschiede in der Höhe des Krankenstandes (Abb. 18.1.15). Die Art der ausgeübten Tätigkeit hat erheblichen Einfluss auf das Ausmaß der krankheitsbedingten Fehlzeiten. Die höchsten Krankenstände weisen Berufsgruppen aus dem gewerblichen Bereich auf, wie beispielsweise Nieter[17], Straßenreiniger, Fischverarbeiter und Gerüstbauer. Dabei handelt es sich häufig um Berufe mit hohen körperlichen Arbeitsbelastungen und überdurchschnittlich vielen Arbeitsunfällen (vgl. Kap. 18.1.12). Einige der Berufsgruppen mit hohen Krankenständen sind auch in überdurchschnittlich hohem Maße psychischen Arbeitsbelastungen ausgesetzt, wie beispielsweise Soldaten, Grenzschutz- und

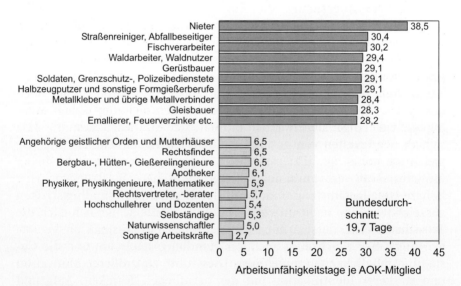

Abb. 18.1.15. 10 Berufsgruppen mit hohen und niedrigen Krankenständen, 2000

---

[17] Eine Berufsgruppe aus dem Bereich der metallverarbeitenden Industrie.

Polizeibedienstete. Die niedrigsten Krankenstände sind bei Selbständigen und Akademikern wie z. B. Naturwissenschaftlern, Hochschullehrern, Juristen und Apothekern zu verzeichnen. Während Naturwissenschaftler im Jahr 2000 im Durchschnitt nur 5,0 Tage krank geschrieben waren, waren es bei Nietern 38,5 Tage, also mehr als das Siebenfache.

Auch der Anteil der Beschäftigten, die von Arbeitsunfähigkeit betroffen sind, differiert in den einzelnen Berufsgruppen erheblich. Bei den darstellenden Künstlern meldeten sich im Jahr 2000 nur 20,2% der AOK-Mitglieder ein- oder mehrmals krank. Bei Soldaten, Grenzschutz- und Polizeibediensteten waren es dagegen 73,1%, also mehr als dreimal soviel. [18]

18.1.11 Krankenstand nach Wochentagen

Die meisten Krankschreibungen sind am Wochenanfang zu verzeichnen. Zum Wochenende hin nimmt die Zahl der Arbeitsunfähigkeitsmeldungen kontinuierlich ab. 1999[19] entfiel ein Drittel (34,1%) der wöchentlichen Krankmeldungen auf den Montag (Abb. 18.1.16). In den einzelnen Branchen schwankte der Anteil der Arbeitsunfähigkeitsmeldungen an diesem Wochentag zwischen 36,3% (Baugewerbe) und 32,6% (Dienstleistungen).

Bei der Bewertung der gehäuften Krankmeldungen am Montag muss allerdings berücksichtigt werden, dass der Arzt am Wochenende in der Regel nur in Notfällen aufgesucht wird, da die meisten Praxen geschlossen sind. Deshalb erfolgt die Krankschreibung für Erkrankungen, die am Wochenende bereits begannen, in den meisten Fällen erst am Wochenanfang. Insofern sind in den Krankmeldungen vom Montag auch die Krankheitsfälle vom Wochenende mitenthalten. Die Verteilung der Krankmeldungen auf die Wochentage ist also in erster Linie durch die ärztlichen Sprechstunden bedingt [2]. Dies wird häufig in der Diskussion um den „blauen Montag" nicht bedacht.

Geht man davon aus, dass die Wahrscheinlichkeit zu erkranken an allen Wochentagen gleich hoch ist und verteilt die Arbeitsunfähigkeitsmeldungen vom Samstag, Sonntag und Montag gleichmäßig auf diese drei Tage, beginnen am Montag – „wochenendbereinigt" – nur noch 12,4% der Krankheitsfälle. Danach ist der Montag nach dem

18

---

[18] Berücksichtigt wurden nur die der AOK gemeldeten Arbeitsunfähigkeitsfälle.
[19] Aus technischen Gründen konnten Auswertungen für das Jahr 2000 nicht durchgeführt werden.

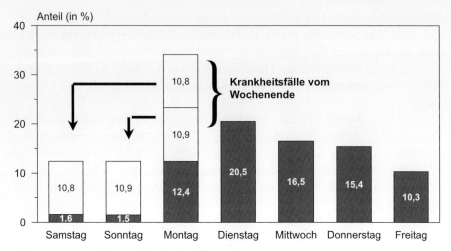

Abb. 18.1.16. Arbeitsunfähigkeitsfälle nach AU-Beginn, 1999

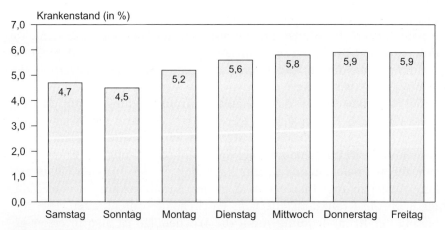

Abb. 18.1.17. Krankenstand nach Wochentagen, 1999

Freitag (10,3%) der Wochentag mit der geringsten Zahl an Krankmeldungen.

Das Ende der Arbeitswoche wird von der Mehrheit der Ärzte als Ende der Krankschreibung bevorzugt. 1999 endeten 48,1% der Arbeitsunfähigkeitsfälle am Freitag. Nach dem Freitag ist der Mittwoch der Wochentag, an dem die meisten Krankmeldungen (13,5%) abgeschlossen sind.

Da meist bis Mittwoch oder Freitag krankgeschrieben wird, nimmt der Krankenstand zum Wochenende hin kontinuierlich zu und erreicht seinen Höchststand am Donnerstag und Freitag (Abb. 18.1.17). Daraus abzuleiten, dass am Freitag besonders gerne „krank gefeiert" wird, um das Wochenende auf Kosten des Arbeitgebers zu verlängern, erscheint wenig plausibel, insbesondere wenn man bedenkt, dass der Freitag der Werktag mit den wenigsten Krankmeldungen ist.

18.1.12 Arbeitsunfälle

Im Jahr 2000 waren 5,0% der Arbeitsunfähigkeitsfälle auf Arbeitsunfälle zurückzuführen. Diese waren für 6,0% der Arbeitsunfähigkeitstage verantwortlich. Bezogen auf 1000 AOK-Mitglieder waren 79 Arbeitsunfälle mit einem Arbeitsunfähigkeitsvolumen von 1172 Tagen zu verzeichnen. Die durchschnittliche Falldauer eines Arbeitsunfalls betrug 14,8 Tage. Im Vergleich zum Vorjahr waren die Zahl der Arbeitsunfälle und die darauf zurückgehenden Fehlzeiten rückläufig (1999: 88,8 Fälle und 1489 Tage je 1000 AOK-Mgliedern). Auch die durchschnittliche Dauer der unfallbedingten Arbeitsunfähigkeitsfälle ging deutlich zurück (1999: 16,8 Tage).

In kleineren Betrieben kommt es wesentlich häufiger zu Arbeitsunfällen als in größeren Betrieben (Abb. 18.1.18)[20]. Die Unfallquote lag 2000 in Betrieben mit 10–49 AOK-Mitgliedern um 76% höher als in Betrieben mit 1000 und mehr AOK-Mitgliedern. Auch die durchschnittliche Dauer einer unfallbedingten Arbeitsunfähigkeit ist in kleineren Betrieben höher als in größeren Betrieben, was darauf hindeutet, dass dort häufiger schwere Unfälle passieren. Während ein Arbeitsunfall in einem Betrieb mit 10–49 AOK-Mitgliedern durchschnittlich 15,3 Tage dauerte, waren es in Betrieben mit 1000 und mehr AOK-Mitgliedern lediglich 14,3 Tage.

In den einzelnen Wirtschaftszweigen variiert die Zahl der Arbeitsunfälle erheblich (Abb. 18.1.19), die meisten sind im Baugewerbe zu verzeichnen. Dort war der Anteil der Arbeitsunfälle an den Arbeitsunfähigkeitsfällen im Jahr 2000 mehr als siebenmal so hoch wie im Bereich Banken und Versicherungen. Mehr als jeder neunte Krankheitsfall (9,4%) ging auf einen Arbeitsunfall zurück. Der Anteil der Arbeitsunfälle am Krankenstand betrug im Baugewerbe 11,0%. Ohne die arbeitsbedingten Unfälle wäre der Krankenstand im Baugewerbe (5,9%) um 0,6 Prozentpunkte niedriger. Neben dem Baugewerbe waren auch in der Land- und Forstwirtschaft (7,9% der Fälle), im Be-

18

---

[20] Als Maß für die Betriebsgröße wird hier die Anzahl der AOK-Mitglieder in den Betrieben zugrunde gelegt, die allerdings in der Regel nur einen Teil der gesamten Belegschaft ausmachen (vgl. Kap. 18.1.8).

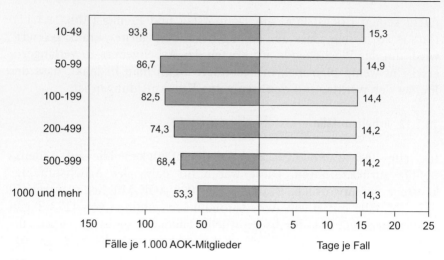

Abb. 18.1.18. Arbeitsunfälle nach Betriebsgröße, 2000

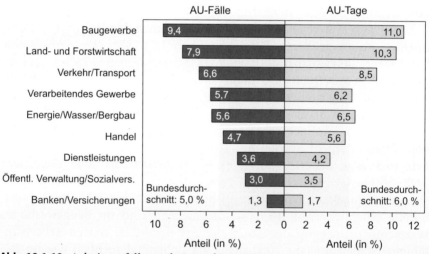

Abb. 18.1.19. Arbeitsunfälle nach Branchen, 2000

reich Verkehr und Transport (6,6% der Fälle), sowie dem verarbeitenden Gewerbe (5,7% der Fälle) überdurchschnittlich viele Arbeitsunfälle zu verzeichnen. Am wenigsten traten auf bei den Banken und Versicherungen (1,3% der Fälle) sowie in der öffentlichen Verwaltung
(3,0% der Fälle).

Bei den Arbeitsunfällen gibt es zwischen West- und Ostdeutschland
deutliche Unterschiede (Abb. 18.1.20). In Ostdeutschland ist nicht nur
die Zahl der Arbeitsunfälle etwas höher als im Westen (Fälle je 1000

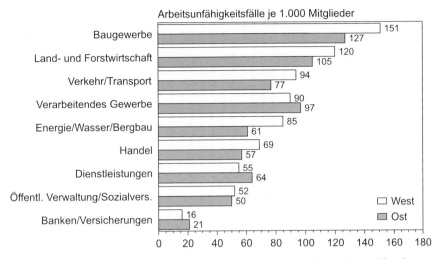

Abb. 18.1.20. Arbeitsunfälle nach Branchen in West- und Ostdeutschland, 2000

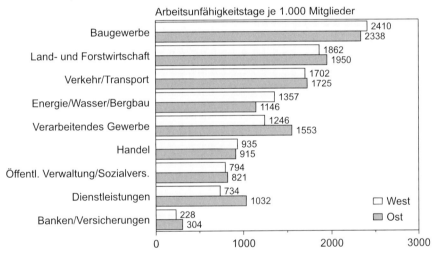

Abb. 18.1.21. Fehlzeiten durch Arbeitsunfälle nach Branchen in West- und Ostdeutschland, 2000

AOK-Mitglieder Ost: 82; West: 79), sondern diese führen auch zu längeren Ausfallzeiten als in Westdeutschland (durchschnittliche Falldauer Ost: 16,8; West: 14,5 Tage). Daher ist auch der Anteil der Arbeitsunfälle am Krankenstand in den östlichen Bundesländern höher als in den westlichen (Ost: 7,0%; West: 5,8%).

Tabelle 18.1.5. Arbeitsunfähigkeitstage durch Arbeitsunfälle nach Berufsgruppen, 2000

Tätigkeit	AU-Tage je 100 AOK-Mitglieder
Waldarbeiter, Waldnutzer	4626
Sonstige Bauhilfsarbeiter, Bauhelfer	4290
Gerüstbauer	4289
Wächter, Aufseher	4134
Betonbauer	4051
Straßenreiniger, Abfallbeseitiger	3920
Glas-, Gebäudereiniger	3890
Dachdecker	3885
Kraftfahrzeugführer	3869
Facharbeiter/innen	3808
Sonstige Tiefbauer	3782
Transportgeräteführer	3781
Maurer	3771
Straßenbauer	3763
Erdbewegungsmaschinenführer	3744
Stukkateure, Gipser, Verputzer	3726
Bauhilfsarbeiter	3713
Tierpfleger und verwandte Berufe	3677
Baumaschinenführer	3656
Isolierer, Abdichter	3649
Zimmerer	3601
Lager-, Transportarbeiter	3577
Maschinen-, Behälterreiniger und verwandte Berufe	3550
Raum-, Hausratreiniger	3549
Gärtner, Gartenarbeiter	3549

Insbesondere im Dienstleistungsbereich (+40,6%), bei Banken und Versicherungen (+33,3%) sowie im verarbeitenden Gewerbe (+24,6%) war die Zahl der auf Arbeitsunfälle zurückgehenden Arbeitsunfähigkeitstage in Ostdeutschland deutlich höher als in Westdeutschland (Abb. 18.1.21). In den Bereichen Energie, Wasser, Bergbau (–15,5%), im Baugewerbe (–3,0%) sowie im Handel (–2,1%) fielen dagegen in den neuen Bundesländern weniger Ausfalltage aufgrund von Arbeitsunfällen an als in den alten.

Tabelle 18.1.5 zeigt die Berufsgruppen, die in besonderem Maße von arbeitsbedingten Unfällen betroffen sind. Spitzenreiter sind Waldarbeiter (4626 AU-Tage je 1000 AOK-Mitglieder), Gerüstbauer (4289 AU-Tage je 1000 AOK-Mitglieder) und Betonbauer (4051 AU-Tage je 1000 AOK-Mitglieder).

18.1.13 Krankheitsarten im Überblick

Das Krankheitsgeschehen wurde im Jahr 2000 wie auch bereits in den Vorjahren im Wesentlichen von sechs großen Krankheitsgruppen bestimmt: Muskel- und Skeletterkrankungen, Atemwegserkrankungen, Verletzungen, Herz-/Kreislauferkrankungen, Erkrankungen der Verdauungsorgane sowie psychischen und Verhaltensstörungen (Abb. 18.1.22). 74,0% der Arbeitsunfähigkeitsfälle und 76,8% der Arbeitsunfähigkeitstage gingen auf das Konto dieser sechs Krankheitsarten. Der Rest verteilte sich auf sonstige Krankheitsgruppen.

Der häufigste Anlass für Krankschreibungen waren Atemwegserkrankungen. Im Jahr 2000 ging fast jeder vierte Arbeitsunfähigkeitsfall (24,3%) auf diese Krankheitsart zurück. Aufgrund einer relativ geringen durchschnittlichen Erkrankungsdauer betrug der Anteil der Atemwegserkrankungen am Krankenstand allerdings nur 14,5%. Die meisten Arbeitsunfähigkeitstage wurden durch Muskel- und Skeletterkrankungen verursacht, die häufig mit langen Ausfallzeiten verbunden sind. Allein auf diese Krankheitsart waren 2000 bereits 28,2% der Arbeitsunfähigkeitstage zurückzuführen, obwohl sie nur für 19,7% der Arbeitsunfähigkeitsfälle verantwortlich war.

Abb. 18.1.23 zeigt die Anteile der Krankheitsarten an den krankheitsbedingten Fehlzeiten im Jahr 2000 im Vergleich zum Vorjahr. Aufgrund der Umstellung vom ICD-9 auf den ICD-10 sind die Werte allerdings nur begrenzt vergleichbar (vgl. dazu Kap. 18.1.1).

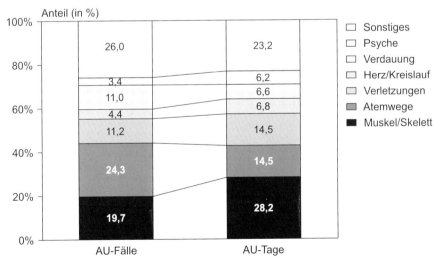

Abb. 18.1.22. Arbeitsunfähigkeit nach Krankheitsarten, 2000

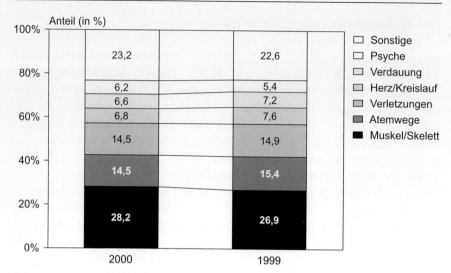

Abb. 18.1.23. Arbeitsunfähigkeitstage nach Krankheitsarten, 2000 im Vergleich zum Vorjahr

Zwischen West- und Ostdeutschland sind nach wie vor deutliche Unterschiede in der Verteilung der Krankheitsarten festzustellen (Abb. 18.1.24). In den westlichen Ländern verursachten insbesondere Muskel-, Skelett- (4,1 Prozentpunkte) und psychische Erkrankungen

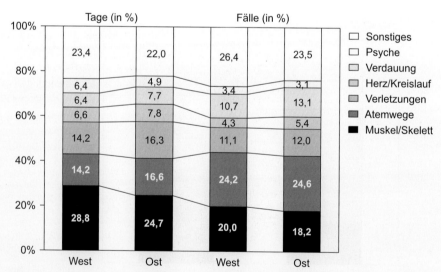

Abb. 18.1.24. Arbeitsunfähigkeit nach Krankheitsarten in West- und Ostdeutschland, 2000

(1,5 Prozentpunkte) deutlich mehr Fehltage als in den neuen Bundesländern. In Ostdeutschland dagegen ging ein höherer Anteil an Ausfalltagen auf das Konto von Atemwegserkrankungen (2,4 Prozentpunkte), Verletzungen (2,1 Prozentpunkte), Erkrankungen der Verdauungsorgane (1,3 Prozentpunkte) und Herz-/Kreislauferkrankungen (1,2 Prozentpunkte).

18.1.14 Krankheitsarten nach Branchen

Bei der Verteilung der Krankheitsarten bestehen erhebliche Unterschiede zwischen den Branchen, die im Folgenden für die wichtigsten Krankheitsgruppen aufgezeigt werden.

Muskel- und Skeletterkrankungen

Die Muskel- und Skeletterkrankungen verursachen in allen Branchen anteilmäßig die meisten Fehltage (Abb. 18.1.25). Ihr Anteil an den Arbeitsunfähigkeitstagen bewegte sich in den einzelnen Branchen zwischen 22% bei Banken und Versicherungen und 32% im Baugewerbe. In Wirtschaftszweigen mit überdurchschnittlich hohen Krankenständen sind häufig die muskuloskelettalen Erkrankungen besonders ausgeprägt und tragen wesentlich zu den erhöhten Fehlzeiten bei.

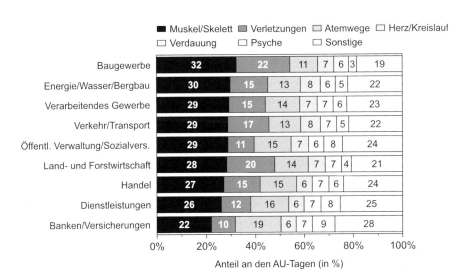

Abb. 18.1.25. Arbeitsunfähigkeitstage nach Branchen und Krankheitsarten, 2000

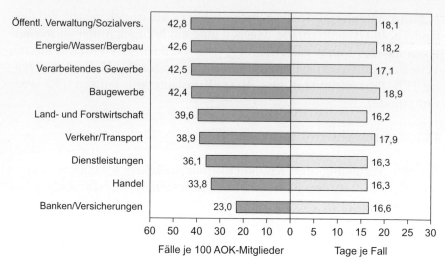

Abb. 18.1.26. Krankheiten des Muskel-Skelett-Systems und des Bindegewebes nach Branchen, 2000

Abbildung 18.1.26 zeigt die Anzahl und durchschnittliche Dauer der Krankmeldungen aufgrund von Muskel- und Skeletterkrankungen in den einzelnen Branchen. Die meisten Arbeitsunfähigkeitsfälle waren in der öffentlichen Verwaltung zu verzeichnen, fast doppelt so viele wie bei den Banken und Versicherungen, wo die Zahl der Krankheitsfälle am niedrigsten ausfiel. Dies ist zu einem großen Teil auf den im Vergleich zur freien Wirtschaft höheren Anteil an älteren, chronisch kranken und schwerbehinderten Mitarbeitern zurückzuführen. Überdurchschnittlich hoch war die Anzahl der Fälle auch im Bereich Energie, Wasser, Bergbau, im verarbeitenden Gewerbe, im Baugewerbe, in der Land- und Forstwirtschaft und im Bereich Verkehr und Transport.

Die muskuloskelettalen Erkrankungen sind häufig mit langen Ausfallzeiten verbunden. Die mittlere Dauer der Krankmeldungen schwankte im Jahr 2000 in den Branchen zwischen 16,2 Tagen in der Land- und Forstwirtschaft und 18,9 Tagen im Baugewerbe. Im Branchendurchschnitt lag sie bei 17,0 Tagen.

Atemwegserkrankungen

Der Anteil der Atemwegserkrankungen an den Arbeitsunfähigkeitstagen ist am höchsten bei den Banken und Versicherungen (19%), am niedrigsten im Baugewerbe (11%). Aufgrund einer großen Anzahl an

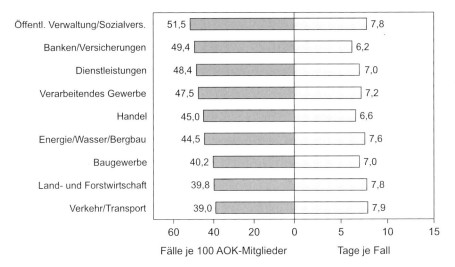

Öffentl. Verwaltung/Sozialvers.	51,5	7,8
Banken/Versicherungen	49,4	6,2
Dienstleistungen	48,4	7,0
Verarbeitendes Gewerbe	47,5	7,2
Handel	45,0	6,6
Energie/Wasser/Bergbau	44,5	7,6
Baugewerbe	40,2	7,0
Land- und Forstwirtschaft	39,8	7,8
Verkehr/Transport	39,0	7,9

Fälle je 100 AOK-Mitglieder   Tage je Fall

Abb. 18.1.27. Krankheiten des Atmungssystems nach Branchen, 2000

Bagatellfällen ist die durchschnittliche Erkrankungsdauer bei dieser Krankheitsart relativ gering. Im Branchendurchschnitt liegt sie bei 7,1 Tagen. In den einzelnen Branchen bewegte sie sich im Jahr 2000 zwischen 6,2 bei Banken und Versicherungen und 7,9 Tagen im Bereich Verkehr und Transport.

In absoluten Zahlen sind die meisten Erkrankungsfälle in der öffentlichen Verwaltung zu verzeichnen (Abb. 18.1.27). Überdurchschnittlich viele Fälle fielen auch bei Banken und Versicherungen, im Dienstleistungsbereich und im verarbeitenden Gewerbe an.

Verletzungen

Der Anteil der Verletzungen an den Arbeitsunfähigkeitstagen variiert sehr stark zwischen den einzelnen Branchen (Abb. 18.1.28). Am höchsten ist er in Branchen mit vielen Arbeitsunfällen. Im Jahr 2000 bewegte er sich zwischen 10% bei den Banken und Versicherungen und 22% im Baugewerbe. Das Baugewerbe ist Spitzenreiter bei den Verletzungen. Dort war die Zahl der Fälle fast dreimal so hoch wie bei Banken und Versicherungen. Die Dauer der verletzungsbedingten Krankmeldungen schwankte in den einzelnen Branchen zwischen 15,5 Tagen bei Banken und Versicherungen und 19,9 Tagen im Bereich Verkehr und Transport.

Ein erheblicher Teil der Verletzungen ist auf Arbeitsunfälle zurückzuführen. Im Branchendurchschnitt sind für 28,1% der verletzungsbedingten Arbeitsunfähigkeitstage Arbeitsunfälle verantwortlich. In

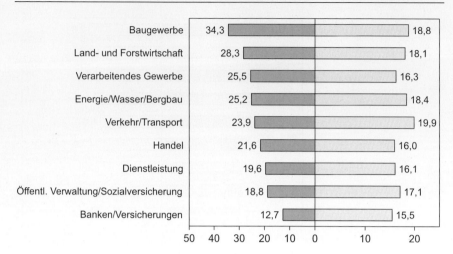

Abb. 18.1.28. Verletzungen, Vergiftungen und bestimmte andere Folgen äußerer Ursachen, nach Branchen, 2000

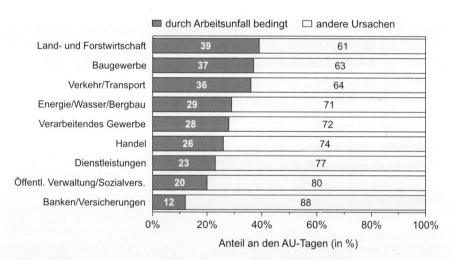

Abb. 18.1.29. Anteil der Arbeitsunfälle an den Verletzungen nach Branchen, 2000

der Land- und Forstwirtschaft, dem Baugewerbe sowie im Bereich Verkehr und Transport gehen bei den Verletzungen sogar mehr als ein Drittel der Fehltage auf Arbeitsunfälle zurück (Abb. 18.1.29). Am niedrigsten ist der Anteil der Arbeitsunfälle bei den Banken und Versicherungen. Dort beträgt er lediglich 12%.

Erkrankungen der Verdauungsorgane

Auf Erkrankungen der Verdauungsorgane gingen im Jahr 2000 in den einzelnen Branchen 6–7% der Arbeitsunfähigkeitstage zurück. Die Unterschiede zwischen den Wirtschaftszweigen hinsichtlich der Zahl der Arbeitsunfähigkeitsfälle sind relativ gering. Die meisten Erkrankungsfälle waren im verarbeitenden Gewerbe zu verzeichnen. Am niedrigsten war die Zahl der Arbeitsunfähigkeitsfälle bei den Banken und Versicherungen. Die Dauer der Fälle betrug im Branchendurchschnitt 7,1 Tage. In den einzelnen Branchen bewegte sie sich zwischen 6,0 und 8,3 Tagen (Abb. 18.1.30).

Herz- und Kreislauferkrankungen

Der Anteil der Herz- und Kreislauferkrankungen an den Arbeitsunfähigkeitstagen lag im Jahr 2000 in den einzelnen Branchen zwischen 6 und 8%. Die meisten Erkrankungsfälle waren im Bereich Energie, Wasser und Bergbau zu verzeichnen. Am niedrigsten war die Anzahl der Fälle bei den Beschäftigten im Baugewerbe. Herz- und Kreislauferkrankungen bringen oft lange Ausfallzeiten mit sich. Die Dauer eines Erkrankungsfalls bewegte sich in den einzelnen Wirtschaftsbereichen zwischen 14,7 Tagen bei den Banken und Versicherungen und 23,2 Tagen im Baugewerbe (Abb. 18.1.31).

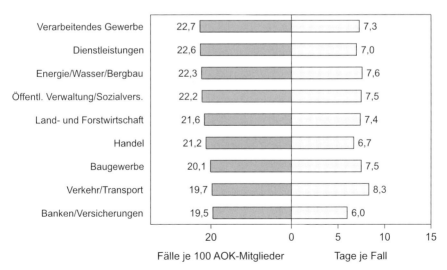

Abb. 18.1.30. Krankheiten des Verdauungssystems nach Branchen, 2000

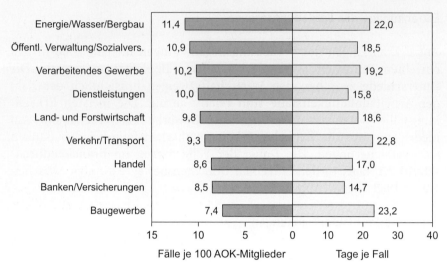

Abb. 18.1.31. Krankheiten des Kreislaufsystems nach Branchen, 2000

Psychische- und Verhaltensstörungen

Der Anteil der psychischen und Verhaltensstörungen an den krankheitsbedingten Fehlzeiten schwankte in den einzelnen Branchen erheblich. Während im Baugewerbe nur 3% der Arbeitsunfähigkeitstage auf diese Krankheitsart zurückgingen, waren es bei Banken und Ver-

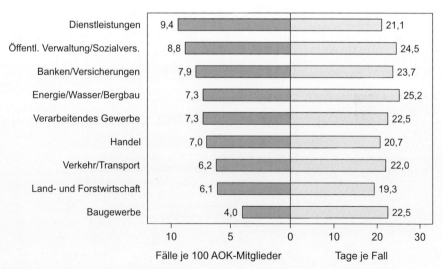

Abb. 18.1.32. Psychische und Verhaltensstörungen nach Branchen, 2000

sicherungen 9%. Die meisten Erkrankungsfälle sind im tertiären Bereich zu verzeichnen. Spitzenreiter sind der Dienstleistungsbereich, die öffentliche Verwaltung sowie Banken und Versicherungen. Die durchschnittliche Dauer der Arbeitsunfähigkeitsfälle bewegte sich in den einzelnen Branchen zwischen 19,3 und 25,2 Tagen (Abb. 18.1.32).

18.1.15 Langzeitfälle nach Krankheitsarten

Langzeitarbeitsunfähigkeit mit einer Dauer von mehr als sechs Wochen stellt sowohl für die Betroffenen als auch für die Unternehmen und Krankenkassen eine besondere Belastung dar. Daher kommt der Prävention der Erkrankungen, die zu derart langen Ausfallzeiten führen, eine spezielle Bedeutung zu.

Abbildung 18.1.33 zeigt, welche Krankheitsarten für die Langzeitfälle verantwortlich sind. Ebenso wie im Arbeitsunfähigkeitsgeschehen insgesamt spielen auch hier die Muskel- und Skeletterkrankungen und Verletzungen eine entscheidende Rolle. Auf diese beiden Krankheitsarten gehen bereits 39% der Langzeitfälle zurück. An dritter und vierter Stelle stehen die Herz-/Kreislauferkrankungen und die psychischen und Verhaltensstörungen mit Anteilen von 8 bzw. 7% an den Langzeitfällen. Für weitere 7% der Fälle sind Verdauungserkrankungen verantwortlich. 4% der Fälle gehen auf Neubildungen zurück. Der Rest verteilt sich auf sonstige Krankheitsarten.

Auch in den einzelnen Wirtschaftsabteilungen geht die Mehrzahl der durch Langzeitfälle bedingten Arbeitsunfähigkeitstage auf die o.g.

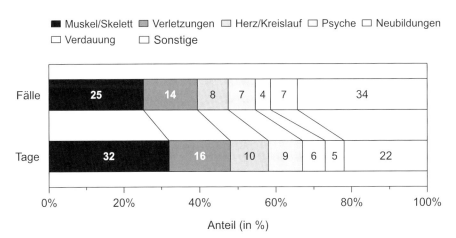

Abb. 18.1.33. Langzeit-Arbeitsunfähigkeit (>6 Wochen) nach Krankheitsarten, 2000

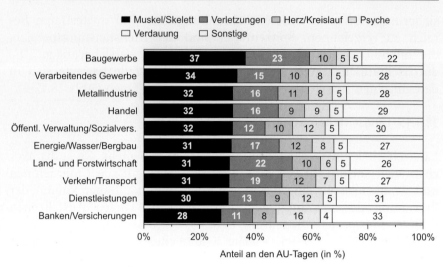

Abb. 18.1.34. Langzeit-Arbeitsunfähigkeit nach Branchen und Krankheitsarten, 2000

Krankheitsarten zurück (Abb. 18.1.34). Der Anteil der muskuloskelettalen Erkrankungen ist am höchsten im Baugewerbe (37%). Bei den Verletzungen werden die höchsten Werte ebenfalls im Baugewerbe erreicht (23%). Der Anteil der Herz-/Kreislauferkrankungen ist am ausgeprägtesten in den Bereichen Energie, Wasser und Bergbau (12%) sowie Verkehr und Transport (12%). Die psychischen und Verhaltensstörungen verursachen bezogen auf die Langzeiterkrankungen die meisten Ausfalltage bei Banken und Versicherungen (16%) sowie in der öffentlichen Verwaltung (12%) und im Dienstleistungsbereich (12%).

18.1.16 Krankheitsarten nach Diagnoseuntergruppen

Muskel- und Skeletterkrankungen

Bei den Muskel- und Skeletterkrankungen dominieren die Rückenerkrankungen. Auf sie entfallen im Branchendurchschnitt mehr als die Hälfte der durch diese Krankheitsart verursachten Krankmeldungen (58,1% der Arbeitsunfähigkeitsfälle und 54,3% der -tage). Daneben spielen vor allem Arthropathien und Krankheiten der Weichteilgewebe eine Rolle. Der Rest entfällt auf und sonstige Erkrankungen.

Bei den Muskel- und Skeletterkrankungen sind die Rückenerkrankungen in allen Wirtschaftsabteilungen vorherrschend (Abb. 18.1.35).

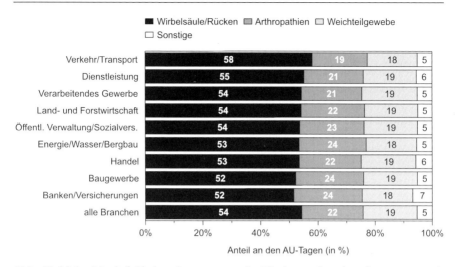

Abb. 18.1.35. Muskel-Skelett-Systems und Bindegewebserkrankungen nach Branchen und Diagnoseuntergruppen, 2000

Ihr Anteil an den Arbeitsunfähigkeitstagen lag im Jahr 2000 in den einzelnen Branchen zwischen 52 und 58%. An zweiter Stelle standen in allen Wirtschaftszweigen die Arthropathien; deren Anteil an den Muskel- und Skeletterkrankungen bewegte sich zwischen 19 und 24%. Auf Krankheiten der Weichteilgewebe gingen in den einzelnen Branchen 18–19% der auf diese Krankheitsart zurückgehenden Arbeitsunfähigkeitstage zurück.

Verletzungen, Vergiftungen und bestimmte andere Folgen äußerer Ursachen

Nach dem ICD-10 erfolgt die Klassifikation der Verletzungen nach der betroffenen Körperregion. Für die meisten Ausfalltage waren Verletzungen im Bereich von Knie und Unterschenkel sowie Rumpf und Extremitäten verantwortlich.

Abbildung 18.1.36 zeigt die Verteilung der Diagnoseuntergruppen in den einzelnen Branchen.

Erkrankungen des Atmungssystems

Bei den Erkrankungen des Atmungssystems dominieren akute Infektionen der oberen und unteren Atemwege. Darauf entfielen zusammen im Branchendurchschnitt mehr als die Hälfte (57%) der krankheitsbedingten Fehltage aufgrund von Atemwegserkrankungen. Dazu gehö-

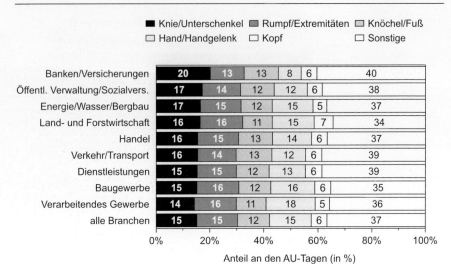

Abb. 18.1.36. Verletzungen, Vergiftungen und bestimmte andere Folgen äußerer Ursachen, nach Branchen und Diagnoseuntergruppen, 2000

ren u. a. Erkältungen, Hals- und Rachenentzündungen sowie Entzündungen der Neben- und Kieferhöhlen. Chronische Krankheiten der unteren Atemwege, wie z. B. Bronchitis, waren für 22% der Ausfallzeiten aufgrund von Atemwegserkrankungen verantwortlich. Weitere 12% gingen auf Grippeerkrankungen und Lungenentzündungen zurück. Der Rest verteilte sich auf sonstige Krankheiten.

Abb. 18.1.37 zeigt aufgegliedert nach den einzelnen Branchen die Anteile der verschiedenen Diagnoseuntergruppen an den Arbeitsunfähigkeitstagen, die auf Atemwegserkrankungen zurückgehen.

Erkrankungen der Verdauungsorgane

Bei den Erkrankungen des Verdauungssystems entfiel im allgemeinen Branchendurchschnitt der größte Anteil auf Krankheiten der Speiseröhre, des Magens und des Zwölffingerdarms und zwar 31,0% der Fälle und 29% der Tage. An zweiter Stelle standen nichtinfektiöse Enteritis und Kolitis-Fälle mit einem Anteil von 18% an den Arbeitsunfähigkeitstagen. Auf dem dritten Rangplatz folgen Krankheiten der Gallenblase, der Gallenwege und des Pankreas. Der Rest entfiel auf Krankheiten der Mundhöhle, der Speicheldrüsen, der Kiefer und des Darms sowie sonstige Erkrankungen.

Abbilldung 18.1.38 zeigt, welche Rolle die unterschiedlichen Diagnoseuntergruppen in den einzelnen Wirtschaftszweigen spielten. In al-

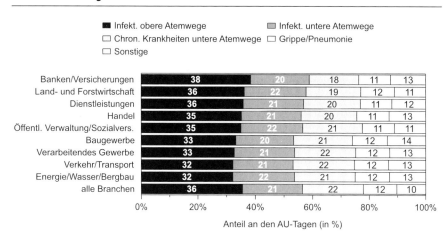

Abb. 18.1.37. Krankheiten des Atmungssystems nach Branchen und Diagnose-untergruppen, 2000

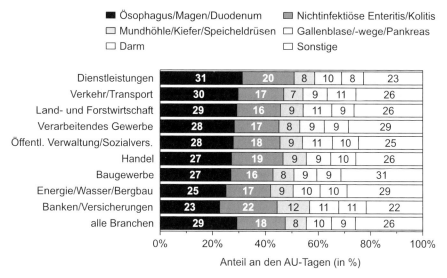

Abb. 18.1.38. Krankheiten des Verdauungssystems nach Branchen und Diagnoseuntergruppen, 2000

len Branchen geht der Löwenanteil der durch Erkrankungen der Verdauungsorgane bedingten Arbeitsunfähigkeitstage auf Krankheiten der Speiseröhre, des Magens und des Zwölffingerdarms sowie nichtinfektiöse Enteritis und Kolitis-Fälle zurück (zusammen 42–51%).

18

Krankheiten des Kreislaufsystems

Bei den Herz- und Kreislauferkrankungen entfielen im Branchendurchschnitt anteilmäßig die meisten Krankheitstage auf ischämische
Herzkrankheiten, wie z. B. Herzinfarkt, und Hypertoniefälle. Auf diese
beiden Diagnosegruppen gingen im Branchendurchschnitt zusammen
knapp die Hälfte (46%) der durch Krankheiten des Kreislaufsystems
verursachten Arbeitsunfähigkeitstage zurück. Den dritten und vierten
Rangplatz nahmen sonstige Formen der Herzkrankheit sowie Krankheiten der Venen, der Lymphgefäße und der Lymphknoten ein. Der
Rest entfiel auf sonstige Erkrankungen.

Der Anteil der ischämischen Herzkrankheiten an den auf Herz-
und Kreislauferkrankungen zurückgehenden Arbeitsunfähigkeitstagen
variiert in den einzelnen Branchen sehr stark (Abb. 18.1.39). Er bewegte sich 2000 zwischen 17% bei Banken und Versicherungen und
30% im Bereich Verkehr und Transport. Auch hinsichtlich des Anteils
der durch Erkrankungen der Venen, Lymphgefäße und sonstige
Krankheiten des Kreislaufsystems verursachten Fehltage gibt es in den
einzelnen Branchen große Unterschiede (11–20%). Der Anteil der
Hypertonie und Hochdruckkrankheiten schwankte zwischen 21 und
25%.

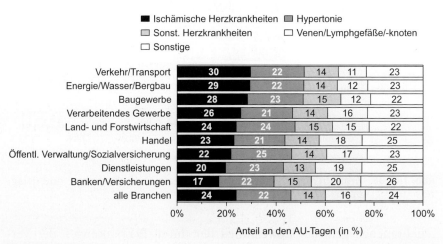

Abb. 18.1.39. Krankheiten des Kreislaufsystems nach Branchen und Diagnoseuntergruppen, 2000

Psychische und Verhaltensstörungen

Bei den psychischen und Verhaltensstörungen dominieren affektive Störungen, bei denen insbesondere Depressionen eine wichtige Rolle spielen, sowie neurotische, Belastungs- und somatoforme Störungen, zu denen u. a. Phobien und andere Angststörungen gehören. Diese beiden Diagnosegruppen haben im Branchendurchschnitt einen Anteil von 36 bzw. 37% an den auf psychische Erkrankungen zurückgehenden Arbeitsunfähigkeitstagen. Auf psychische und Verhaltensstörungen durch psychotrope Substanzen, wie z. B. die Alkoholabhängigkeit, gingen 14% der Krankheitstage zurück. Schizophrenie, schizotype und wahnhafte Störungen waren für 6% der Fehltage verantwortlich. Der Rest entfiel auf sonstige Erkrankungen.

Abbildung 18.1.40 zeigt die Anteile der Diagnoseuntergruppen an den Arbeitsunfähigkeitstagen in den einzelnen Branchen. Die Anteile der Diagnoseuntergruppen variierten in den einzelnen Wirtschaftszweigen sehr stark. Dies gilt in besonderem Maße für psychische und Verhaltensstörungen durch psychotrope Substanzen. Während im Baugewerbe 26% der durch psychische Erkrankungen verursachten Ausfalltage auf Suchterkrankungen zurückgingen, waren es bei Banken und Versicherungen lediglich 5%.

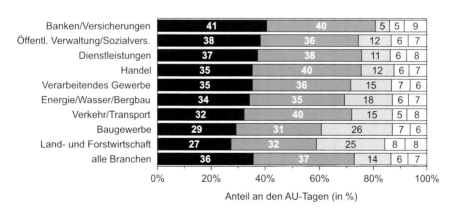

Abb. 18.1.40. Psychische und Verhaltensstörungen nach Branchen und Diagnoseuntergruppen, 2000

18.1.17 Literatur

[1] Bundesanstalt für Arbeit (2000) Arbeitsmarkt in Zahlen: Sozialversiche-
    rungspflichtig Beschäftigte nach Wirtschaftsklassen (WZ93/BA), 30. Juni
    2000, Nürnberg.
[2] Ferber, Ch. von und Kohlhausen, K. (1970) Der „blaue Montag" im Kran-
    kenstand. In: Arbeitsmedizin, Sozialmedizin, Arbeitshygiene, Heft 2,
    S. 25-30.
[3] Marstedt, G. und Müller, R. (1998) Ein kranker Stand? Fehlzeiten und In-
    tegration älterer Arbeitnehmer im Vergleich Öffentlicher Dienst – Privat-
    wirtschaft. Berlin: Ed. Sigma, Forschung aus der Hans-Böckler-Stiftung;
    9.
[4] Mielck, A. (Hrsg.) (1994) Krankheit und soziale Ungleichheit: Ergebnisse
    der sozialepidemiologischen Forschung in Deutschland. Opladen: Leske+
    Budrich.
[5] Redmann, A., Rehbein, I. und Vetter, C. (1998) Krankheitsbedingte Fehl-
    zeiten in der deutschen Wirtschaft, Branchenreport '97. WIdO-Materia-
    lien 39, Bonn.
[6] Schnabel, Claus (1997) Betriebliche Fehlzeiten, Ausmaß, Bestimmungs-
    gründe und Reduzierungsmöglichkeiten, Institut der deutschen Wirt-
    schaft Köln.

18.2 Banken und Versicherungen

18.2.1 Kosten der Arbeitsunfähigkeit

Bei Banken und Versicherungen waren im Jahr 2000 1 067 994 Arbeitnehmer sozialversicherungspflichtig beschäftigt[1], von denen 11,9% (n = 126 783) AOK-Mitglied waren. Die bei der AOK versicherten Beschäftigten waren im Jahresdurchschnitt 1,3 mal krank gemeldet, wobei ein Erkrankungsfall im Schnitt 10,5 Tage dauerte. Ein Arbeitnehmer der Branche fehlte somit innerhalb des Bezugsjahres 13,3 Tage aus Krankheitsgründen. Insgesamt ergaben sich so 14,2 Mio. Ausfalltage (umgerechnet 38 916 Ausfalljahre); damit addieren sich die Kosten der Arbeitsunfähigkeit, die den Arbeitgebern im abgelaufenen Kalenderjahr entstanden sind, bei einem durchschnittlichen Bruttoeinkommen von 70 600 Mark[2] auf 2,9 Mrd. DM. Die finanzielle Belastung eines Betriebes mit 100 Mitarbeitern aufgrund krankheitsbedingter Fehlzeiten betrug durchschnittlich 257 274 DM.

18.2.2 Allgemeine Krankenstandsentwicklung

Der Krankenstand im Bereich Banken und Versicherungen lag im Jahr 2000 bei 3,6%. Je 100 Mitarbeiter fielen durchschnittlich 1330,1 Arbeitsunfähigkeitstage an. Die Arbeitsunfähigkeitsquote, d.h. der Anteil der Beschäftigten, die sich einmal oder häufiger krank meldeten, betrug 53,7%. Im Vergleich zum Vorjahr nahm die Zahl der Krankmeldungen um 4,8% zu. Gleichzeitig ging aber die durchschnittliche Dau-

18

---

[1] Bundesanstalt für Arbeit, Beschäftigte nach Wirtschaftsunterabschnitten, 2000.
[2] Statistisches Bundesamt, Arbeitnehmerentgelte je Arbeitnehmer, Fachserie 18, 2000.

er der Krankheitsfälle so stark zurück, dass per Saldo etwas weniger Arbeitsunfähigkeitstage (0,7%) anfielen als 1999.

In Ostdeutschland war der Krankenstand deutlich höher als in Westdeutschland (Ost: 4,1%; West: 3,6%). Zurückzuführen war dies darauf, dass sich dort ein größerer Anteil der Beschäftigten krank meldete. Gegenüber dem Vorjahr nahm im Jahr 2000 die Zahl der Krankmeldungen im Osten wesentlich stärker zu als im Westen (Ost: 17,3%; West: 3,9%). Die starke Zunahme der Arbeitsunfähigkeitsfälle konnte in Ostdeutschland durch den Rückgang der Falldauer nicht vollständig kompensiert werden, so dass dort die Zahl der Arbeitsunfähigkeitstage um 2,6% stieg (Tabelle 18.2.1).

Sowohl die Anzahl der Krankmeldungen (127,1 Fälle je 100 AOK-Mitglieder gegenüber durchschnittlich 157,1 Fällen) als auch deren Dauer (10,5 Tage je Fall gegenüber 12,5 Tagen) waren im Bereich Banken und Versicherungen niedriger als in allen anderen Wirtschaftszweigen. Damit ergibt sich für das Kredit- und Versicherungsgewerbe der niedrigste Krankenstand im Branchenvergleich. Die vergleichsweise geringen Fehlzeiten sind maßgeblich auf den hohen Anteil an Angestellten in dieser Branche zurückzuführen.

Tabelle 18.2.1. Krankenstandsentwicklung im Bereich Banken und Versicherungen, 2000

	Kranken-stand (in %)	Arbeitsunfähigkeiten je 100 AOK-Mitglieder				Tage je Fall	AU-Quote (in %)
		Fälle	Veränd. z. Vorj. (in %)	Tage	Veränd. z. Vorj. (in %)		
West	3,6	125,6	3,9	1317,9	−0,9	10,5	53,4
Ost	4,1	148,8	17,3	1515,3	2,6	10,2	58,0
BRD	3,6	127,1	4,8	1330,1	−0,7	10,5	53,7

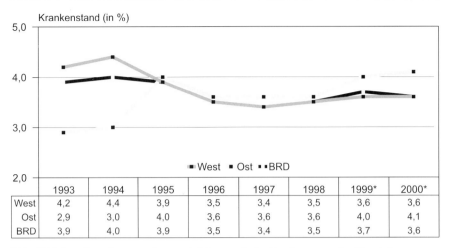

Abb. 18.2.1. Krankenstandsentwicklung bei Banken und Versicherungen 1993–2000

Abb. 18.2.1 [3] zeigt die Krankenstandsentwicklung bei Banken und Versicherungen in den Jahren 1993 bis 2000. Wie deutlich zu sehen ist, kam es bei den Banken und Versicherungen 1995 zu einer weitgehenden Angleichung des Krankenstandes zwischen Ost- und Westdeutschland. In den Jahren 1999 und 2000 allerdings fielen die ostdeutschen Werte deutlich höher aus als die westdeutschen (0,4 bzw. 0,5 Prozentpunkte). In den Jahren 1993 und 1994 war das Gegenteil der Fall.

18.2.3 Krankenstandsentwicklung nach Wirtschaftsabteilungen

Zwischen den Banken und den Versicherungen gab es deutliche Unterschiede hinsichtlich der krankheitsbedingten Fehlzeiten. Im Versicherungsgewerbe fiel der Krankenstand um 1,1 Prozentpunkte höher aus als bei den Banken (Tabelle 18.2.2). Statistisch gesehen resultiert der Krankenstand aus zwei Komponenten, der Anzahl der Krankmeldungen und deren Dauer. Beide Parameter wiesen bei den Versicherungen höhere Werte auf als im Bereich der Banken.

---

[3] Die Werte der Jahre 1999 und 2000 basieren auf der Klassifikation der Wirtschaftszweige der Bundesanstalt für Arbeit aus dem Jahre 1993 (WZS 93/ NACE), während den Werten der Jahre 1993 bis 1998 noch der Wirtschaftszweigschlüssel aus dem Jahr 1973 zugrunde lag. Die 99er Werte wurden auf Basis des aktuellen Schlüssels neu berechnet und sind daher nur begrenzt mit den im Fehlzeiten-Report 2000 veröffentlichten Werten, die auf Grundlage des alten Wirtschaftszweigschlüssels berechnet wurden, vergleichbar.

18

Tabelle 18.2.2. Krankenstandsentwicklung im Bereich Banken und Versicherungen nach Wirtschaftsabteilungen, 2000

Wirt-schafts-abteilung	Krankenstand (in %)		Arbeitsunfähigkeiten je 100 AOK-Mitglieder				Tage je Fall	AU-Quote (in %)
	2000	1999	Fälle	Veränd. z. Vorj. (in %)	Tage	Veränd. z. Vorj. (in %)		
Kreditge-werbe	3,5	3,5	124,9	4,3	1274,3	–0,4	10,2	54,5
Versiche-rungsge-werbe	4,6	4,6	147,3	8,3	1691,4	0,0	11,5	56,7
asso-ziierte Tätigkei-ten	3,4	3,3	113,4	7,7	1238,6	2,4	10,9	43,1

Tabellarische Übersichten und Abbildungen

18.2.4 Krankenstand nach Berufsgruppen

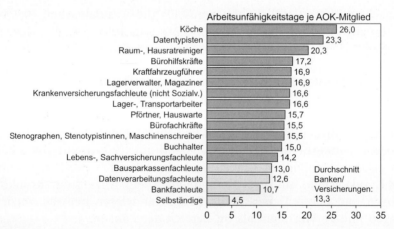

Abb. 18.2.2. Krankenstände bei Banken und Versicherungen nach Berufsgruppen, 2000

Tabelle 18.2.3. Banken und Versicherungen, Krankenstandskennzahlen nach ausgewählten Berufsgruppen, 2000

Tätigkeit	Kranken-stand (in %)	Arbeitsunfähig-keiten je 100 AOK-Mitglieder		Tage je Fall	AU-Quote (in %)	Anteil Arbeits-unfälle an den AU-Tagen (in %)
		Fälle	Tage			
Bankfachleute	2,9	126,0	1067,8	8,5	55,3	1,4
Bausparkassen-fachleute	3,6	149,0	1301,4	8,7	54,5	0,5
Bürofachkräfte	4,2	142,4	1546,2	10,9	52,2	1,1
Bürohilfskräfte	4,7	141,8	1717,0	12,1	52,8	1,4
Datenverarbei-tungsfachleute	3,4	124,6	1255,2	10,1	49,2	1,5
Köche	7,1	168,5	2601,7	15,4	67,8	2,8
Kraftfahrzeug-führer	4,6	110,0	1685,3	15,3	53,2	5,3
Krankenversiche-rungsfachleute	4,5	153,7	1663,8	10,8	55,7	1,5
Lebens-, Sach-versicherungs-fachleute	3,9	146,4	1422,1	9,7	53,9	1,1
Pförtner, Hauswarte	4,3	105,5	1568,9	14,9	51,6	4,5
Raum-, Hausrat-reiniger	5,6	122,7	2034,5	16,6	53,5	1,8
Stenographen, Stenotypistinnen, Maschinen-schreiber	4,2	139,6	1546,2	11,1	58,9	0,4

Berufsgruppen mit mehr als 1000 AOK-Versicherten

18

18.2.5 Kurz- und Langzeiterkrankungen

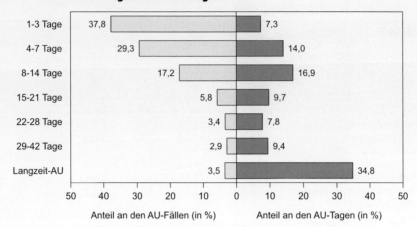

Abb. 18.2.3. Arbeitsunfähigkeitsfälle und -tage bei Banken und Versicherungen nach der Dauer, 2000

18.2.6 Krankenstand nach Bundesländern

Tabelle 18.2.4. Banken und Versicherungen, Arbeitsunfähigkeit nach Bundesländern, 2000 im Vergleich zum Vorjahr

	Arbeitsunfähigkeiten je 100 AOK-Mitglieder					
	AU-Fälle 2000	Veränd. z. Vorj. (in %)	AU-Tage 2000	Veränd. z. Vorj. (in %)	Tage je Fall 2000	Veränd. z. Vorj. (in %)
Baden-Württemb.	120,6	2,4	1170,6	3,0	9,7	0,0
Bayern	112,5	3,6	1180,3	-5,9	10,5	-8,7
Berlin	142,4	6,1	2273,7	1,4	16,0	-4,2
Brandenburg	120,4	-6,6	1068,8	-29,5	8,9	-24,6
Bremen	144,4	8,1	2120,3	1,0	14,7	-6,4
Hamburg	149,9	4,0	1974,3	16,5	13,2	11,9
Hessen	147,5	3,7	1510,6	-2,2	10,2	-6,4
Mecklenb.-Vorp.	170,0	22,2	1741,2	3,1	10,2	-15,7
Niedersachsen	137,2	5,6	1371,4	0,0	10,0	-5,7
Nordrhein-Westf.	142,9	7,7	1548,0	0,8	10,8	-6,9
Rheinland-Pfalz	128,2	-1,4	1408,9	-4,1	11,0	-2,7
Saarland	122,2	7,5	1666,1	-4,1	13,6	-11,1
Sachsen	148,1	20,5	1509,2	7,4	10,2	-10,5
Sachsen-Anhalt	153,1	17,9	1562,4	7,3	10,2	-8,9
Schleswig-Holst.	129,9	1,0	1515,9	-7,6	11,7	-8,6
Thüringen	135,3	11,8	1434,9	-2,6	10,6	-13,1
Bund	127,1	4,8	1330,1	-0,7	10,5	-4,5

18

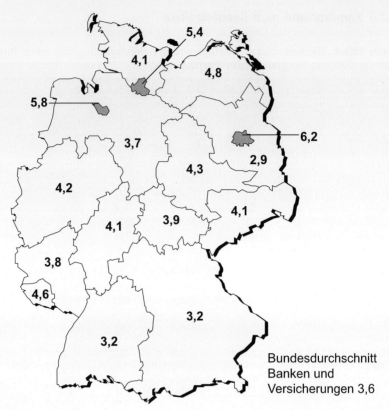

Abb. 18.2.4. Krankenstand (in %) bei Banken und Versicherungen nach Bundesländern, 2000

18.2.7 Krankenstand nach Betriebsgröße

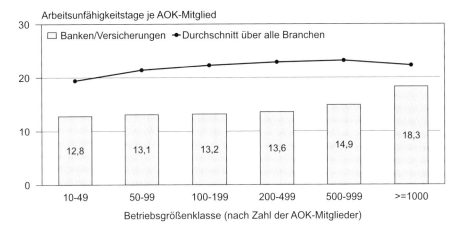

Abb. 18.2.5. Arbeitsunfähigkeitstage bei Banken und Versicherungen nach Betriebsgröße, 2000

Tabelle 18.2.5. Banken und Versicherungen, Arbeitsunfähigkeitstage je AOK-Mitglied nach Betriebsgröße (Anzahl der AOK-Mitglieder), 2000

Wirtschafts-abteilung	10–49	50–99	100–199	200–499	500–999	≥1000
Kreditgewerbe	12,1	12,6	12,7	13,6	14,4	14,8
Versicherungs-gewerbe	16,7	16,1	15,9	12,7	15,8	26,8
assoziierte Tätigkeiten	14,3	15,5	15,1	–	–	–
Durchschnitt über alle Branchen	19,4	21,4	22,3	22,9	23,2	22,3

18

18.2.8 Krankenstand nach Stellung im Beruf

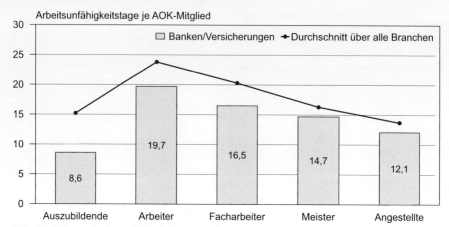

Abb. 18.2.6. Arbeitsunfähigkeitstage bei Banken und Versicherungen nach Stellung im Beruf, 2000

Tabelle 18.2.6. Banken und Versicherungen, Krankenstand (in %) nach Stellung im Beruf, 2000

Wirtschaftsabteilung	Auszu-bildende	Arbeiter	Fach-arbeiter	Meister, Poliere	Ange-stellte
Kreditgewerbe	2,2	5,4	4,4	4,6	3,1
Versicherungsgewerbe	2,9	5,8	5,3	1,8	4,5
assoziierte Tätigkeiten	2,6	4,6	4,1	2,0	3,4

18.2.9 Arbeitsunfälle

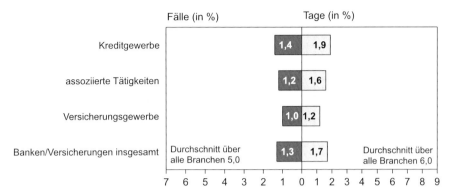

Abb. 18.2.7. Arbeitsunfälle bei Banken und Versicherungen nach Wirtschaftsabteilungen, Anteil an den AU-Fällen und -Tagen in %, 2000

Tabelle 18.2.7. Banken und Versicherungen, Arbeitsunfähigkeitstage durch Arbeitsunfälle nach Berufsgruppen, 2000

Tätigkeit	AU-Tage je 1000 AOK-Mitglieder	Anteil an den AU-Tagen insgesamt (in %)
Kraftfahrzeugführer	890,4	5,3
Köche	722,8	2,8
Pförtner, Hauswarte	714,0	4,5
Raum-, Hausratreiniger	363,5	1,8
Bürohilfskräfte	248,3	1,4
Bürofachkräfte	175,2	1,1
Lebens-, Sachversicherungsfachleute	159,7	1,1
Bankfachleute	152,6	1,4

18

18.2.10 Krankheitsarten

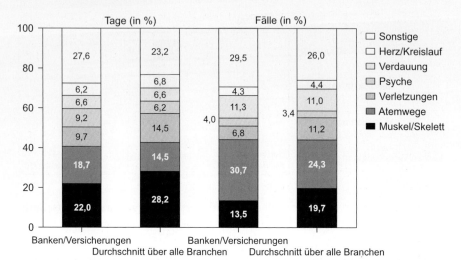

Abb. 18.2.8. Arbeitsunfähigkeiten bei Banken und Versicherungen nach Krankheitsarten, 2000

Tabelle 18.2.8. Banken und Versicherungen, Arbeitsunfähigkeitstage nach Krankheitsarten (in %), 2000

Wirtschafts-abteilung	Muskel/ Skelett	Atem-wege	Verlet-zungen	Herz/ Kreis-lauf	Verdau-ung	Psyche	Sons-tige
Kreditgewerbe	22,0	19,0	9,8	6,0	6,7	8,7	27,9
Versicherungs-gewerbe	22,6	18,0	9,2	6,7	6,1	10,9	26,4
assoziierte Tätigkeiten	21,2	17,2	9,5	6,7	7,1	10,3	28,0

Tabelle 18.2.9. Banken und Versicherungen, Arbeitsunfähigkeiten nach Krankheitsarten, Anteile der ICD-Untergruppen an den ICD-Hauptgruppen, 2000

ICD-Untergruppen	Anteil an den AU-Fällen (in %)	Anteil an den AU-Tagen (in %)
Muskel-/Skeletterkrankungen		
Krankheiten der Wirbelsäule und des Rückens	55,8	52,4
Krankheiten der Weichteilgewebe	18,6	16,8
Arthropathien	18,0	24,1
Sonstige	7,5	6,8
Verletzungen		
Verletzungen nicht näher bez. an Rumpf/Extremitäten/etc.	16,6	12,6
Verletzungen der Knöchelregion und des Fußes	13,7	12,6
Verletzungen des Knies und des Unterschenkels	13,1	20,2
Verletzungen des Handgelenkes und der Hand	9,3	8,4
Verletzungen des Kopfes	7,9	5,8
Sonstige	39,4	40,4
Atemwegserkrankungen		
Akute Infektionen der oberen Atemwege	44,1	38,4
Sonstige akute Infektionen der unteren Atemwege	20,4	20,4
Chronische Krankheiten der unteren Atemwege	14,8	17,5
Grippe und Pneumonie	10,4	11,2
Sonstige	10,4	12,4
Herz-/Kreislauferkrankungen		
Sonst. u. nicht näher bez. Krankheiten des Kreislaufsystems	23,6	9,3
Hypertonie [Hochdruckkrankheit]	21,6	22,2
Krankheiten der Venen/Lymphgefäße/Lymphknoten	21,2	20,2
Sonstige Formen der Herzkrankheit	13,1	15,1
Sonstige	20,5	33,2
Verdauung		
Nichtinfektiöse Enteritis und Kolitis	27,8	21,7
Krankheiten der Mundhöhle/Speicheldrüsen/Kiefer	27,3	12,3
Krankheiten des Ösophagus/Magens/Duodenums	24,2	22,7
Sonstige Krankheiten des Darmes	6,6	10,5
Krankheiten der Gallenblase/-wege/Pankreas	4,3	11,1
Sonstige	9,8	21,7

18

Tabelle 18.2.9 (Fortsetzung)

ICD-Untergruppen	Anteil an den AU-Fällen (in %)	Anteil an den AU-Tagen (in %)
Psychische und Verhaltensstörungen		
Neurotische, Belastungs- und somatoforme Störungen	49,1	40,2
Affektive Störungen	33,3	40,6
Psychische u. Verhaltensstörungen d. psychotrope Substanzen	5,5	5,3
Schizophrenie, schizotype und wahnhafte Störungen	4,0	5,4
Sonstige	8,0	8,6

18.3 Baugewerbe

18.3.1 Kosten der Arbeitsunfähigkeit

Im Jahr 2000 gab es im Baugewerbe 2,2 Millionen sozialversicherungspflichtig Beschäftigte[1]. Davon waren 50,1% AOK-Mitglied. Jeder bei der AOK versicherte Mitarbeiter in diesem Bereich war 2000 im Durchschnitt 21,7 Kalendertage krank geschrieben. Für die Branche insgesamt ergibt dies eine Summe von 48,3 Millionen krankheitsbedingten Fehltagen und 132 451 Erwerbsjahren. Bei einem durchschnittlichen Bruttojahresverdienst im Jahr 2000 von 44 500 DM[2] ergeben sich für das Jahr 2000 hochgerechnet auf alle Beschäftigten im Baugewerbe Kosten in Höhe von 5,9 Milliarden DM aufgrund von Produktionsausfällen durch Arbeitsunfähigkeit.

Die finanzielle Belastung eines Betriebes mit 100 Mitarbeitern durch diese Kosten betrug durchschnittlich 265 025 DM.

18.3.2 Allgemeine Krankenstandsentwicklung

Die Zahl der Krankmeldungen hat im Baugewerbe im Jahr 2000 gegenüber dem Vorjahr um 2% zugenommen. Da gleichzeitig die durchschnittliche Dauer der Krankheitsfälle zurückging, stieg die Zahl der Arbeitsunfähigkeitstage aber lediglich um 1,4%. 56,3% der Beschäftigten meldeten sich mindestens einmal krank. Die durchschnittliche Falldauer lag bei 14,1 Tagen (Tabelle 18.3.1).

In Westdeutschland fiel der Krankenstand deutlich höher aus als in Ostdeutschland (West: 6,1%; Ost: 5,4%). Im Westen war sowohl die Zahl der Krankmeldungen als auch deren Dauer höher als im Osten.

18

---

[1] Bundesanstalt für Arbeit, Beschäftigte nach Wirtschaftsunterabschnitten, 2000.
[2] Statistisches Bundesamt, Arbeitnehmerentgelte je Arbeitnehmer, Fachserie 18, 2000.

Tabelle 18.3.1. Krankenstandsentwicklung im Baugewerbe, 2000

	Kranken-stand (in %)	Arbeitsunfähigkeiten je 100 AOK-Mitglieder				Tage je Fall	AU-Quote (in %)
		Fälle	Veränd. z. Vorj. (in %)	Tage	Veränd. z. Vorj. (in %)		
West	6,1	157,3	2,2	2222,1	1,7	14,1	57,3
Ost	5,4	143,2	0,1	1981,9	−0,8	13,8	52,4
BRD	5,9	154,5	2,0	2173,8	1,4	14,1	56,3

Der Anteil der Arbeitnehmer, die sich ein oder mehrmals krank meldeten, betrug in Westdeutschland 57,3%, in Ostdeutschland dagegen nur 52,4%. Während die Anzahl der Arbeitsunfähigkeitstage im Westen etwas zunahm, ging sie im Osten leicht zurück.

Abb. 18.3.1 [3] zeigt die Krankenstandsentwicklung im Baugewerbe in den Jahren 1993–2000. Seit 1995 ging der Krankenstand in der BRD

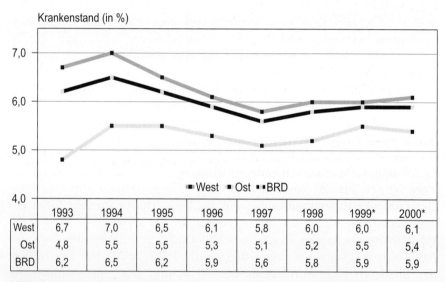

Krankenstand (in %)

	1993	1994	1995	1996	1997	1998	1999*	2000*
West	6,7	7,0	6,5	6,1	5,8	6,0	6,0	6,1
Ost	4,8	5,5	5,5	5,3	5,1	5,2	5,5	5,4
BRD	6,2	6,5	6,2	5,9	5,6	5,8	5,9	5,9

Abb. 18.3.1. Krankenstandsentwicklung im Baugewerbe 1993–2000

---

[3] Die Werte der Jahre 1999 und 2000 basieren auf der Klassifikation der Wirtschaftszweige der Bundesanstalt für Arbeit aus dem Jahre 1993 (WZS 93/NACE), während den Werten der Jahre 1993 bis 1998 noch der Wirtschaftszweigschlüssel aus dem Jahr 1973 zugrunde lag. Die 99er Werte wurden auf Basis des aktuellen Schlüssels neu berechnet und sind daher nur begrenzt mit den im Fehlzeiten-Report 2000 veröffentlichten Werten, die auf Grundlage des alten Wirtschaftszweigschlüssels berechnet wurden, vergleichbar.

kontinuierlich zurück und erreichte 1997 den niedrigsten Stand seit 1993. In den Jahren 1998–2000 nahm er jedoch wieder zu, blieb aber nach wie vor unter dem Niveau der Jahre 1993 bis 1995.

18.3.3 Krankenstandsentwicklung nach Wirtschaftsgruppen

Die Zahl der Krankmeldungen entsprach in fast allen Wirtschaftsgruppen des Baugewerbes etwa dem allgemeinen Branchendurchschnitt. Die Dauer der Krankmeldungen differierte jedoch erheblich und war im Hoch- und Tiefbau sowie im Bereich der vorbereitenden Baustellenarbeiten deutlich höher als im Branchendurchschnitt. Bedingt durch die hohe Falldauer fielen die Krankenstände in diesen Bereichen überdurchschnittlich hoch aus (6,5 bzw. 6,3%). Im Bereich der Bauinstallation dagegen lag der Krankenstand aufgrund der geringen Dauer der Arbeitsunfähigkeitsfälle 0,2 Prozentpunkte unter dem allgemeinen Branchendurchschnitt (5,4%). Der Anteil der Beschäftigten, die sich ein oder mehrmals krank meldeten, bewegte sich in den verschiedenen Wirtschaftsgruppen des Baugewerbes zwischen 50,1 und 57,2%.

Im Vergleich zum Vorjahr nahm die Zahl der Krankmeldungen, abgesehen vom Bereich der vorbereitenden Baustellenarbeiten, im Jahr 2000 in allen Wirtschaftsgruppen des Baugewerbes leicht zu. Gleichzeitig ging jedoch die durchschnittliche Dauer der Krankheitsfälle zurück, sodass die Zahl der Arbeitsunfähigkeitstage nicht im gleichen Maße stieg wie die Zahl der Fälle. Im Bereich der Vermietung von Baumaschinen und -geräten nahm der Krankenstand sogar trotz der Zunahme der Krankmeldungen ab (um 3,4%). Im Bereich der vorbereitenden Baustellenarbeiten waren weniger Krankmeldungen zu verzeichnen als im Vorjahr, was ebenfalls zu einem Rückgang der krankheitsbedingten Ausfalltage führte (um 2,1%) (Tabelle 18.3.2).

18

Tabelle 18.3.2. Krankenstandsentwicklung im Baugewerbe nach Wirtschaftsgruppen, 2000

Wirt-schafts-gruppe	Krankenstand (in %)		Arbeitsunfähigkeiten je 100 AOK-Mitglieder				Tage je Fall	AU-Quote (in %)
	2000	1999	Fälle	Veränd. z. Vorj. (in %)	Tage	Veränd. z. Vorj. (in %)		
Bauinstal-lation	5,2	5,1	154,9	1,9	1888,7	1,7	12,2	57,2
Hoch- und Tiefbau	6,5	6,4	152,6	2,0	2362,0	1,9	15,5	56,4
Vermietung von Bau-maschinen u. -geräten mit Bedienung-spersonal	5,6	5,8	129,8	2,4	2061,8	–3,4	15,9	53,6
Vorberei-tende Bau-stellen-arbeiten	6,3	6,4	159,0	–2,1	2291,2	–2,1	14,4	50,1
Sonstiges Baugewerbe	5,4	5,4	158,9	2,7	1985,0	1,5	12,5	55,9

Tabellarische Übersichten und Tabellen

18.3.4 Krankenstand nach Berufsgruppen

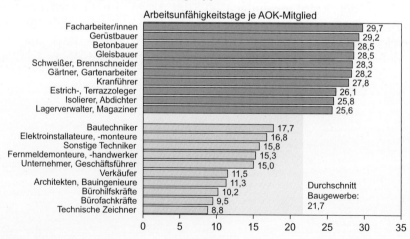

Abb. 18.3.2. 10 Berufsgruppen im Baugewerbe mit hohen und niedrigen Krankenständen, 2000

Tabelle 18.3.3. Baugewerbe, Krankenstandskennzahlen nach ausgewählten Berufsgruppen, 2000

Tätigkeit	Krankenstand (in %)	Arbeitsunfähigkeiten je 100 AOK-Mitglieder		Tage je Fall	AU-Quote (in %)	Anteil Arbeitsunfälle an den AU-Tagen (in %)
		Fälle	Tage			
Architekten, Bauingenieure	3,1	79,4	1126,9	14,2	37,1	6,4
Bauhilfsarbeiter	6,7	164,5	2470,1	15,0	56,9	12,5
Baumaschinenführer	6,3	120,5	2313,9	19,2	55,3	10,0
Bauschlosser	7,0	159,4	2544,4	16,0	62,0	11,1
Bautechniker	4,8	92,9	1771,0	19,1	42,5	8,5
Betonbauer	7,8	169,0	2850,3	16,9	58,7	12,6
Bürofachkräfte	2,6	85,8	951,1	11,1	38,4	2,1
Dachdecker	6,8	192,8	2492,9	12,9	63,7	14,9
Elektroinstallateure, -monteure	4,6	153,1	1681,7	11,0	58,3	9,9
Gerüstbauer	8,0	196,6	2920,2	14,9	58,9	14,9
Kraftfahrzeugführer	6,1	116,5	2225,8	19,1	52,3	11,9
Kranführer	7,6	138,3	2779,4	20,1	58,4	11,9
Maler, Lackierer	5,7	174,6	2072,2	11,9	59,4	8,2
Maurer	6,5	152,5	2388,3	15,7	57,1	12,7
Rohrinstallateure	5,5	170,1	1999,1	11,8	63,8	9,9
Schweißer, Brennschneider	7,7	164,5	2832,6	17,2	62,0	11,6
Straßenbauer	6,6	159,8	2432,2	15,2	59,7	9,6
Technische Zeichner	2,4	129,7	876,4	6,8	51,0	4,9
Unternehmer, Geschäftsführer	4,1	67,6	1502,5	22,2	33,2	6,0
Zimmerer	6,2	160,9	2260,4	14,1	60,4	17,7

Berufsgruppen mit mehr als 2000 AOK-Versicherten

18

18.3.5 Kurz- und Langzeiterkrankungen

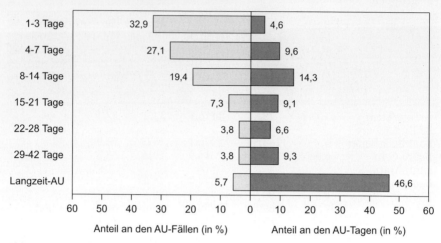

Abb. 18.3.3. Arbeitsunfähigkeitsfälle und -tage im Baugewerbe nach der Dauer, 2000

18.3.6 Krankenstand nach Bundesländern

Tabelle 18.3.4. Baugewerbe, Arbeitsunfähigkeit nach Bundesländern, 2000 im Vergleich zum Vorjahr

	Arbeitsunfähigkeiten je 100 AOK-Mitglieder					
	AU-Fälle 2000	Veränd. z. Vorj. (in %)	AU-Tage 2000	Veränd. z. Vorj. (in %)	Tage je Fall 2000	Veränd. z. Vorj. (in %)
Baden-Württemb.	163,1	3,4	2265,1	1,4	13,9	−1,4
Bayern	137,7	1,4	1957,7	2,9	14,2	1,4
Berlin	151,4	1,1	2835,5	5,5	18,7	3,9
Brandenburg	130,0	−7,3	1816,9	−10,5	14,0	−3,4
Bremen	175,4	2,3	2630,9	9,7	15,0	7,1
Hamburg	171,9	2,4	2932,2	2,5	17,1	0,6
Hessen	168,1	0,9	2377,7	0,5	14,1	−0,7
Mecklenb.-Vorp.	142,0	−0,6	2019,7	−0,4	14,2	0,0
Niedersachsen	154,7	2,5	1828,1	0,5	11,8	−2,5
Nordrhein-Westf.	173,8	4,2	2476,0	0,2	14,2	−4,1
Rheinland-Pfalz	177,0	1,8	2351,1	1,5	13,3	0,0
Saarland	165,2	−0,5	2718,2	2,6	16,5	3,1
Sachsen	145,1	4,0	2016,8	3,7	13,9	−0,7
Sachsen-Anhalt	148,3	−1,8	2021,1	−4,0	13,6	−2,2
Schleswig-Holst.	164,2	2,1	2324,9	5,7	14,2	3,6
Thüringen	145,2	0,2	1974,8	0,5	13,6	0,0
Bund	154,5	2,0	2173,8	1,4	14,1	−0,7

18

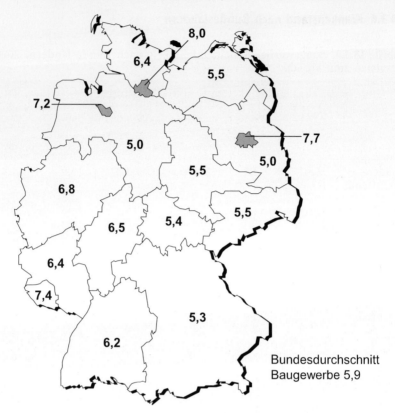

Abb. 18.3.4. Krankenstand (in %) im Baugewerbe nach Bundesländern, 2000

18.3.7 Krankenstand nach Betriebsgröße

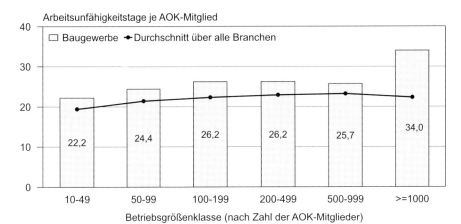

Abb. 18.3.5. Arbeitsunfähigkeitstage im Baugewerbe nach Betriebsgröße, 2000

Tabelle 18.3.5. Baugewerbe, Arbeitsunfähigkeitstage je AOK-Mitglied nach Betriebsgröße (Anzahl der AOK-Mitglieder), 2000

Wirtschaftsgruppe	10–49	50–99	100–199	200–499	500–999	≥1000
Bauinstallation	19,7	21,3	23,4	22,3	15,9	15,6
Hoch- und Tiefbau	23,3	25,3	26,8	27,1	26,4	43,6
Vermietung von Baumaschinen u. -geräten mit Bedienungspersonal	21,9	26,5	30,2	–	–	–
Vorbereitende Baustellenarbeiten	23,1	23,4	25,8	32,2	30,7	29,7
Sonstiges Baugewerbe	21,6	22,0	26,2	16,8	–	–
Durchschnitt über alle Branchen	19,4	21,4	22,3	22,9	23,2	22,3

18

18.3.8 Krankenstand nach Stellung im Beruf

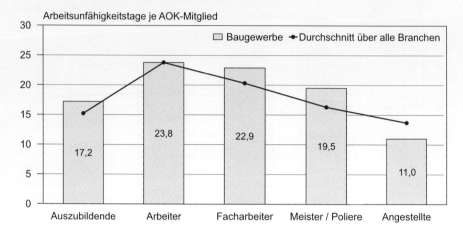

Abb. 18.3.6. Arbeitsunfähigkeitstage im Baugewerbe nach Stellung im Beruf, 2000

Tabelle 18.3.6. Baugewerbe, Krankenstand (in %) nach Stellung im Beruf, 2000

Wirtschaftsgruppe	Auszu-bildende	Arbeiter	Fach-arbeiter	Meister, Poliere	Ange-stellte
Bauinstallation	4,1	6,2	5,5	4,5	2,9
Hoch- und Tiefbau	5,3	6,8	6,7	5,7	3,1
Vermietung von Bau-maschinen u. -geräten mit Bedienungspersonal	6,8	5,3	6,1	3,2	3,3
Vorbereitende Baustellenarbeiten	4,3	6,6	6,2	6,1	3,4
Sonstiges Baugewerbe	4,7	5,9	5,8	5,0	2,9

18.3.9 Arbeitsunfälle

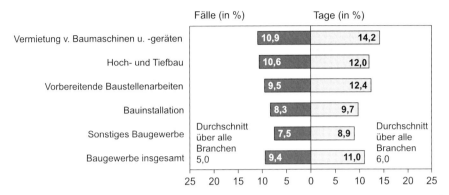

Abb. 18.3.7. Arbeitsunfälle im Baugewerbe nach Wirtschaftsgruppen, Anteil an den AU-Fällen und AU-Tagen in %, 2000

Tabelle 18.3.7. Baugewerbe, Arbeitsunfähigkeitstage durch Arbeitsunfälle nach Berufsgruppen, 2000

Tätigkeit	AU-Tage je 1000 AOK-Mitglieder	Anteil an den AU-Tagen insgesamt (in %)
Gerüstbauer	4340,3	14,9
Zimmerer	4003,9	17,7
Dachdecker	3723,8	14,9
Betonbauer	3579,8	12,6
Sonstige Bauhilfsarbeiter, Bauhelfer	3131,2	13,7
Bauhilfsarbeiter	3096,0	12,5
Maurer	3021,7	12,7
Sonstige Tiefbauer	2677,6	11,4
Kraftfahrzeugführer	2658,0	11,9
Stukkateure, Gipser, Verputzer	2607,0	10,3
Isolierer, Abdichter	2566,6	9,9
Straßenbauer	2335,0	9,6
Baumaschinenführer	2307,8	10,0
Tischler	2103,2	11,8
Rohrinstallateure	1981,9	9,9
Maler, Lackierer	1699,3	8,2
Elektroinstallateure, -monteure	1662,1	9,9

18

18.3.10 Krankheitsarten

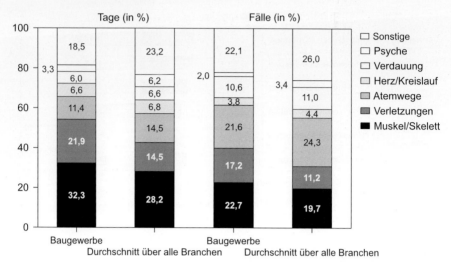

Abb. 18.3.8. Arbeitsunfähigkeiten im Baugewerbe nach Krankheitsarten, 2000

Tabelle 18.3.8. Baugewerbe, Arbeitsunfähigkeitstage nach Krankheitsarten (in %), 2000

Wirtschafts-gruppe	Muskel/ Skelett	Atem-wege	Verlet-zungen	Herz/ Kreis-lauf	Verdau-ung	Psyche	Sons-tige
Bauinstallation	29,5	13,5	21,8	6,2	6,2	3,7	19,2
Hoch- und Tiefbau	33,5	10,3	22,2	7,0	5,8	3,1	18,1
Vermietung von Bau-maschinen u. -geräten mit Bedienungs-personal	30,5	11,1	23,0	8,2	6,1	2,7	18,4
Vorbereitende Baustellen-arbeiten	29,6	12,3	22,2	7,2	6,6	3,7	18,5
Sonstiges Baugewerbe	32,1	12,4	21,1	5,7	6,2	3,6	18,9

Tabelle 18.3.9. Baugewerbe, Arbeitsunfähigkeiten nach Krankheitsarten, Anteile der ICD-Untergruppen an den ICD-Hauptgruppen, 2000

ICD-Untergruppen	Anteil an den AU-Fällen (in %)	Anteil an den AU-Tagen (in %)
Muskel-/Skeletterkrankungen		
Krankheiten der Wirbelsäule und des Rückens	55,5	54,0
Krankheiten der Weichteilgewebe	20,5	17,6
Arthropathien	18,4	23,5
Sonstige	5,6	4,9
Verletzungen		
Verletzungen nicht näher bez. an Rumpf/Extremitäten/etc.	19,8	15,6
Verletzungen des Handgelenkes und der Hand	15,9	16,2
Verletzungen der Knöchelregion und des Fußes	11,0	11,8
Verletzungen des Knies und des Unterschenkels	9,8	15,2
Verletzungen des Kopfes	8,1	5,9
Sonstige	35,4	35,3
Atemwegserkrankungen		
Akute Infektionen der oberen Atemwege	41,2	33,2
Sonstige akute Infektionen der unteren Atemwege	21,8	20,1
Chronische Krankheiten der unteren Atemwege	16,0	20,7
Grippe und Pneumonie	11,2	12,3
Sonstige	9,8	13,6
Herz-/Kreislauferkrankungen		
Hypertonie [Hochdruckkrankheit]	26,5	22,5
Ischämische Herzkrankheiten	18,1	28,4
Krankheiten der Venen/Lymphgefäße/Lymphknoten	17,8	12,2
Sonst. u. nicht näher bez. Krankheiten des Kreislaufsystems	13,9	3,7
Sonstige	23,6	33,1
Verdauung		
Krankheiten des Ösophagus/Magens/Duodenums	29,1	27,0
Nichtinfektiöse Enteritis und Kolitis	26,7	15,9
Krankheiten der Mundhöhle/Speicheldrüsen/Kiefer	23,6	7,9
Sonstige Krankheiten des Darmes	5,4	9,2
Hernien	5,3	18,3
Sonstige	10,0	21,7

18

Tabelle 18.3.9 (Fortseztung)

ICD-Untergruppen	Anteil an den AU-Fällen (in %)	Anteil an den AU-Tagen (in %)
Psychische und Verhaltensstörungen		
Neurotische, Belastungs- und somatoforme Störungen	38,0	31,4
Psychische und Verhaltensstörungen durch psychotrope Substanzen	27,6	26,4
Affektive Störungen	23,8	29,3
Schizophrenie, schizotype und wahnhafte Störungen	3,9	6,6
Sonstige	6,7	6,4

18.4 Dienstleistungen

18.4.1 Kosten der Arbeitsunfähigkeit

Im Jahr 2000 gab es im Dienstleistungsbereich 7,9 Millionen sozialversicherungspflichtig Beschäftigte[1]. Jeder Mitarbeiter in diesem Bereich (AOK-Mitglieder) war 2000 im Durchschnitt 18,4 Kalendertage krankgeschrieben. Für die Branche insgesamt ergibt dies eine Summe von 146 Millionen krankheitsbedingten Fehltagen oder 399 562 Erwerbsjahren. Bei einem durchschnittlichen Bruttojahresverdienst im Jahr 2000 von 40 589 DM[2] ergaben sich für das Jahr 2000 hochgerechnet auf alle Beschäftigten im Dienstleistungsbereich Kosten in Höhe von 16,2 Milliarden DM aufgrund von Produktionsausfällen durch Arbeitsunfähigkeit. Die finanzielle Belastung eines Betriebes mit 100 Mitarbeitern durch diese Kosten betrug durchschnittlich 204 202 DM.

18.4.2 Allgemeine Krankenstandsentwicklung

Die Zahl der Krankmeldungen hat im Jahr 2000 im Dienstleistungsbereich um 4,7% zugenommen. Gleichzeitig ging aber die durchschnittliche Dauer der Krankheitsfälle zurück, sodass es nur zu einem geringfügigen Anstieg der Arbeitsunfähigkeitstage kam (0,7%).

In Ostdeutschland stieg die Zahl der Arbeitsunfähigkeitsfälle deutlich stärker als in Westdeutschland (Ost: 7,4%; West: 4,4%). Allerdings reduzierte sich dort die durchschnittliche Falldauer so stark, dass per Saldo etwas weniger krankheitsbedingte Ausfalltage zu verzeichnen waren als im Vorjahr (0,5%). Der Anteil der Beschäftigten, die sich

18

---

[1] Bundesanstalt für Arbeit, Beschäftigte nach Wirtschaftsunterabschnitten 2000.
[2] Statistisches Bundesamt, Arbeitnehmerentgelte je Arbeitnehmer, Fachserie 18, 2000.

Tabelle 18.4.1. Krankenstandsentwicklung im Bereich Dienstleistungen, 2000

	Kranken-stand (in %)	Arbeitsunfähigkeiten je 100 AOK-Mitglieder				Tage je Fall	AU-Quote (in %)
		Fälle	Veränd. z. Vorj. (in %)	Tage	Veränd. z. Vorj. (in %)		
West	4,9	152,7	4,4	1807,7	1,2	11,8	49,2
Ost	5,5	165,0	7,4	2021,3	−0,5	12,3	52,0
BRD	5,0	154,3	4,7	1836,3	0,7	11,9	49,6

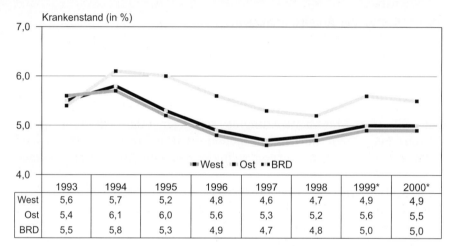

Abb. 18.4.1. Krankenstandsentwicklung im Dienstleistungsbereich 1993–2000

ein oder mehrmals krank meldeten, betrug im Osten 52,0%, im Westen dagegen nur 49,2% (Tabelle 18.4.1).

Abbildung 18.4.1 zeigt die Krankenstandsentwicklung im Bereich Dienstleistungen in den Jahren 1993–2000. Seit 1995 ging der Krankenstand kontinuierlich zurück und erreichte 1997 den niedrigsten Stand seit 1993. In den Jahren 1998 und 1999 nahm er erstmalig wieder geringfügig zu. Im Jahr 2000 blieb er nahezu stabil. Trotz des Anstiegs in den Jahren 1998 und 1999 befindet sich der Krankenstand nach wie vor auf einem niedrigeren Niveau als in den Jahren 1993–1995.

Seit 1994 waren in Ostdeutschland höhere Krankenstandswerte zu verzeichnen als in Westdeutschland. Im Jahr 2000 betrug die Differenz 0,6 Prozentpunkte.

18.4.3 Krankenstandsentwicklung nach Wirtschaftsabteilungen

In den einzelnen Wirtschaftsabteilungen des Dienstleistungsbereichs differierten die Krankenstände sehr stark. Der mit Abstand höchste Krankenstand war im Bereich Abwasser- und Abfallbeseitigung und sonstige Entsorgung zu verzeichnen (6,9%). In diesem Bereich war sowohl die Zahl der Krankmeldungen als auch deren Dauer erheblich höher als in anderen Branchen. Auch in den Bereichen Interessenvertretungen, kirchliche und sonstige religiöse Vereinigungen sowie im Gesundheits-, Veterinär- und Sozialwesen lagen die Krankenstände über dem allgemeinen Branchendurchschnitt. Am geringsten war der Krankenstand im EDV-Bereich (2,9%), was u.a. mit der Altersstruktur in diesem Bereich zusammenhängen dürfte. Niedrige Krankenstände waren auch bei in privaten Haushalten Beschäftigten, im Bereich Kultur, Sport und Unterhaltung sowie im Gastgewerbe zu verzeichnen (Tabelle 18.4.2).

Auch der Anteil der Arbeitnehmer, die ein- oder mehrmals krank geschrieben waren, schwankte in den verschiedenen Wirtschaftszweigen des Dienstleistungssektors beträchtlich. Während er im Wirtschaftszweig Abwasser- und Abfallbeseitigung und sonstige Entsorgung bei 62,2% lag, waren es im Bereich Kultur, Sport und Unterhaltung lediglich 36,0%.

Im Vergleich zum Vorjahr nahm die Zahl der Krankmeldungen in fast allen Wirtschaftszweigen des Dienstleistungsbereichs zu, zum Teil allerdings nur geringfügig. Die größte Zunahme (7,6%) war im EDV-Bereich zu verzeichnen. Die gestiegene Zahl der Arbeitsunfähigkeitsfälle führte aber nicht in allen Wirtschaftszweigen zu einem Anstieg der krankheitsbedingten Ausfalltage, da meist die durchschnittliche Falldauer zurück ging. Bei der Hälfte der Wirtschaftszweige war der Krankenstand rückläufig.

18

Tabelle 18.4.2. Krankenstandsentwicklung im Bereich Dienstleistungen nach Wirtschaftsabteilungen, 2000

Wirtschaftsabteilung	Krankenstand (in %)		Arbeitsunfähigkeiten je 100 AOK-Mitglieder				Tage je Fall	AU-Quote (in %)
	2000	1999	Fälle	Veränd. z. Vorj. (in %)	Tage	Veränd. z. Vorj. (in %)		
Datenverarbeitung und Datenbanken	2,9	2,8	120,9	7,6	1059,7	2,8	8,8	43,2
Erbringung von Dienstleistungen überwiegend für Unternehmen	5,1	5,0	169,0	7,4	1880,1	2,9	11,1	47,7
Gastgewerbe	3,9	3,9	118,2	5,7	1439,5	1,5	12,2	39,7
Erbringung von sonstigen Dienstleistungen	4,3	4,5	147,9	4,4	1565,9	-3,8	10,6	53,4
Grundstücks- und Wohnungswesen	4,8	4,7	121,3	4,1	1751,2	2,0	14,4	48,4
Vermietung beweglicher Sachen ohne Bedienungspersonal	4,8	4,9	135,0	3,7	1752,1	-1,3	13,0	49,2
Gesundheits-, Veterinär- und Sozialwesen	5,7	5,6	162,8	3,1	2068,1	1,0	12,7	58,9
Kultur, Sport und Unterhaltung	3,8	3,9	106,1	1,1	1375,3	-2,9	13,0	36,0
Abwasser- und Abfallbeseitigung und sonstige Entsorgung	6,9	7,1	178,2	0,8	2540,1	-1,4	14,3	62,2
Private Haushalte	3,3	3,3	88,3	0,1	1199,0	0,8	13,6	39,2
Forschung und Entwicklung	5,2	5,3	156,4	-0,6	1887,0	-1,9	12,1	53,2
Interessenvertretungen, kirchliche und sonstige religiöse Vereinigungen	5,7	6,0	201,8	-0,7	2101,7	-3,6	10,4	58,0

Tabellarische Übersichten und Abbildungen

18.4.4 Krankenstand nach Berufsgruppen

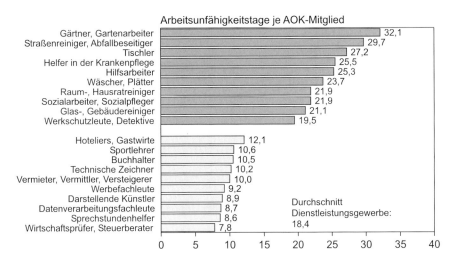

Abb. 18.4.2. 10 Berufsgruppen im Dienstleistungsbereich mit hohen und niedrigen Krankenständen, 2000

Tabelle 18.4.3. Dienstleistungen, Krankenstandskennzahlen nach ausgewählten Berufsgruppen, 2000

Tätigkeit	Krankenstand (in %)	Arbeitsunfähigkeiten je 100 AOK-Mitglieder		Tage je Fall	AU-Quote (in %)	Anteil Arbeitsunfälle an den AU-Tagen (in %)
		Fälle	Tage			
Artisten, Berufssportler, künstlerische Hilfsberufe	4,2	115,0	1536,8	13,4	33,0	34,7
Ärzte	1,7	60,3	630,6	10,5	27,6	3,0
Bürofachkräfte	3,5	140,7	1270,0	9,0	48,1	1,7
Darstellende Künstler	2,4	84,6	893,2	10,6	17,4	7,4
Datenverarbeitungsfachleute	2,4	106,8	868,5	8,1	39,0	2,2
Fremdenverkehrsfachleute	3,5	141,2	1277,7	9,1	43,2	1,8
Friseur(e/innen)	3,4	154,0	1244,7	8,1	56,7	1,4
Heimleiter, Sozialpädagogen	4,0	136,3	1479,9	10,9	56,3	2,5
Hoteliers, Gastwirt(e/innen), Hotel-, Gaststättengeschäftsführer/innen	3,3	125,8	1214,6	9,7	44,8	4,2
Kindergärtnerinnen, Kinderpflegerinnen	3,8	170,2	1393,8	8,2	62,5	1,8
Köche	5,0	137,9	1822,5	13,2	45,6	4,4
Krankenschwestern, -pfleger, Hebammen	4,4	132,9	1602,0	12,1	57,7	2,1
Lager-, Transportarbeiter	6,5	222,8	2382,0	10,7	50,4	5,9
Raum-, Hausratreiniger	6,0	152,6	2191,9	14,4	50,2	3,1
Restaurantfachleute, Steward, Stewardessen	3,6	111,2	1303,6	11,7	37,1	4,0
Sozialarbeiter, Sozialpfleger	6,0	167,5	2192,9	13,1	59,4	2,4
Sprechstundenhelfer	2,4	124,3	862,8	6,9	49,1	1,7
Unternehmer, Geschäftsführer	2,9	73,3	1079,2	14,7	33,2	4,2
Werbefachleute	2,5	116,0	915,1	7,9	37,4	3,6
Wirtschaftsprüfer, Steuerberater	2,1	120,5	775,3	6,4	49,6	1,7

Berufsgruppen mit mehr als 2000 AOK-Versicherten

18.4.5 Kurz- und Langzeiterkrankungen

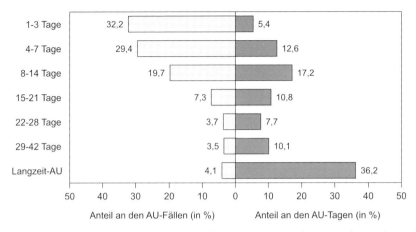

Abb. 18.4.3. Arbeitsunfähigkeitsfälle und -tage im Dienstleistungsbereich nach der Dauer, 2000

18.4.6 Krankenstand nach Bundesländern

Tabelle 18.4.4. Dienstleistungen, Arbeitsunfähigkeit nach Bundesländern, 2000 im Vergleich zum Vorjahr

	Arbeitsunfähigkeiten je 100 AOK-Mitglieder					
	AU-Fälle 2000	Veränd. z. Vorj. (in %)	AU-Tage 2000	Veränd. z. Vorj. (in %)	Tage je Fall 2000	Veränd. z. Vorj (in %)
Baden-Württemb.	138,5	5,1	1573,0	2,4	11,4	−2,6
Bayern	129,4	5,1	1574,0	3,0	12,2	−1,6
Berlin	162,3	2,5	2517,1	0,0	15,5	−2,5
Brandenburg	152,2	−3,7	1836,4	−14,5	12,1	−11,0
Bremen	190,1	2,1	2308,5	0,5	12,1	−1,6
Hamburg	189,6	5,5	2206,9	2,2	11,6	−3,3
Hessen	170,1	4,4	1991,3	2,2	11,7	−2,5
Mecklenb.-Vorp.	181,6	8,5	2248,4	2,6	12,4	−5,3
Niedersachsen	162,9	5,0	1757,4	1,5	10,8	−3,6
Nordrhein-Westf.	168,9	3,6	1964,6	−1,0	11,6	−4,9
Rheinland-Pfalz	167,8	3,5	1923,2	0,9	11,5	−2,5
Saarland	160,0	3,8	2225,3	3,6	13,9	0,0
Sachsen	165,5	10,2	1983,3	1,4	12,0	−7,7
Sachsen-Anhalt	153,3	8,9	1977,1	4,2	12,9	−4,4
Schleswig-Holst.	163,9	3,8	2076,6	2,3	12,7	−1,6
Thüringen	171,3	7,5	2112,1	0,5	12,3	−6,8
Bund	154,3	4,7	1836,3	0,7	11,9	−4,0

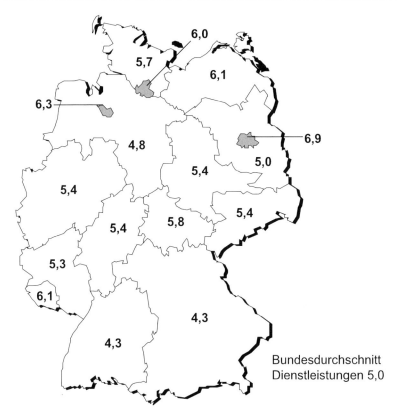

Abb. 18.4.4. Krankenstand (in %) im Dienstleistungsbereich nach Bundesländern, 2000

18.4.7 Krankenstand nach Betriebsgröße

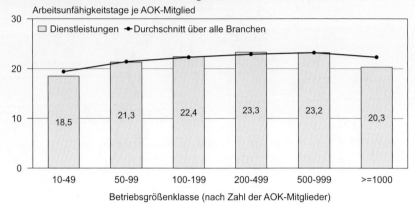

Abb. 18.4.5. Arbeitsunfähigkeitstage im Dienstleistungsbereich nach Betriebsgröße, 2000

Tabelle 18.4.5. Dienstleistungen, Arbeitsunfähigkeitstage je AOK-Mitglied nach Betriebsgröße (Anzahl der AOK-Mitglieder), 2000

Wirtschaftsabteilung	10–49	50–99	100–199	200–499	500–999	≥1000
Abwasser- und Abfallbeseitigung und sonstige Entsorgung	23,2	25,3	27,6	31,0	25,6	31,7
Datenverarbeitung und Datenbanken	11,2	15,4	19,2	4,7	6,6	–
Erbringung von Dienstleistungen überwiegend für Unternehmen	19,1	20,6	20,7	21,3	22,6	22,8
Erbringung von sonstigen Dienstleistungen	18,0	21,7	23,7	26,1	–	31,9
Forschung und Entwicklung	17,3	17,0	19,5	29,4	20,4	30,9
Gastgewerbe	14,5	17,6	20,1	22,3	25,6	26,3
Gesundheits-, Veterinär- und Sozialwesen	21,4	22,4	23,6	23,9	23,6	23,7
Grundstücks- und Wohnungswesen	19,5	21,9	25,2	33,3	–	23,7
Interessenvertretungen, kirchliche und sonstige religiöse Vereinigungen	19,9	24,5	26,0	26,1	26,5	20,1
Kultur, Sport und Unterhaltung	16,6	19,2	19,7	20,3	18,5	6,9
Private Haushalte	14,1	14,7	16,4	–	–	–
Vermietung beweglicher Sachen ohne Bedienungspersonal	18,7	21,1	22,2	22,3	–	–
Durchschnitt über alle Branchen	19,4	21,4	22,3	22,9	23,2	22,3

18.4.8 Krankenstand nach Stellung im Beruf

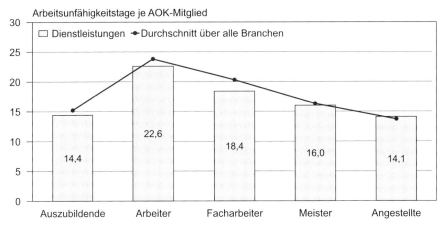

Abb. 18.4.6. Arbeitsunfähigkeitstage im Dienstleistungsbereich nach Stellung im Beruf, 2000

Tabelle 18.4.6. Dienstleistungen, Krankenstand (in %) nach Stellung im Beruf, 2000

Wirtschaftsabteilung	Auszu-bildende	Arbeiter	Fach-arbeiter	Meister, Poliere	Ange-stellte
Abwasser- und Abfallbeseitigung und sonstige Entsorgung	4,0	7,8	6,4	3,5	3,8
Datenverarbeitung und Datenbanken	2,1	6,2	3,7	4,7	2,6
Erbringung von Dienstleistungen überwiegend für Unternehmen	3,2	6,1	6,0	4,6	3,2
Erbringung von sonstigen Dienstleistungen	3,7	5,6	3,8	3,7	3,4
Forschung und Entwicklung	2,5	7,5	5,7	5,6	3,5
Gastgewerbe	4,0	4,2	3,8	3,4	2,9
Gesundheits-, Veterinär- und Sozialwesen	3,8	8,6	6,0	5,0	4,7
Grundstücks- und Wohnungswesen	3,4	5,5	5,6	4,7	3,4
Interessenvertretungen, kirchliche und sonstige religiöse Vereinigungen	6,3	9,5	6,5	5,2	4,3
Kultur, Sport und Unterhaltung	3,3	5,5	5,3	4,4	2,2
Private Haushalte	3,1	3,2	3,5	4,3	3,0
Vermietung beweglicher Sachen ohne Bedienungspersonal	3,0	5,8	5,3	3,8	2,9

18

18.4.9 Arbeitsunfälle

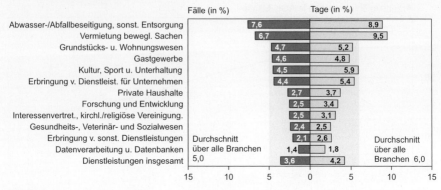

Abb. 18.4.7. Arbeitsunfälle im Dienstleistungsbereich nach Wirtschaftsabteilungen, Anteil an den AU-Fällen und -Tagen in Prozent, 2000

Tabelle 18.4.7. Dienstleistungen, Arbeitsunfähigkeitstage durch Arbeitsunfälle nach Berufsgruppen, 2000

Tätigkeit	AU-Tage je 1000 AOK-Mitglieder	Anteil an den AU-Tagen insgesamt (in %)
Industriemechaniker/innen	2793,5	11,7
Straßenreiniger, Abfallbeseitiger	2455,9	8,3
Kraftfahrzeugführer	1982,5	9,1
Elektroinstallateure, -monteure	1670,1	8,5
Hilfsarbeiter ohne nähere Tätigkeitsangabe	1581,1	6,2
Gärtner, Gartenarbeiter	1472,7	4,6
Lager-, Transportarbeiter	1423,7	5,9
Glas-, Gebäudereiniger	1205,3	5,7
Pförtner, Hauswarte	982,5	5,3
Wächter, Aufseher	877,9	4,2
Köche	814,5	4,4
Raum-, Hausratreiniger	693,3	3,1
Hauswirtschaftliche Betreuer	630,3	2,6
Übrige Gästebetreuer	625,9	4,2
Verkäufer	562,0	3,4
Helfer in der Krankenpflege	544,3	2,1
Sozialarbeiter, Sozialpfleger	543,8	2,4
Restaurantfachleute, Steward/Stewardessen	539,1	4,0
Krankenschwestern, -pfleger, Hebammen	355,6	2,1
Bürofachkräfte	218,3	1,7

18.4.10 Krankheitsarten

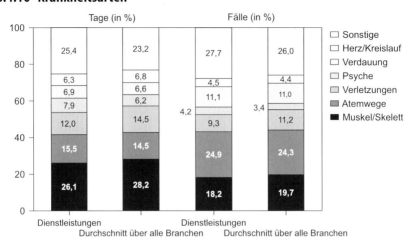

Abb. 18.4.8. Arbeitsunfähigkeiten im Dienstleistungsbereich nach Krankheitsarten, 2000

Tabelle 18.4.8. Dienstleistungen, Arbeitsunfähigkeitstage nach Krankheitsarten (in %), 2000

Wirtschaftsabteilung	Muskel/Skelett	Atemwege	Verletzungen	Herz/Kreislauf	Verdauung	Psyche	Sonstige
Abwasser- und Abfallbeseitigung und sonstige Entsorgung	30,8	13,3	17,3	7,3	6,5	4,1	20,7
Datenverarbeitung und Datenbanken	18,8	22,2	10,4	5,5	8,0	8,4	26,7
Erbringung von Dienstleistungen überwiegend für Unternehmen	26,5	15,7	13,4	6,2	7,3	6,7	24,2
Erbringung von sonstigen Dienstleistungen	24,4	16,2	10,9	6,3	7,0	7,1	28,0
Forschung und Entwicklung	26,1	16,7	10,8	7,3	6,7	7,6	24,8
Gastgewerbe	24,5	14,6	13,6	6,3	7,5	7,1	26,5
Gesundheits-, Veterinär- und Sozialwesen	26,8	15,3	9,4	6,1	6,2	9,8	26,5
Grundstücks- und Wohnungswesen	29,2	13,0	12,7	8,5	6,3	6,7	23,6
Interessenvertretungen, kirchliche und sonstige religiöse Vereinigungen	23,8	18,4	10,8	6,1	7,2	8,3	25,5
Kultur, Sport und Unterhaltung	24,5	15,1	15,1	7,0	6,7	8,1	23,6
Private Haushalte	24,5	12,6	12,4	7,2	6,2	8,2	28,9
Vermietung beweglicher Sachen ohne Bedienungspersonal	27,2	13,6	18,3	6,5	6,5	5,4	22,4

18

Tabelle 18.4.9. Dienstleistungen, Arbeitsunfähigkeiten nach Krankheitsarten. Anteile der ICD-Untergruppen an den ICD-Hauptgruppen, 2000

ICD-Untergruppen	Anteil an den AU-Fällen (in %)	Anteil an den AU-Tagen (in %)
Muskel-/Skeletterkrankungen		
Krankheiten der Wirbelsäule und des Rückens	59,6	56,1
Krankheiten der Weichteilgewebe	19,5	17,8
Arthropathien	15,3	20,8
Sonstige	5,6	5,3
Verletzungen		
Verletzungen nicht näher bez. an Rumpf/Extremitäten/etc.	18,1	14,5
Verletzungen des Handgelenkes und der Hand	13,6	13,3
Verletzungen der Knöchelregion und des Fußes	11,9	12,1
Verletzungen des Knies und des Unterschenkels	9,9	15,3
Verletzungen des Kopfes	7,9	6,1
Sonstige	38,6	38,5
Atemwegserkrankungen		
Akute Infektionen der oberen Atemwege	42,0	35,8
Sonstige akute Infektionen der unteren Atemwege	21,4	21,0
Chronische Krankheiten der unteren Atemwege	16,3	20,0
Grippe und Pneumonie	10,4	11,1
Sonstige	9,8	12,0
Herz-/Kreislauferkrankungen		
Sonst. u. nicht näher bez. Krankheiten des Kreislaufsystems	24,5	9,9
Hypertonie [Hochdruckkrankheit]	23,9	23,3
Krankheiten der Venen/Lymphgefäße/Lymphknoten	19,4	19,0
Ischämische Herzkrankheiten	12,5	19,6
Sonstige	19,6	28,2
Verdauung		
Krankheiten des Ösophagus/Magens/Duodenums	33,0	31,3
Nichtinfektiöse Enteritis und Kolitis	27,6	19,5
Krankheiten der Mundhöhle/Speicheldrüsen/Kiefer	18,8	7,8
Sonstige Krankheiten des Darmes	5,4	8,4
Krankheiten der Gallenblase/-wege/Pankreas	4,5	10,3
Sonstige	10,6	22,7

Tabelle 18.4.9 (Fortsetzung)

ICD-Untergruppen	Anteil an den AU-Fällen (in %)	Anteil an den AU-Tagen (in %)
Psychische und Verhaltensstörungen		
Neurotische, Belastungs- und somatoforme Störungen	44,9	38,4
Affektive Störungen	31,4	37,2
Psych. u. Verhaltensstörungen d. psychotrope Substanzen	12,4	10,6
Schizophrenie, schizotype und wahnhafte Störungen	4,1	6,1
Sonstige	7,1	7,7

18

18.5 Energiewirtschaft, Wasserversorgung und Bergbau

18.5.1 Kosten der Arbeitsunfähigkeit

Im Bereich Energiewirtschaft, Wasserversorgung und Bergbau[1], waren Mitte des Jahres 2000 429 242 Arbeitnehmer sozialversicherungspflichtig beschäftigt[2]. Jeder vierte Arbeitnehmer dieses Wirtschaftszweiges war bei der AOK versichert, insgesamt 107 348 Erwerbstätige. Die AOK-Mitglieder dieser Branche erkrankten im Jahresdurchschnitt 1,44mal. Der Erkrankungsfall dauerte im Mittel 14,1 Kalendertage. Somit fehlte ein Arbeitnehmer durchschnittlich 20,3 Tage an seinem Arbeitsplatz. Insgesamt resultierten hieraus für den Bereich Energiewirtschaft, Wasserversorgung und Bergbau 8,7 Mio. Fehltage oder 23 778 Erwerbsjahre. Für die gesamte Branche bedeutet dies eine Kostenbelastung durch Arbeitsunfähigkeit in Höhe von 2,28 Mrd. DM im Jahr 2000, bei einem durchschnittlichen Bruttolohn von 95 853 DM[3]. Umgerechnet auf einen Betrieb mit 100 Mitarbeitern betrug die finanzielle Belastung im Jahr 2000 durchschnittlich 530 989 DM.

18.5.2 Allgemeine Krankenstandsentwicklung

Der Krankenstand im Bereich des Wirtschaftszweiges Energiewirtschaft, Wasserversorgung und Bergbau lag 2000 bei 5,5% und mit einer Abweichung von 0,1 Prozentpunkten knapp über dem Bundesdurchschnitt. Im Vergleich zum Jahr 1999 ist dieser Wert um 0,1 Prozentpunkte gesunken. Es ist generell festzustellen, dass die Kranken-

---

[1] Inklusive der Wirtschaftsgruppe Gewinnung von Steinen und Erden.
[2] Bundesanstalt für Arbeit, Beschäftigte nach Wirtschaftsunterabschnitten, 2000.
[3] Statistisches Bundesamt, Arbeitnehmerentgelte je Arbeitnehmer, Fachserie 18, 2000.

Tabelle 18.5.1. Krankenstandsentwicklung im Bereich Energie, Wasser und Bergbau, 2000

	Kranken-stand (in %)	Arbeitsunfähigkeiten je 100 AOK-Mitglieder				Tage je Fall	AU-Quote (in %)
		Fälle	Veränd. z. Vorj. (in %)	Tage	Veränd. z. Vorj. (in %)		
West	5,8	148,8	0,4	2129,5	−0,4	14,3	61,4
Ost	4,4	122,3	3,6	1601,5	0,3	13,1	55,9
BRD	5,5	143,7	1,2	2027,5	0,0	14,1	60,4

stände für diese Branche in Ost- und Westdeutschland seit 1993 zwar relativ stabil blieben, dennoch auf recht unterschiedlichem Niveau liegen. Westdeutschland verzeichnete im Jahr 2000 einen um 1,4 Prozentpunkte höheren Krankenstand als Ostdeutschland (Tabelle 18.5.1). Die Anzahl der Krankheitsfälle war in Westdeutschland deutlich höher. Auffällig ist weiterhin die hohe Arbeitsunfähigkeitsquote. 61,4% der Beschäftigten meldeten sich ein oder mehrmals krank. In Ostdeutschland hingegen lag die AU-Quote lediglich bei 55,9%. Die Zahl der Krankmeldungen war eindeutig niedriger als in den übrigen Wirtschaftszweigen.

Die Abb. 18.5.1[4] zeigt die Krankenstandsentwicklung im Bereich Energiewirtschaft, Wasserversorgung und Bergbau in den Jahren 1993 bis 2000. Die Entwicklung des Krankenstandes folgte in den letzten Jahren im Wesentlichen dem allgemeinen Trend, nach dem seit 1995 der Krankenstand zurückging, seit 1998 aber wieder einen leichten Anstieg zu verzeichnen hatte. Im Jahr 2000 war eine geringfügige Abnahme des Krankenstandes festzustellen.

18.5.3 Krankenstandsentwicklung nach Wirtschaftsabteilungen

Die Entwicklung des Krankenstands in den einzelnen Wirtschaftsabteilungen verlief recht unterschiedlich. In der Energieversorgung und in der

18

[4] Die Werte der Jahre 1999 und 2000 basieren auf der Klassifikation der Wirtschaftszweige der Bundesanstalt für Arbeit aus dem Jahre 1993 (WZS 93/NACE), während den Werten der Jahre 1993–1998 noch der Wirtschaftszweigschlüssel aus dem Jahr 1973 zugrunde lag. Die 99er Werte wurden auf Basis des aktuellen Schlüssels neu berechnet und sind daher nur begrenzt mit den im Fehlzeiten-Report 2000 veröffentlichten Werten, die auf Grundlage des alten Wirtschaftszweigschlüssels berechnet wurden, vergleichbar.

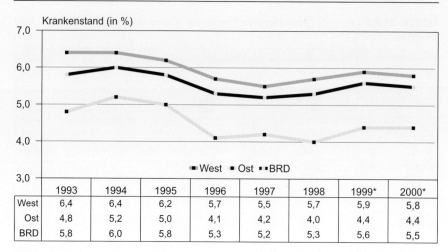

	1993	1994	1995	1996	1997	1998	1999*	2000*
West	6,4	6,4	6,2	5,7	5,5	5,7	5,9	5,8
Ost	4,8	5,2	5,0	4,1	4,2	4,0	4,4	4,4
BRD	5,8	6,0	5,8	5,3	5,2	5,3	5,6	5,5

Abb. 18.5.1. Krankenstandsentwicklung im Bereich Energie, Wasser und Bergbau 1993–2000

Gewinnung von Steinen und Erden sowie dem sonstigen Bergbau lag der Krankenstand auf dem Niveau vom Vorjahr. Bis auf den Bereich Wasserversorgung, der eine Abnahme um 0,1 Prozentpunkte im Vergleich zum Jahr 1999 verzeichnete, stiegen die Krankenstände in den übrigen Wirtschaftszweigen um 0,2–0,4 Prozentpunkte an (Tabelle 18.5.2).

Die heterogene Entwicklung setzte sich in den weiteren Kennzahlen fort. Der Anstieg der Fallzahlen lag zwischen 0,8 und 10,1%. Die stärksten Zunahmen waren in den Bereichen Kohlenbergbau und Torfgewinnung (10,1%) sowie Gewinnung von Erdöl und Erdgas etc. (5,0%) zu registrieren. In der Wirtschaftsabteilung Erzbergbau gab es eine leichte Abnahme der Arbeitsunfähigkeitsfälle um 1,1%. Die durchschnittliche Dauer der Krankheitsfälle war im Jahr 2000 in fast allen Abteilungen rückläufig. Die höchsten AU-Quoten lagen in den Bereichen Erzbergbau (63,6%) und Wasserversorgung (63,4%). Ersterer verzeichnete mit 7,0% einen überhöhten Krankenstand. Dieser war zurückzuführen auf eine hohe Anzahl von Krankheitsfällen und -tagen und auf langwierige Krankheitsfälle – im Schnitt 15,6 Tage. In der Wasserversorgung dagegen lag der Krankenstand trotz hoher AU-Quote wesentlich niedriger. Er entsprach mit 5,4% dem Durchschnitt aller Branchen. Zwar erkrankte auch hier ein großer Anteil der Beschäftigten, jedoch verteilte sich die Zahl der Fälle auf einen größeren Personenkreis.

Tabelle 18.5.2. Krankenstandsentwicklung im Bereich Energie, Wasser und Bergbau nach Wirtschaftsabteilungen, 2000

Wirtschafts-abteilung	Krankenstand (in %)		Arbeitsunfähigkeiten je 100 AOK-Mitglieder				Tage je Fall	AU-Quote (in %)
	2000	1999	Fälle	Veränd. z. Vorj. (in %)	Tage	Veränd. z. Vorj. (in %)		
Energiever-sorgung	5,6	5,6	150,1	1,4	2033,3	−0,5	13,5	61,1
Erzbergbau	7,0	6,8	163,2	−1,1	2546,6	3,1	15,6	63,6
Gewinnung von Erdöl und Erdgas, Erbringung damit ver-bundener Dienstleis-tungen	4,7	4,3	119,6	5,0	1720,6	9,9	14,4	54,9
Gewinnung von Steinen und Erden, sonstiger Bergbau	5,6	5,6	131,6	0,8	2045,9	0,7	15,5	58,3
Kohlenberg-bau, Torfge-winnung	5,1	4,8	140,4	10,1	1872,4	7,4	13,3	54,1
Wasserver-sorgung	5,4	5,5	144,1	0,9	1973,1	−0,9	13,7	63,4

18

Tabellarische Übersichten und Abbildungen

18.5.4 Krankenstand nach Berufsgruppen

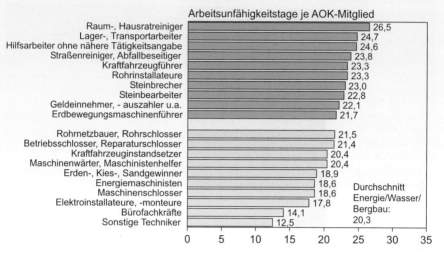

Abb. 18.5.2. 10 Berufsgruppen im Bereich Energie, Wasser und Bergbau mit hohen und niedrigen Krankenständen, 2000

Tabelle 18.5.3. Energie, Wasser und Bergbau, Krankenstandskennzahlen nach ausgewählten Berufsgruppen, 2000

Tätigkeit	Kran-kenstand (in %)	Arbeitsunfähig-keiten je 100 AOK-Mitglieder		Tage je Fall	AU-Quote (in %)	Anteil Arbeits-unfälle an den AU-Tagen (in %)
		Fälle	Tage			
Betriebsschlosser, Reparaturschlosser	5,9	169,1	2143,1	12,7	66,8	8,2
Bürofachkräfte	3,9	138,7	1411,6	10,2	56,0	1,3
Elektroinstallateure, -monteure	4,9	141,3	1782,4	12,6	60,8	6,2
Energie-maschinisten	5,1	125,1	1861,7	14,9	54,2	3,8
Erdbewegungs-maschinenführer	5,9	120,0	2165,1	18,0	57,7	14,9
Erden-, Kies-, Sandgewinner	5,2	137,2	1892,4	13,8	57,2	10,5
Geldeinnehmer-, auszahler, Karten-verkäufer, -kontrolleure	6,0	134,7	2210,3	16,4	51,4	1,8
Kraftfahrzeugführer	6,4	141,7	2332,8	16,5	61,1	6,9
Kraftfahrzeug-instandsetzer	5,6	157,4	2038,8	13,0	65,9	7,8
Lager-, Transport-arbeiter	6,7	164,3	2466,1	15,0	65,8	6,4
Maschinenschlosser	5,1	145,1	1862,1	12,8	58,3	8,1
Maschinenwärter, Maschinistenhelfer	5,6	133,7	2036,0	15,2	57,6	6,9
Raum-, Hausrat-reiniger	7,2	157,1	2645,8	16,8	62,6	1,9
Rohrinstallateure	6,4	162,2	2332,8	14,4	70,7	5,3
Rohrnetzbauer, Rohrschlosser	5,9	161,8	2148,6	13,3	68,7	6,3
Sonstige Techniker	3,4	109,0	1245,4	11,4	52,5	2,5
Steinbearbeiter	6,2	161,7	2276,4	14,1	62,9	13,2
Steinbrecher	6,3	145,9	2298,2	15,8	60,5	10,1
Straßenreiniger, Abfallbeseitiger	6,5	170,3	2377,8	14,0	68,7	3,4

Berufsgruppen mit mehr als 1000 AOK-Versicherten

18

18.5.5 Kurz- und Langzeiterkrankungen

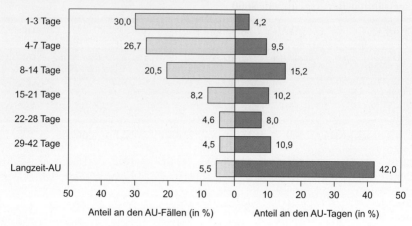

Abb. 18.5.3. Arbeitsunfähigkeitsfälle und -tage im Bereich Energie, Wasser und Bergbau nach der Dauer, 2000

18.5.6 Krankenstand nach Bundesländern

Tabelle 18.5.4. Energie, Wasser und Bergbau, Arbeitsunfähigkeit nach Bundesländern, 2000 im Vergleich zum Vorjahr

	Arbeitsunfähigkeiten je 100 AOK-Mitglieder					
	AU-Fälle 2000	Veränd. z.Vorj. (in %)	AU-Tage 2000	Veränd. z.Vorj. (in %)	Tage je Fall 2000	Veränd. z. Vorj. (in %)
Baden-Württemb.	143,7	0,8	1950,2	1,1	13,6	0,7
Bayern	128,6	0,8	1924,2	2,7	15,0	2,0
Berlin	119,2	−13,2	2423,8	−13,6	20,3	−0,5
Brandenburg	98,8	−13,3	1278,2	−19,5	12,9	−7,2
Bremen	148,9	−11,3	1839,3	−22,3	12,3	−12,8
Hamburg	184,4	13,5	2968,5	27,9	16,1	12,6
Hessen	167,6	0,2	2342,1	−3,1	14,0	−3,4
Mecklenb.-Vorp.	131,9	3,9	1712,3	2,0	13,0	−1,5
Niedersachsen	140,3	5,4	1792,2	4,2	12,8	−0,8
Nordrhein-Westf.	168,8	0,2	2387,3	0,1	14,1	−0,7
Rheinland-Pfalz	164,4	1,0	2445,1	−0,9	14,9	−2,0
Saarland	138,1	−1,2	2244,7	−7,5	16,3	−6,3
Sachsen	126,9	7,4	1689,1	4,7	13,3	−2,9
Sachsen-Anhalt	117,2	4,1	1538,8	4,2	13,1	0,0
Schleswig-Holst.	157,2	0,2	2382,6	3,3	15,2	3,4
Thüringen	126,3	4,5	1596,5	−2,2	12,6	−6,7
Bund	143,7	1,2	2027,5	0,0	14,1	−1,4

18

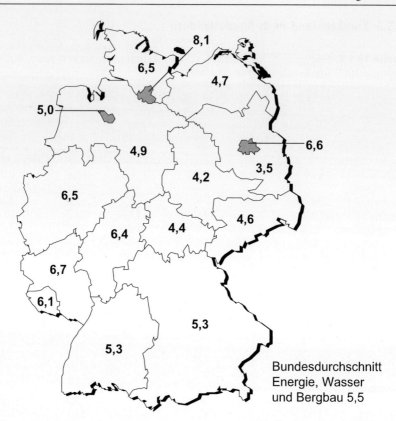

Abb. 18.5.4. Krankenstand (in %) im Bereich Energie, Wasser und Bergbau nach Bundesländern, 2000

18.5.7 Krankenstand nach Betriebsgröße

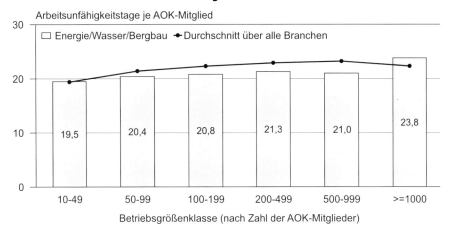

Abb. 18.5.5. Arbeitsunfähigkeitstage im Bereich Energie, Wasser und Bergbau nach Betriebsgröße, 2000

Tabelle 18.5.5. Energie, Wasser und Bergbau, Arbeitsunfähigkeitstage je AOK-Mitglied nach Betriebsgröße (Anzahl der AOK-Mitglieder), 2000

Wirtschaftsabteilung	10–49	50–99	100–199	200–499	500–999	≥1000
Energieversorgung	18,3	19,6	20,9	21,3	20,9	23,8
Erzbergbau	16,7	34,3	28,9	–	–	–
Gewinnung von Erdöl und Erdgas, Erbringung damit verbundener Dienstleistungen	15,8	18,6	19,0	14,3	–	–
Gewinnung von Steinen und Erden, sonstiger Bergbau	20,4	21,5	20,6	25,5	22,6	–
Kohlenbergbau, Torfgewinnung	20,6	16,1	15,2	–	–	–
Wasserversorgung	20,0	21,3	20,5	19,4	–	–
Durchschnitt über alle Branchen	19,4	21,4	22,3	22,9	23,2	22,3

18

18.5.8 Krankenstand nach Stellung im Beruf

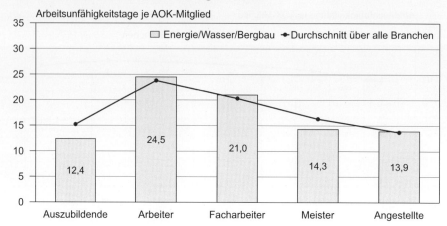

Abb. 18.5.6. Arbeitsunfähigkeitstage im Bereich Energie, Wasser und Bergbau nach Stellung im Beruf, 2000

Tabelle 18.5.6. Energie, Wasser und Bergbau, Krankenstand (in %) nach Stellung im Beruf, 2000

Wirtschaftsabteilung	Auszu-bildende	Arbeiter	Fach-arbeiter	Meister, Poliere	Ange-stellte
Energieversorgung	3,3	7,8	5,8	3,6	4,0
Erzbergbau	3,6	7,6	7,4	2,8	2,2
Gewinnung von Erdöl und Erdgas, Erbringung damit verbundener Dienstleistungen	2,9	4,6	5,5	4,1	3,1
Gewinnung von Steinen und Erden, sonstiger Bergbau	3,5	6,0	5,8	5,5	2,6
Kohlenbergbau, Torfgewinnung	4,0	4,8	5,6	5,1	5,9
Wasserversorgung	4,2	7,8	5,3	3,7	3,8

18.5.9 Arbeitsunfälle

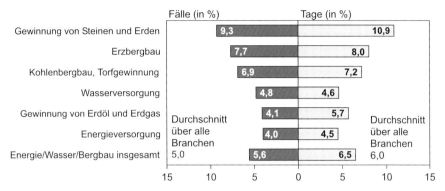

Abb. 18.5.7. Arbeitsunfälle im Bereich Energie, Wasser und Bergbau nach Wirtschaftsabteilungen, Anteil an den AU-Fällen und -Tagen in Prozent, 2000

Tabelle 18.5.7. Energie, Wasser und Bergbau, Arbeitsunfähigkeitstage durch Arbeitsunfälle nach Berufsgruppen, 2000

Tätigkeit	AU-Tage je 1000 AOK-Mitglieder	Anteil an den AU-Tagen insgesamt (in %)
Erdbewegungsmaschinenführer	3222,2	14,9
Steinbearbeiter	3014,8	13,2
Steinbrecher	2330,4	10,1
Erden-, Kies-, Sandgewinner	1999,5	10,5
Betriebsschlosser, Reparaturschlosser	1757,7	8,2
Kraftfahrzeugführer	1616,3	6,9
Kraftfahrzeuginstandsetzer	1591,2	7,8
Lager-, Transportarbeiter	1576,5	6,4
Maschinenschlosser	1506,6	8,1
Maschinenwärter, Maschinistenhelfer	1399,3	6,9
Rohrnetzbauer, Rohrschlosser	1343,0	6,3
Rohrinstallateure	1230,0	5,3
Elektroinstallateure, -monteure	1109,1	6,2

18

18.5.10 Krankheitsarten

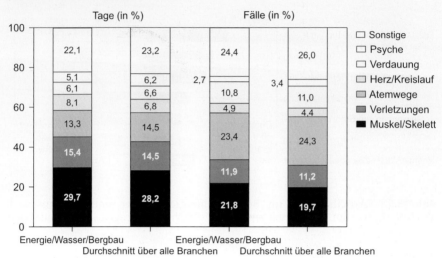

Abb. 18.5.8. Arbeitsunfähigkeiten im Bereich Energie, Wasser und Bergbau nach Krankheitsarten, 2000

Tabelle 18.5.8. Energie, Wasser und Bergbau, Arbeitsunfähigkeitstage nach Krankheitsarten (in %), 2000

Wirtschafts-abteilung	Muskel/ Skelett	Atem-wege	Verlet-zungen	Herz/ Kreis-lauf	Verdau-ung	Psyche	Sons-tige
Energieversorgung	29,6	14,5	13,7	7,5	6,3	6,1	22,3
Erzbergbau	33,1	11,8	14,6	9,0	4,7	4,1	22,6
Gewinnung von Erdöl und Erdgas, Erbringung damit verbundener Dienstleistungen	34,6	11,3	16,8	4,2	6,4	4,4	22,4
Gewinnung von Steinen und Erden, sonstiger Bergbau	29,4	11,2	19,3	9,0	5,7	3,5	21,9
Kohlenbergbau, Torfgewinnung	33,2	8,9	17,4	6,1	9,2	3,1	22,2
Wasserversorgung	30,3	13,9	13,5	9,1	6,5	4,6	22,1

Tabelle 18.5.9. Energie/Wasser/Bergbau, Arbeitsunfähigkeiten nach Krankheitsarten, Anteile der ICD-Untergruppen an den ICD-Hauptgruppen, 2000

ICD-Untergruppen	Anteil an den AU-Fällen (in %)	Anteil an den AU-Tagen (in %)
Muskel-/Skeletterkrankungen		
Krankheiten der Wirbelsäule und des Rückens	54,9	53,9
Krankheiten der Weichteilgewebe	19,7	17,4
Arthropathien	19,7	23,5
Sonstige	5,8	5,2
Verletzungen		
Verletzungen nicht näher bez. an Rumpf/Extremitäten/etc.	18,7	15,1
Verletzungen des Handgelenkes und der Hand	13,8	15,0
Verletzungen der Knöchelregion und des Fußes	11,7	11,5
Verletzungen des Knies und des Unterschenkels	11,1	16,5
Verletzungen des Kopfes	7,7	5,1
Sonstige	37,0	36,7
Atemwegserkrankungen		
Akute Infektionen der oberen Atemwege	39,5	32,2
Sonstige akute Infektionen der unteren Atemwege	22,5	21,5
Chronische Krankheiten der unteren Atemwege	17,0	21,4
Grippe und Pneumonie	11,0	12,1
Sonstige	10,0	12,9
Herz-/Kreislauferkrankungen		
Hypertonie [Hochdruckkrankheit]	29,0	21,8
Ischämische Herzkrankheiten	19,5	29,3
Krankheiten der Venen/Lymphgefäße/Lymphknoten	17,1	12,4
Sonstige Formen der Herzkrankheit	13,5	13,7
Sonstige	21,0	22,7
Verdauung		
Krankheiten der Mundhöhle/Speicheldrüsen/Kiefer	27,2	8,5
Krankheiten des Ösophagus/Magens/Duodenums	26,1	25,1
Nichtinfektiöse Enteritis und Kolitis	23,7	16,8
Sonstige Krankheiten des Darmes	6,7	10,3
Hernien	5,7	17,1
Sonstige	10,6	22,1

18

Tabelle 18.5.9 (Fortsetzung)

ICD-Untergruppen	Anteil an den AU-Fällen (in %)	Anteil an den AU-Tagen (in %)
Psychische und Verhaltensstörungen		
Neurotische, Belastungs- und somatoforme Störungen	43,5	35,0
Affektive Störungen	29,0	34,2
Psych. u. Verhaltensstörungen d. psychotrope Substanzen	17,1	17,8
Schizophrenie, schizotype und wahnhafte Störungen	4,1	6,0
Sonstige	6,3	7,0

18.6 Erziehung und Unterricht

18.6.1 Datenbasis

Im Jahr 2000 waren im Bereich Erziehung und Unterricht 1,02 Millionen Arbeitnehmer sozialversicherungspflichtig beschäftigt[1]. Davon waren 21,3% bei der AOK versichert (n = 216 390). Tabelle 18.6.1 zeigt die Verteilung der im Bereich Erziehung und Unterricht tätigen AOK-Mitglieder nach Berufsgruppen. Die für den Bereich typischen Berufsgruppen wie Lehrer, Dozenten, Kindergärtnerinnen etc. sind in diesem Kollektiv unterrepräsentiert. Daher sind die hier vorgelegten Zahlen nicht repräsentativ für den gesamten Erziehungs- und Bildungsbereich.

18.6.2 Allgemeine Krankenstandsentwicklung

Der Krankenstand bei den im Bereich Erziehung und Unterricht beschäftigten AOK-Mitgliedern lag im Jahr 2000 im Bundesdurchschnitt bei 7,3%, deutlich höher als in den übrigen Wirtschaftsabteilungen. Zurückzuführen waren die hohen Krankenstände auf eine sehr hohe Zahl von Krankmeldungen, mehr als zweimal so viele wie im Branchendurchschnitt. Die durchschnittliche Dauer der Arbeitsunfähigkeitsfälle lag allerdings deutlich niedriger als in den übrigen Branchen (Tabelle 18.6.2).

In Ostdeutschland fiel der Krankenstand erheblich höher aus als in Westdeutschland (Ost: 9,2%; West: 6,3%). Die Zahl der Krankmeldungen lag dort um 72,7% höher als im Westen.

Im Jahr 2000 stieg die Zahl der Arbeitsunfähigkeitsfälle im Vergleich zum Vorjahr stark an (17,9%). Die Zahl der krankheitsbedingten Ausfalltage nahm allerdings nicht in gleichem Maße zu, da die

18

---

[1] Bundesanstalt für Arbeit, Beschäftigtenstatistik 2000.

Tabelle 18.6.1. AOK-Mitglieder im Bereich Erziehung und Unterricht nach Berufsgruppen, 2000

Tätitgkeit	Anzahl AOK-Mitglieder	Anteil in %
Hilfsarbeiter ohne nähere Tätigkeitsangabe	19 527	9,0
Bürofachkräfte	19 044	8,8
Lehrer	13 051	6,0
Raum-, Hausratreiniger	13 042	6,0
Kindergärtnerinnen, Kinderpflegerinnen	11 373	5,3
Gärtner, Gartenarbeiter	8 251	3,8
Lehrlinge mit noch nicht feststehendem Beruf	7 991	3,7
Köche	7 372	3,4
Verkäufer	6 266	2,9
Maler, Lackierer	5 016	2,3
Sozialarbeiter, Sozialpfleger	4 935	2,3
Tischler	4 708	2,2
Hauswirtschaftliche Betreuer	4 458	2,1
Maurer	4 168	1,9
Pförtner, Hauswarte	4 078	1,9
Sonstige Bauhilfsarbeiter, Bauhelfer	4 061	1,9
Heimleiter, Sozialpädagogen	3 977	1,8
Groß- und Einzelhandelskaufleute, Einkäufer	3 031	1,4
Hochschullehrer, Dozenten	3 022	1,4
Facharbeiter/innen	2 492	1,2
Hauswirtschaftsverwalter	2 460	1,1
Industriemeister, Werkmeister	2 443	1,1
Sonstige Mechaniker	2 314	1,1
Industriemechaniker/innen	2 147	1,0
Praktikanten, Volontäre	2 095	1,0
Sonstige	55 068	25,4

Tabelle 18.6.2. Krankenstandsentwicklung im Bereich Erziehung und Unterricht, 2000

	Kranken-stand (in %)	Arbeitsunfähigkeiten je 100 AOK-Mitglieder				Tage je Fall	AU-Quote (in %)
		Fälle	Veränd. z. Vorj. (in %)	Tage	Veränd. z. Vorj. (in %)		
West	6,3	288,2	18,9	2316,4	8,1	8,0	60,8
Ost	9,2	497,8	7,8	3382,0	−1,0	6,8	68,1
BRD	7,3	358,3	17,9	2672,6	7,0	7,5	63,5

durchschnittliche Dauer der Fälle deutlich zurückging. In Ostdeutschland war die Zunahme der Krankheitsfälle geringer als in Westdeutschland. Die Falldauer reduzierte sich im Osten so stark, dass die Zahl der Arbeitsunfähigkeitstage trotz der vermehrten Krankmeldungen rückläufig war.

18.6.3 Krankenstandsentwicklung nach Wirtschaftsgruppen

In den einzelnen Sektoren des Bereichs Erziehung und Unterricht fielen die Krankenstände sehr unterschiedlich aus (Tabelle 18.6.3). Am höchsten war der Krankenstand mit 8,3% im Bereich Erwachsenenbildung und sonstiger Unterricht. Dort lag die Zahl der Krankmeldungen fast dreimal so hoch wie im Branchendurchschnitt. Auch in den weiterführenden Schulen war ein hoher Krankenstand (7,2%) zu verzeichnen. In den Kindergärten, Vor- und Grundschulen sowie den Hochschulen entsprachen die Krankenstände dagegen dem Branchendurchschnitt bzw. lagen noch etwas darunter. In den Hochschulen war der Anteil der Beschäftigten, die sich einmal oder öfter krank meldeten (AU-Quote) deutlich niedriger als im Durchschnitt.

Tabelle 18.6.3. Krankenstandsentwicklung im Bereich Erziehung und Unterricht nach Wirtschaftsgruppen, 2000

Wirtschafts-gruppe	Krankenstand (in %)		Arbeitsunfähigkeiten je 100 AOK-Mitglieder				Tage je Fall	AU-Quote (in %)
	2000	1999	Fälle	Veränd. z. Vorj. (in %)	Tage	Veränd. z. Vorj. (in %)		
Erwachsenen-bildung und sonstiger Unterricht	8,3	8,3	448,5	7,6	3050,9	0,7	6,8	65,0
Hochschulen	5,3	4,9	149,4	5,8	1953,8	8,3	13,1	51,5
Kinder-gärten, Vor- und Grund-schulen	5,4	4,8	172,7	10,6	1973,4	12,5	11,4	61,1
Weiter-führende Schulen	7,2	7,1	374,9	18,2	2647,0	2,7	7,1	64,9

18

18.6.4 Krankenstand nach Berufsgruppen

Noch stärker als in den einzelnen Sektoren des Bereichs Erziehung und Unterricht variieren die Krankenstände in Abhängigkeit vom ausgeübten Beruf (Tabelle 18.6.4). Die meisten krankheitsbedingten Fehlzeiten fielen im gewerblichen Bereich an, beispielsweise bei Hauswirtschaftsverwaltern. Auch bei Praktikanten und Volontären war ein hoher Krankenstand zu verzeichnen (8,0%). Die für den Bildungsbereich

Tabelle 18.6.4. Erziehung und Unterricht, Krankenstandskennzahlen nach ausgewählten Berufsgruppen, 2000

Tätigkeit	Krankenstand (in %)	Arbeitsunfähigkeiten je 100 AOK-Mitglieder		Tage je Fall	AU-Quote (in %)	Anteil Arbeitsunfälle an den AU-Tagen (in %)
		Fälle	Tage			
Bürofachkräfte	6,2	342,3	2276,5	6,6	62,3	1,7
Bürohilfskräfte	5,9	245,3	2165,2	8,8	52,8	1,1
Fachschul-, Berufsschul-, Werklehrer	3,2	103,0	1171,1	11,4	45,3	1,1
Gymnasiallehrer	1,9	76,5	703,8	9,2	36,1	0,5
Hauswirtschaftliche Betreuer	8,2	340,7	3019,4	8,9	68,9	2,2
Hauswirtschaftsverwalter	7,6	423,9	2789,4	6,6	71,9	2,5
Heimleiter, Sozialpädagogen	4,4	165,1	1614,7	9,8	57,7	2,7
Hochschullehrer, Dozenten an höheren Fachschulen und Akademien	1,6	64,6	602,2	9,3	26,1	3,8
Kindergärtnerinnen, Kinderpflegerinnen	4,0	181,0	1454,5	8,0	62,8	1,8
Lehrer für musische Fächer	1,7	62,9	616,4	9,8	35,4	3,6
Praktikanten, Volontäre	8,0	447,4	2927,7	6,5	58,4	1,7
Real-, Volks-, Sonderschullehrer	2,9	109,5	1046,9	9,6	43,0	2,4
Sonstige Lehrer	2,7	89,7	989,4	11,0	37,7	4,6
Sozialarbeiter, Sozialpfleger	5,0	215,8	1831,9	8,5	58,4	0,8

Berufsgruppen mit mehr als 1000 AOK-Versicherten

typischen Berufsgruppen weisen dagegen relativ niedrige Krankenstände auf.[2] Die geringsten Fehlzeiten haben Hochschullehrer und Dozenten an höheren Fachschulen und Akademien (1,6%). Bei den Lehrern gibt es deutliche Unterschiede hinsichtlich des Krankenstandes in Abhängigkeit vom Schultyp und vom Unterrichtsfach. Die niedrigsten Krankenstände wiesen Gymnasiallehrer und Lehrer für musische Fächer auf. Bei Real-, Volks- und Sonderschullehren sowie Fachschul-, Berufsschul- und Werklehrern waren die Krankenstände deutlich höher. Noch ausgeprägtere krankheitsbedingte Ausfallzeiten fielen bei den im Erziehungsbereich tätigen Berufsgruppen, wie Kindergärtnerinnen, Kinderpflegerinnen, Heimleitern, Sozialpädagogen, Sozialarbeitern und Sozialpflegern an. Allerdings lagen auch bei diesen Gruppen die Krankenstände noch unter dem allgemeinen Branchendurchschnitt. Die AU-Quote bewegte sich in den einzelnen Berufsgruppen zwischen 71,9% bei den Hauswirtschaftsverwaltern und 26,1% bei Hochschullehrern und Dozenten. Abbildung 18.6.1 zeigt die am stärksten und schwächsten belasteten Berufsgruppen nach Arbeitsunfähigkeitstagen im Erziehungsbereich.

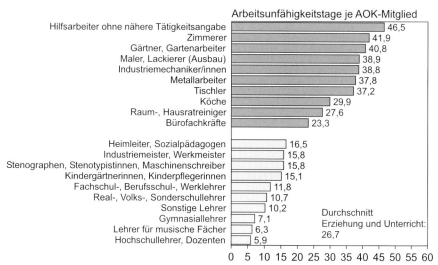

Abb. 18.6.1. 10 Berufsgruppen im Bereich Erziehung und Unterricht mit hohen und niedrigen Krankenständen, 2000

18

---

[2] Alarmierend ist allerdings die hohe Zahl an Frühpensionierungen bei Lehrern aufgrund von Dienstunfähigkeit, vgl. dazu den Beitrag von Ahrens, D. et al. in diesem Band.

Tabellarische Übersichten und Abbildungen

18.6.5 Kurz- und Langzeiterkrankungen

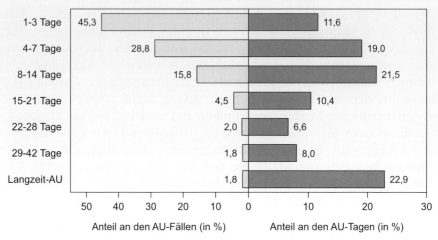

Abb. 18.6.2. Arbeitsunfähigkeitsfälle und -tage im Bereich Erziehung und Unterricht nach der Dauer, 2000

18.6.6 Krankenstand nach Bundesländern

Tabelle 18.6.5. Erziehung und Unterricht, Arbeitsunfähigkeit nach Bundesländern, 2000 im Vergleich zum Vorjahr

	Arbeitsunfähigkeiten je 100 AOK-Mitglieder					
	AU-Fälle 2000	Veränd. z.Vorj. (in %)	AU-Tage 2000	Veränd. z.Vorj. (in %)	Tage je Fall 2000	Veränd. z. Vorj. (in %)
Baden-Württemb.	166,4	18,4	1503,1	1,9	9,0	−14,3
Bayern	152,1	1,8	1640,3	0,8	10,8	−0,9
Berlin	549,5	4,7	3867,3	−4,7	7,0	−9,1
Brandenburg	475,4	8,3	3376,5	−8,4	7,1	−15,5
Bremen	467,6	−7,4	3212,9	−10,3	6,9	−2,8
Hamburg	404,7	−0,7	3303,9	−4,3	8,2	−3,5
Hessen	365,0	5,5	2410,6	0,9	6,6	−4,3
Mecklenb.-Vorp.	450,3	6,7	3085,3	0,8	6,9	−5,5
Niedersachsen	330,4	6,5	2440,4	4,9	7,4	−1,3
Nordrhein-Westf.	362,1	32,3	2689,0	11,3	7,4	−15,9
Rheinland-Pfalz	266,0	0,0	2719,0	3,9	10,2	4,1
Saarland	452,4	0,5	3474,1	−3,1	7,7	−3,8
Sachsen	537,2	9,9	3579,3	2,8	6,7	−5,6
Sachsen-Anhalt	494,8	6,5	3288,2	−0,2	6,6	−7,0
Schleswig-Holst.	320,7	10,4	2555,7	7,2	8,0	−2,4
Thüringen	497,5	4,2	3398,0	−1,0	6,8	−5,6
Bund	358,3	17,9	2672,6	7,0	7,5	−8,5

18

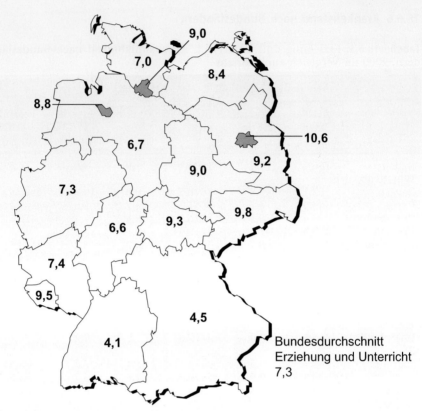

Abb. 18.6.3. Krankenstand (in %) im Bereich Erziehung und Unterricht nach Bundesländern, 2000

18.6.7 Krankenstand nach Betriebsgröße

Tabelle 18.6.6. Erziehung und Unterricht, Arbeitsunfähigkeitstage je AOK-Mitglied nach Betriebsgröße (Anzahl AOK-Mitglieder), 2000

Wirtschaftsgruppe	10–49	50–99	100–199	200–499	500–999	≥1000
Erwachsenenbildung und sonstiger Unterricht	24,8	33,9	36,2	36,6	42,8	37,7
Hochschulen	18,6	17,2	16,3	22,6	18,9	20,2
Kindergärten, Vor- und Grundschulen	18,8	22,5	21,6	21,8	28,6	39,8
Weiterführende Schulen	20,7	28,7	35,6	32,1	29,1	31,5
Durchschnitt über alle Branchen	19,4	21,4	22,3	22,9	23,2	22,3

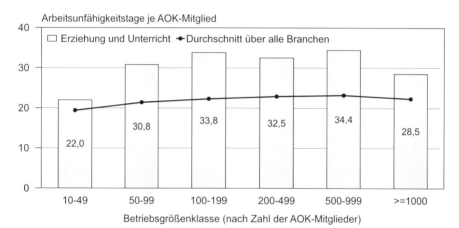

Abb. 18.6.4. Arbeitsunfähigkeitstage im Bereich Erziehung und Unterricht nach Betriebsgröße, 2000

18

18.6.8 Krankenstand nach Stellung im Beruf

Tabelle 18.6.7. Erziehung und Unterricht, Krankenstand (in %) nach Stellung im Beruf, 2000

Wirtschaftsgruppe	Auszu-bildende	Arbeiter	Fach-arbeiter	Meister, Poliere	Ange-stellte
Erwachsenenbildung und sonstiger Unterricht	8,9	12,2	7,6	3,7	4,5
Hochschulen	5,5	10,6	6,6	4,1	4,1
Kindergärten, Vor- und Grundschulen	3,6	8,4	6,4	4,0	4,3
Weiterführende Schulen	8,8	9,8	7,5	3,1	4,1

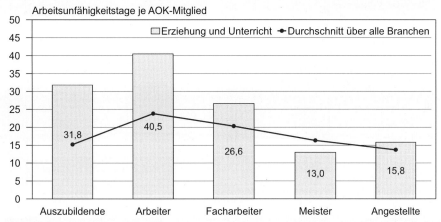

Abb. 18.6.5. Arbeitsunfähigkeitstage in Erziehung und Unterricht nach Stellung im Beruf, 2000

18.6.9 Arbeitsunfälle

Tabelle 18.6.8. Erziehung und Unterricht, Arbeitsunfähigkeitstage durch Arbeitsunfälle nach Berufsgruppen, 2000

Tätigkeit	AU-Tage je 1000 AOK-Mitglieder	Anteil an den AU-Tagen insgesamt (in %)
Kraftfahrzeugführer	1622,1	5,8
Pförtner, Hauswarte	1003,9	4,7
Lehrlinge mit noch nicht feststehendem Beruf	926,5	2,6
Köche	816,4	2,8
Hauswirtschaftsverwalter	722,8	2,5
Hauswirtschaftliche Betreuer	667,9	2,2
Raum-, Hausratreiniger	600,6	2,2
Groß- und Einzelhandelskaufleute, Einkäufer	542,6	1,8
Sonstige Lehrer	459,9	4,6
Heimleiter, Sozialpädagogen	451,9	2,7
Bürofachkräfte	400,8	1,7
Kindergärtnerinnen, Kinderpflegerinnen	266,0	1,8
Sozialarbeiter, Sozialpfleger	144,2	0,8

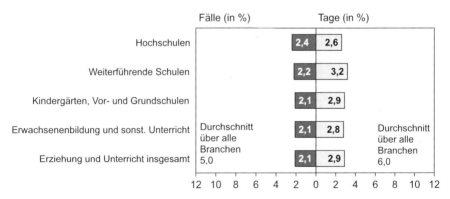

Abb. 18.6.6. Arbeitsunfälle in Erziehung und Unterricht nach Wirtschaftsgruppen, Anteil an den AU-Fällen und -Tagen in Prozent, 2000

18

18.6.10 Krankheitsarten

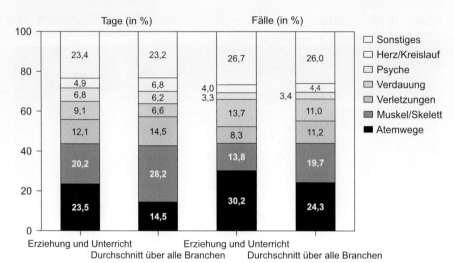

Abb. 18.6.7. Arbeitsunfähigkeiten in Erziehung und Unterricht nach Krankheitsarten, 2000

Tabelle 18.6.9. Erziehung und Unterricht, Arbeitsunfähigkeitstage nach Krankheitsarten (in %), 2000

Wirtschaftsgruppe	Muskel/ Skelett	Atem- wege	Verlet- zungen	Herz/ Kreis- lauf	Verdau- ung	Psyche	Sons- tige
Erwachsenenbildung und sonstiger Unterricht	19,0	25,2	12,5	4,7	10,1	6,1	22,4
Hochschulen	26,0	16,0	9,4	6,9	6,0	10,9	24,8
Kindergärten, Vor- und Grundschulen	25,0	17,5	10,1	5,4	5,6	9,3	27,1
Weiterführende Schulen	19,0	24,5	12,9	4,8	9,6	5,9	23,3

Tabelle 18.6.10. Erziehung und Unterricht, Arbeitsunfähigkeiten nach Krankheitsarten, Anteile der ICD-Untergruppen an den ICD-Hauptgruppen, 2000

ICD-Untergruppen	Anteil an den AU-Fällen (in %)	Anteil an den AU-Tagen (in %)
Muskel-/Skeletterkrankungen		
Krankheiten der Wirbelsäule und des Rückens	62,7	56,1
Krankheiten der Weichteilgewebe	18,7	18,3
Arthropathien	13,7	20,3
Sonstige	5,0	5,3
Verletzungen		
Verletzungen nicht näher bez. an Rumpf/Extremitäten/etc.	18,8	15,0
Verletzungen des Handgelenkes und der Hand	15,7	16,3
Verletzungen der Knöchelregion und des Fußes	12,9	13,3
Verletzungen des Knies und des Unterschenkels	9,4	13,3
Verletzungen des Kopfes	9,3	7,2
Sonstige	34,0	34,9
Atemwegserkrankungen		
Akute Infektionen der oberen Atemwege	52,0	47,2
Sonstige akute Infektionen der unteren Atemwege	18,9	20,3
Chronische Krankheiten der unteren Atemwege	11,4	13,5
Grippe und Pneumonie	9,7	9,8
Sonstige	8,0	9,1
Herz-/Kreislauferkrankungen		
Sonst. u. nicht näher bez. Krankheiten des Kreislaufsystems	51,3	22,8
Hypertonie [Hochdruckkrankheit]	17,3	21,9
Krankheiten der Venen/Lymphgefäße/Lymphknoten	11,7	15,2
Sonstige Formen der Herzkrankheit	8,1	11,3
Sonstige	11,5	28,8
Verdauung		
Krankheiten des Ösophagus/Magens/Duodenums	42,6	39,7
Nichtinfektiöse Enteritis und Kolitis	34,4	28,8
Krankheiten der Mundhöhle/Speicheldrüsen/Kiefer	11,7	7,2
Sonstige Krankheiten des Darmes	3,2	4,8
Krankheiten der Appendix	2,5	4,8
Sonstige	5,5	14,6

18

Tabelle 18.6.10 (Fortsetzung)

ICD-Untergruppen	Anteil an den AU-Fällen (in %)	Anteil an den AU-Tagen (in %)
Psychische und Verhaltensstörungen		
Neurotische, Belastungs- und somatoforme Störungen	45,1	36,5
Affektive Störungen	24,8	30,0
Psych. u. Verhaltensstörungen d. psychotrope Substanzen	17,1	17,3
Schizophrenie, schizotype und wahnhafte Störungen	3,8	6,2
Sonstige	9,2	10,0

18.7 Handel

18.7.1 Kosten der Arbeitsunfähigkeit

Zur Jahresmitte 2000 waren im Handel 4,2 Mio. Arbeitnehmer sozialversicherungspflichtig beschäftigt[1]. Davon waren 36,5% (1,5 Mio.) bei der AOK versichert. Je Beschäftigtem fielen im Jahr 2000 im statistischen Durchschnitt 16,8 krankheitsbedingte Fehltage an. In der Summe ergeben sich daraus für die Branche Fehlzeiten von 71,1 Mio. Tagen oder 194 904 Erwerbsjahren. Bei einem durchschnittlichen Bruttolohn der Branche von 41 400 DM[2] Mark pro Jahr, ergeben sich Kosten in Höhe von 8,1 Mrd. DM aufgrund von Produktionsausfällen durch Arbeitsunfähigkeit.

Die finanzielle Belastung eines Betriebes mit 100 Mitarbeitern durch diese Kosten betrug 2000 durchschnittlich 190 338 DM.

18.7.2 Allgemeine Krankenstandsentwicklung

Etwa jeder zweite (53,4%) im Handel beschäftigte Arbeitnehmer meldete sich im Jahr 2000 ein oder mehrmals krank. Die Krankmeldungen erstreckten sich im Mittel über 11,7 Kalendertage. Der Krankenstand lag im Handel bei 4,6%, im Branchendurchschnitt waren es 5,4%. In Ostdeutschland waren deutlich weniger Krankmeldungen zu verzeichnen als in Westdeutschland (Tabelle 18.7.1). Daher fiel dort auch der Krankenstand niedriger aus als im Westen.

Im Vergleich zum Vorjahr nahm die Zahl der Krankmeldungen im Jahr 2000 zu (West: 3,8%; Ost: 5,7%). Gleichzeitig ging aber die

18

---

[1]Bundesanstalt für Arbeit, Beschäftigte nach Wirtschaftsunterabschnitten, 2000.
[2]Statistisches Bundesamt, Arbeitnehmerentgelte je Arbeitnehmer, Fachserie 18, 2000.

Tabelle 18.7.1. Krankenstandsentwicklung im Handel, 2000

	Kranken-stand (in %)	Arbeitsunfähigkeiten je 100 AOK-Mitglieder				Tage je Fall	AU-Quote (in %)
		Fälle	Veränd. z. Vorj. (in %)	Tage	Veränd. z. Vorj. (in %)		
West	4,6	146,5	3,8	1698,5	1,3	11,6	53,9
Ost	4,2	117,9	5,7	1528,0	0,0	13,0	49,3
BRD	4,6	143,1	4,1	1678,1	1,3	11,7	53,4

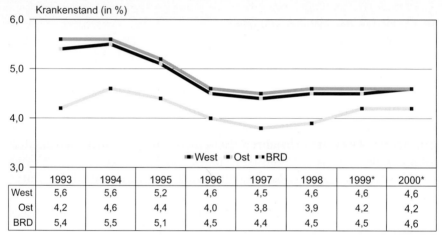

Abb. 18.7.1. Krankenstandsentwicklung im Handel 1993 bis 2000

durchschnittliche Dauer der Arbeitsunfähigkeitsfälle zurück. In Westdeutschland stieg die Zahl der Arbeitsunfähigkeitstage daher lediglich um 1,3%. In Ostdeutschland nahm die Falldauer so stark ab, dass der Krankenstand trotz der vermehrten Krankmeldungen stabil blieb.

Abbildung 18.7.1[3] zeigt die Krankenstandsentwicklung im Bereich des Handels in den Jahren 1993–2000. Seit 1995 ging der Krankenstand von 5,5% im Jahr 1994 auf nur noch 4,4% im Jahr 1997 zurück. In den Jahren 1998 und 2000 stieg er allerdings wieder geringfügig an

---

[3] Die Werte der Jahre 1999 und 2000 basieren auf der Klassifikation der Wirtschaftszweige der Bundesanstalt für Arbeit aus dem Jahre 1993 (WZS 93/NACE), während den Werten der Jahre 1993–1998 noch der Wirtschaftszweigschlüssel aus dem Jahr 1973 zugrunde lag. Die 99er Werte wurden auf Basis des aktuellen Schlüssels neu berechnet und sind daher nur begrenzt mit den im Fehlzeiten-Report 2000 veröffentlichten Werten, die auf Grundlage des alten Wirtschaftszweigschlüssels berechnet wurden, vergleichbar.

(jeweils 0,1 Prozentpunkte). Dennoch befand sich der Krankenstand im Jahr 2000 nach wie vor auf einem deutlich niedrigeren Niveau als in den Jahren 1993–1995.

In den Jahren 1993–2000 haben sich die Krankenstände in West- und Ostdeutschland einander angenähert. Während der Krankenstand in Westdeutschland 1993 noch 1,4 Prozentpunkte höher ausfiel als in den neuen Bundesländern, waren es im Jahr 2000 nur noch 0,4 Prozentpunkte.

18.7.3 Krankenstandsentwicklung nach Wirtschaftsabteilungen

Tabelle 18.7.2 zeigt die Krankenstandskennzahlen für die einzelnen Bereiche des Handels. Die meisten Krankmeldungen waren im Jahr 2000 im Kraftfahrzeughandel zu verzeichnen. Allerdings war die durchschnittliche Dauer der Krankheitsfälle erheblich geringer als in den anderen Handelsbereichen. Dies hatte zur Folge, dass der Kraftfahrzeughandel trotz der hohen Zahl an Krankmeldungen den niedrigsten Krankenstand der Branche aufwies. Der höchste Krankenstand war im Großhandel zu verzeichnen (5,1%). Dort lag sowohl die Zahl der Arbeitsunfähigkeitsfälle als auch deren mittlere Dauer höher als im Bereich des Handels insgesamt.

Im Vergleich zum Vorjahr nahm die Zahl der Krankmeldungen in allen Handelsbereichen deutlich zu. Durch die rückläufige Falldauer stieg der Krankenstand aber nur geringfügig an.

Tabelle 18.7.2. Krankenstandsentwicklung im Handel nach Wirtschaftsabteilungen, 2000

Wirtschaftsabteilungen	Krankenstand (in %)		Arbeitsunfähigkeiten je 100 AOK-Mitglieder				Tage je Fall	AU-Quote (in %)
	2000	1999	Fälle	Veränd. z. Vorj. (in %)	Tage	Veränd. z. Vorj. (in %)		
Einzelhandel	4,3	4,3	134,8	4,6	1580,6	0,7	11,7	50,3
Großhandel	5,1	5,0	148,1	3,5	1861,7	1,4	12,6	56,0
Kraftfahrzeughandel	4,2	4,1	153,8	3,5	1535,6	2,0	10,0	56,2

18

Tabellarische Übersichten und Abbildungen

18.7.4 Krankenstand nach Berufsgruppen

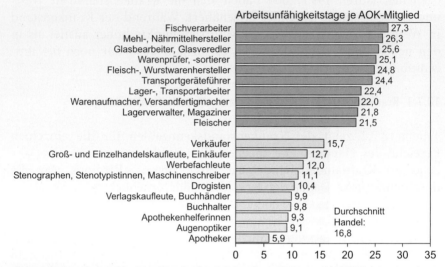

Abb. 18.7.2. 10 Berufsgruppen im Handel mit hohen und niedrigen Krankenständen, 2000

Tabelle 18.7.3. Handel, Krankenstandskennzahlen nach ausgewählten Berufsgruppen, 2000

Tätigkeit	Kranken-stand (in %)	Arbeitsunfähig-keiten je 100 AOK-Mitglieder		Tage je Fall	AU-Quote (in %)	Anteil Arbeits-unfälle an den AU-Tagen (in %)
		Fälle	Tage			
Apotheker	1,5	64,4	538,6	8,4	29,8	0,8
Augenoptiker	2,4	124,1	864,2	7,0	52,0	1,5
Buchhalter	2,6	99,8	951,6	9,5	44,4	1,2
Bürofachkräfte	3,0	119,7	1097,5	9,2	48,1	2,5
Datenverarbei-tungsfachleute	2,6	119,8	940,4	7,9	45,0	3,3
Fahrzeugreiniger, -pfleger	4,7	157,2	1703,5	10,8	49,5	4,3
Fleisch-, Wurst-warenhersteller	6,7	179,8	2453,5	13,6	58,2	5,6
Fleischer	5,8	132,0	2107,0	16,0	53,6	9,2
Floristen	3,1	116,3	1134,8	9,8	48,7	2,9
Groß- und Einzel-handelskaufleute, Einkäufer	3,3	152,7	1212,8	7,9	54,4	3,1
Handelsvertreter, Reisende	3,6	106,9	1303,1	12,2	46,3	4,7
Kassierer	5,0	149,5	1826,6	12,2	53,0	2,1
Kraftfahrzeug-führer	5,9	133,7	2150,5	16,1	56,9	9,4
Lager-, Trans-portarbeiter	6,0	175,7	2187,6	12,5	58,0	6,1
Lagerverwalter, Magaziner	5,8	167,7	2140,6	12,8	61,1	5,9
Raum-, Hausrat-reiniger	4,8	131,3	1767,6	13,5	51,0	3,0
Tankwarte	4,0	110,7	1451,8	13,1	47,5	4,2
Unternehmer, Geschäftsführer	3,1	71,2	1144,0	16,1	35,3	4,5
Verkäufer	4,1	126,6	1501,6	11,9	48,0	3,4
Warenaufmacher, Versandfertig-macher	5,8	176,3	2137,0	12,1	57,1	3,9

Berufsgruppen mit mehr als 2000 AOK-Versicherten

18

18.7.5 Kurz- und Langzeiterkrankungen

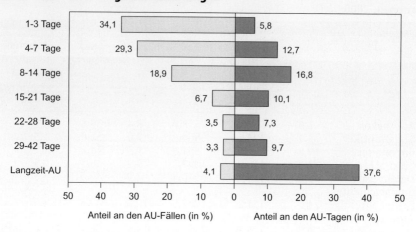

Abb. 18.7.3. Arbeitsunfähigkeitsfälle und -tage im Handel nach der Dauer, 2000

18.7.6 Krankenstand nach Bundesländern

Tabelle 18.7.4. Handel, Arbeitsunfähigkeit nach Bundesländern, 2000 im Vergleich zum Vorjahr

	Arbeitsunfähigkeiten je 100 AOK-Mitglieder					
	AU-Fälle 2000	Veränd. z.Vorj. (in %)	AU-Tage 2000	Veränd. z.Vorj. (in %)	Tage je Fall 2000	Veränd. z. Vorj (in %)
Baden-Württemb.	140,3	4,5	1563,1	1,5	11,1	–3,5
Bayern	133,7	4,0	1566,8	3,4	11,7	–0,8
Berlin	122,2	2,5	1951,0	–2,6	16,0	–4,8
Brandenburg	110,4	–2,0	1447,8	–10,4	13,1	–8,4
Bremen	164,5	1,3	1950,7	–0,4	11,9	–1,7
Hamburg	175,4	6,7	2272,2	6,9	13,0	0,8
Hessen	162,4	2,9	1778,7	–0,4	11,0	–2,7
Mecklenb.-Vorp.	122,1	7,7	1584,5	3,6	13,0	–3,7
Niedersachsen	146,8	2,8	1542,2	0,1	10,5	–2,8
Nordrhein-Westf.	157,4	4,1	1881,9	0,7	12,0	–3,2
Rheinland-Pfalz	158,5	1,7	1846,8	1,5	11,7	0,0
Saarland	143,5	0,3	2031,5	–1,3	14,2	–1,4
Sachsen	114,7	6,0	1504,8	0,5	13,1	–5,1
Sachsen-Anhalt	121,4	6,9	1604,5	4,1	13,2	–2,9
Schleswig-Holst.	158,0	3,0	1869,8	–0,4	11,8	–3,3
Thüringen	124,5	8,6	1533,3	1,0	12,3	–6,8
Bund	143,1	4,1	1678,1	1,3	11,7	–3,3

18

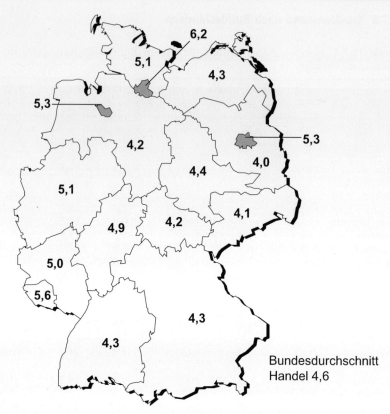

Abb. 18.7.4. Krankenstand (in %) im Handel nach Bundesländern, 2000

18.7.7 Krankenstand nach Betriebsgröße

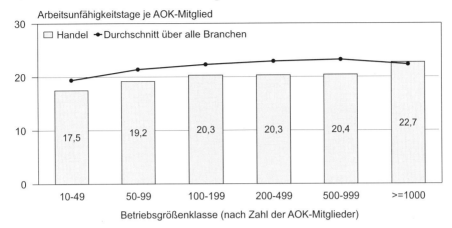

Abb. 18.7.5. Arbeitsunfähigkeitstage im Handel nach Betriebsgröße, 2000

Tabelle 18.7.5. Handel, Arbeitsunfähigkeitstage je AOK-Mitglied nach Betriebsgröße (Anzahl der AOK-Mitglieder), 2000

Wirtschafts-abteilung	10–49	50–99	100–199	200–499	500–999	≥1000
Einzelhandel	16,5	18,0	19,2	19,0	20,0	23,3
Großhandel	19,2	20,5	21,7	22,1	21,2	19,6
Kraftfahrzeughandel	16,0	17,3	19,1	19,5	19,2	–
Durchschnitt über alle Branchen	19,4	21,4	22,3	22,9	23,2	22,3

18

18.7.8 Krankenstand nach Stellung im Beruf

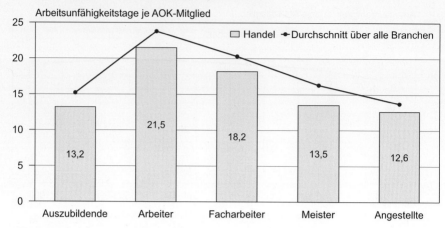

Abb. 18.7.6. Arbeitsunfähigkeitstage im Handel nach Stellung im Beruf, 2000

Tabelle 18.7.6. Handel, Krankenstand (in %) nach Stellung im Beruf, 2000

Wirtschaftsabteilung	Auszu-bildende	Arbeiter	Fach-arbeiter	Meister, Poliere	Ange-stellte
Einzelhandel	3,5	5,5	4,6	3,4	3,6
Großhandel	3,2	6,2	5,6	4,4	3,4
Kraftfahrzeughandel	4,0	5,1	4,6	3,6	2,9

18.7.9 Arbeitsunfälle

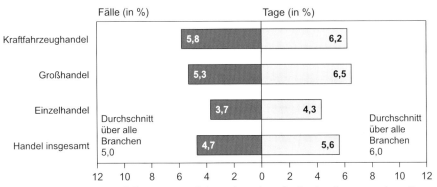

Abb. 18.7.7. Arbeitsunfälle im Handel nach Wirtschaftsabteilungen, Anteil an den AU-Fällen und -Tagen in %, 2000

Tabelle 18.7.7. Handel, Arbeitsunfähigkeitstage durch Arbeitsunfälle nach Berufsgruppen, 2000

Tätigkeit	AU-Tage je 1000 AOK-Mitglieder	Anteil an den AU-Tagen insgesamt (in %)
Kraftfahrzeugführer	2017,0	9,4
Fleischer	1937,0	9,2
Tischler	1761,5	8,9
Lager-, Transportarbeiter	1353,5	6,1
Elektroinstallateure, -monteure	1324,8	8,3
Lagerverwalter, Magaziner	1264,2	5,9
Kraftfahrzeuginstandsetzer	1247,3	7,9
Hilfsarbeiter ohne nähere Tätigkeitsangabe	1145,5	6,3
Warenaufmacher, Versandfertigmacher	849,9	3,9
Verkäufer	521,1	3,4
Kassierer	404,5	2,1
Groß- und Einzelhandelskaufleute, Einkäufer	387,2	3,1
Bürofachkräfte	282,6	2,5

18

18.7.10 Krankheitsarten

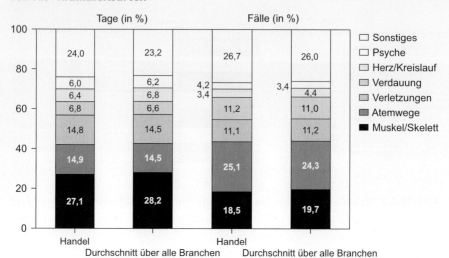

Abb. 18.7.8. Arbeitsunfähigkeiten im Handel nach Krankheitsarten, 2000

Tabelle 18.7.8. Handel, Arbeitsunfähigkeitstage nach Krankheitsarten (in %), 2000

Wirtschafts-abteilung	Muskel/ Skelett	Atem-wege	Verlet-zungen	Herz/ Kreis-lauf	Verdau-ung	Psyche	Sons-tige
Einzelhandel	25,9	15,2	12,9	6,0	6,9	7,2	25,9
Großhandel	29,1	14,0	15,1	7,0	6,6	5,4	22,7
Kraftfahrzeug-handel	25,1	16,6	19,0	5,7	7,1	4,6	21,9

Tabelle 18.7.9. Handel, Arbeitsunfähigkeiten nach Krankheitsarten, Anteile der ICD-Untergruppen an den ICD-Hauptgruppen, 2000

ICD-Untergruppen	Anteil an den AU-Fällen (in %)	Anteil an den AU-Tagen (in %)
Muskel-/Skeletterkrankungen		
Krankheiten der Wirbelsäule und des Rückens	57,5	54,3
Krankheiten der Weichteilgewebe	20,3	18,2
Arthropathien	16,2	21,9
Sonstige	6,0	5,6
Verletzungen		
Verletzungen nicht näher bez. an Rumpf/Extremitäten/etc.	19,1	15,2
Verletzungen des Handgelenkes und der Hand	14,5	14,4
Verletzungen der Knöchelregion und des Fußes	12,1	12,5
Verletzungen des Knies und des Unterschenkels	9,9	15,5
Verletzungen des Kopfes	7,8	5,8
Sonstige	36,7	36,6
Atemwegserkrankungen		
Akute Infektionen der oberen Atemwege	41,4	35,2
Sonstige akute Infektionen der unteren Atemwege	21,6	20,8
Chronische Krankheiten der unteren Atemwege	16,2	19,6
Grippe und Pneumonie	10,7	11,4
Sonstige	10,1	13,0
Herz-/Kreislauferkrankungen		
Sonst. u. nicht näher bez. Krankheiten des Kreislaufsystems	23,0	8,0
Hypertonie [Hochdruckkrankheit]	21,8	20,5
Krankheiten der Venen/Lymphgefäße/Lymphknoten	20,3	17,5
Ischämische Herzkrankheiten	13,8	23,0
Sonstige	21,1	30,9
Verdauung		
Krankheiten des Ösophagus/Magens/Duodenums	29,1	27,2
Nichtinfektiöse Enteritis und Kolitis	28,0	19,4
Krankheiten der Mundhöhle/Speicheldrüsen/Kiefer	22,5	8,8
Sonstige Krankheiten des Darmes	5,7	9,6
Hernien	4,0	13,3
Sonstige	10,7	21,7

18

Tabelle 18.7.9 (Fortsetzung)

ICD-Untergruppen	Anteil an den AU-Fällen (in %)	Anteil an den AU-Tagen (in %)
Psychische und Verhaltensstörungen		
Neurotische, Belastungs- und somatoforme Störungen	47,4	40,2
Affektive Störungen	30,1	35,3
Psych. u. Verhaltensstörungen d. psychotrope Substanzen	12,1	12,2
Schizophrenie, schizotype und wahnhafte Störungen	3,7	5,6
Sonstige	6,7	6,8

18.8 Land- und Forstwirtschaft

18.8.1 Kosten der Arbeitsunfähigkeit

Im Jahr 2000 gab es im Bereich Land- und Forstwirtschaft 354 975 sozialversicherungspflichtig Beschäftigte[1]. Davon gehörten mehr als zwei Drittel (276 495) der AOK an. In dieser Branche waren die AOK-Versicherten im Durchschnitt 1,43-mal erkrankt, mit einer mittleren Erkrankungsdauer von 12,9 Tagen. Die Fehlzeit der Arbeitnehmer betrug insgesamt 18,5 Kalendertage. Dies ergab für den Wirtschaftszweig Land- und Forstwirtschaft 6,6 Millionen krankheitsbedingte Fehltage oder 17 915 Erwerbsjahre. Bei einem durchschnittlichen Bruttojahresverdienst von 39 854 DM[2] erreichten die Kosten aufgrund von Produktionsausfällen durch Arbeitsunfähigkeit im Bereich Land- und Forstwirtschaft für das Jahr 2000 hochgerechnet auf alle Beschäftigten rund 714 Millionen DM. Die finanzielle Belastung eines Betriebes mit 100 Mitarbeitern betrug durchschnittlich 201 131 DM.

18.8.2 Allgemeine Krankenstandsentwicklung

Der Krankenstand der Wirtschaftsbranche Land- und Forstwirtschaft lag im Jahr 2000 bei 5,0% und somit deutlich unter dem Bundesdurchschnitt aller Wirtschaftszweige (Tabelle 18.8.1). Die Anzahl der Krankmeldungen ging um 1,0% auf 142,7 Fälle je 100 AOK-Mitglieder zurück. Mit 14,4 Fällen Abweichung liegt der Bereich Land- und Forstwirtschaft weit unter dem Mittel aller Branchen. Der Anteil der Beschäftigten mit mindestens einer Krankmeldung (AU-Quote), erreichte im Jahr 2000 47,6%.

18

---

[1] Bundesanstalt für Arbeit, Beschäftigte nach Wirtschaftsunterabschnitten, 2000.
[2] Statistisches Bundesamt, Arbeitnehmerentgelte je Arbeitnehmer, Fachserie 18, 2000.

Tabelle 18.8.1. Krankenstandsentwicklung im Bereich Land- und Forstwirtschaft, 2000

	Kranken-stand (in %)	Arbeitsunfähigkeiten je 100 AOK-Mitglieder				Tage je Fall	AU-Quote (in %)
		Fälle	Veränd. z. Vorj. (in %)	Tage	Veränd. z. Vorj. (in %)		
West	4,6	145,7	1,6	1691,3	0,0	11,6	45,8
Ost	5,5	139,7	−3,6	2002,0	−8,2	14,3	49,6
BRD	5,0	142,7	−1,0	1847,1	−5,3	12,9	47,6

Die neuen Bundesländer verzeichneten im Vergleich zum Vorjahr 1999 einen Rückgang des Krankenstandes von 6,0 auf 5,5%, während in den alten Bundesländern der Krankenstand mit 4,6% gleichbleibend war. Die Anzahl der Krankheitsfälle ging in Ostdeutschland um 3,6% zurück und stieg in Westdeutschland geringfügig um 1,6% an. Die Anzahl der Arbeitsunfähigkeitstage nahm in Ostdeutschland ab (−8,2%), während sie in Westdeutschland stabil blieb. Es wird jedoch deutlich, dass in Ostdeutschland, trotz geringerer Fallzahlen gegenüber Westdeutschland, die Krankmeldungen erheblich länger andauerten (14,3 Tage).

Die Abbildung 18.8.1[3] zeigt die Krankenstandsentwicklung für den Wirtschaftszweig Land- und Forstwirtschaft der letzten acht Jahre. Von 1995–1997 ging der Krankenstand kontinuierlich zurück und erreichte 1997 den niedrigsten Stand seit 1993. Im Jahr 1998 blieb er stabil. Durch den deutlichen Anstieg des Krankenstandes in den neuen Bundesländern stieg 1999 auch der gesamtdeutsche Krankenstand wieder an. Der seit 1997 zu beobachtende Trend einer Angleichung zwischen den Krankenständen in West- und Ostdeutschland setzte sich nach der Umkehrung im Jahr 1999 für das Jahr 2000 wieder fort. Der Abstand zwischen West und Ost betrug im Auswertungsjahr 0,9 Prozentpunkte (West: 4,6%; Ost: 5,5%).

---

[3] Die Werte der Jahre 1999 und 2000 basieren auf der Klassifikation der Wirtschaftszweige der Bundesanstalt für Arbeit aus dem Jahre 1993 (WZS 93/ NACE), während den Werten der Jahre 1993–1998 noch der Wirtschaftszweigschlüssel aus dem Jahr 1973 zugrunde lag. Die 99er Werte wurden auf Basis des aktuellen Schlüssels neu berechnet und sind daher nur begrenzt mit den im Fehlzeiten-Report 2000 veröffentlichten Werten, die auf Grundlage des alten Wirtschaftszweigschlüssels berechnet wurden, vergleichbar.

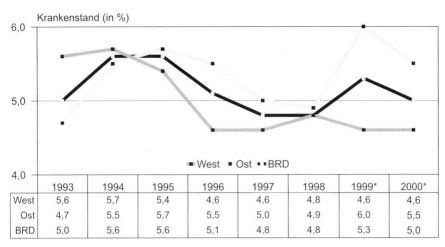

	1993	1994	1995	1996	1997	1998	1999*	2000*
West	5,6	5,7	5,4	4,6	4,6	4,8	4,6	4,6
Ost	4,7	5,5	5,7	5,5	5,0	4,9	6,0	5,5
BRD	5,0	5,6	5,6	5,1	4,8	4,8	5,3	5,0

Abb.18.8.1. Krankenstandsentwicklung im Bereich Land- und Forstwirtschaft 1993–2000

18.8.3 Krankenstandsentwicklung nach Wirtschaftsabteilungen

Im Bereich Land- und Forstwirtschaft war in der Wirtschaftsabteilung Forstwirtschaft der höchste Krankenstand zu registrieren, der mit 6,8% weit über dem Mittel der gesamten Branche (5,0%) lag (Tabelle 18.8.2). Weiterhin verzeichnete diese Abteilung mit 182,4 Krankheitsfällen eine der höchsten Fallzahlen aller Wirtschaftszweige und eine hohe Anzahl von Krankheitstagen (2494,8 Tage je 100 AOK-Mit-

Tabelle 18.8.2. Krankenstandsentwicklung im Bereich Land- und Forstwirtschaft nach Wirtschaftsabteilungen, 2000

Wirtschafts-abteilung	Krankenstand (in %)		Arbeitsunfähigkeiten je 100 AOK-Mitglieder				Tage je Fall	AU-Quote (in %)
	2000	1999	Fälle	Veränd. z. Vorj. (in %)	Tage	Veränd. z. Vorj. (in %)		
Fischerei und Fischzucht	3,5	3,9	91,9	–4,6	1270,8	–11,8	13,8	41,3
Forstwirt-schaft	6,8	7,4	182,4	–4,6	2494,8	–7,7	13,7	55,3
Landwirt-schaft, ge-werbliche Jagd	4,9	5,2	139,4	–0,6	1791,5	–5,0	12,9	47,0

18

glieder). Am niedrigsten war der Krankenstand im Bereich Fischerei und Fischzucht (3,5%). Die Anzahl der Erkrankungen in der Fischerei und Fischzucht – 91,9 Fälle – sowie der Anteil derer, die mindestens einmal im Jahr 2000 krank geschrieben waren (41,3%), gehörten zu den niedrigsten Werten aller Wirtschaftszweige.

Im Vergleich zum Vorjahr reduzierte sich in allen Wirtschaftsabteilungen der Krankenstand, in der Landwirtschaft und gewerblichen Jagd um 0,3, in der Fischerei und Fischzucht um 0,4 und in der Forstwirtschaft am stärksten um 0,6 Prozentpunkte. Die Zahl der Krankmeldungen nahm, wie Tabelle 18.8.2 zeigt, in allen Bereichen der Branche Land- und Forstwirtschaft zwischen 0,6% (Landwirtschaft und gewerbliche Jagd) und 4,6% (Fischerei und Fischzucht, Forstwirtschaft) ab. Die durchschnittliche Dauer eines Krankheitsfalls ging im Vergleich zum Vorjahr in allen Wirtschaftsabteilungen ebenfalls deutlich zurück.

Tabellarische Übersichten und Abbildungen

18.8.4 Krankenstand nach Berufsgruppen

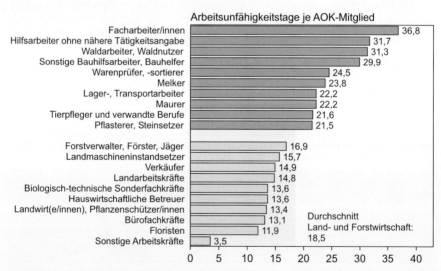

Abb. 18.8.2. 10 Berufsgruppen im Bereich Land- und Forstwirtschaft mit hohen und niedrigen Krankenständen, 2000

Tabelle 18.8.3. Land- und Forstwirtschaft, Krankenstandskennzahlen nach ausgewählten Berufsgruppen, 2000

Tätigkeit	Krankenstand (in %)	Arbeitsunfähigkeiten je 100 AOK-Mitglieder		Tage je Fall	AU-Quote (in %)	Anteil Arbeitsunfälle an den AU-Tagen (in %)
		Fälle	Tage			
Bürofachkräfte	3,4	111,1	1252,4	11,3	43,4	2,5
Facharbeiter/innen	9,8	307,4	3571,2	11,6	55,2	3,5
Floristen	3,1	122,4	1144,7	9,4	51,8	3,2
Gartenarchitekten, Gartengestalter	5,4	169,5	1979,1	11,7	51,2	7,4
Gärtner, Gartenarbeiter	5,4	180,9	1972,4	10,9	51,7	8,0
Kraftfahrzeugführer	4,7	105,7	1735,9	16,4	47,1	13,4
Landarbeitskräfte	3,8	93,0	1395,9	15,0	35,9	13,3
Landmaschineninstandsetzer	3,9	103,6	1420,3	13,7	52,7	18,0
Landwirte, Pflanzenschützer	3,5	118,7	1283,2	10,8	43,3	15,1
Melker	6,2	105,8	2259,1	21,3	53,4	12,5
Sonstige Arbeitskräfte	0,7	19,5	241,3	12,4	10,8	0,5
Sonstige Bauhilfsarbeiter, Bauhelfer	7,8	254,7	2852,2	11,2	52,3	7,3
Tierpfleger und verwandte Berufe	5,6	104,5	2032,7	19,4	49,9	13,9
Tierzüchter	5,1	111,2	1877,7	16,9	50,5	13,4
Waldarbeiter, Waldnutzer	7,3	186,6	2664,5	14,3	56,0	16,0

Berufsgruppen mit mehr als 2000 AOK-Versicherten

18

18.8.5 Kurz- und Langzeiterkrankungen

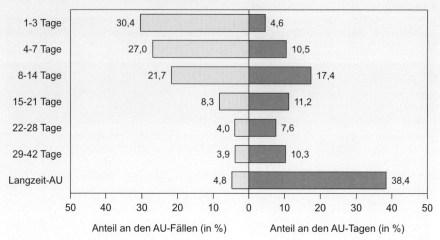

Abb. 18.8.3. Arbeitsunfähigkeitsfälle und -tage im Bereich Land- und Forstwirtschaft nach der Dauer, 2000

18.8.6 Krankenstand nach Bundesländern

Tabelle 18.8.4. Land- und Forstwirtschaft, Arbeitsunfähigkeit nach Bundesländern, 2000 im Vergleich zum Vorjahr

	Arbeitsunfähigkeiten je 100 AOK-Mitglieder					
	AU-Fälle 2000	Veränd. z.Vorj. (in %)	AU-Tage 2000	Veränd. z.Vorj. (in %)	Tage je Fall 2000	Veränd. z. Vorj (in %)
Baden-Württemb.	149,3	0,8	1725,1	–2,9	11,6	–3,3
Bayern	121,7	0,2	1488,7	2,2	12,2	1,7
Berlin	182,7	11,9	2966,8	11,1	16,2	–0,6
Brandenburg	104,4	–13,4	1548,2	–21,2	14,8	–9,2
Bremen	200,7	3,0	2125,2	10,2	10,6	7,1
Hamburg	169,7	6,9	2260,0	6,8	13,3	0,0
Hessen	165,0	–0,7	1899,1	–2,6	11,5	–1,7
Mecklenb.-Vorp.	139,2	3,1	2130,0	1,4	15,3	–1,9
Niedersachsen	137,8	4,6	1445,9	6,3	10,5	1,9
Nordrhein-Westf.	160,2	1,1	1756,9	–2,4	11,0	–3,5
Rheinland-Pfalz	163,9	0,7	2024,9	–5,8	12,4	–6,1
Saarland	168,1	13,4	2155,3	–7,9	12,8	–19,0
Sachsen	158,8	–9,2	2176,4	–11,9	13,7	–2,8
Sachsen-Anhalt	141,6	4,3	1971,5	–3,9	13,9	–7,9
Schleswig-Holst.	134,1	–0,1	1654,9	1,0	12,3	0,8
Thüringen	144,8	1,4	2097,1	–3,1	14,5	–4,6
Bund	142,7	–1,0	1847,1	–5,3	12,9	–4,4

18

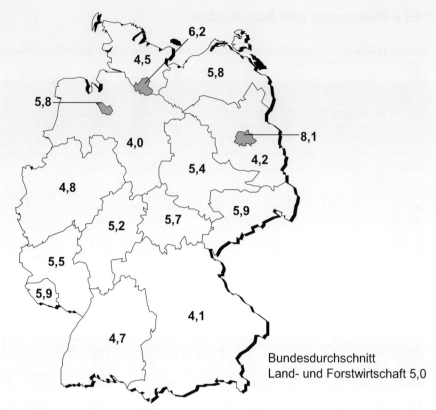

Abb. 18.8.4. Krankenstand (in %) im Bereich Land- und Forstwirtschaft nach Bundesländern, 2000

18.8.7 Krankenstand nach Betriebsgröße

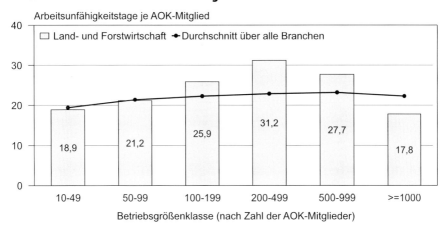

Abb. 18.8.5. Arbeitsunfähigkeitstage im Bereich Land- und Forstwirtschaft nach Betriebsgröße, 2000

Tabelle 18.8.5. Land- und Forstwirtschaft, Arbeitsunfähigkeitstage je AOK-Mitglied nach Betriebsgröße (Anzahl der AOK-Mitglieder), 2000

Wirtschafts-abteilung	10–49	50–99	100–199	200–499	500–999	≥1000
Fischerei und Fischzucht	16,7	–	–	–	–	–
Forstwirtschaft	25,8	23,5	24,5	31,6	52,2	–
Landwirtschaft, gewerbliche Jagd	18,2	20,9	26,0	31,1	26,1	17,8
Durchschnitt über alle Branchen	19,4	21,4	22,3	22,9	23,2	22,3

18

18.8.8 Krankenstand nach Stellung im Beruf

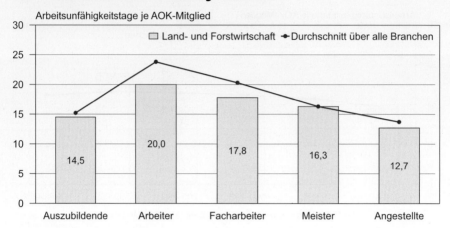

Abb. 18.8.6. Arbeitsunfähigkeitstage im Bereich Land- und Forstwirtschaft nach Stellung im Beruf, 2000

Tabelle 18.8.6. Land- und Forstwirtschaft, Krankenstand (in %) nach Stellung im Beruf, 2000

Wirtschaftsabteilung	Auszu-bildende	Arbeiter	Fach-arbeiter	Meister, Poliere	Ange-stellte
Fischerei und Fischzucht	4,1	3,1	3,9	3,9	2,2
Forstwirtschaft	5,4	7,1	7,2	5,5	3,0
Landwirtschaft, gewerb-liche Jagd	3,9	5,3	4,6	4,3	3,5

18.8.9 Arbeitsunfälle

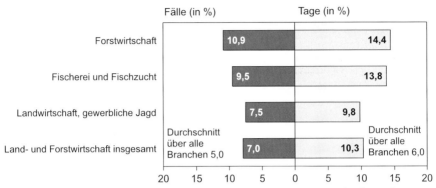

Abb. 18.8.7. Arbeitsunfälle im Bereich Land- und Forstwirtschaft nach Wirtschaftsabteilungen, Anteil an den AU-Fällen und -Tagen in %, 2000

Tabelle 18.8.7. Land- und Forstwirtschaft, Arbeitsunfähigkeitstage durch Arbeitsunfälle nach Berufsgruppen, 2000

Tätigkeit	AU-Tage je 1000 AOK-Mitglieder	Anteil an den AU-Tagen insgesamt (in %)
Waldarbeiter, Waldnutzer	4276,0	16,0
Forstverwalter, Förster, Jäger	2927,8	17,6
Tierpfleger und verwandte Berufe	2848,1	13,9
Melker	2833,7	12,5
Landmaschineninstandsetzer	2556,7	18,0
Tierzüchter	2542,7	13,4
Betriebsschlosser, Reparaturschlosser	2448,2	13,5
Kraftfahrzeugführer	2318,2	13,4
Landwirt(e/innen), Pflanzenschützer/innen	1936,0	15,1
Landarbeitskräfte	1859,9	13,3
Hilfsarbeiter ohne nähere Tätigkeitsangabe	1845,1	5,9
Gärtner, Gartenarbeiter	1575,9	8,0
Facharbeiter/innen	1253,4	3,5
Floristen	386,5	3,2

18

18.8.10 Krankheitsarten

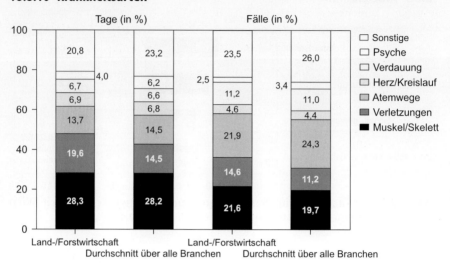

Abb. 18.8.8. Arbeitsunfähigkeiten im Bereich Land- und Forstwirtschaft nach Krankheitsarten, 2000

Tabelle 18.8.8. Land- und Forstwirtschaft, Arbeitsunfähigkeitstage nach Krankheitsarten (in %), 2000

Wirtschafts-abteilung	Muskel/Skelett	Atem-wege	Verlet-zungen	Herz/Kreis-lauf	Verdau-ung	Psyche	Son-stige
Fischerei und Fischzucht	23,9	13,3	28,0	4,8	5,1	3,7	21,2
Forstwirtschaft	32,1	11,7	24,0	5,5	5,7	3,3	17,7
Landwirtschaft, gewerbliche Jagd	27,8	14,0	19,0	7,1	6,8	4,1	21,2

Tabelle 18.8.9. Land- und Forstwirtschaft, Arbeitsunfähigkeiten nach Krankheitsarten, Anteile der ICD-Untergruppen an den ICD-Hauptgruppen, 2000

ICD-Untergruppen	Anteil an den AU-Fällen (in %)	Anteil an den AU-Tagen (in %)
Muskel-/Skeletterkrankungen		
Krankheiten der Wirbelsäule und des Rückens	58,0	54,9
Krankheiten der Weichteilgewebe	19,6	17,8
Arthropathien	17,3	22,3
Sonstige	5,1	5,0
Verletzungen		
Verletzungen nicht näher bez. an Rumpf/ Extremitäten/etc.	19,4	2,2
Verletzungen des Handgelenkes und der Hand	14,6	17,9
Verletzungen der Knöchelregion und des Fußes	10,5	12,7
Verletzungen des Knies und des Unterschenkels	10,0	19,0
Verletzungen des Kopfes	9,2	8,2
Sonstige	36,4	40,0
Atemwegserkrankungen		
Akute Infektionen der oberen Atemwege	43,5	36,2
Sonstige akute Infektionen der unteren Atemwege	21,8	21,5
Chronische Krankheiten der unteren Atemwege	14,9	19,3
Grippe und Pneumonie	10,9	11,9
Sonstige	8,9	11,1
Herz-/Kreislauferkrankungen		
Hypertonie [Hochdruckkrankheit]	29,6	23,9
Krankheiten der Venen/Lymphgefäße/ Lymphknoten	17,2	15,0
Sonst. u. nicht näher bez. Krankheiten des Kreislaufsystems	16,3	5,5
Ischämische Herzkrankheiten	14,7	23,7
Sonstige	22,2	31,9
Verdauung		
Krankheiten des Ösophagus/Magens/Duodenums	30,1	29,2
Krankheiten der Mundhöhle/Speicheldrüsen/ Kiefer	24,4	8,6
Nichtinfektiöse Enteritis und Kolitis	24,0	16,4
Sonstige Krankheiten des Darmes	5,0	8,5
Krankheiten der Gallenblase/-wege/Pankreas	4,8	10,9
Sonstige	11,7	26,3

18

Tabelle 18.8.9 (Fortsetzung)

ICD-Untergruppen	Anteil an den AU-Fällen (in %)	Anteil an den AU-Tagen (in %)
Psychische und Verhaltensstörungen		
Neurotische, Belastungs- und somatoforme Störungen	37,8	31,5
Psych. u. Verhaltensstörungen d. psychotropen Substanzen	27,6	25,4
Affektive Störungen	22,9	27,4
Schizophrenie, schizotype und wahnhafte Störungen	4,3	7,5
Sonstige	7,5	8,3

18.9 Metallindustrie

18.9.1 Kosten der Arbeitsunfähigkeit

Im Jahr 2000 waren in der Metallindustrie, der größten deutschen Industriebranche, 3,5 Millionen Arbeitnehmer beschäftigt[1]. Im Mittel war 2000 jeder Mitarbeiter in dieser Branche (AOK-Mitglieder) 20,3 Kalendertage krank geschrieben. Hochgerechnet auf die gesamte Metallbranche ergibt dies eine Summe von 71,3 Millionen krankheitsbedingten Fehltagen oder 195 314 Erwerbsjahren. Bei einem durchschnittlichen Bruttojahresverdienst von 72 527 DM[2] ergeben sich so für die Metallindustrie insgesamt Kosten in Höhe von 14,2 Milliarden DM aufgrund von Produktionsausfällen durch Arbeitsunfähigkeit. Einem Betrieb mit 100 Mitarbeitern entstand auf diese Weise eine finanzielle Belastung von durchschnittlich 403 000 DM.

18.9.2 Allgemeine Krankenstandsentwicklung

Im Jahr 2000 meldeten sich 62,6% der in der Metallindustrie beschäftigten Arbeitnehmer ein- oder mehrmals krank. Die Erkrankten kehrten nach durchschnittlich 12,6 Kalendertagen an den Arbeitsplatz zurück. Der Krankenstand lag mit 5,5% geringfügig über dem Bundesdurchschnitt (5,4%). In Westdeutschland waren mehr krankheitsbedingte Ausfalltage zu verzeichnen als in Ostdeutschland (West: 2048,7 Tage je 100 AOK-Mitglieder; Ost: 1822,7 Tage).
   Im Vergleich zum Vorjahr nahm 2000 die Zahl der Krankmeldungen zu, im Westen stärker als im Osten (West: 3,0%; Ost: 1,5%).

18

---

[1] Bundesanstalt für Arbeit, Beschäftigte nach Wirtschaftsunterabschnitten, 2000.
[2] Statistisches Bundesamt, Arbeitnehmerentgelte je Arbeitnehmer, Fachserie 18, 2000.

Gleichzeitig ging jedoch die durchschnittliche Dauer der Arbeitsunfähigkeitsfälle so stark zurück, dass trotz der Zunahme der Fälle der
Krankenstand geringfügig abnahm (Tabelle 18.9.1).

Abbildung 18.9.1[3] zeigt die Entwicklung des Krankenstandes in der
Metallindustrie in den Jahren 1993–2000. In den Jahren 1994-1997
gingen die krankheitsbedingten Fehlzeiten kontinuierlich zurück. 1998

Tabelle 18.9.1. Krankenstandsentwicklung in der Metallindustrie, 2000

	Kranken-stand (in %)	Arbeitsunfähigkeiten je 100 AOK-Mitglieder				Tage je Fall	AU-Quote (in %)
		Fälle	Veränd. z. Vorj. (in %)	Tage	Veränd. z. Vorj. (in %)		
West	5,6	163,1	1,5	2048,7	–0,2	12,6	63,0
Ost	5,0	141,2	3,0	1822,7	–0,3	12,9	58,5
BRD	5,5	161,1	1,6	2028,3	–0,1	12,6	62,6

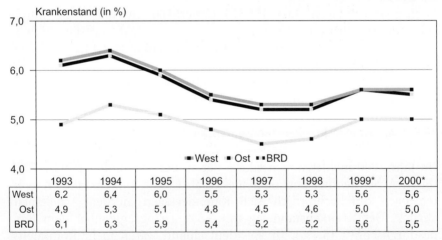

	1993	1994	1995	1996	1997	1998	1999*	2000*
West	6,2	6,4	6,0	5,5	5,3	5,3	5,6	5,6
Ost	4,9	5,3	5,1	4,8	4,5	4,6	5,0	5,0
BRD	6,1	6,3	5,9	5,4	5,2	5,2	5,6	5,5

Abb. 18.9.1. Krankenstandsentwicklung in der Metallindustrie 1993–2000

---

[3] Die Werte der Jahre 1999 und 2000 basieren auf der Klassifikation der Wirtschaftszweige der Bundesanstalt für Arbeit aus dem Jahre 1993 (WZS 93/
NACE), während den Werten der Jahre 1993–1998 noch der Wirtschaftszweigschlüssel aus dem Jahr 1973 zugrunde lag. Die 99er Werte wurden auf
Basis des aktuellen Schlüssels neu berechnet und sind daher nur begrenzt
mit den im Fehlzeiten-Report 2000 veröffentlichten Werten, die auf Grundlage des alten Wirtschaftszweigschlüssels berechnet wurden, vergleichbar.

kam es zu keinem weiteren Rückgang mehr, der Krankenstand blieb stabil. 1999 war erstmalig wieder eine Zunahme der krankheitsbedingten Ausfallzeiten zu verzeichnen. Im Jahr 2000 ging der Krankenstand wieder etwas zurück.

Betrug der Abstand zwischen dem Krankenstand in Ost- und Westdeutschland 1993 noch 1,3 Prozentpunkte, so hat sich seitdem eine zunehmende Annäherung vollzogen. Im Jahr 1999 und 2000 differierten die Werte in Ost und West nur noch um 0,6 Prozentpunkte.

18.9.3 Krankenstandsentwicklung nach Wirtschaftsabteilungen

In den einzelnen Bereichen der Metallindustrie fielen die Krankenstände sehr unterschiedlich aus (Tabelle 18.9.2). Der höchste Krankenstand war im Jahr 2000 mit 6,4% in der Metallerzeugung und -bearbeitung zu verzeichnen. In diesem Bereich lag sowohl die Zahl der Krankmeldungen als auch deren Dauer deutlich über dem Durchschnitt der Branche. Auch in den Wirtschaftsabteilungen Herstellung von Metallerzeugnissen, sonstiger Fahrzeugbau und in der Autoindustrie waren die Krankenstände überdurchschnittlich hoch. Am niedrigsten war der Krankenstand mit 4,0% im Bereich der Herstellung von Büromaschinen, Datenverarbeitungsgeräten und -einrichtungen. Der Anteil der Beschäftigten, die sich ein- oder mehrmals krank meldeten, bewegte sich in den einzelnen Wirtschaftsabteilungen der Metallindustrie zwischen 53,9 und 65,5%.

Im Vergleich zum Vorjahr nahm, mit Ausnahme des sonstigen Fahrzeugbaus, in allen Bereichen der Branche die Zahl der Krankmeldungen zu, allerdings in sehr unterschiedlichem Ausmaß. Die stärkste Zunahme war mit 6,7% in der Rundfunk-, Fernseh- und Nachrichtentechnik zu verzeichnen. Im Bereich der Herstellung von Büromaschinen, Datenverarbeitungsgeräten und -einrichtungen stieg die Zahl der Arbeitsunfähigkeitsfälle dagegen lediglich um 0,9%.

Da die durchschnittliche Dauer der Krankmeldungen in fast allen Wirtschaftsabteilungen der Metallindustrie rückläufig war, hatte der Anstieg der Fälle nur in begrenztem Maße Auswirkungen auf den Krankenstand. Zu einer Zunahme des Krankenstandes kam es nur in der Autoindustrie, der Rundfunk-, Fernseh- und Nachrichtentechnik und im sonstigen Fahrzeugbau. In den übrigen Bereichen waren weniger krankheitsbedingte Ausfalltage zu verzeichnen als im Vorjahr.

18

Tabelle 18.9.2. Krankenstandsentwicklung in der Metallindustrie nach Wirtschaftsabteilungen, 2000

Wirtschafts-abteilung	Krankenstand (in %)		Arbeitsunfähigkeiten je 100 AOK-Mitglieder				Tage je Fall	AU-Quote (in %)
	2000	1999	Fälle	Veränd. z. Vorj. (in %)	Tage	Veränd. z. Vorj. (in %)		
Herstellung von Büromaschinen, Datenverarbeitungsgeräten und -einrichtungen	4,0	4,1	146,8	0,9	1456,0	–2,4	9,9	53,9
Herstellung von Geräten der Elektrizitätserzeugung, -verteilung	5,6	5,7	164,0	2,4	2058,2	–0,9	12,5	62,6
Herstellung von Kraftwagen und Kraftwagenteilen	5,7	5,6	156,0	1,4	2086,5	1,7	13,4	63,9
Herstellung von Metallerzeugnissen	5,9	5,9	168,2	1,8	2156,7	–0,1	12,8	63,0
Maschinenbau	5,2	5,2	155,2	1,1	1890,1	–0,6	12,2	62,5
Medizin-, Mess-, Steuer- und Regelungstechnik, Optik	4,5	4,6	152,1	2,6	1662,7	–1,3	10,9	58,4
Metallerzeugung und -bearbeitung	6,4	6,5	168,7	1,0	2358,7	–0,2	14,0	65,5
Rundfunk-, Fernseh- und Nachrichtentechnik	5,1	5,0	166,1	6,7	1856,2	1,4	11,2	59,2
Sonstiger Fahrzeugbau	5,8	5,8	167,1	–0,8	2140,2	0,5	12,8	63,6

Tabellarische Übersichten und Abbildungen

18.9.4 Krankenstand nach Berufsgruppen

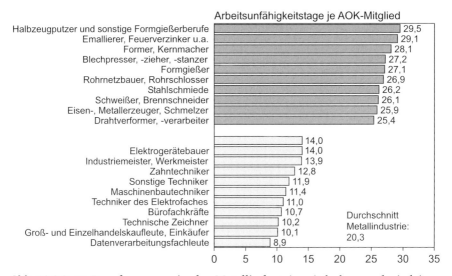

Abb. 18.9.2. 10 Berufsgruppen in der Metallindustrie mit hohen und niedrigen Krankenständen, 2000

18

Tabelle 18.9.3. Metallindustrie, Krankenstandskennzahlen nach ausgewählten Berufsgruppen, 2000

Tätigkeit	Kranken- stand (in %)	Arbeitsunfähig- keiten je 100 AOK- Mitglieder		Tage je Fall	AU- Quote (in %)	Anteil Arbeits- unfälle an den AU-Tagen (in %)
		Fälle	Tage			
Bürofachkräfte	2,8	121,6	1042,4	8,6	50,6	1,5
Dreher	5,3	162,1	1925,7	11,9	65,3	6,5
Elektrogeräte-, Elektroteile- montierer	6,4	187,9	2325,6	12,4	65,7	2,0
Elektrogerätebauer	3,7	141,0	1368,8	9,7	57,9	3,6
Elektroingenieure	1,7	69,1	632,9	9,2	34,4	1,4
Elektroinstalla- teure, -monteure	4,6	140,0	1690,2	12,1	59,2	6,1
Feinmechaniker	4,0	162,0	1462,7	9,0	61,6	4,3
Glasbearbeiter, Glasveredler	5,5	174,6	1995,3	11,4	62,5	2,9
Halbzeugputzer und sonstige Formgießerberufe	8,0	204,3	2924,7	14,3	70,0	11,3
Hilfsarbeiter ohne nähere Tätigkeits- angabe	5,8	182,5	2138,8	11,7	60,4	5,7
Industrie- mechaniker	5,3	171,6	1921,7	11,2	58,2	12,7
Ingenieure des Maschinen- und Fahrzeugbaues	1,9	81,1	712,9	8,8	39,6	3,9
Lager-, Transport- arbeiter	6,2	167,2	2259,5	13,5	63,6	5,5
Maschinen- schlosser	4,9	159,9	1810,0	11,3	65,2	8,0
Metallarbeiter	6,4	182,3	2351,2	12,9	66,1	5,8
Metallschleifer	5,9	169,6	2161,2	12,7	65,5	6,1
Polsterer, Matrat- zenhersteller	6,6	177,3	2423,4	13,7	70,2	2,3
Rohrinstallateure	5,7	154,0	2076,0	13,5	63,0	8,0
Schweißer, Brenn- schneider	7,1	180,7	2582,0	14,3	68,3	9,0
Technische Zeichner	2,7	143,5	985,7	6,9	57,4	2,5
Unternehmer, Geschäftsführer	2,7	73,0	1006,5	13,8	36,3	4,7
Warenaufmacher, Versandfertig- macher	6,6	174,4	2398,4	13,7	66,1	4,6
Werkzeugmacher	4,3	156,3	1567,9	10,0	63,8	7,0
Zahntechniker	3,3	134,5	1225,5	9,1	54,0	1,8

Berufsgruppen mit mehr als 2000 AOK-Versicherten

18.9.5 Kurz- und Langzeiterkrankungen

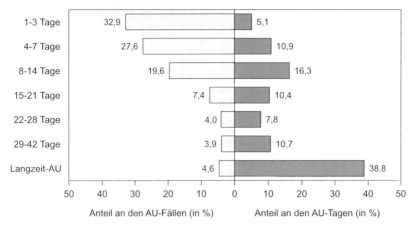

Abb. 18.9.3. Arbeitsunfähigkeitsfälle und -tage in der Metallindustrie nach der Dauer, 2000

18

18.9.6 Krankenstand nach Bundesländern

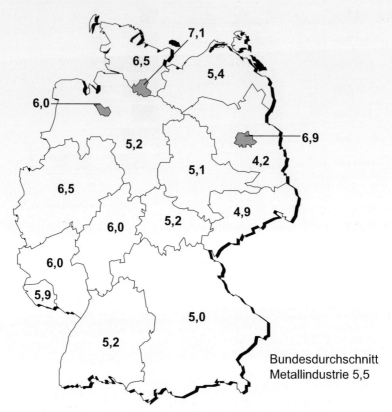

Abb. 18.9.4. Krankenstand (in %) in der Metallindustrie nach Bundesländern, 2000

Tabelle 18.9.4. Metallindustrie, Arbeitsunfähigkeit nach Bundesländern, 2000 im Vergleich zum Vorjahr

	Arbeitsunfähigkeiten je 100 AOK-Mitglieder					
	AU-Fälle 2000	Veränd. z. Vorj. (in %)	AU-Tage 2000	Veränd. z. Vorj. (in %)	Tage je Fall 2000	Veränd. z. Vorj. (in %)
Baden-Württemb.	156,8	2,3	1889,2	0,6	12,0	−2,4
Bayern	152,1	1,2	1847,1	−0,1	12,1	−1,6
Berlin	142,8	−1,5	2536,5	−1,5	17,8	0,0
Brandenburg	128,3	−8,3	1555,5	−17,6	12,1	−10,4
Bremen	181,6	−2,1	2202,4	−4,7	12,1	−3,2
Hamburg	176,6	1,9	2612,0	5,7	14,8	3,5
Hessen	176,8	0,9	2201,0	−0,3	12,4	−1,6
Mecklenb.-Vorp.	153,6	6,6	1968,8	6,6	12,8	0,0
Niedersachsen	170,6	0,1	1891,5	−1,9	11,1	−1,8
Nordrhein-Westf.	175,7	1,6	2364,3	−0,3	13,5	−1,5
Rheinland-Pfalz	170,7	0,7	2197,0	1,3	12,9	0,8
Saarland	134,1	−1,0	2163,7	−1,1	16,1	−0,6
Sachsen	134,7	2,8	1789,6	1,1	13,3	−1,5
Sachsen-Anhalt	140,7	4,1	1877,7	0,5	13,3	−3,6
Schleswig-Holst.	188,8	6,1	2377,9	3,7	12,6	−2,3
Thüringen	155,2	6,4	1917,0	2,4	12,4	−3,1
Bund	161,1	1,6	2028,3	−0,1	12,6	−1,6

18

18.9.7 Krankenstand nach Betriebsgröße

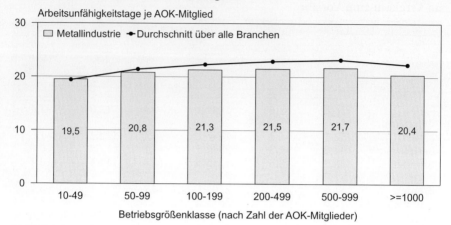

Abb. 18.9.5. Arbeitsunfähigkeitstage in der Metallindustrie nach Betriebsgröße, 2000

Tabelle 18.9.5. Metallindustrie, Arbeitsunfähigkeitstage je AOK-Mitglied nach Betriebsgröße (Anzahl der AOK-Mitglieder), 2000

Wirtschafts-abteilung	10–49	50–99	100–199	200–499	500–999	≥1000
Herstellung von Büromaschinen, Datenverarbeitungs-geräten und -einrichtungen	14,5	15,4	16,1	17,6	16,4	6,9
Herstellung von Geräten der Elektri-zitätserzeugung, -verteilung	18,2	20,4	21,1	21,4	23,8	22,6
Herstellung von Kraftwagen und Kraftwagenteilen	19,4	20,0	20,4	22,2	21,6	20,7
Herstellung von Metallerzeugnissen	21,1	22,4	23,1	23,5	23,7	21,8
Maschinenbau	18,3	19,2	19,4	20,0	19,2	19,4
Medizin-, Mess-, Steuer- und Rege-lungstechnik, Optik	15,8	18,5	19,2	18,4	18,5	13,4
Metallerzeugung und -bearbeitung	23,1	24,5	25,6	24,2	24,1	21,1
Rundfunk-, Fernseh- und Nach-richtentechnik	16,7	18,9	18,0	19,3	23,5	17,4
Sonstiger Fahr-zeugbau	20,7	21,2	25,3	22,0	22,9	19,1
Durchschnitt über alle Branchen	19,4	21,4	22,3	22,9	23,2	22,3

18.9.8 Krankenstand nach Stellung im Beruf

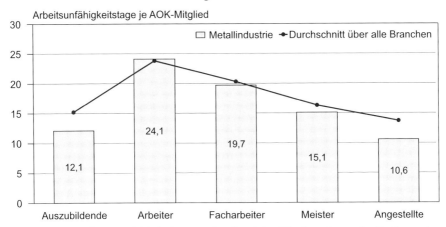

Abb. 18.9.6. Arbeitsunfähigkeitstage in der Metallindustrie nach Stellung im Beruf, 2000

Tabelle 18.9.6. Metallindustrie, Krankenstand (in %) nach Stellung im Beruf, 2000

Wirtschaftsabteilung	Auszu-bildende	Arbeiter	Fach-arbeiter	Meister, Poliere	Ange-stellte
Herstellung von Büro-maschinen, Daten-verarbeitungsgeräten und -einrichtungen	1,6	5,5	4,3	4,6	2,7
Herstellung von Geräten der Elektrizitäts-erzeugung, -verteilung	3,0	6,5	5,1	4,5	2,8
Herstellung von Kraft-wagen und Kraftwagen-teilen	3,0	6,7	5,3	3,8	2,9
Herstellung von Metall-erzeugnissen	4,0	6,7	5,8	4,4	3,0
Maschinenbau	3,3	6,4	5,2	3,8	2,8
Medizin-, Mess-, Steuer- und Regelungstechnik, Optik	2,7	5,7	4,2	3,5	2,9
Metallerzeugung und -bearbeitung	3,9	7,2	6,0	4,9	3,1
Rundfunk-, Fernseh- und Nachrichtentechnik	2,6	6,2	4,6	4,2	2,9
Sonstiger Fahrzeugbau	3,6	6,5	6,2	4,3	3,1

18

18.9.9 Arbeitsunfälle

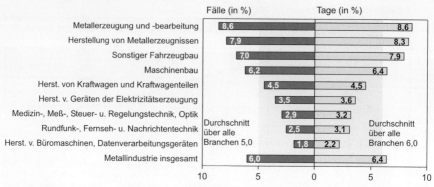

Abb. 18.9.7. Arbeitsunfälle in der Metallindustrie nach Wirtschaftsabteilungen, Anteil an den AU-Fällen und -Tagen in %, 2000

Tabelle 18.9.7. Metallindustrie, Arbeitsunfähigkeitstage durch Arbeitsunfälle nach Berufsgruppen, 2000

Tätigkeit	AU-Tage je 1000 AOK-Mitglieder	Anteil an den AU-Tagen insgesamt (in %)
Halbzeugputzer und sonstige Formgießerberufe	3294,9	11,3
Stahlbauschlosser, Eisenschiffbauer	2659,7	10,8
Bauschlosser	2529,9	11,5
Industriemechaniker/innen	2452,1	12,7
Schweißer, Brennschneider	2327,9	9,0
Betriebsschlosser, Reparaturschlosser	2077,6	10,3
Blechpresser, -zieher, -stanzer	1879,9	7,1
Maschinenschlosser	1453,6	8,0
Metallarbeiter	1357,1	5,8
Dreher	1251,2	6,5
Lager-, Transportarbeiter	1241,7	5,5
Hilfsarbeiter ohne nähere Tätigkeitsangabe	1235,0	5,7
Werkzeugmacher	1103,4	7,0
Elektroinstallateure, -monteure	1029,6	6,1
Sonstige Montierer	799,6	3,3
Elektrogeräte-, Elektroteilemontierer	475,3	2,0

18.9.10 Krankheitsarten

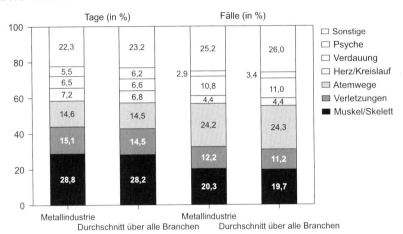

Abb. 18.9.8. Arbeitsunfähigkeiten in der Metallindustrie nach Krankheitsarten, 2000

Tabelle 18.9.8. Metallindustrie, Arbeitsunfähigkeitstage nach Krankheitsarten (in %), 2000

Wirtschafts-abteilung	Muskel/Skelett	Atem-wege	Verlet-zungen	Herz/Kreis-lauf	Verdau-ung	Psyche	Sons-tige
Herstellung von Büromaschinen, Datenverarbei-tungsgeräten und -einrichtungen	23,6	18,9	10,5	6,7	7,3	7,3	25,9
Herstellung von Geräten der Elek-trizitätserzeugung, -verteilung	28,8	15,1	11,7	6,8	6,4	7,1	24,2
Herstellung von Kraftwagen und Kraftwagenteilen	30,1	15,3	13,5	6,8	6,7	5,7	21,9
Herstellung von Metallerzeugnissen	29,5	13,7	16,9	7,1	6,4	4,9	21,5
Maschinenbau	28,1	14,5	15,8	7,6	6,5	5,2	22,2
Medizin-, Mess-, Steuer- und Regelungstechnik, Optik	25,4	16,7	11,9	6,7	6,9	7,0	25,4
Metallerzeugung und -bearbeitung	30,1	13,9	16,6	7,8	6,5	4,7	20,5
Rundfunk-, Fernseh- und Nachrichten-technik	26,1	16,6	10,8	6,6	7,2	7,7	25,0
Sonstiger Fahrzeugbau	29,1	14,2	16,9	6,9	6,4	5,0	21,5

18

Tabelle 18.9.9. Metallindustrie, Arbeitsunfähigkeiten nach Krankheitsarten, Anteile der ICD-Untergruppen an den ICD-Hauptgruppen, 2000

ICD-Untergruppen	Anteil an den AU-Fällen (in %)	Anteil an den AU-Tagen (in %)
Muskel-/Skeletterkrankungen		
Krankheiten der Wirbelsäule und des Rückens	57,6	55,3
Krankheiten der Weichteilgewebe	20,2	18,6
Arthropathien	16,7	21,1
Sonstige	5,5	5,0
Verletzungen		
Verletzungen nicht näher bez. an Rumpf/Extremitäten/etc.	19,1	15,3
Verletzungen des Handgelenkes und der Hand	17,1	18,5
Verletzungen der Knöchelregion und des Fußes	10,0	10,9
Verletzungen des Knies und des Unterschenkels	8,9	14,3
Verletzungen des Kopfes	7,4	5,3
Sonstige	37,5	35,8
Atemwegserkrankungen		
Akute Infektionen der oberen Atemwege	39,8	32,9
Sonstige akute Infektionen der unteren Atemwege	22,1	21,1
Chronische Krankheiten der unteren Atemwege	17,1	21,3
Grippe und Pneumonie	11,1	12,0
Sonstige	10,0	12,8
Herz-/Kreislauferkrankungen		
Hypertonie [Hochdruckkrankheit]	24,9	20,5
Krankheiten der Venen/Lymphgefäße/Lymphknoten	19,3	15,4
Sonst. u. nicht näher bez. Krankheiten des Kreislaufsystems	17,1	5,7
Ischämische Herzkrankheiten	16,6	27,4
Sonstige	22,1	31,1
Verdauung		
Krankheiten des Ösophagus/Magens/Duodenums	29,6	28,2
Nichtinfektiöse Enteritis und Kolitis	25,2	17,0
Krankheiten der Mundhöhle/Speicheldrüsen/Kiefer	24,4	8,2
Sonstige Krankheiten des Darmes	5,8	9,2
Hernien	5,0	16,7
Sonstige	9,9	20,8

Tabelle 18.9.9 (Fortsetzung)

ICD-Untergruppen	Anteil an den AU-Fällen (in %)	Anteil an den AU-Tagen (in %)
Psychische und Verhaltensstörungen		
Neurotische, Belastungs- und somatoforme Störungen	42,3	35,3
Affektive Störungen	31,2	34,8
Psych. u. Verhaltensstörungen d. psychotropen Substanzen	15,6	16,2
Schizophrenie, schizotype und wahnhafte Störungen	4,4	7,3
Sonstige	6,5	6,4

18

18.10 Öffentliche Verwaltung und Sozialversicherung

18.10.1 Kosten der Arbeitsunfähigkeit

Im Jahr 2000 gab es im Bereich der öffentlichen Verwaltung und Sozialversicherung 1,8 Millionen sozialversicherungspflichtig Beschäftigte[1]. Davon waren 45,4% (805 114) bei der AOK versichert. Jedes AOK-Mitglied war 2000 im Durchschnitt 23,0 Kalendertage krankgeschrieben. Für die Branche insgesamt ergibt dies eine Summe von 40,8 Millionen krankheitsbedingten Fehltagen oder 111 758 Erwerbsjahren. Bei einem durchschnittlichen Bruttojahreseinkommen im Jahr 2000 von 54 000[2] ergaben sich für das Jahr 2000 hochgerechnet auf alle Beschäftigten im Bereich der öffentlichen Verwaltung und Sozialversicherung Kosten in Höhe von 6,0 Milliarden DM aufgrund von Produktionsausfällen durch Arbeitsunfähigkeit. Die finanzielle Belastung eines Betriebes mit 100 Mitarbeitern durch diese Kosten betrug durchschnittlich 340 067 DM.

18.10.2 Allgemeine Krankenstandsentwicklung

Der Krankenstand lag im Bereich der Öffentlichen Verwaltung und Sozialversicherung im Jahr 2000 bei 6,3%. Er war damit deutlich höher als der Branchendurchschnitt, der 5,4% betrug.[3] Sowohl die Zahl der Krankmeldungen als auch deren mittlere Dauer wiesen ein deutlich höheres Niveau auf als in den meisten übrigen Branchen.

---

[1] Bundesanstalt für Arbeit, Beschäftigte nach Wirtschaftsunterabschnitten, 2000.
[2] Statistisches Bundesamt, Arbeitnehmerentgelte je Arbeitnehmer 2000.
[3] Zu den Gründen für den erhöhten Krankenstand vgl. Kap. 18.1.4. sowie den Beitrag von Marstedt et al. in diesem Band.

62,8% der Beschäftigten in der Öffentlichen Verwaltung und Sozialversicherung meldeten sich im Jahr 2000 mindestens einmal krank. Die Erkrankten kehrten im Durchschnitt nach 13,3 Kalendertagen an den Arbeitsplatz zurück (Tabelle 18.10.1).

Trotz einer ähnlich hohen Zahl an Krankmeldungen war der Krankenstand in Westdeutschland deutlich höher als in Ostdeutschland (West: 6,4%; Ost: 5,9%). Zurückzuführen war dies auf die unterschiedliche mittlere Dauer der Krankheitsfälle, die im Westen wesentlich höher ausfiel als im Osten.

In Westdeutschland fielen im Jahr 2000 etwas weniger Arbeitsunfähigkeitsfälle an als im Vorjahr (−0,4%). Ebenso reduzierte sich die mittlere Falldauer. Dies hatte zur Folge, dass die Zahl der Arbeitsunfähigkeitstage um 2,5% sank. In Ostdeutschland dagegen kam es zu einer deutlichen Zunahme der Krankmeldungen (5,8%), gleichzeitig aber zu einem so starken Rückgang der mittleren Dauer der Krankmeldungen (von 13,6 auf 12,3 Tage), dass der Krankenstand trotz der vermehrten Krankmeldungen zurückging (−4,2%).

Abbildung 18.10.1 [4] zeigt die Krankenstandsentwicklung im Bereich der öffentlichen Verwaltung und Sozialversicherung in den Jahren 1993 bis 2000. In den Jahren 1995–1997 ging der Krankenstand kontinuierlich zurück und erreichte 1997 den niedrigsten Stand seit 1993. In den Folgejahren (1998 und 1999) nahm der Krankenstand dann

Tabelle 18.10.1. Krankenstandsentwicklung im Bereich Öffentliche Verwaltung und Sozialversicherung, 2000

	Kranken-stand (in %)	Arbeitsunfähigkeiten je 100 AOK-Mitglieder				Tage je Fall	AU-Quote (in %)
		Fälle	Veränd. z. Vorj. (in %)	Tage	Veränd. z. Vorj. (in %)		
Bund	3,7	121,3		1339,6		11	53,8
West	6,4	172,0	−0,4	2335,3	−2,5	13,6	63,1
Ost	5,9	174,1	5,8	2150,2	−4,2	12,3	61,3
BRD	6,3	172,5	0,9	2298,6	−2,7	13,3	62,8

18

[4] Die Werte der Jahre 1999 und 2000 basieren auf der Klassifikation der Wirtschaftszweige der Bundesanstalt für Arbeit aus dem Jahre 1993 (WZS 93/NACE), während den Werten der Jahre 1993–1998 noch der Wirtschaftszweigschlüssel aus dem Jahr 1973 zugrunde lag. Die 99er Werte wurden auf Basis des aktuellen Schlüssels neu berechnet und sind daher nur begrenzt mit den im Fehlzeiten-Report 2000 veröffentlichten Werten, die auf Grundlage des alten Wirtschaftszweigschlüssels berechnet wurden, vergleichbar.

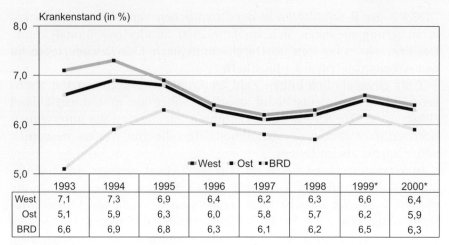

Abb. 18.10.1. Krankenstandsentwicklung im Bereich Öffentliche Verwaltung und Sozialversicherung 1993–2000

wieder zu. Im Jahr 2000 war er wieder rückläufig (0,2 Prozentpunkte). Die Krankenstände in West- und Ostdeutschland haben sich seit 1994 deutlich aneinander angenähert. Eine vollständige Angleichung erfolgte jedoch nicht. Der Krankenstand im Westen bewegt sich nach wie vor auf einem etwas höheren Niveau als im Osten (2000: 0,5 Prozentpunkte).

18.10.3 Krankenstandsentwicklung nach Wirtschaftsgruppen

Tabelle 18.10.2 zeigt die Krankenstandskennzahlen differenziert nach den einzelnen Sektoren der öffentlichen Verwaltung und Sozialversicherung. Im Bereich der Sozialversicherung war der Krankenstand erheblich niedriger als in der öffentlichen Verwaltung und lag deutlich unter dem allgemeinen Branchendurchschnitt. Die exterritorialen Organisationen und Körperschaften wiesen dagegen noch höhere Krankenstände als die öffentliche Verwaltung auf. Sowohl in der öffentlichen Verwaltung als auch bei den exterritorialen Organisationen und Körperschaften waren sowohl die Zahl der Krankmeldungen als auch deren Dauer wesentlich höher als im Branchendurchschnitt.

Im Vergleich zum Vorjahr war in der Sozialversicherung ein starker Anstieg (7,3%) der Arbeitsunfähigkeitsfälle zu verzeichnen. Da gleichzeitig die durchschnittliche Dauer der Krankmeldungen erheblich zurückging, hatte dieser allerdings nur geringe Auswirkungen auf den Krankenstand. Die Zahl der Arbeitsunfähigkeitstage nahm lediglich um 1,0% zu. Ein leichter Anstieg der Arbeitsunfähigkeitsfälle um

Tabelle 18.10.2. Krankenstandsentwicklung im Bereich Öffentliche Verwaltung und Sozialversicherung nach Wirtschaftsgruppen, 2000

Wirtschafts-gruppe	Krankenstand (in %)		Arbeitsunfähigkeiten je 100 AOK-Mitglieder				Tage je Fall	AU-Quote (in %)
	2000	1999	Fälle	Veränd. z. Vorj. (in %)	Tage	Veränd. z. Vorj. (in %)		
Exterritoriale Organisationen und Körper-schaften	7,7	7,7	194,1	1,2	2827,5	0,1	14,6	67,0
Öffentliche Verwaltung	6,3	6,6	173,2	0,1	2323,8	−3,5	13,4	62,3
Sozialversiche-rung und Ar-beitsförderung	4,7	4,6	153,2	7,3	1710,2	1,0	11,2	59,6

1,2% war auch bei den exterritorialen Organisationen und Körper-schaften zu verzeichnen. Bedingt durch den Rückgang der Krank-heitsdauer blieb aber der Krankenstand praktisch stabil. In der öffent-lichen Verwaltung fielen im Jahr 2000 weniger krankheitsbedingte Ausfalltage an als im Vorjahr (−3,5%). Zurückzuführen war dies auf den Rückgang der durchschnittlichen Dauer der Arbeitsunfähigkeits-fälle. Die Zahl der Krankmeldungen blieb nahezu unverändert.

18

Tabellarische Übersichten und Abbildungen

18.10.4 Krankenstand nach Berufsgruppen

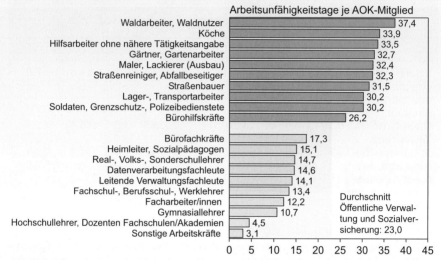

Abb. 18.10.2. 10 Berufsgruppen im Bereich Öffentliche Verwaltung und Sozialversicherung mit hohen und niedrigen Krankenständen, 2000

Tabelle 18.10.3. Öffentliche Verwaltung und Sozialversicherung, Kranken-standskennzahlen nach ausgewählten Berufsgruppen, 2000

Tätigkeit	Kran-ken-stand	Arbeitsunfähig-keiten je 100 AOK-Mitglieder		Tage je Fall	AU-Quote (in %)	Anteil Arbeits-unfälle an den AU-Tagen (in %)
		Fälle	Tage			
Bauhilfsarbeiter	7,6	195,7	2788,5	14,2	68,1	6,6
Berufsfeuerwehr-leute	5,4	133,2	1994,5	15,0	59,5	7,5
Bibliothekare, Archivare, Museumsfachleute	4,9	161,5	1776,8	11,0	59,2	1,2
Bürofachkräfte	4,6	156,2	1675,2	10,7	61,9	1,2
Bürohilfskräfte	7,0	179,1	2563,6	14,3	64,2	2,7
Datentypisten	6,3	180,5	2307,2	12,8	69,0	1,0
Gärtner, Garten-arbeiter	8,7	267,8	3197,5	11,9	70,1	4,6
Helfer in der Krankenpflege	7,1	178,3	2589,9	14,5	64,0	3,2
Kindergärtner-innen, Kinder-pflegerinnen	4,2	180,9	1526,0	8,4	65,4	1,7
Köche	8,9	206,0	3266,9	15,9	71,8	2,8
Kraftfahrzeug-führer	7,5	169,0	2738,8	16,2	69,9	4,4
Krankenschwes-tern, -pfleger, Hebammen	4,3	135,7	1572,7	11,6	59,1	2,3
Lager-, Transport-arbeiter	8,0	196,3	2928,3	14,9	69,5	4,8
Raum-, Hausrat-reiniger	8,1	162,8	2963,3	18,2	64,2	2,0
Soldaten, Grenz-schutz-, Polizei-bedienstete	8,0	216,3	2917,8	13,5	73,6	2,6
Stenographen, Stenotypistinnen, Maschinen-schreiber	5,4	167,4	1964,1	11,7	66,3	1,1
Straßenbauer	8,4	201,6	3085,0	15,3	73,0	6,3
Straßenreiniger, Abfallbeseitiger	8,7	212,9	3184,5	15,0	73,2	5,4
Telefonisten	7,6	178,0	2785,7	15,7	68,0	1,8
Waldarbeiter, Waldnutzer	8,8	231,1	3214,8	13,9	75,5	12,7

Berufsgruppen mit mehr als 2000 AOK-Versicherten

18

18.10.5 Kurz- und Langzeiterkrankungen

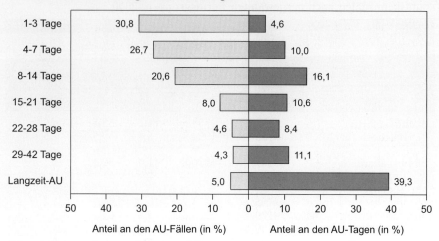

Abb. 18.10.3. Arbeitsunfähigkeitsfälle und -tage im Bereich Öffentliche Verwaltung und Sozialversicherung nach der Dauer, 2000

18.10.6 Krankenstand nach Bundesländern

Tabelle 18.10.4. Öffentliche Verwaltung und Sozialversicherung, Arbeitsunfähigkeit nach Bundesländern, 2000 im Vergleich zum Vorjahr

	Arbeitsunfähigkeiten je 100 AOK-Mitglieder					
	AU-Fälle 2000	Veränd. z. Vorj. (in %)	AU-Tage 2000	Veränd. z. Vorj. (in %)	Tage je Fall 2000	Veränd. z. Vorj. (in %)
Baden-Württemb.	150,9	1,5	1968,4	−2,8	13,0	−4,4
Bayern	146,0	0,8	2158,4	−1,0	14,8	−1,3
Berlin	239,8	4,4	3069,6	−0,4	12,8	−4,5
Brandenburg	141,5	−13,3	1681,6	−28,9	11,9	−17,9
Bremen	199,9	−6,0	2696,3	−9,9	13,5	−4,3
Hamburg	192,7	3,2	2473,1	11,9	12,8	8,5
Hessen	198,3	2,0	2689,1	2,1	13,6	0,7
Mecklenb.-Vorp.	201,8	9,9	2629,0	3,1	13,0	−6,5
Niedersachsen	195,5	−0,7	2269,6	−3,2	11,6	−2,5
Nordrhein-Westf.	195,1	−1,3	2666,4	−3,3	13,7	−1,4
Rheinland-Pfalz	181,6	−1,0	2574,9	−2,4	14,2	−1,4
Saarland	188,6	−1,4	3172,8	−4,3	16,8	−2,9
Sachsen	168,9	11,0	2107,9	2,2	12,5	−8,1
Sachsen-Anhalt	181,3	8,8	2178,5	−0,9	12,0	−9,1
Schleswig-Holst.	190,9	2,6	2756,7	4,5	14,4	1,4
Thüringen	187,2	5,1	2313,5	−4,5	12,4	−8,8
Bund	172,5	0,9	2298,6	−2,7	13,3	−3,6

18

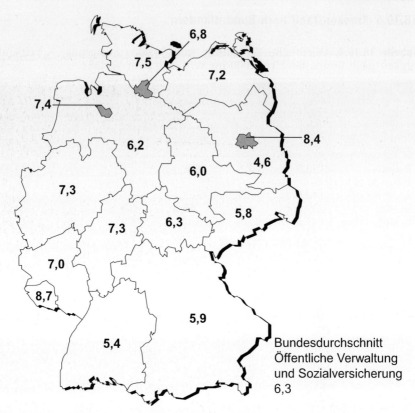

Abb. 18.10.4. Krankenstand (in %) im Bereich Öffentliche Verwaltung und Sozialversicherung nach Bundesländern, 2000

18.10.7 Krankenstand nach Betriebsgröße

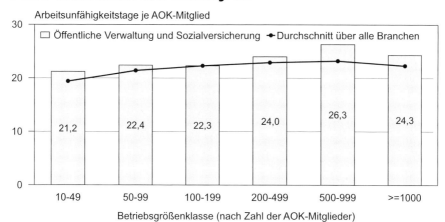

Abb. 18.10.5. Arbeitsunfähigkeitstage im Bereich Öffentliche Verwaltung und Sozialversicherung nach Betriebsgröße, 2000

Tabelle 18.10.5. Öffentliche Verwaltung und Sozialversicherung, Arbeitsunfähigkeitstage je AOK-Mitglied nach Betriebsgröße (Anzahl der AOK-Mitglieder), 2000

Wirtschaftsgruppe	10–49	50–99	100–199	200–499	500–999	≥1000
Exterritoriale Organisationen und Körperschaften	19,0	18,1	21,3	25,5	28,7	31,0
Öffentliche Verwaltung	19,7	18,9	15,0	18,9	23,8	14,6
Sozialversicherung und Arbeitsförderung	21,1	22,6	23,0	24,2	25,9	25,7
Durchschnitt über alle Branchen	19,4	21,4	22,3	22,9	23,2	22,3

18

18.10.8 Krankenstand nach Stellung im Beruf

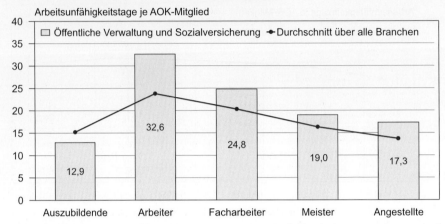

Abb. 18.10.6. Arbeitsunfähigkeitstage im Bereich Öffentliche Verwaltung und Sozialversicherung nach Stellung im Beruf, 2000

Tabelle 18.10.6. Öffentliche Verwaltung und Sozialversicherung, Krankenstand (in %) nach Stellung im Beruf, 2000

Wirtschaftsgruppe	Auszu-bildende	Arbeiter	Fach-arbeiter	Meister, Poliere	Ange-stellte
Exterritoriale Organisationen und Körperschaften	2,1	9,0	9,1	5,3	6,2
Öffentliche Verwaltung	3,7	8,9	6,8	5,2	4,8
Sozialversicherung und Arbeitsförderung	2,6	8,6	2,8	8,3	4,2

18.10.9 Arbeitsunfälle

Abb. 18.10.7. Arbeitsunfälle im Bereich Öffentliche Verwaltung und Sozialversicherung nach Wirtschaftsgruppen, Anteil an den AU-Fällen und -Tagen in Prozent, 2000

Tabelle 18.10.7. Öffentliche Verwaltung und Sozialversicherung, Arbeitsunfähigkeitstage durch Arbeitsunfälle nach Berufsgruppen, 2000

Tätigkeit	AU-Tage je 1000 AOK-Mitglieder	Anteil an den AU-Tagen insgesamt (in %)
Straßenbauer	1948,5	6,3
Straßenreiniger, Abfallbeseitiger	1722,4	5,4
Lager-, Transportarbeiter	1415,1	4,8
Straßenwarte	1323,8	5,5
Kraftfahrzeugführer	1215,4	4,4
Pförtner, Hauswarte	963,7	4,6
Köche	925,4	2,8
Elektroinstallateure, -monteure	898,1	4,2
Bürohilfskräfte	686,7	2,7
Raum-, Hausratreiniger	591,5	2,0
Krankenschwestern, -pfleger, Hebammen	382,6	2,3
Kindergärtnerinnen, Kinderpflegerinnen	260,2	1,7
Bürofachkräfte	211,0	1,2

18

18.10.10 Krankheitsarten

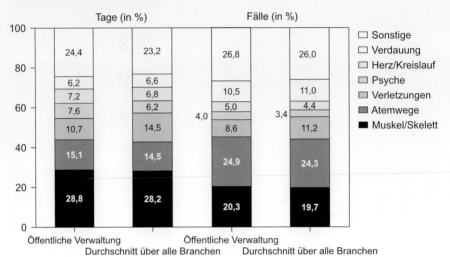

Abb. 18.10.8. Arbeitsunfähigkeiten im Bereich Öffentliche Verwaltung und Sozialversicherung nach Krankheitsarten, 2000

Tabelle 18.10.8. Öffentliche Verwaltung und Sozialversicherungen, Arbeitsunfähigkeitstage nach Krankheitsarten (in %), 2000

Wirtschaftsgruppe	Muskel/ Skelett	Atem- wege	Verlet- zungen	Herz/ Kreis- lauf	Verdau- ung	Psyche	Sons- tige
Exterritoriale Organisationen und Körperschaften	29,9	14,1	10,6	8,0	6,8	6,4	24,1
Öffentliche Verwaltung	29,0	15,0	10,9	7,2	6,2	7,6	24,1
Sozialversicherung und Arbeits- förderung	22,1	17,5	8,8	6,7	6,7	9,6	28,6

Tabelle 18.10.9. Öffentliche Verwaltung und Sozialversicherung, Arbeitsunfähigkeiten nach Krankheitsarten, Anteile der ICD-Untergruppen an den ICD-Hauptgruppen, 2000

ICD-Untergruppen	Anteil an den AU-Fällen (in %)	Anteil an den AU-Tagen (in %)
Muskel-/Skeletterkrankungen		
Krankheiten der Wirbelsäule und des Rückens	57,4	54,3
Krankheiten der Weichteilgewebe	19,4	18,0
Arthropathien	17,8	22,8
Sonstige	5,4	4,9
Verletzungen		
Verletzungen nicht näher bez. an Rumpf/Extremitäten/etc.	18,2	14,2
Verletzungen des Handgelenkes und der Hand	12,4	12,2
Verletzungen der Knöchelregion und des Fußes	12,3	12,4
Verletzungen des Knies und des Unterschenkels	11,1	17,2
Verletzungen des Kopfes	7,6	5,5
Sonstige	38,5	38,4
Atemwegserkrankungen		
Akute Infektionen der oberen Atemwege	41,5	35,0
Sonstige akute Infektionen der unteren Atemwege	21,9	21,5
Chronische Krankheiten der unteren Atemwege	16,7	21,0
Grippe und Pneumonie	10,6	11,3
Sonstige	9,4	11,1
Herz-/Kreislauferkrankungen		
Hypertonie [Hochdruckkrankheit]	28,0	24,5
Krankheiten der Venen/Lymphgefäße/Lymphknoten	18,9	16,6
Sonst. u. nicht näher bez. Krankheiten des Kreislaufsystems	16,3	6,3
Ischämische Herzkrankheiten	14,9	21,8
Sonstige	22,0	30,8

18

Tabelle 18.10.9 (Fortsetzung)

ICD-Untergruppen	Anteil an den AU-Fällen (in %)	Anteil an den AU-Tagen (in %)
Verdauung		
Krankheiten des Ösophagus/Magens/Duodenums	28,7	27,9
Nichtinfektiöse Enteritis und Kolitis	25,2	17,6
Krankheiten der Mundhöhle/Speicheldrüsen/Kiefer	24,9	8,5
Sonstige Krankheiten des Darmes	6,3	10,0
Krankheiten der Gallenblase/-wege/Pankreas	4,7	11,4
Sonstige	10,3	24,6
Psychische und Verhaltensstörungen		
Neurotische, Belastungs- und somatoforme Störungen	43,8	36,1
Affektive Störungen	32,7	38,2
Psychische und Verhaltensstörungen durch psychotrope Substanzen	12,3	12,2
Schizophrenie, schizotype und wahnhafte Störungen	4,2	6,3
Sonstige	6,9	7,1

18.11 Verarbeitendes Gewerbe

18.11.1 Kosten der Arbeitsunfähigkeit

Das Verarbeitende Gewerbe[1] umfasste in der Mitte des Jahres 2000 3,1 Millionen sozialversicherungspflichtig Beschäftigte[2]. Rund die Hälfte der Erwerbstätigen dieses Wirtschaftzweiges waren AOK-Versicherte (1,6 Millionen), von denen sich im Jahr 2000 jeder Arbeitnehmer durchschnittlich 20,6 Kalendertage krank meldete. Insgesamt fielen im Verarbeitenden Gewerbe 64,7 Millionen krankheitsbedingte Fehltage bzw. 176 802 Ausfalljahre[3] an. Hochgerechnet auf alle Erwerbstätigen mit einem durchschnittlichen Bruttojahreseinkommen von 76 607 DM entstand im Verarbeitenden Gewerbe aufgrund von Arbeitsunfähigkeit ein Ausfallvolumen in Höhe von 13,54 Mrd. DM. Ein Betrieb mit 100 Beschäftigten wurde im Jahr 2000 mit durchschnittlich 432 095 DM belastet.

18.11.2 Allgemeine Krankenstandsentwicklung

Im Bereich des Verarbeitenden Gewerbes betrug der Krankenstand 2000 bundesweit 5,6% und blieb gegenüber dem Vorjahr 1999 weitgehend stabil. Die Zahl der Erkrankungsfälle nahm zwar um 2,6% im Jahr 2000 zu, gleichzeitig ging aber die durchschnittliche Falldauer zurück, sodass die Zahl der Arbeitsunfähigkeitstage lediglich um 0,7% stieg. Mit 155,7 Fällen je 100 AOK-Mitglieder lag das Verarbeitende

18

---

[1] Ohne Baugewerbe und Metallindustrie. Diese werden in separaten Kapiteln behandelt.
[2] Bundesanstalt für Arbeit, Beschäftigte nach Wirtschaftsunterabschnitten, 2000.
[3] Hochrechnung nach Angaben der Bundesanstalt für Arbeit, Beschäftigte nach Wirtschaftsunterabschnitten, 2000, und des Statistischen Bundesamtes, Arbeitnehmerentgelte je Arbeitnehmer, Fachserie 18, 2000.

Gewerbe etwas unter dem Durchschnitt aller Wirtschaftszweige. Die Beschäftigten waren im Mittel 13,3 Tage krank geschrieben. Die Arbeitsunfähigkeitsquote veränderte sich im Vergleich zum Vorjahr 1999 nicht. Sie lag bei 60,5% bis 5,2 Prozentpunkte über dem Mittel aller Branchen.

Die Zunahme der Krankheitsfälle im Jahr 2000 war sowohl in West- als auch in Ostdeutschland festzustellen (West: 2,3%; Ost: 4,8%). Sie führte jedoch nur im Westen zu einem leichten Anstieg des Krankenstandes. Im Osten nahm die durchschnittliche Falldauer so stark ab (von 14,4 auf 13,6 Tage je Fall), dass der Krankenstand trotz der vermehrten Krankmeldungen um 0,4 Prozentpunkte zurückging. Der Anteil der Arbeitnehmer, die sich mindestens einmal krank meldeten (AU-Quote), verringerte sich im Westen um 0,1 Prozentpunkte auf 60,9%, im Osten um 0,3 Prozentpunkte auf 57,3%.

Abbildung 18.11.1[4] zeigt die Entwicklung des Krankenstands im Verarbeitenden Gewerbe in den Jahren 1993–2000. Im Zeitverlauf ist eine langsame Annäherung der Werte in Ost- und Westdeutschland festzustellen, die nur durch einen Ausreißer 1996 – als der ostdeut-

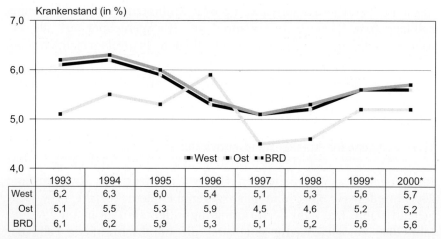

	1993	1994	1995	1996	1997	1998	1999*	2000*
West	6,2	6,3	6,0	5,4	5,1	5,3	5,6	5,7
Ost	5,1	5,5	5,3	5,9	4,5	4,6	5,2	5,2
BRD	6,1	6,2	5,9	5,3	5,1	5,2	5,6	5,6

Abb. 18.11.1. Krankenstandsentwicklung im Verarbeitenden Gewerbe 1993 bis 2000

---

[4] Die Werte der Jahre 1999 und 2000 basieren auf der Klassifikation der Wirtschaftszweige der Bundesanstalt für Arbeit aus dem Jahre 1993 (WZS 93/ NACE), während den Werten der Jahre 1993–1998 noch der Wirtschaftszweigschlüssel aus dem Jahr 1973 zugrunde lag. Die 99er Werte wurden auf Basis des aktuellen Schlüssels neu berechnet und sind daher nur begrenzt mit den im Fehlzeiten-Report 2000 veröffentlichten Werten, die auf Grundlage des alten Wirtschaftszweigschlüssels berechnet wurden, vergleichbar.

Tabelle 18.11.1. Krankenstandsentwicklung im Verarbeitenden Gewerbe, 2000

	Kranken-stand (in %)	Arbeitsunfähigkeiten je 100 AOK-Mitglieder				Tage je Fall	AU-Quote (in %)
		Fälle	Veränd. z. Vorj. (in %)	Tage	Veränd. z. Vorj. (in %)		
West	5,7	157,6	2,3	2083,6	0,8	13,2	60,9
Ost	5,2	140,6	4,8	1910,1	–0,9	13,6	57,3
BRD	5,6	155,7	2,6	2064,4	0,7	13,3	60,5

sche Wert über den westdeutschen stieg – unterbrochen wurde. Dabei gingen die Werte in der Summe von 1994 bis 1997 zurück, während sie danach bis 2000 wiederum leicht anstiegen (Tabelle 18.11.1).

18.11.3 Krankenstandsentwicklung nach Wirtschaftsabteilungen

In den Wirtschaftsabteilungen des Verarbeitenden Gewerbes schwankte der Krankenstand im Jahr 2000 zwischen 4,8% (Verlagsgewerbe) und 6,8% (Recycling). Gegenüber dem Vorjahr 1999 ging er in den meisten Bereichen zurück oder lag auf dem Niveau von 1999; lediglich in der Tabakverarbeitung (0,4 Prozentpunkte), der Kokerei (0,2 Prozentpunkte), der Möbelherstellung (0,1 Prozentpunkte) und im Bekleidungsgewerbe (0,3 Prozentpunkte) war ein Anstieg zu verzeichnen. Der hohe Krankenstand im Bereich Recycling war auf die sehr hohe Anzahl von Krankheitsfällen (192,4), dem höchsten Wert dieser Branche, zurückzuführen, wobei die Dauer der Krankheitsfälle mit 12,9 Tagen je Fall sich eher im unteren Bereich der Fehlzeiten des gesamten Wirtschaftsbereiches von 12,6 (Chemische Industrie) bis 15,0 Tagen (Tabakverarbeitung) bewegte. In der gesamten Branche – bis auf den Bereich Kokerei (–1,7%) – stiegen die Arbeitsunfähigkeitsfälle zwischen 6,6% im Bekleidungsgewerbe und 0,6% im Recycling 2000 an. Der Anstieg der Fälle hatte jedoch in den meisten Wirtschaftsabteilungen kaum Auswirkungen auf den Krankenstand, da er durch den gleichzeitigen Rückgang der durchschnittlichen Falldauer kompensiert wurde (Tabelle 18.11.2).

Die höchste AU-Quote lag im Bereich der Tabakverarbeitung, wo sich im Auswertungsjahr 2000 66,0% der Erwerbstätigen ein- oder mehrmals krank meldeten. Das Verlagsgewerbe zeichnete sich durch die niedrigste Arbeitsunfähigkeitquote der gesamten Branche aus.

18

Tabelle 18.11.2. Krankenstandsentwicklung im Verarbeitenden Gewerbe nach Wirtschaftsabteilungen, 2000

Wirtschafts-abteilung	Krankenstand (in %)		Arbeitsunfähigkeiten je 100 AOK-Mitglieder				Tage je Fall	AU-Quote (in %)
	2000	1999	Fälle	Veränd. z. Vorj. (in %)	Tage	Veränd. z. Vorj. (in %)		
Bekleidungsgewerbe	5,1	4,8	142,9	6,6	1850,0	5,3	12,9	57,0
Chemische Industrie	5,7	5,7	165,7	1,6	2079,9	0,4	12,6	63,9
Ernährungsgewerbe	5,6	5,6	151,3	2,7	2050,6	0,7	13,6	57,2
Glasgewerbe, Verarbeitung von Steinen und Erden	5,9	6,0	152,6	1,7	2173,7	-0,2	14,2	62,1
Herstellung von Gummi- und Kunststoffwaren	5,9	5,9	169,3	2,4	2161,5	0,8	12,8	64,3
Herstellung von Möbeln, Schmuck, Musikinstrumenten, Sportgeräten, Spielwaren und sonstigen Erzeugnissen	5,6	5,5	159,0	4,3	2064,4	2,1	13,0	62,3
Holzgewerbe (ohne Herstellung von Möbeln)	5,5	5,5	154,1	1,6	2028,5	1,4	13,2	61,0
Kokerei, Mineralölverarbeitung, Herstellung und Verarbeitung von Spalt- und Brutstoffen	5,3	5,1	141,7	-1,7	1955,4	4,9	13,8	61,4

Tabelle 18.11.2 (Fortsetzung)

Wirtschafts-abteilung	Krankenstand (in %)		Arbeitsunfähigkeiten je 100 AOK-Mitglieder				Tage je Fall	AU-Quote (in %)
	2000	1999	Fälle	Veränd. z. Vorj. (in %)	Tage	Veränd. z. Vorj. (in %)		
Ledergewerbe	6,1	6,2	155,3	3,5	2248,4	0,0	14,5	61,0
Papiergewerbe	6,0	6,0	162,3	2,3	2190,8	0,3	13,5	64,5
Recycling	6,8	6,9	192,4	0,6	2473,4	–1,4	12,9	58,7
Tabakverarbeitung	6,5	6,1	157,8	5,6	2362,3	5,9	15,0	66,0
Textilgewerbe	5,9	6,0	152,0	3,5	2148,4	–1,3	14,1	61,3
Verlagsgewerbe, Druckgewerbe, Vervielfältigung von bespielten Ton-, Bild- und Datenträgern	4,8	4,8	137,2	2,5	1755,9	–0,2	12,8	55,4

18

Tabellarische Übersichten und Abbildungen

18.11.4 Krankenstand nach Berufsgruppen

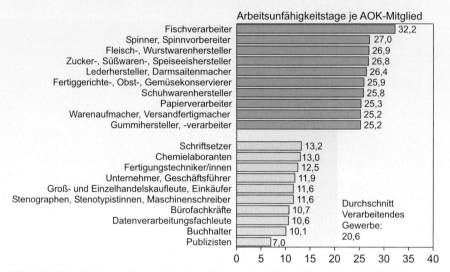

Abb. 18.11.2. 10 Berufsgruppen im Verarbeitenden Gewerbe mit hohen und niedrigen Krankenständen, 2000

Tabelle 18.11.3. Verarbeitendes Gewerbe, Krankenstandskennzahlen nach ausgewählten Berufsgruppen, 2000

Tätigkeit	Kranken-stand (in %)	Arbeitsunfähig-keiten je 100 AOK-Mitglieder		Tage je Fall	AU-Quote (in %)	Anteil Arbeits-unfälle an den AU-Tagen (in %)
		Fälle	Tage			
Backwaren-hersteller	4,9	144,4	1782,2	12,3	53,8	5,8
Betriebsschlosser, Reparaturschlosser	5,6	150,2	2067,2	13,8	65,7	10,0
Buchhalter	2,8	96,4	1014,3	10,5	47,2	1,2
Bürofachkräfte	2,8	116,1	1030,6	8,9	49,6	2,2
Chemiebetriebs-werker	6,3	177,3	2293,1	12,9	67,5	4,3
Datenverarbei-tungs-fachleute	3,1	123,9	1126,5	9,1	48,0	2,4
Elektroinstalla-teure, -monteure	4,1	126,2	1508,0	11,9	58,7	8,8
Fleisch-, Wurst-warenhersteller	7,2	204,1	2638,4	12,9	66,3	6,3
Glasbearbeiter, Glasveredler	6,3	175,5	2295,7	13,1	65,5	9,1
Gummihersteller, -verarbeiter	6,8	173,7	2490,4	14,3	68,7	4,0
Hilfsarbeiter ohne nähere Tätigkeits-angabe	6,3	180,1	2308,7	12,8	61,1	6,5
Kraftfahrzeug-führer	6,1	126,4	2228,5	17,6	56,8	9,0
Kunststoff-verarbeiter	6,3	181,7	2321,9	12,8	66,3	5,2
Lager-, Transport-arbeiter	5,9	153,6	2170,9	14,1	56,4	6,1
Maschinen-schlosser	5,1	159,3	1877,5	11,8	65,0	8,7
Näher	5,8	153,9	2125,7	13,8	61,1	3,1
Unternehmer, Geschäftsführer	3,4	78,3	1259,4	16,1	39,7	5,1
Warenaufmacher, Versandfertig-macher	6,7	179,1	2469,7	13,8	64,3	4,9
Warenprüfer, -sortierer	6,5	169,7	2372,5	14,0	63,5	4,4
Werkzeugmacher	4,2	149,9	1525,3	10,2	63,1	7,0

Berufsgruppen mit mehr als 2000 AOK-Versicherten

18

18.11.5 Kurz- und Langzeiterkrankungen

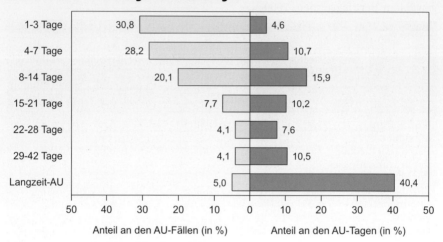

Abb. 18.11.3. Arbeitsunfähigkeitsfälle und -tage im Verarbeitenden Gewerbe nach der Dauer, 2000

18.11.6 Krankenstand nach Bundesländern

Tabelle 18.11.4. Verarbeitendes Gewerbe, Arbeitsunfähigkeit nach Bundesländern, 2000 im Vergleich zum Vorjahr

	Arbeitsunfähigkeiten je 100 AOK-Mitglieder					
	AU-Fälle 2000	Veränd. z.Vorj. (in %)	AU-Tage 2000	Veränd. z.Vorj. (in %)	Tage je Fall 2000	Veränd. z. Vorj (in %)
Baden-Württemb.	157,5	3,4	1982,3	1,4	12,6	−1,6
Bayern	140,6	2,9	1883,4	1,2	13,4	−1,5
Berlin	152,7	1,7	2670,3	0,3	17,5	−1,1
Brandenburg	128,3	−4,9	1713,6	−13,3	13,4	−8,2
Bremen	174,5	−0,9	2377,7	0,0	13,6	0,7
Hamburg	169,0	1,6	2519,1	−0,5	14,9	−2,0
Hessen	168,0	1,3	2215,2	0,4	13,2	−0,8
Mecklenb.-Vorp.	154,4	6,3	2057,6	−0,4	13,3	−6,3
Niedersachsen	166,8	2,2	1970,8	1,4	11,8	−0,8
Nordrhein-Westf.	170,7	2,2	2314,8	0,1	13,6	−1,4
Rheinland-Pfalz	165,3	1,2	2256,0	0,4	13,6	−1,4
Saarland	141,0	2,5	2330,6	2,7	16,5	0,0
Sachsen	133,5	5,5	1855,0	0,3	13,9	−4,8
Sachsen-Anhalt	144,6	4,9	1991,5	0,4	13,8	−4,2
Schleswig-Holst.	168,3	1,3	2410,6	3,7	14,3	2,1
Thüringen	151,1	7,8	1996,7	2,5	13,2	−5,0
Bund	155,7	2,6	2064,4	0,7	13,3	−1,5

18

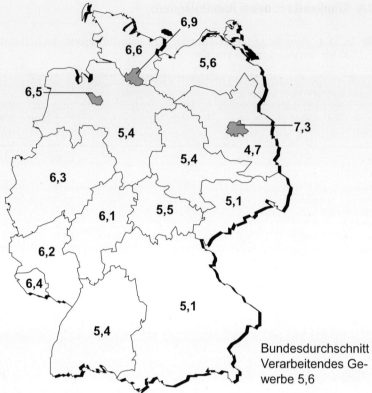

Abb. 18.11.4. Krankenstand (in %) im Verarbeitenden Gewerbe nach Bundesländern, 2000

18.11.7 Krankenstand nach Betriebsgröße

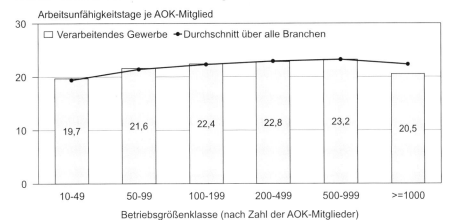

Abb. 18.11.5. Arbeitsunfähigkeitstage im Verarbeitenden Gewerbe nach Betriebsgröße, 2000

Tabelle 18.11.5. Verarbeitendes Gewerbe, Arbeitsunfähigkeitstage je AOK-Mitglied nach Betriebsgröße (Anzahl der AOK-Mitglieder), 2000

Wirtschaftsabteilung	10–49	50–99	100–199	200–499	500–999	≥1000
Bekleidungsgewerbe	17,1	17,9	21,1	20,7	23,7	–
Chemische Industrie	21,3	21,7	21,5	20,6	23,1	17,0
Ernährungsgewerbe	18,6	22,0	23,8	24,7	25,2	22,4
Glasgewerbe, Keramik, Verarbeitung von Steinen und Erden	21,7	22,8	21,8	23,3	21,8	23,8
Herstellung von Gummi- und Kunststoffwaren	20,9	22,5	22,4	22,3	21,4	21,9
Herstellung von Möbeln, Schmuck, Musikinstrumenten, Sportgeräten, Spielwaren und sonstigen Erzeugnissen	19,5	21,0	22,5	23,7	23,4	19,8
Holzgewerbe (ohne Herstellung von Möbeln)	19,9	22,1	22,3	21,9	23,9	–
Kokerei, Mineralölverarbeitung, Herstellung und Verarbeitung von Spalt- und Brutstoffen	21,3	18,5	23,4	18,3	–	–
Ledergewerbe	21,4	22,3	21,7	25,6	28,8	17,9
Papiergewerbe	21,3	22,9	23,1	22	21,8	17,8
Recycling	23,2	24,8	27,6	33,4	82,8	36,4
Tabakverarbeitung	21,4	32,2	26,4	25,6	18,3	–
Textilgewerbe	20,5	21,7	22,9	24,1	22,5	17,5
Verlagsgewerbe, Druckgewerbe, Vervielfältigung von bespielten Ton-, Bild- und Datenträgern	16,8	18,5	19,7	19,7	23,4	19,7
Durchschnitt über alle Branchen	19,4	21,4	22,3	22,9	23,2	22,3

18

18.11.8 Krankenstand nach Stellung im Beruf

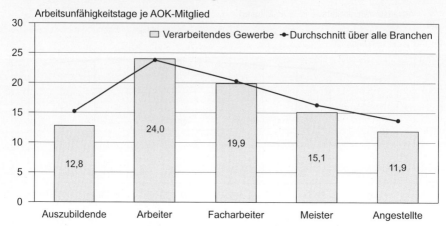

Abb. 18.11.6. Arbeitsunfähigkeitstage im Verarbeitenden Gewerbe nach Stellung im Beruf, 2000

Tabelle 18.11.6. Verarbeitendes Gewerbe, Krankenstand (in %) nach Stellung im Beruf, 2000

Wirtschaftsabteilung	Auszu-bildende	Arbeiter	Fach-arbeiter	Meister, Poliere	Ange-stellte
Bekleidungsgewerbe	3,2	5,7	4,9	4,5	3,3
Chemische Industrie	2,8	6,5	5,3	3,9	3,3
Ernährungsgewerbe	3,8	6,8	5,6	4,1	3,7
Glasgewerbe, Keramik, Verarbeitung von Steinen und Erden	3,7	6,5	6,0	4,1	3,0
Herstellung von Gummi- und Kunststoffwaren	3,3	6,5	5,4	4,1	3,0
Herstellung von Möbeln, Schmuck, Musik-instrumenten, Sport-geräten, Spielwaren und sonstigen Erzeugnissen	3,5	6,5	5,4	4,0	2,8
Holzgewerbe (ohne Herstellung von Möbeln)	3,8	6,3	5,4	4,0	2,7
Kokerei, Mineralölverar-beitung, Herstellung und Verarbeitung von Spalt- und Brutstoffen	3,4	6,7	5,2	1,5	2,5
Ledergewerbe	4,4	6,8	6,1	5,4	2,7
Papiergewerbe	3,2	6,7	5,4	4,7	3,0
Recycling	5,0	7,4	6,3	4,9	4,2
Tabakverarbeitung	3,5	7,1	5,8	8,4	3,2
Textilgewerbe	3,7	6,4	5,9	4,3	3,0
Verlagsgewerbe, Druck-gewerbe, Vervielfältigung von bespielten Ton-, Bild- und Datenträgern	2,9	6,4	4,5	3,8	3,1

18.11.9 Arbeitsunfälle

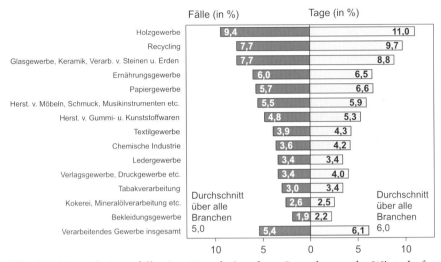

Abb. 18.11.7. Arbeitsunfälle im Verarbeitenden Gewerbe nach Wirtschafts-abteilungen, Anteil an den AU-Fällen und -Tagen in Prozent, 2000

Tabelle 18.11.7. Verarbeitendes Gewerbe, Arbeitsunfähigkeitstage durch Arbeitsunfälle nach Berufsgruppen, 2000

Tätigkeit	AU-Tage je 1000 AOK-Mitglieder	Anteil an den AU-Tagen insgesamt (in %)
Formstein-, Betonhersteller	2562,9	10,5
Holzaufbereiter	2510,7	10,9
Fleischer	2492,7	12,2
Betriebsschlosser, Reparaturschlosser	2061,7	10,0
Kraftfahrzeugführer	2002,1	9,0
Tischler	1955,0	10,8
Fleisch-, Wurstwarenhersteller	1690,8	6,3
Hilfsarbeiter ohne nähere Tätigkeitsangabe	1507,7	6,5
Sonstige Papierverarbeiter	1485,2	5,9
Lager-, Transportarbeiter	1333,3	6,1
Kunststoffverarbeiter	1223,1	5,2
Warenaufmacher, Versandfertigmacher	1215,7	4,9
Druckerhelfer	1157,8	4,9
Backwarenhersteller	1047,3	5,8
Chemiebetriebswerker	1002,6	4,3
Verkäufer	701,7	4,5

18

18.11.10 Krankheitsarten

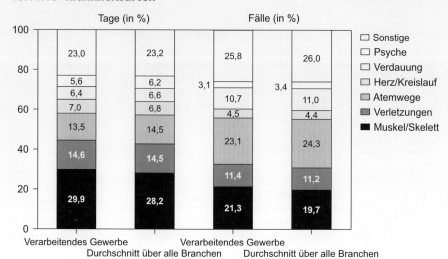

Abb. 18.11.8. Arbeitsunfähigkeiten im Verarbeitenden Gewerbe nach Krankheitsarten, 2000

Tabelle 18.11.8. Verarbeitendes Gewerbe, Arbeitsunfähigkeitstage nach Krankheitsarten (in %), 2000

Wirtschafts-abteilung	Muskel/Skelett	Atem-wege	Verlet-zungen	Herz/Kreis-lauf	Verdau-ung	Psyche	Son-stige
Bekleidungsgewerbe	28,8	13,8	8,7	6,6	5,8	8,1	28,2
Chemische Industrie	29,0	15,5	12,6	7,2	6,7	5,9	23,1
Ernährungsgewerbe	29,6	13,1	15,1	6,6	6,4	5,4	23,7
Glasgewerbe, Keramik, Verarbeitung von Steinen und Erden	31,7	12,2	17,3	7,5	6,0	4,2	21,1
Herstellung von Gummi- und Kunststoffwaren	30,1	14,2	13,9	6,7	6,6	5,7	22,8
Herstellung von Möbeln, Schmuck, Musikinstrumenten, Sportgeräten, Spielwaren und sonstigen Erzeugnissen	31,3	13,3	14,7	7,0	6,2	5,3	22,3
Holzgewerbe (ohne Herstellung von Möbeln)	30,0	12,0	20,9	6,5	6,1	4,3	20,2
Kokerei, Mineralölverarbeitung, Herstellung und Verarbeitung von Spalt- und Brutstoffen	32,1	13,7	12,5	6,4	7,8	5,8	21,8
Ledergewerbe	29,9	13,3	10,7	7,4	6,4	7,0	25,3
Papiergewerbe	30,3	13,4	14,8	7,0	6,4	5,6	22,5
Recycling	26,8	14,0	18,4	7,0	7,4	5,4	21,0
Tabakverarbeitung	31,4	13,4	10,4	6,8	5,7	8,9	23,5
Textilgewerbe	30,3	13,3	11,7	7,5	6,2	6,4	24,6
Verlagsgewerbe, Druckgewerbe, Vervielfältigung von bespielten Ton-, Bild- und Datenträgern	27,8	14,4	12,7	7,4	6,6	6,9	24,3

18

Tabelle 18.11.9. Verarbeitendes Gewerbe, Arbeitsunfähigkeiten nach Krankheitsarten, Anteile der ICD-Untergruppen an den ICD-Hauptgruppen, 2000

ICD-Untergruppen	Anteil an den AU-Fällen (in %)	Anteil an den AU-Tagen (in %)
Muskel-/Skeletterkrankungen		
Krankheiten der Wirbelsäule und des Rückens	57,7	55,1
Krankheiten der Weichteilgewebe	20,5	18,5
Arthropathien	16,4	21,4
Sonstige	5,4	5,0
Verletzungen		
Verletzungen nicht näher bez. an Rumpf/Extremitäten/etc.	20,3	16,0
Verletzungen des Handgelenkes und der Hand	16,9	17,7
Verletzungen der Knöchelregion und des Fußes	10,9	11,0
Verletzungen des Knies und des Unterschenkels	9,3	14,2
Verletzungen des Kopfes	7,1	5,3
Sonstige	35,5	35,8
Atemwegserkrankungen		
Akute Infektionen der oberen Atemwege	39,3	32,6
Sonstige akute Infektionen der unteren Atemwege	22,2	20,9
Chronische Krankheiten der unteren Atemwege	17,2	21,6
Grippe und Pneumonie	11,3	12,0
Sonstige	9,9	12,8
Herz-/Kreislauferkrankungen		
Hypertonie [Hochdruckkrankheit]	24,2	21,3
Krankheiten der Venen/Lymphgefäße/Lymphknoten	20,8	17,3
Sonst. u. nicht näher bez. Krankheiten des Kreislaufsystems	18,2	6,3
Ischämische Herzkrankheiten	15,2	24,0
Sonstige	21,6	31,0
Verdauung		
Krankheiten des Ösophagus/Magens/Duodenums	30,1	28,4
Nichtinfektiöse Enteritis und Kolitis	25,2	16,7
Krankheiten der Mundhöhle/Speicheldrüsen/Kiefer	23,0	7,5
Sonstige Krankheiten des Darmes	5,9	9,3
Hernien	4,9	15,7
Sonstige	10,9	22,4

Tabelle 18.11.9 (Fortsetzung)

ICD-Untergruppen	Anteil an den AU-Fällen (in %)	Anteil an den AU-Tagen (in %)
Psychische und Verhaltensstörungen		
Neurotische, Belastungs- und somatoforme Störungen	43,9	37,0
Affektive Störungen	31,5	35,8
Psych. u. Verhaltensstörungen durch psychotrope Substanzen	14,2	14,2
Schizophrenie, schizotype und wahnhafte Störungen	4,2	6,5
Sonstige	6,3	6,5

18

18.12 Verkehr und Transportgewerbe

18.12.1 Kosten der Arbeitsunfähigkeit

Im Verkehrs- und Transportgewerbe waren im Jahr 2000 1,51 Millionen sozialversicherungspflichtige Arbeitnehmer beschäftigt[1]. Der Anteil der AOK-Versicherten in dieser Branche lag bei 48,8% (738 006 Erwerbstätige). Jedes Mitglied der AOK war im Jahresmittel 20,1 Kalendertage krank gemeldet. Die krankheitsbedingten Fehlzeiten addierten sich insgesamt auf 30,4 Millionen Tage, hochgerechnet auf 83 038 Erwerbsjahre. Bei einem durchschnittlichen Jahresbruttolohn im Verkehrs- und Transportgewerbe von 63 076[2] DM ergaben sich für das Jahr 2000 umgerechnet auf alle Beschäftigten Ausfallkosten durch Arbeitsunfähigkeit in Höhe von 5,24 Mrd. DM. Bei einem Betrieb mit 100 Beschäftigten entspricht dies einer Belastung von 346 488 DM, die auf die Abwesenheit erkrankter Mitarbeiter zurückzuführen war.

18.12.2 Allgemeine Krankenstandsentwicklung

Im Verkehrs- und Transportgewerbe erreichte der Krankenstand im Jahr 2000 5,5% und blieb gegenüber dem Vorjahr unverändert (Tabelle 18.12.1). Durchschnittlich meldete sich ein Arbeitnehmer dieser Branche 1,38-mal krank. Die mittlere Krankheitsdauer war im Vergleich zu allen übrigen Wirtschaftszweigen mit 14,5 Kalendertagen die längste. In Ostdeutschland lag der Krankenstand mit 4,8% deutlich niedriger als in Westdeutschland (5,6%). Er blieb auch hier gegenüber dem Vorjahr 1999 unverändert. Der Anteil der Arbeitnehmer,

---

[1] Bundesanstalt für Arbeit, Beschäftigte nach Wirtschaftsunterabschnitten, 2000.
[2] Statistisches Bundesamt, Arbeitnehmerentgelte je Arbeitnehmer, Fachserie 18, 2000.

Tabelle 18.12.1. Krankenstandsentwicklung im Bereich Verkehr und Transport, 2000

	Kranken-stand (in %)	Arbeitsunfähigkeiten je 100 AOK-Mitglieder				Tage je Fall	AU-Quote (in %)
		Fälle	Veränd. z. Vorj. (in %)	Tage	Veränd. z. Vorj. (in %)		
West	5,6	143,2	2,5	2053,5	0,8	14,3	51,1
Ost	4,8	109,8	1,9	1761,3	−0,2	16,0	47,3
BRD	5,5	138,3	2,7	2010,5	0,8	14,5	50,6

die sich mindestens einmal krank meldeten, war im Westen etwas höher als im Osten (AU-Quote West: 51,1%, Ost: 47,3%). Bundesweit betrug die Arbeitsunfähigkeitsquote für das Verkehrs- und Transportgewerbe 50,6%.

Die Zahl der Arbeitsunfähigkeitsfälle je 100 AOK-Mitglieder stieg im Vergleich zum Vorjahr im Verkehrs- und Transportgewerbe um 2,7% an. Im Jahr 2000 verzeichnete Westdeutschland (2,5%) einen stärkeren Anstieg als der Osten Deutschlands (1,9%). Bei den Arbeitsunfähigkeitstagen je 100 AOK-Mitglieder verzeichnete das Verkehrs- und Transportgewerbe eine Erhöhung um 0,8%. Im Osten Deutschlands verringerten sich die Arbeitsunfähigkeitstage im Vergleich zu 1999 um 0,2%.

Abbildung 18.12.1[3] zeigt die Entwicklung des Krankenstands im Verkehrs- und Transportgewerbe in den Jahren 1993–2000. Von 1994 ging er bis 1997 von 6,4 auf 5,2% zurück. Danach stieg er wieder geringfügig an, befand sich aber dennoch 1999 nach wie vor auf einem niedrigeren Stand als in den Jahren 1993–1995. 1993 lag der Krankenstand in Westdeutschland noch 2,2 Prozentpunkte höher als in Ostdeutschland. In den folgenden Jahren verringerte sich der Abstand zwischen den Krankenstandswerten in Ost und West kontinuierlich, 2000 betrug er – wie im vergangenen Jahr – nur noch 0,8 Prozentpunkte.

18

---

[3] Die Werte der Jahre 1999 und 2000 basieren auf der Klassifikation der Wirtschaftszweige der Bundesanstalt für Arbeit aus dem Jahre 1993 (WZS 93/ NACE), während den Werten der Jahre 1993–1998 noch der Wirtschaftszweigschlüssel aus dem Jahr 1973 zugrunde lag. Die 99er Werte wurden auf Basis des aktuellen Schlüssels neu berechnet und sind daher nur begrenzt mit den im Fehlzeiten-Report 2000 veröffentlichten Werten, die auf Grundlage des alten Wirtschaftszweigschlüssels berechnet wurden, vergleichbar.

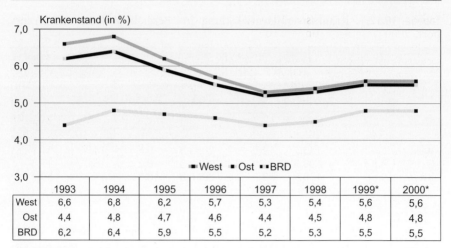

	1993	1994	1995	1996	1997	1998	1999*	2000*
West	6,6	6,8	6,2	5,7	5,3	5,4	5,6	5,6
Ost	4,4	4,8	4,7	4,6	4,4	4,5	4,8	4,8
BRD	6,2	6,4	5,9	5,5	5,2	5,3	5,5	5,5

Abb. 18.12.1. Krankenstandsentwicklung im Bereich Verkehr und Transport 1993–2000

18.12.3 Krankenstandsentwicklung nach Wirtschaftsgabteilungen

Die Höhe des Krankenstandes wies in den einzelnen Wirtschaftsabteilungen des Verkehr- und Transportgewerbes teilweise erhebliche Unterschiede auf (Tabelle 18.12.2). Den niedrigsten Stand verzeichnete die Luftfahrt (4,8%), den höchsten die Verkehrsvermittlung mit 5,8%. Im Vergleich zum Jahr 1999 stieg in der Verkehrsvermittlung und Nachrichtenübermittlung der Krankenstand geringfügig an (0,1%). In den Bereichen Schifffahrt und Landverkehr, Transport in Rohrfernleitungen war er gleichbleibend, in der Luftfahrt rückläufig (0,2%).

Die größte Zunahme an Krankheitsfällen fand mit 8,3% in der Abteilung Nachrichtenübermittlung statt. Die höchste Anzahl an Arbeitsunfähigkeitsfällen je 100 AOK-Mitglieder verzeichnete die Luftfahrt. Der niedrige Krankenstand dieser Wirtschaftsabteilung resultierte aus der Abnahme der Anzahl der Krankheitstage um 3,9% sowie der geringen Krankheitsdauer von durchschnittlich 10,1 Tagen. Die hohe Anzahl von Krankheitsfällen führte jedoch zur höchsten Arbeitsunfähigkeitsquote (58,4%) des gesamten Verkehrs- und Transportwesens. Die längste Falldauer – im Mittel 17,1 Tage je Krankheitsfall – war im Bereich der Schifffahrt zu finden. In diesem Bereich war allerdings die geringste Anzahl von Krankheitsfällen (116,1) sowie die niedrigste AU-Quote der Branche von 43,6% zu vermerken.

Tabelle 18.12.2. Krankenstandsentwicklung im Bereich Verkehr und Transport nach Wirtschaftsabteilungen, 2000

Wirtschafts-abteilung	Krankenstand (in %)		Arbeitsunfähigkeiten je 100 AOK-Mitglieder				Tage je Fall	AU-Quote (in %)
	2000	1999	Fälle	Veränd. z. Vorj. (in %)	Tage	Veränd. z. Vorj. (in %)		
Hilfs- und Nebentätigkeiten für den Verkehr, Verkehrs-vermittlung	5,8	5,7	148,2	2,5	2105,1	1,2	14,2	53,2
Landverkehr, Transport in Rohrfern-leitungen	5,4	5,4	124,2	1,6	1972,0	0,8	15,9	49,0
Luftfahrt	4,8	5,0	173,7	–1,0	1755,5	–3,9	10,1	58,4
Nachrichten-übermittlung	4,7	4,6	149,2	8,3	1711,3	2,5	11,5	44,7
Schifffahrt	5,4	5,4	116,1	2,0	1990,4	0,3	17,1	43,6

Tabellarische Übersichten und Abbildungen

18.12.4 Krankenstand nach Berufsgruppen

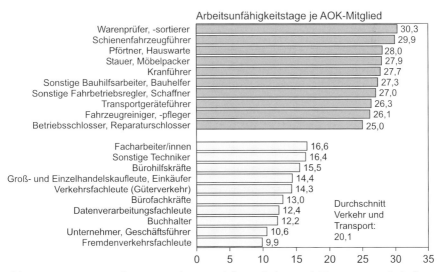

Abb. 18.12.2. 10 Berufsgruppen im Bereich Verkehr und Transport mit hohen und niedrigen Krankenständen, 2000

Tabelle 18.12.3. Verkehr und Transport, Krankenstandskennzahlen nach ausgewählten Berufsgruppen, 2000

Tätigkeit	Kranken. stand (in %)	Arbeitsunfähigkeiten je 100 AOK-Mitglieder		Tage je Fall	AU-Quote (in %)	Anteil Arbeitsunfälle an den AU-Tagen (in %)
		Fälle	Tage			
Betriebsschlosser, Reparaturschlosser	6,7	176,6	2462,8	13,9	67,0	8,2
Binnenschiffer	4,8	78,7	1762,4	22,4	34,1	17,1
Bürofachkräfte	3,4	120,0	1250,3	10,4	46,5	2,3
Bürohilfskräfte	4,1	106,9	1511,8	14,1	39,6	5,1
Eisenbahnbetriebsregler, -schaffner	6,6	158,5	2432,3	15,3	60,5	7,3
Elektroinstallateure, -monteure	5,4	152,1	1982,3	13,0	62,9	4,7
Fahrzeugreiniger, -pfleger	7,0	177,4	2551,2	14,4	62,1	5,7
Fremdenverkehrsfachleute	2,6	122,1	950,8	7,8	45,4	1,1
Hilfsarbeiter ohne nähere Tätigkeitsangabe	6,3	168,9	2311,5	13,7	39,8	7,0
Kraftfahrzeugführer	5,5	118,9	2027,7	17,1	48,6	10,0
Kraftfahrzeuginstandsetzer	5,3	145,9	1925,3	13,2	61,9	10,9
Kranführer	7,5	143,9	2740,0	19,0	64,3	12,6
Lager-, Transportarbeiter	6,3	178,8	2310,8	12,9	54,9	7,7
Luftverkehrsberufe	5,3	171,9	1929,6	11,2	59,7	3,4
Schienenfahrzeugführer	8,0	187,8	2937,6	15,6	72,3	4,8
Stauer, Möbelpacker	7,4	194,3	2700,3	13,9	57,3	11,8
Transportgeräteführer	7,1	185,0	2611,8	14,1	63,2	7,0
Unternehmer, Geschäftsführer	2,9	67,5	1067,7	15,8	32,5	11,6
Verkehrsfachleute (Güterverkehr)	3,8	158,9	1389,3	8,7	54,1	4,2
Warenaufmacher, Versandfertigmacher	6,3	202,7	2305,0	11,4	57,4	5,1

Berufsgruppen mit mehr als 2000 AOK-Versicherten

18.12.5 Kurz- und Langzeiterkrankungen

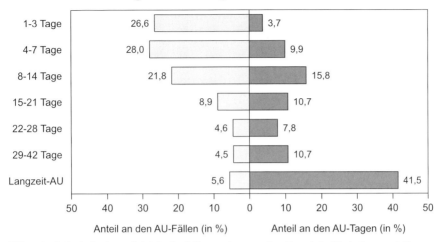

Abb. 18.12.3. Arbeitsunfähigkeitsfälle und -tage im Bereich Verkehr und Transport nach der Dauer, 2000

18.12.6 Krankenstand nach Bundesländern

Tabelle 18.12.4. Verkehr und Transport, Arbeitsunfähigkeit nach Bundesländern, 2000 im Vergleich zum Vorjahr

	Arbeitsunfähigkeiten je 100 AOK-Mitglieder					
	AU-Fälle 2000	Veränd. z.Vorj. (in %)	AU-Tage 2000	Veränd. z.Vorj. (in %)	Tage je Fall 2000	Veränd. z. Vorj (in %)
Baden-Württemb.	138,0	3,1	1846,4	1,7	13,4	−1,5
Bayern	125,2	3,1	1849,6	1,9	14,8	−1,3
Berlin	143,3	2,7	2773,7	1,1	19,4	−1,5
Brandenburg	97,0	−8,5	1508,0	−13,7	15,5	−6,1
Bremen	173,7	4,3	2598,0	3,1	15,0	−0,7
Hamburg	153,4	3,4	2460,4	2,1	16,0	−1,8
Hessen	171,7	1,0	2224,4	0,1	13,0	−0,8
Mecklenb.-Vorp.	108,6	0,5	1713,9	2,1	15,8	1,9
Niedersachsen	141,8	4,6	1833,5	3,0	12,9	−1,5
Nordrhein-Westf.	148,3	1,4	2216,7	0,5	15,0	−0,7
Rheinland-Pfalz	148,2	3,6	2108,3	0,5	14,2	−3,4
Saarland	132,1	5,3	2397,2	−2,1	18,1	−7,2
Sachsen	111,0	4,1	1802,8	2,8	16,2	−1,2
Sachsen-Anhalt	112,1	7,4	1839,9	3,5	16,4	−3,5
Schleswig-Holst.	134,3	2,8	1982,7	−1,1	14,8	−3,3
Thüringen	116,0	1,4	1827,7	−0,7	15,8	−1,9
Bund	138,3	2,7	2010,5	0,8	14,5	−2,0

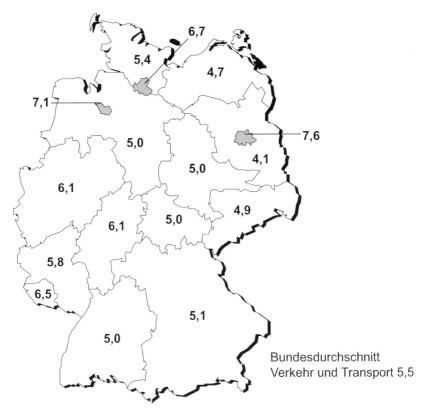

Abb. 18.12.4. Krankenstand (in %) im Bereich Verkehr und Transport nach Bundesländern, 2000

18.12.7 Krankenstand nach Betriebsgröße

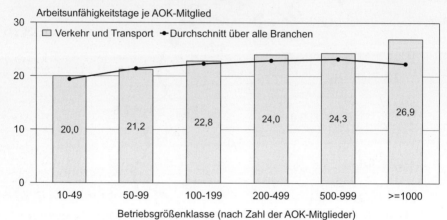

Abb. 18.12.5. Arbeitsunfähigkeitstage im Bereich Verkehr und Transport nach Betriebsgröße, 2000

Tabelle 18.12.5. Verkehr und Transport, Arbeitsunfähigkeitstage je AOK-Mitglied nach Betriebsgröße (Anzahl der AOK-Mitglieder), 2000

Wirtschafts-abteilung	10–49	50–99	100–199	200–499	500–999	≥1000
Hilfs- und Nebentätig-keiten für den Verkehr, Verkehrsvermittlung	21,1	21,8	22,8	25,0	28,4	25,5
Landverkehr, Transport in Rohrfernleitungen	19,1	21,4	24,7	27,1	26,6	32,7
Luftfahrt	15,6	16,6	18,6	18,9	27,1	–
Nachrichtenübermitt-lung	16,9	17,7	18,6	18,0	17,1	17,3
Schifffahrt	25,5	23,3	29,1	24,2	–	–
Durchschnitt über alle Branchen	19,4	21,4	22,3	22,9	23,2	22,3

18.12.8 Krankenstand nach Stellung im Beruf

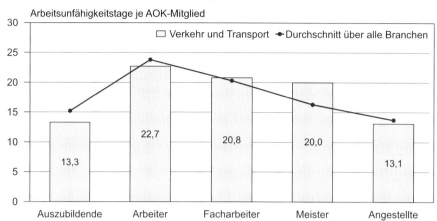

Abb. 18.12.6. Arbeitsunfähigkeitstage im Bereich Verkehr und Transport nach Stellung im Beruf, 2000

Tabelle 18.12.6. Verkehr und Transport, Krankenstand (in %) nach Stellung im Beruf, 2000

Wirtschaftsabteilung	Auszu-bildende	Arbeiter	Fach-arbeiter	Meister, Poliere	Ange-stellte
Hilfs- und Nebentätig-keiten für den Verkehr, Ver-kehrsvermittlung	3,6	6,6	6,0	6,0	3,5
Landverkehr, Transport in Rohrfernleitungen	3,9	5,9	5,4	5,0	3,8
Luftfahrt	3,2	7,2	5,7	2,8	4,2
Nachrichtenübermittlung	3,3	5,4	5,1	5,4	3,4
Schifffahrt	2,9	6,4	5,5	2,2	3,4

18

18.12.9 Arbeitsunfälle

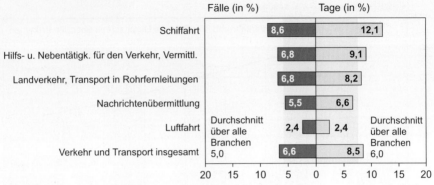

Abb. 18.12.7. Arbeitsunfälle im Bereich Verkehr und Transport nach Wirtschaftsabteilungen, Anteil an den AU-Fällen und -Tagen in Prozent, 2000

Tabelle 18.12.7. Verkehr und Transport, Arbeitsunfähigkeitstage durch Arbeitsunfälle nach Berufsgruppen, 2000

Tätigkeit	AU-Tage je 1000 AOK- Mitglieder	Anteil an den AU-Tagen insgesamt (in %)
Stauer, Möbelpacker	3180,5	11,8
Binnenschiffer	3015,5	17,1
Kraftfahrzeuginstandsetzer	2092,0	10,9
Kraftfahrzeugführer	2021,5	10,0
Betriebsschlosser, Reparaturschlosser	2010,1	8,2
Transportgeräteführer	1817,3	7,0
Lager-, Transportarbeiter	1788,5	7,7
Lagerverwalter, Magaziner	1782,3	7,2
Facharbeiter/innen	1749,7	11,5
Hilfsarbeiter ohne nähere Tätigkeitsangabe	1630,0	7,0
Warenprüfer, -sortierer	1462,5	7,0
Schienenfahrzeugführer	1398,7	4,8
Warenaufmacher, Versandfertigmacher	1187,1	5,1
Postverteiler	1013,3	6,3
Verkäufer	714,3	3,9
Verkehrsfachleute (Güterverkehr)	585,4	4,2
Bürofachkräfte	290,2	2,3

18.12.10 Krankheitsarten

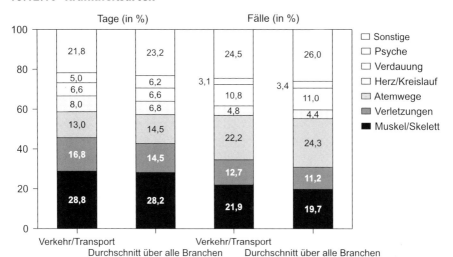

Abb. 18.12.8. Arbeitsunfähigkeiten im Bereich Verkehr und Transport nach Krankheitsarten, 2000

Tabelle 18.12.8. Vererkehr und Transport, Arbeitsunfähigkeitstage nach Krankheitsarten (in %), 2000

Wirtschafts-abteilung	Muskel/ Skelett	Atem-wege	Verlet-zungen	Herz/ Kreis-lauf	Verdau-ung	Psyche	Sons-tige
Hilfs- und Neben-tätigkeiten für den Verkehr, Verkehrs-vermittlung	29,5	12,9	17,2	7,9	6,6	4,8	21,3
Landverkehr, Transport in Rohr-fernleitungen	28,5	12,5	16,5	8,7	6,5	5,1	22,2
Luftfahrt	19,2	23,2	11,1	3,6	7,5	8,5	26,8
Nachrichten-übermittlung	27,1	15,4	16,7	5,2	6,8	6,3	22,5
Schifffahrt	26,5	11,8	22,2	8,1	5,6	3,7	22,1

18

Tabelle 18.12.9. Verkehr und Transport, Arbeitsunfähigkeiten nach Krankheitsarten, Anteile der ICD-Untergruppen an den ICD-Hauptgruppen, 2000

ICD-Untergruppen	Anteil an den AU-Fällen (in %)	Anteil an den AU-Tagen (in %)
Muskel-/Skeletterkrankungen		
Krankheiten der Wirbelsäule und des Rückens	60,6	59,3
Krankheiten der Weichteilgewebe	18,6	16,4
Arthropathien	15,4	19,4
Sonstige	5,4	4,9
Verletzungen		
Verletzungen nicht näher bez. an Rumpf/ Extremitäten/etc.	17,9	14,3
Verletzungen der Knöchelregion und des Fußes	13,1	13,2
Verletzungen des Handgelenkes und der Hand	12,2	12,4
Verletzungen des Knies und des Unterschenkels	10,7	15,5
Verletzungen des Kopfes	7,8	6,0
Sonstige	38,3	38,6
Atemwegserkrankungen		
Akute Infektionen der oberen Atemwege	39,0	32,2
Sonstige akute Infektionen der unteren Atemwege	22,2	20,9
Chronische Krankheiten der unteren Atemwege	17,4	21,6
Grippe und Pneumonie	11,0	12,0
Sonstige	10,4	13,2
Herz-/Kreislauferkrankungen		
Hypertonie [Hochdruckkrankheit]	26,0	21,7
Ischämische Herzkrankheiten	20,2	29,6
Krankheiten der Venen/Lymphgefäße/ Lymphknoten	16,1	11,4
Sonst. u. nicht näher bez. Krankheiten des Kreislaufsystems	14,4	4,8
Sonstige	23,4	32,5
Verdauung		
Krankheiten des Ösophagus/Magens/ Duodenums	30,7	29,7
Nichtinfektiöse Enteritis und Kolitis	25,0	17,2
Krankheiten der Mundhöhle/ Speicheldrüsen/Kiefer	21,8	7,3
Sonstige Krankheiten des Darmes	6,6	11,0
Hernien	5,1	14,3
Sonstige	10,8	20,5

Tabelle 18.12.9 (Fortsetzung)

ICD-Untergruppen	Anteil an den AU-Fällen (in %)	Anteil an den AU-Tagen (in %)
Psychische und Verhaltensstörungen		
Neurotische, Belastungs- und somatoforme Störungen	45,9	39,7
Affektive Störungen	28,3	32,2
Psych. u. Verhaltensstörungen durch psychotrope Substanzen	15,5	15,1
Schizophrenie, schizotype und wahnhafte Störungen	3,3	5,4
Sonstige	7,0	7,6

18

Anhang

Übersicht der Krankheitsartengruppen nach dem ICD-Schlüssel (10. Revision, 1999)

I. Bestimmte infektiöse und parasitäre Krankheiten (A00–B99)

A00–A09	Infektiöse Darmkrankheiten
A15–A19	Tuberkulose
A20–A28	Bestimmte bakterielle Zoonosen
A30–A49	Sonstige bakterielle Krankheiten
A50–A64	Infektionen, die vorwiegend durch Geschlechtsverkehr übertragen werden
A65–A69	Sonstige Spirochätenkrankheiten
A70–A74	Sonstige Krankheiten durch Chlamydien
A75–A79	Rickettsiosen
A80–A89	Virusinfektionen des Zentralnervensystems
A90–A99	Durch Arthropoden übertragene Viruskrankheiten und virale hämorrhagische Fieber
B00–B09	Virusinfektionen, die durch Haut- und Schleimhautläsionen gekennzeichnet sind
B15–B19	Virushepatitis
B20–B24	HIV-Krankheit [Humane Immundefizienz-Viruskrankheit]
B25–B34	Sonsitge Viruskrankheiten
B35–B49	Mykosen
B50–B64	Protozoenkrankheit
B65–B83	Helminthosen
B85–B89	Pedikulose [Läusebefall], Akarinose [Milbenbefall] und sonstiger Parasitenbefall der Haut
B90–B94	Folgezustände von infektiösen und parasitären Krankheiten
B95–B97	Bakterien, Viren und sonstige Infektionserreger als Ursache von Krankheiten, die in anderen Kapiteln klassifiziert sind
B99	Sonstige Infektionskrankheiten

II. Neubildungen (C00–D48)

C00–C75	Bösartige Neubildungen an genau bezeichneten Lokalisationen, als primär festgestellt oder vermutet, ausgenommen lymphatisches, blutbildendes und verwandtes Gewebe
C76–C80	Bösartige Neubildungen ungenau bezeichneter, sekundärer und nicht näher bezeichneter Lokalisationen
C81–C96	Bösartige Neubildungen des lymphatischen, blutbildenden und verwandten Gewebes, als primär festgestellt und vermutet
C97	Bösartige Neubildungen als Primärtumoren an mehreren Lokalisationen
D00–D09	In-situ-Neubildungen
D10–D36	Gutartige Neubildungen
D37–D48	Neubildungen unsicheren oder unbekannten Verhaltens

III. Krankheiten des Blutes und der blutbildenden Organe sowie bestimmte Störungen mit Beteiligung des Immunsystems (D50–D89)

D50–D53	Alimentäre Anämien
D55–D59	Hämolytische Anämien
D60–D64	Aplastische und sonstige Anämien
D65–D69	Koagulopathien, Purpura und sonstige hämorrhagische Diathesen
D70–D77	Sonstige Krankheiten des Blutes und der blutbildenden Organe
D80–D89	Bestimmte Störungen mit Beteiligung des Immunsystems

IV. Endokrine, Ernährungs- und Stoffwechselkrankheiten (E00–E90)

E00–E07	Krankheiten der Schilddrüse
E10–E14	Diabetis mellitus
E15–E16	Sonstige Störungen der Blutglukose-Regulation und der inneren Sekretion des Pankreas
E20–E35	Krankheiten sonstiger endokriner Drüsen
E40–E46	Mangelernährung
E50–E64	Sonstige alimentäre Mangelzustände
E65–E68	Adipositas und sonstige Überernährung
E70–E90	Stoffwechselstörungen

V. Psychische und Verhaltensstörungen (F00–F99)

F00–F09   Organische, einschließlich symptomatischer psychischer Störungen

F10–F19   Psychische und Verhaltensstörungen durch psychotrope Substanzen

F20–F29   Schizophrenie, schizotype und wahnhafte Störungen

F30–F39   Affektive Störungen

F40–F48   Neurotische, Belastungs- und somatoforme Störungen

F50–F59   Verhaltensauffälligkeiten mit körperlichen Störungen und Faktoren

F60–F69   Persönlichkeits- und Verhaltensstörungen

F70–F79   Intelligenzminderung

F80–F89   Entwicklungsstörungen

F90–F98   Verhaltens- und emotionale Störungen mit Beginn in der Kindheit und Jugend

F99   Nicht näher bezeichnete psychische Störungen

VI. Krankheiten des Nervensystems (G00–G99)

G00–G09   Entzündliche Krankheiten des Zentralnervensystems

G10–G13   Systematrophien, die vorwiegend das Zentralnervensystem betreffen

G20–G26   Extrapyramidale Krankheiten und Bewegungsstörungen

G30–G32   Sonstige degenerative Krankheiten des Nervensystems

G35–G37   Demyelinisierende Krankheiten des Zentralnervensystems

G40–G47   Episodische und paroxysmale Krankheiten des Nervensystems

G50–G59   Krankheiten von Nerven, Nervenwurzeln und Nervenplexus

G60–G64   Polyneuropathien und sonstige Krankheiten des peripheren Nervensystems

G70–G73   Krankheiten im Bereich der neuromuskulären Synapse und des Muskels

G80–G83   Zerebrale Lähmung und sonstige Lähmungssyndrome

G90–G99   Sonstige Krankheiten des Nervensystems

VII. Krankheiten des Auges und der Augenanhangsgebilde (H00–H59)

H00–H06   Affektionen des Augenlides, des Tränenapparates und der Orbita

H10–H13   Affektionen der Konjunktiva

H15–H22   Affektionen der Sklera, der Hornhaut, der Iris und des Ziliarkörpers

H25–H28   Affektionen der Linse
H30–H36   Affektionen der Aderhaut und der Netzhaut
H40–H42   Glaukom
H43–H45   Affektionen des Glaskörpers und des Augapfels
H46–H48   Affektionen des N. opticus und der Sehbahn
H49–H52   Affektionen der Augenmuskeln, Störungen der Blickbewe-
           gungen sowie Akkommodationsstörungen und Refrak-
           tionsfehler
H53–H54   Sehstörungen und Blindheit
H55–H59   Sonstige Affektionen des Auges und der Augenanhangs-
           gebilde

VIII. Krankheiten des Ohres und des Warzenfortsatzes (H60–H95)
H60–H62   Krankheiten des äußeren Ohres
H65–H75   Krankheiten des Mittelohres und des Warzenfortsatzes
H80 H83   Krankheiten des Innenohres
H90–H95   Sonstige Krankheiten des Ohres

IX. Krankheiten des Kreislaufsystems (I00–I99)
I00–I02   Akutes rheumatisches Fieber
I05–I09   Chronische rheumatische Herzkrankheiten
I10–I15   Hypertonie [Hochdruckkrankheit]
I20–I25   Ischämische Herzkrankheiten
I26–I28   Pulmonale Herzkrankheit und Krankheiten des Lungen-
           kreislaufs
I30–I52   Sonstige Formen der Herzkrankheit
I60–I69   Zerebrovaskuläre Krankheiten
I70–I79   Krankheiten der Arterien, Arteriolen, und Kapillaren
I80–I89   Krankheiten der Venen, der Lymphgefäße und der
           Lymphknoten, anderenorts nicht klassifiziert
I95–I99   Sonstige und nicht näher bezeichnete Krankheiten des
           Kreislaufsystems

X. Krankheiten des Atmungssystems (J00–J99)
J00–J06   Akute Infektionen der oberen Atemwege
J10–J18   Grippe und Pneumonie
J20–J22   Sonstige akute Infektionen der unteren Atemwege
J30–J39   Sonstige Krankheiten der oberen Atemwege
J40–J47   Chronische Krankheiten oder unteren Atemwege
J60–J70   Lungenkrankheiten durch exogene Substanzen
J80–J84   Sonstige Krankheiten der Atmungsorgane, die hauptsäch-
           lich das Interstitium betreffen

J85–J86   Purulente und nekrotisierende Krankheitszustände der unteren Atemwege
J90–J94   Sonstige Krankheiten der Pleura
J95–J99   Sonstige Krankheiten des Atmungssystems

XI. Krankheiten des Verdauungssystems (K00–K93)

K00–K14   Krankheiten der Mundhöhle, der Speicheldrüsen und der Kiefer
K20–K31   Krankheiten des Ösophagus, des Magens und des Duodenums
K35–K38   Krankheiten des Appendix
K40–K46   Hernien
K50–K52   Nichtinfektiöse Enteritis und Kolitis
K55–K63   Sonstige Krankheiten des Darms
K65–K67   Krankheiten des Peritoneums
K70–K77   Krankheiten der Leber
K80–K87   Krankheiten der Gallenblase, der Gallenwege und des Pankreas
K90–K93   Sonstige Krankheiten des Verdauungssystems

XII. Krankheiten der Haut und der Unterhaut (L00–L99)

L00–L08   Infektionen der Haut und der Unterhaut
L10–L14   Bullöse Dermatosen
L20–L30   Dermatitis und Ekzem
L40–L45   Papulosquamöse Hautkrankheiten
L50–L54   Urtikaria und Erythem
L55–L59   Krankheiten der Haut und der Unterhaut durch Strahleneinwirkung
L60–L75   Krankheiten der Hautanhangsgebilde
L80–L99   Sonstige Krankheiten der Haut und der Unterhaut

XIII. Krankheiten des Muskel-Skelett-Systems und des Bindegewebes (M00–M99)

M00–M25   Arthropathien
M30–M36   Systemkrankheiten des Bindegewebes
M40–M54   Krankheiten der Wirbelsäule und des Rückens
M60–M79   Krankheiten der Weichteilgewebe
M80–M94   Osteopathien und Chondropathien
M95–M99   Sonstige Krankheiten des Muskel-Skelett-Systems und des Bindegewebes

XIV. Krankheiten des Urogenitalsystems (N00–N99)

N00–N08	Glomeruläre Krankheiten
N10–N16	Tubulointerstitielle Nierenkrankheiten
N17–N19	Niereninsuffizienz
N20–N23	Urolithiasis
N25–N29	Sonstige Krankheiten der Niere und des Ureters
N30–N39	Sonstige Krankheiten des Harnsystems
N40–N51	Krankheiten der männlichen Genitalorgane
N60–N64	Krankheiten der Mamma [Brustdrüse]
N70–N77	Entzündliche Krankheiten der weiblichen Beckenorgane
N80–N98	Nichtentzündliche Krankheiten des weiblichen Genitaltraktes
N99	Sonstige Krankheiten des Urogenitalsystems

XV. Schwangerschaft, Geburt und Wochenbett (O00–O99)

O00–O08	Schwangerschaft mit abortivem Ausgang
O10–O16	Ödeme, Proteinurie und Hypertonie während der Schwangerschaft, der Geburt und des Wochenbettes
O20–O29	Sonstige Krankheiten der Mutter, die vorwiegend mit der Schwangerschaft verbunden sind
O30–O48	Betreuung der Mutter im Hinblick auf den Feten und die Amnionhöhle sowie mögliche Entbindungskomplikationen
O60–O75	Komplikation bei Wehentätigkeit und Entbindung
O80–O84	Entbindung
O85–O92	Komplikationen, die vorwiegend im Wochenbett auftreten
O95–O99	Sonstige Krankheitszustände während der Gestationsperiode, die anderenorts nicht klassifiziert sind

XVI. Bestimmte Zustände, die ihren Ursprung in der Perinatalperiode haben (P00–P96)

P00–P04	Schädigung des Feten und Neugeborenen durch mütterliche Faktoren und durch Komplikationen bei Schwangerschaft, Wehentätigkeit und Entbindung
P05–P08	Störungen im Zusammenhang mit der Schwangerschaftsdauer und dem fetalen Wachstum
P10–P15	Geburtstrauma
P20–P29	Krankheiten des Atmungs- und Herz-Kreislaufsystems, die für die Perinatalperiode spezifisch sind
P35–P39	Infektionen, die für die Perinatalperiode spezifisch sind
P50–P61	Hämorrhagische und hämatomologische Krankheiten beim Feten und Neugeborenen

P70–P74 Transitorische endokrine und Stoffwechselstörungen, die für Feten und das Neugeborene spezifisch sind

P75–P78 Krankheiten des Verdauungssystems beim Feten und Neugeborenen

P80–P83 Krankheitszustände mit Beteiligung der Haut und der Temperaturregulation beim Feten und Neugeborenen

P90–P96 Sonstige Störungen, die ihren Ursprung in der Perinatalperiode haben

XVII. Angeborene Fehlbildungen, Deformitäten und Chromosomenanomalien (Q00–Q99)

Q00–Q07 Angeborene Fehlbildungen des Nervensystems

Q10–Q18 Angeborene Fehlbildungen des Auges, des Ohres, des Gesichts und des Halses

Q20–Q28 Angeborene Fehlbildungen des Kreislaufsystems

Q30–Q34 Angeborene Fehlbildungen des Atmungssystems

Q35–Q37 Lippen-, Kiefer- und Gaumenspalte

Q38–Q45 Sonstige angeborene Fehlbildungen des Verdauungssystems

Q50–Q56 Angeborene Fehlbildungen der Genitalorgane

Q60–Q64 Angeborene Fehlbildungen des Harnsystems

Q65–Q79 Angeborene Fehlbildungen und Deformitäten des Muskel-Skelett-Systems

Q80–Q89 Sonstige angeborene Fehlbildungen

Q90–Q99 Chromosomenanomalien, anderenorts nicht klassifiziert

XVIII. Symptome und abnorme klinische und Laborbefunde, die anderenorts nicht klassifiziert sind (R00–R99)

R00–R09 Symptome, die das Kreislaufsystem und Atmungssystem betreffen

R10–R19 Symptome, die das Verdauungssystem und das Abdomen betreffen

R20–R23 Symptome, die die Haut und das Unterhautgewebe betreffen

R25–R29 Symptome, die das Nervensystem und Muskel-Skelett-System betreffen

R30–R39 Symptome, die das Harnsystem betreffen

R40–R46 Symptome, die das Erkennungs- und Wahrnehmungsvermögen, die Stimmung und das Verhalten betreffen

R47–R49 Symptome, die die Sprache und die Stimme betreffen

R50–R69 Allgemeinsymptome

R70–R79   Abnorme Blutuntersuchungsbefunde ohne Vorliegen einer
          Diagnose
R80–R82   Abnorme Urinuntersuchungsbefunde ohne Vorliegen einer
          Diagnose
R83–R89   Abnorme Befunde ohne Vorliegen einer Diagnose bei der
          Untersuchung anderer Körperflüssigkeiten, Substanzen
          und Gewebe
R90–R94   Abnorme Befunde ohne Vorliegen einer Diagnose bei
          bildgebender Diagnostik und Funktionsprüfungen
R95–R99   Ungenau bezeichnete und unbekannte Todesursachen

XIX. Verletzungen, Vergiftungen und bestimmte andere Folgen äußerer Ursachen (S00–T98)

S00–S09   Verletzungen des Kopfes
S10–S19   Verletzungen des Halses
S20–S29   Verletzungen des Thorax
S30–S39   Verletzungen des Abdomens, der Lumbosakralgegend, der
          Lendenwirbelsäule und des Beckens
S40–S49   Verletzungen der Schulter und des Oberarms
S50–S59   Verletzungen des Ellenbogens und des Unterarms
S60–S69   Verletzungen des Handgelenks und der Hand
S70–S79   Verletzungen der Hüfte und des Oberschenkels
S80–S89   Verletzungen des Knies und des Unterschenkels
S90–S99   Verletzungen der Knöchelregion und des Fußes
T00–T07   Verletzung mit Beteiligung mehrer Körperregionen
T08–T14   Verletzungen nicht näher bezeichneter Teile des Rumpfes,
          der Extremitäten oder anderer Körperregionen
T15–T19   Folgen des Eindringens eines Fremdkörpers durch eine
          natürliche Körperöffnung
T20–T32   Verbrennungen oder Verätzungen
T36–T50   Vergiftungen durch Arzneimittel, Drogen und biologisch
          aktiver Substanzen
T51–T65   Toxische Wirkungen von vorwiegend nicht medizinisch
          verwendeten Substanzen
T66–T78   Sonstige nicht näher bezeichnete Schäden durch äußere
          Ursachen
T79   Bestimmte Frühkomplikationen eines Traumas
T80–T88   Komplikationen bei chirurgischen Eingriffen und medizi-
          nischer Behandlung, anderenorts nicht klassifiziert

T90–T98   Folgen von Verletzung, Vergiftungen und sonstigen Aus-
           wirkungen äußerer Ursachen

XX. Äußere Ursachen von Morbidität und Mortalität (V01–Y98)
V01–X59   Unfälle
X60–X84   Vorsätzliche Selbstbeschädigung
X85–Y09   Tätlicher Angriff
Y10–Y34   Ereignis, dessen nähere Umstände unbestimmt sind
Y35–Y36   Gesetzliche Maßnahmen und Kriegshandlungen
Y40–Y84   Komplikationen bei der medizinischen und chirurgischen
           Behandlung

**XXI. Faktoren, die den Gesundheitszustand beeinflussen und zur
    Inanspruchnahme des Gesundheitswesen führen (Z00–Z99)**
Z00–Z13   Personen, die das Gesundheitswesen zur Untersuchung
           und Abklärung in Anspruch nehmen
Z20–Z29   Personen mit potentiellen Gesundheitsrisiken hinsichtlich
           übertragbarer Krankheiten
Z30–Z39   Personen, die das Gesundheitswesen im Zusammenhang
           mit Problemen der Reproduktion in Anspruch nehmen
Z40–Z54   Personen, die das Gesundheitswesen zum Zwecke spezifi-
           scher Maßnahmen und zur medizinischen Betreuung in
           Anspruch nehmen
Z70–Z76   Personen, die das Gesundheitswesen aus sonstigen Grün-
           den in Anspruch nehmen
Z80–Z99   Personen mit potentiellen Gesundheitsrisiken aufgrund
           der Familien- oder Eigenanamnese und bestimmte Zu-
           stände, die den Gesundheitszustand beeinflussen

Klassifikation der Wirtschaftszweige (WZ 93/NACE) Übersicht über den Aufbau nach Abteilungen

A + B Land- und Forstwirtschaft, Fischerei und Fischzucht
01   Landwirtschaft, gewerbliche Jagd
02   Forstwirtschaft
05   Fischerei und Fischzucht

C Bergbau und Gewinnung von Steinen und Erden
10   Kohlenbergbau, Torfgewinnung
11   Gewinnung von Erdöl und Erdgas, Erbringung damit verbundener Dienstleistungen
12   Bergbau auf Uran- und Thoriumerze
13   Erzbergbau
14   Gewinnung von Steinen und Erden, sonstiger Bergbau

D Verarbeitendes Gewerbe
15   Ernährungsgewerbe
16   Tabakverarbeitung
17   Textilgewerbe
18   Bekleidungsgewerbe
19   Ledergewerbe
20   Holzgewerbe (ohne Herstellung von Möbeln)
21   Papiergewerbe
22   Verlagsgewerbe, Druckgewerbe, Vervielfältigung von bespielten Ton-, Bild- und Datenträgern
23   Kokerei, Mineralölverarbeitung, Herstellung und Verarbeitung von Spalt- und Brutstoffen
24   Chemische Industrie
25   Herstellung von Gummi- und Kunststoffwaren
26   Glasgewerbe, Keramik, Verarbeitung von Steinen und Erden
27   Metallerzeugung und -bearbeitung
28   Herstellung von Metallerzeugnissen
29   Maschinenbau

30 Herstellung von Büromaschinen, Datenverarbeitungsgeräten und -einrichtungen
31 Herstellung von Geräten der Elektrizitätserzeugung, -verteilung
32 Rundfunk-, Fernseh- und Nachrichtentechnik
33 Medizin-, Mess-, Steuer- und Regelungstechnik, Optik
34 Herstellung von Kraftwagen und Kraftwagenteilen
35 Sonstiger Fahrzeugbau
36 Herstellung von Möbeln, Schmuck, Musikinstrumenten, Sportgeräten, Spielwaren und sonstigen Erzeugnissen
37 Recycling

E Energie- und Wasserversorgung
40 Energieversorgung
41 Wasserversorgung

F Baugewerbe
45 Baugewerbe

G Handel; Instandhaltung und Reparatur von Kraftfahrzeugen und Gebrauchsgütern
50 Kraftfahrzeughandel; Instandhaltung und Reparatur von Kraftfahrzeugen; Tankstellen
51 Handelsvermittlung und Großhandel (ohne Handel mit Kfz)
52 Einzelhandel (ohne Handel mit Kraftfahrzeugen und ohne Tankstellen); Reparatur von Gebrauchsgütern

H Gastgewerbe
55 Gastgewerbe

I Verkehr und Nachrichtenübermittlung
60 Landverkehr; Transport in Rohrfernleitungen
61 Schifffahrt
62 Luftfahrt
63 Hilfs- und Nebentätigkeiten für den Verkehr; Verkehrsvermittlung
64 Nachrichtenübermittlung

J Kredit- und Versicherungsgewerbe
65 Kreditgewerbe
66 Versicherungsgewerbe
67 Mit dem Kredit- und Versicherungsgewerbe verbundene Tätigkeiten

K Grundstücks- und Wohnungswesen, Vermietung beweglicher Sachen, Erbringung von Dienstleistungen überwiegend für Unternehmen

70 Grundstücks- und Wohnungswesen
71 Vermietung beweglicher Sachen ohne Bedienungspersonal
72 Datenverarbeitung und Datenbanken
73 Forschung und Entwicklung
74 Erbringung von Dienstleistungen überwiegend für Unternehmen

L Öffentliche Verwaltung, Verteidigung, Sozialversicherung
75 Öffentliche Verwaltung, Verteidigung, Sozialversicherung

M Erziehung und Unterricht
80 Erziehung und Unterricht

N Gesundheits-, Veterinär- und Sozialwesen
85 Gesundheits-, Veterinär- und Sozialwesen

O Erbringung von sonstigen öffentlichen und persönlichen Dienstleistungen
90 Abwasser- und Abfallbeseitigung und sonstige Entsorgung
91 Interessenvertretungen sowie kirchliche und sonstige religiöse Vereinigungen (ohne Sozialwesen und Sport)
92 Kultur, Sport und Unterhaltung
93 Erbringung von sonstigen Dienstleistungen

P Private Haushalte
95 Private Haushalte

Q Exterritoriale Organisationen und Körperschaften
99 Exterritoriale Organisationen und Körperschaften

Die Autoren

Dieter Ahrens

Universität Bielefeld
Fakultät für Gesundheitswissenschaften
Postfach 10 01 31
33501 Bielefeld

Geboren 1966 in Papenburg. Studium der „Betriebswirtschaft in Einrichtungen des Gesundheitswesens" an der Fachhochschule Osnabrück sowie Gesundheitswissenschaften und öffentliche Gesundheitsförderung an der Universität Bielefeld. Seit 1996 wissenschaftlicher Mitarbeiter in der Arbeitsgruppe „Management im Gesundheitswesen" der Fakultät für Gesundheitswissenschaften. Dort beschäftigt er sich mit den Arbeitsschwerpunkten: Gesundheitsökonomische Evaluation, Health Technology Assessment sowie Vergütungssysteme in der stationären und ambulanten ärztlichen Versorgung.

Frau PD **Dr. Anja Leppin** und Frau **Dr. Bettina Schmidt** sind ebenfalls an der Fakultät für Gesundheitswissenschaften der Universität Bielefeld beschäftigt und haben ihre Arbeitsschwerpunkte im Bereich der schulischen Gesundheitsförderung bzw. der Suchtprävention.

Prof. Dr. Bernhard Badura

Universität Bielefeld
Fakultät für Gesundheitswissenschaften
Postfach 10 01 31
33501 Bielefeld

Geboren 1943. Dr. rer. soc., Studium der Soziologie, Philosophie, Politikwissenschaften in Tübingen, Freiburg, Konstanz, Harvard/Mass.; Professor der Fakultät für Gesundheitswissenschaften der Universität Bielefeld; Leiter der Arbeitsgruppe Sozialepidemiologie und Gesundheitssystemgestaltung; Sprecher des Nordrhein-Westfälischen Forschungsverbunds Public Health. Arbeitsschwerpunkte: Sozialepidemiologie, Stressforschung, Gesundheitsförderung, Evaluationsforschung, Rehabilitation, Gesundheitspolitik.

Stephan von Bandemer

Gesellschaft für Forschung und Beratung
Reiftstr. 112 a
45659 Recklinghausen

Hochschulabschluss als Wirtschaftswissenschaftler und Politikwissenschaftler. Mehrere Jahre Arbeit an Universitäten, Geschäftsführer der Deutschen Vereinigung für Politische Wissenschaft, wissenschaftlicher Geschäftsführer des Instituts Arbeit und Technik im Wissenschaftszentrum NRW. Mitbegründer des Sozial- und Seniorenwirtschaftszentrums Gelsenkirchen. Mitherausgeber des Handbuchs zur Verwaltungsreform. Arbeitsschwerpunkte u. a. Qualitätsmanagement und Benchmarking in der Gesundheitswirtschaft und der öffentlichen Verwaltung, Arbeitsorganisation und Innovationsforschung.

Dr. Beate Beermann

Bundesanstalt für Arbeitsschutz
und Arbeitsmedizin
Postfach 17 02 02
44061 Dortmund

Studium der Psychologie mit dem Schwerpunkt Sozialpsychologie und Arbeits- und Organisationspsychologie. Ab 1985 Mitarbeiterin im Institut für Arbeitspsychologie an der Universität Dortmund unter der Leitung von Prof. Dr. J. Rutenfranz. Promotion „Frauen und Männer im Schichtdienst". Seit 1993 wissenschaftliche Mitarbeiterin in der Bundesanstalt für Arbeitsschutz und Arbeitsmedizin (BauA) in der Abteilung „Grundsatzfragen" (Gruppe „Soziale und wirtschaftliche Rahmenbedingungen des Arbeitsschutzes"); Themenschwerpunkte: Arbeitszeitgestaltung (Schichtarbeit), neue Arbeitsorganisationsformen; psychosozialer Stress, betriebliche Gesundheitsförderung, sozialer Arbeitsschutz.

Heiner Bögemann

Gesundheitszentrum für den niedersächsischen Justizvollzug bei der JVA Oldenburg
Cloppenburger Straße 400
26133 Oldenburg

Geboren 1957. Dipl. Gesundheitswissenschaftler (MPH, Schwerpunkt: Gesundheitsförderung und Prävention, 1995 AOK Förderpreis), Dipl. Sozialarbeiter (Jugend- und Erwachsenenbildung), Ausbildung in klientenzentrierter Beratung (GwG). Tätigkeit in der Schulsozialarbeit, Randgruppen- und Straffälligenhilfe, Bewährungshilfe, Justizprojekte, Personal- und Organisationsentwicklung, Stressbewältigung und Projektmanagement.

Rudi Brandt

Dortustr. 35
14467 Potsdam

Rudi Brandt ist Diplom-Psychologe/Psychologischer Psychotherapeut und leitet die sozial-psychologische Betreuung im Polizeiärztlichen Dienst des Polizeipräsidiums Potsdam. Er studierte an der Humboldt-Universität Berlin Klinische Psychologie und erwarb 1986 das Diplom mit einer psychologiehistorischen Arbeit über den Arbeitspsychologen Otto Lipmann. Nach der Beendigung seines Studiums wurde er als Psychotherapeut im Polizeiärztlichen Dienst Potsdams tätig und ist maßgeblich am Aufbau der sozial-psychologischen Betreuung innerhalb der Polizei des Landes Brandenburg beteiligt.

Rainer Breithaupt

Bundesministerium des Innern
Alt-Moabit 101 D
10559 Berlin

Geboren 1943 in Berlin. Studium der Staats- und Rechtswissenschaften an der Christian Albrechts Universität Kiel und der Freien Universität Berlin. Seit 1996 Leiter der neu eingerichteten Zentralstelle für Arbeitsschutz beim BMI als der grundsätzlich für den Bundesdienst zuständigen Behörde nach dem Arbeitsschutzgesetz und dem Siebten Buch des Sozialgesetzbuches. Als Leiter des ebenfalls 1996 eingerichteten Referates Arbeitsschutz und Unfallverhütung im Bundesdienst im BMI obliegen diesem Regelungskompetenzen nach dem ArbSchG und SGB VII, Koordinierungsfunktionen für den gesamten Bundesdienst und die Zusammenarbeit mit den Bundesressorts, Ländern und Unfallversicherungsträgern.

Markus Buch

Institut für Arbeitswissenschaft
Universität Gesamthochschule Kassel
Heinrich-Plett-Str. 40
34109 Kassel

Geboren 1968 in Ludwigsburg. Studium der
Psychologie an der Universität Marburg, seit
1996 Wissenschaftlicher Mitarbeiter am Institut
für Arbeitswissenschaft der Universität Gesamthochschule Kassel. Arbeitsschwerpunkte: Methoden der Arbeitsanalyse, Stressoren aus orga-
nisatorischer Sicht und Qualitätsmanagement.

Carola Burkert

Universität Erlangen-Nürnberg
Volkswirtschaftliches Institut
Lehrstuhl für Statistik und empirische Wirt-
schaftsforschung
Lange Gasse 20
90403 Nürnberg

Wissenschaftliche Mitarbeiterin am Lehrstuhl
für Statistik und empirische Wirtschaftsforschung an der Universität Erlangen-Nürnberg.
Themenschwerpunkte: Methoden der empirischen Sozialforschung, Mitarbeiterbefragungen.

Prof. Dr. Günter Buttler

Universität Erlangen-Nürnberg
Volkswirtschaftliches Institut
Lehrstuhl für Statistik und empirische Wirt-
schaftsforschung
Lange Gasse 20
90403 Nürnberg

Inhaber des Lehrstuhls für Statistik und empirische Wirtschaftsforschung an der Universität

Erlangen-Nürnberg; Themenschwerpunkte: Bevölkerung und Soziale Sicherung, Betriebsstatistik, Multivariate Verfahren

Angelika Delin

Senatsverwaltung für Inneres
Klosterstraße 47
10179 Berlin

Krankenkassen-Betriebswirtin. Referentin für die Umsetzung der Verwaltungsreform bei der Berliner Senatsverwaltung für Inneres. Schwerpunkt: Strategische Steuerung und Koordination des Gesundheitsmanagements in der Berliner Verwaltung.

Prof. Dr. Ekkehart Frieling

Institut für Arbeitswissenschaft
Universität Gesamthochschule Kassel
Heinrich-Plett-Str. 40
34109 Kassel

Geboren 1942 in Göttingen. Studium der Psychologie, 1974 Promotion zum Dr. phil. an der TU München, 1979 Habilitation für das Fach Psychologie an der TU München. Seit 1982 Inhaber der Professur Arbeitswissenschaft für Technikstudiengänge an der Universität Gesamthochschule Kassel, Geschäftsführender Direktor des Instituts für Arbeitswissenschaft im FB 15 Maschinenbau. Arbeitsschwerpunkte: Arbeitsanalyse, Arbeitsgestaltung, Kompetenzentwicklung, Unternehmensflexibilität, Fehlermanagement und Gruppenarbeit.

Ferdinand Gröben

Universität Karlsruhe
Institut für Sport und Sportwissenschaft
Kaiserstr.12
76128 Karlsruhe

Studium der Politischen Wissenschaft und Neueren Geschichte in München und Würzburg, Studium der Sportwissenschaften in Frankfurt am Main. Derzeitige Arbeitsschwerpunkte: Gesundheitsförderung im Betrieb, Prävention arbeitsbedingter Gesundheitsgefahren, Betriebsbefragungen, Evaluation von Präventionsprogrammen, Einsatz neuer Medien in der betrieblichen Gesundheitsförderung. Weiteres: http://www.uni-karlsruhe.de

Sabine Gröben

DB Gesundheitsservice
Elbestr. 7
60329 Frankfurt

Geboren 1959, verheiratet und Mutter von zwei Töchtern. 1978 Beginn des Studiums der Psychologie an der Justus Liebig Universität in Gießen, Abschluss mit Diplom 1985. 1985 wissenschaftliche Mitarbeiterin in der Abteilung Kognition und Kommunikation bei Prof. K.R. Scherer. 1986 Arbeits- und Organisationspsychologin im Psychologischen Dienst der Deutschen Bahn AG. 1995 Leitung Programmmanagement für Führungs- und Verhaltenstrainings im Dienstleistungszentrum Bildung der DB AG. Seit 1998 Leitung des Servicebereichs Psychologie der DB AG.

Edith Grzesitza

DB Gesundheitsservice
Elbestr. 7
60329 Frankfurt

Jahrgang 1964. 1984 Beginn des Studiums der Psychologie an der Technischen Hochschule Darmstadt mit dem Schwerpunkt Arbeits- und Organisationspsychologie, Diplom 1991. 1991 bis 1992 Personaltrainee bei einer Großbank. Seit 1992 angestellt im Psychologischen Dienst der Deutschen Bahn AG, Aufbau des Betreuungsprogramms für traumatisierte Mitarbeiter. Ausbildung in rational-emotiver Verhaltenstherapie und diversen traumaspezifischen Interventionsmethoden. Seit 1998 stellvertretende Leitung des Servicebereichs Psychologie der DB AG.

Dr. Burkhard Gusy

Freie Universität Berlin (Fb 12)
Wissenschaftsbereich Psychologie
Arbeitsbereich Prävention und
psychosoziale Gesundheitsforschung
Habelschwerdter Allee 45
14195 Berlin

Jahrgang 1959, Studium der Psychologie (1981 bis 1987) und Promotion (1994) an der FU Berlin. Seit 1995 wissenschaftlicher Angestellter im Arbeitsbereich „Prävention und psychosoziale Gesundheitsforschung". Arbeitsgebiete: Gesundheitspsychologie/Public Health, Betriebliche Gesundheitsförderung, Evaluation und Qualitätssicherung, Stress- und Burnoutforschung.
http://ipg.psychologie. fu-berlin.de

Rolf Jansen

Rolf Jansen
Bundesinstitut für Berufsbildung
Hermann-Ehlers-Str. 10
53113 Bonn

Dipl. Psych., wissenschaftlicher Mitarbeiter in der Abteilung Strukturforschung, Planung und Statistik beim BIBB, dort seit 1980 u. a. verantwortlich für die BIBB/IAB-Erhebungen. Zuvor vielfältige empirische Sozialforschungsprojekte beim Institut für angewandte Sozialwissenschaft (Infas GmbH), Bonn, und bei der Forschungsgruppe Arbeit und Gesundheit (FAG), Dortmund, insbesondere im FuE-Programm „Humanisierung des Arbeitslebens" des BMA und BMFT und für die Europäische Stiftung zur Verbesserung der Lebens- und Arbeitsbedingungen in Dublin.

Prof. Dr. Dieter Kleiber

Freie Universität Berlin (FB 12)
Wissenschaftsbereich Psychologie
Arbeitsbereich Prävention und
psychosoziale Gesundheitsforschung
Habelschwerdter Allee 45
14195 Berlin

Jahrgang 1950, Studium (1969 bis 1974) der Psychologie und Promotion (1976) an der WWU Münster, Habilitation an der FU Berlin. Seit 1978 Professor für Psychologie; zunächst an der Universität Bremen, später an der Freien Universität Berlin. Aktuell: Dekan des Fachbereichs Erziehungswissenschaft und Psychologie. Arbeitsschwerpunkte: Public Health, Gesundheitsforschung; Gesundheits- und Gemeindepsychologie; Klinische Psychologie u. Psychotherapie (Verhaltenstherapie), gesundheitsbezogene Aspekte in der Arbeits- u. Orga-

nisationspsychologie (Stress-, Burnout- und Coping-Forschung), Versorgungsforschung, Sozialepidemiologie.
http://ipg.psychologie.fu-berlin.de

Heinz Kowalski

Direktor des Instituts für Betriebliche Gesundheitsförderung BGF GmbH
Neumarkt 35 37
50667 Köln

H. Kowalski arbeitet seit 15 Jahren in der betrieblichen Gesundheitsförderung. Er war stellvertretender Geschäftsführer der AOK Gummersbach und Regionaldirektor der AOK Erftkreis. Seit 1996 leitet er das Institut für Betriebliche Gesundheitsförderung der AOK Rheinland, das seit 1998 als GmbH betrieben wird.

Prof. Dr. Alexander Krämer

Universität Bielefeld
Fakultät für Gesundheitswissenschaften, AG2
Postfach 100 131
33501 Bielefeld

Prof. Dr. med. Alexander Krämer ist Internist und Leiter der Arbeitsgruppe Bevölkerungsmedizin und biomedizinische Grundlagen an der Fakultät für Gesundheitswissenschaften der Universität Bielefeld. Seine Forschungsschwerpunkte umfassen neben der Gesundheit von Studierenden Fragen der Infektionsepidemiologie, der psychiatrischen Bevölkerungsmedizin und von Community Medicine.

Ingrid Küsgens

Wissenschaftliches Institut der AOK (WIdO)
Kortrijker Str. 1
53177 Bonn

Diplom Geografin. Geboren 1963 in Aachen.
Studium der Geographie an der RWTH Aachen und der Rheinischen Friedrich-Wilhelms-Universität Bonn. 1991 wissenschaftliche Mitarbeiterin in einem Abgeordnetenbüro
des Deutschen Bundestages, Arbeitsschwerpunkte Natur-/Umweltschutz und Abfallwirt-
schaft. Danach Tätigkeiten im Abfallwirt-
schafts- und Verlagswesen im Bereich Angewandte Statistik und Programmierung. Seit
Mai 2001 wissenschaftliche Mitarbeiterin am
Wissenschaftlichen Institut der AOK, Projektbereich Betriebliche Gesundheitsförderung.

Martin Litsch

Wissenschaftliches Institut der AOK (WIdO)
Kortrijker Str. 1
53177 Bonn

Geboren 1957, Studium der Soziologie und
Volkswirtschaftslehre an der Universität Trier,
Abschluss als Dipl.-Soz. 1983. Danach Forschungsprojekte im Bereich Stadt- und Regio-
nalforschung. Seit 1989 im Wissenschaftlichen
Institut der AOK (WIdO), zunächst als Projektleiter im GKV-Arzneimittelindex, später
wechselnde Aufgaben in verschiedenen Bereichen. Seit 1998 Institutsleiter im WIdO; Forschungsschwerpunkte sind neben der Arznei-
mittelmarktforschung der stationäre Versor-
gungsbereich, die betriebliche Gesundheitsförderung sowie Forschungen zu diversen Einzel-
themen des Gesundheitssystems mit gesund-
heitsökonomischem Schwerpunkt. Gründungs-
geschäftsführer in der AOK-Consult GmbH

seit 1997 mit Projekten zur Umsetzung inno-
vativer Versorgungs- und Kostenmanagement-
konzepte. Derzeit schwerpunktmäßig mit betriebswirtschaftlichen Herausforderungen im
Zusammenhang mit dem unternehmerischen
Wandel in einigen AOKs befasst.

Patricia Lück

AOK Westfalen-Lippe
Regionaldirektion Bochum, Dortmund, Herne
Uhlandstr. 30–34
44791 Bochum

Diplom-Psychologin, arbeitet seit mehreren
Jahren im Bereich der betrieblichen Gesundheitsförderung. Sie absolvierte ihr Studium
der Psychologie an der Technischen Universität Berlin mit dem Schwerpunkt Arbeits-
und Organisationspsychologie. Seit sechs Jahren leitet sie Projekte der betrieblichen Gesundheitsförderung für die Regionaldirektio-
nen Bochum, Dortmund und Herne der AOK
Westfalen-Lippe.

Dr. Gerd Marstedt

Universität Bremen
Zentrum für Sozialpolitik – Barkhof
Parkallee 39
28209 Bremen

Geboren 1946, wissenschaftlicher Mitarbeiter
am Sonderforschungsbereich 186 der Universität Bremen, Mitglied des Zentrums für Sozialpolitik; Veröffentlichungen u. a. zu den Themen: Technisch-organisatorische Rationalisierung und Arbeitsbelastungen, Psychische Belastungen in der Arbeitswelt, betriebliche Unternehmenskultur, Medizinische Rehabilitation,
Gesetzliche Krankenversicherung und Gesund-

heitspolitik, Gesundheitsberichterstattung, Arbeitsunfähigkeit und Krankenstand, Arbeitsbelastungen im Handwerk, Integration älterer Arbeitnehmer in die Arbeitswelt, Belastungen in der Berufsausbildung.

Prof. Dr. Rainer Müller

Universität Bremen
Zentrum für Sozialpolitik – Barkhof
Parkallee 39
28209 Bremen

Geboren 1941, Leiter der Abteilung „Gesundheitspolitik, Arbeits- und Sozialmedizin" am Zentrum für Sozialpolitik der Universität Bremen; Sachverständiger u.a. in der Arbeitsgruppe „Reform des Arbeitsschutzgesetzes" des Deutschen Bundestags; Expertisen und Veröffentlichungen u.a. zu den Themen: betrieblicher Arbeits- und Gesundheitsschutz, arbeitsbedingte Erkrankungen und Berufskrankheiten, kommunale Gesundheitspolitik und „Public Health", Gesetzliche Krankenversicherung, Gesundheitsförderung und Rehabilitation.

Eckhard Münch

Friedrich-Ebert-Str. 134 a
42117 Wuppertal

Diplom-Sozialwissenschaftler. Jahrgang 1958. Ausbildung zum Industriekaufmann. Studium der Sozialwissenschaften in Duisburg und Wuppertal. Von 1992 bis 1998 Wissenschaftlicher Angestellter an der Universität Bielefeld, Fakultät für Gesundheitswissenschaften. Seitdem projektbezogene Zusammenarbeit mit der Arbeitsgruppe von Prof. Dr. Bernhard Badura. Arbeitsschwerpunkte: Betriebliches Gesundheitsmanagement, Evaluationsforschung und

Gesunde Organisation. Seit 1995 freiberufliche Tätigkeit als Trainer und Berater im Bereich Organisations-/Personalentwicklung.

Prof. Dr. Bernd Rudow

Fachhochschule Merseburg
Fachbereich Wirtschaftswissenschaften
Geusaer Strasse
06217 Merseburg

Nach Ausbildung zum Maschinenbauer Studium der Psychologie mit Schwerpunkt Arbeits- und Ingenieurpsychologie an der Humboldt-Universität zu Berlin. Promotion an der Technischen Universität Dresden (Sektion Arbeitswissenschaften) und Habilitation an der Universität Leipzig bzw. Universität Mannheim. Seit 1990 Privatdozent für Psychologie an der Universität Mannheim, seit 1993 Leiter des Instituts für Gesundheits- und Organisationsmanagement (IGO) Heddesheim/Baden und seit 1994 Professor für Arbeitswissenschaften an der FH Merseburg. Lehrgebiete: Arbeitswissenschaften, verhaltenswissenschaftliche Grundlagen für Führung und Management, Organisation und Organisationsentwicklung, Arbeits-, Betriebs- und Organisationspsychologie, Personalführung und -pflege, Gesundheitsmanagement. Forschungsschwerpunkte: Arbeits- und Gesundheitsschutz, Psychologie der Arbeitssicherheit, Gesundheitsmanagement, Stress und Stressmanagement, Fehlzeitenanalyse und -prävention, Lehrerarbeit und -gesundheit, Krankenhausmanagement, Organisationsentwicklung und Teamarbeit, Berufliche Rehabilitation. Projekte: Verkehrswesen, Automobilindustrie, Flughafen, Technologieunternehmen, Stadtwirtschaft, Verwaltung, Krankenhaus, Krankenkassen, Schule, Kindertagesstätten, Berufsgenossenschaften.

Peter von Rymon-Lipinski

Senatsverwaltung für Inneres
Klosterstrasse 47
10179 Berlin
Krankenkassen-Betriebswirt, Referent für die
Umsetzung der Verwaltungsreform bei der
Berliner Senatsverwaltung für Inneres. Schwerpunkt: Strategische Steuerung und Koordination des Gesundheitsmanagements in der Berliner Verwaltung.

Dr. Christiane Stock

Universität Bielefeld
Fakultät für Gesundheitswissenschaften, AG2
Postfach 100 131
D-33501 Bielefeld

Christiane Stock ist Biologin und Hochschul-
assistentin an der Fakultät für Gesundheitswissenschaften der Universität Bielefeld in der
Arbeitsgruppe Bevölkerungsmedizin und biomedizinische Grundlagen. Sie beschäftigt sich
seit vielen Jahren mit der Gesundheit von Studierenden und dem Themenfeld Gesundheitsförderung an der Hochschule. Besondere
Arbeitsschwerpunkte sind sexuell übertragbare
Infektionen und psychosozialer Stress.

Christian Vetter

Wissenschaftliches Institut der AOK (WIdO)
Kortrijker Str. 1
53177 Bonn

Diplom-Psychologe. Geboren 1957 in Kleve.
Studium der Psychologie, Soziologie und Philosophie an der Universität Münster. 1988 bis
1991 freiberufliche Tätigkeit im Bereich der
Erwachsenenbildung und Personalentwicklung,

u.a. Referent am Management-Institut Dr. Kitzmann. 1991 bis 1993 Durchführung von Modellprojekten im Bereich der betrieblichen Gesundheitsförderung für die AOK für den Kreis Warendorf. Seit 1993 wissenschaftlicher Mitarbeiter am Wissenschaftlichen Institut der AOK (WIdO). Seit 1996 verantwortlich für den Projektbereich „Betriebliche Gesundheitsförderung" im WIdO. Arbeitsschwerpunkte: Arbeit und Gesundheit, Gesundheitsmanagement in Unternehmen, betriebliche und branchenbezogene Gesundheitsberichterstattung, Fehlzeitenanalysen, Mitarbeiterbefragungen, Evaluation von Präventionsprogrammen.

Dr. Uta Walter

Universität Bielefeld
Fakultät für Gesundheitswissenschaften
Postfach 10 01 31
33501 Bielefeld

Diplom-Biologin. Jahrgang 1962. Studium der Biologie in Bielefeld. Von 1990 bis 1999 Tätigkeit im Bereich Umweltanalytik (Institut für Umwelt-Analyse GmbH). Von 1997 bis 1999 berufsbegleitendes Studium der Gesundheitswissenschaften in Bielefeld. Seit 1999 Wissenschaftliche Angestellte an der Fakultät für Gesundheitswissenschaften, Arbeitsgruppe Prof. Dr. Bernhard Badura. Arbeitsschwerpunkte: Betriebliches Gesundheitsmanagement, Evaluationsforschung, Gesunde Organisation.

Belgin Yoldas

Wissenschaftliches Institut der AOK (WIdO)
Kortrijker Str. 1
53177 Bonn

Geboren 1975 in Köln. Studentin der Sozio-
logie, der Erziehungswissenschaften und der
Rechtswissenschaften an der Rheinischen
Friedrich-Wilhelms-Universität Bonn. April bis
September 2001 Mitarbeit im Projektbereich
Betriebliche Gesundheitsförderung am Wis-
senschaftlichen Institut der AOK.

Sachverzeichnis

Druck (Computer to Film): Saladruck Berlin
Verarbeitung: Stürtz AG, Würzburg